HISTOIRE

DES PLUS CÉLÈBRES

AMATEURS ÉTRANGERS

AMATEURS ESPAGNOLS
1500-1645

Philippe II; — Gio. Bat. Castaldi; — Franc. Vargas; — Ant. di Leva;
Le duc d'Albe; — les marquis de Pescaire et del Vasto;
Les cardinaux de Granvelle et Pacheco.
Don Diego Hurtado de Mendoza.
Le comte-duc d'Olivarès et Philippe IV.

—

AMATEURS ANGLAIS
1585-1646

Thomas Howard, comte d'Arundel;
Georges Villiers, duc de Buckingham;
Le roi Charles Ier.

—

AMATEURS FLAMANDS
1560-1666

Nicolas Rockox et Gaspar Gevaërts,
Amis de Pierre-Paul Rubens.

—

AMATEURS HOLLANDAIS
1596-1700

Constantin Huygens;
Utenbogard; — le bourgmestre Jean Six.

—

AMATEURS ALLEMANDS
1470-1768

Bilibalde Pirckheimer, Érasme et Albert Durer.
Jean Winckelmann.
M. de Hagedorn; — le comte de Bruhl; — Auguste III; — M. de Heinecken;
Le cardinal Passionei; — Raphaël Mengs; — le cardinal Albani;
Le baron Stosch; — le comte Firmian.

HISTOIRE

DES PLUS CÉLÈBRES

AMATEURS ÉTRANGERS

Espagnols, Anglais, Flamands, Hollandais et Allemands

ET DE

LEURS RELATIONS AVEC LES ARTISTES

PAR

M. J. DUMESNIL

Membre du conseil général du Loiret, de la Société archéologique de l'Orléanais,
de la Société de l'Histoire de France et de la Légion d'honneur.

Vitam excoluere per artes.

TOME V

PARIS

Vve JULES RENOUARD

Éditeur de l'Histoire des Peintres de toutes les Écoles

6, RUE DE TOURNON

—

1860

Réserve de tous droits

AVERTISSEMENT

Il y a dix ans, me trouvant à Rome pour y passer l'hiver, l'idée me vint, en admirant les fresques de Raphaël, de faire des recherches sur sa vie intime. Je fus ainsi amené à étudier ses relations avec Balthasar Castiglione, son meilleur ami. Ayant communiqué ce travail à quelques artistes, aussi distingués par le talent que par leur connaissance de l'histoire de l'art, ils voulurent bien m'engager à le continuer ; et c'est par suite de leurs encouragements que j'ai successivement publié l'*Histoire des plus célèbres amateurs italiens et français*.

Aujourd'hui, j'offre au public le cinquième et dernier volume de cette histoire, contenant celle des plus célèbres amateurs *espagnols*, *anglais*, *flamands*, *hollandais* et *allemands*.

Je n'ignore pas tout ce qui me manque pour être à la hauteur d'un si vaste sujet ; mais j'ai l'espoir que les véritables amis de l'art, tant en France qu'à l'étranger, en considération de ce que j'ai le premier ouvert cette route, voudront bien redresser les erreurs et les omissions que j'ai pu commettre.

Ce n'est pas sans un vif regret que je vois arriver la fin de ces recherches, qui ont rempli la meilleure part de ma vie. Mais, quel que soit le sort réservé à cet ouvrage, je remercie Dieu de m'en avoir envoyé l'idée ; car je dois à ces attachantes études de mieux comprendre les œuvres de l'art, de connaître les hommes qui, depuis la Renaissance, les ont aimées et encouragées, et d'estimer le caractère des principaux maîtres à l'égal de leur génie.

Puiseaux (Loiret), 15 octobre 1859.

AMATEURS ESPAGNOLS

PHILIPPE II

GIO. BAT. CASTALDI; FRANC. VARGAS; ANT. DI LEVA;
LE DUC D'ALBE; LES MARQUIS DE PESCAIRE ET DEL VASTO;
LES CARDINAUX DE GRANVELLE ET PACHECO.

DON DIEGO HURTADO DE MENDOZA [1]

1500-1575

CHAPITRE PREMIER

La conquête de l'Italie inspire le goût des arts aux grands seigneurs espagnols. — Préférence qu'ils accordent à l'école vénitienne. — Philippe II, G. Perez et le Titien. — Tableaux de ce maître pour G. B. Castaldi, F. Vargas, Ant. di Leva, le duc d'Albe, les marquis de Pescaire et del Vasto, les cardinaux de Grauvelle et Pacheco.

1500 — 1564

Si la vue des chefs-d'œuvre de Léonard de Vinci, exposés à Milan, suffit pour inspirer à François Ier

---

[1] Mariette, dans une lettre à Bottari, insérée au tome VI des *Lettere pittoriche,* éd. di Ticozzi, p. 9, affirme que Mendoza ne s'appelait pas Diego. Néanmoins, dans les titres de ses poésies, publiées à Madrid en 1610, l'éditeur ne le désigne que sous ce seul prénom. Mais D. Gregorio Mayans, dans la vie de ce personnage, placée en tête de l'édition donnée à Valence en 1776, de la *Guerra de Granada,* le nomme *D. Diego Hurtado de Mendoza,* et c'est ainsi qu'il est désigné dans le catalogue de la calcographie du musée de Madrid.

la résolution d'attirer en France l'illustre peintre de la *Cène*, les voyages de Charles-Quint dans la même ville, en Toscane, à Bologne et dans les États de Venise, ne furent pas moins favorables à l'introduction de l'art italien en Espagne. Que le puissant empereur et roi ait voulu imiter l'exemple de son rival, ou, ce qui nous paraît plus naturel et plus probable, qu'il n'ait fait que céder à un sentiment d'admiration pour le beau, toujours est-il qu'il s'attacha désormais à rehausser la gloire de son règne par l'éclatante protection qu'il accorda aux artistes et à leurs œuvres. Restés maîtres de l'Italie après la bataille de Pavie et le sac de Rome, les principaux chefs de l'armée et du gouvernement espagnol à Milan, à Naples, en Toscane, furent bientôt aussi gagnés aux arts par la vue des œuvres merveilleuses des différentes écoles italiennes. Mais parmi ces écoles, il en est une que les grands seigneurs espagnols, à l'imitation de leur roi, prirent en une affection singulière, c'est celle des coloristes vénitiens, la plus attrayante de toutes. Ce qu'il y a de singulier, c'est que, parmi toutes les villes d'Italie, Venise fut la seule qui sut conserver son indépendance, et n'ouvrit ni ses canaux, ni ses lagunes aux conquérants. Néanmoins, bien que Milan, Florence et Rome étalassent des fresques et des peintures approchant peut-être encore plus de la perfection que les siennes, ce fut Venise qui conquit les conquérants espagnols, et l'on peut dire de l'école vénitienne, par rapport à l'Espagne, ce que Horace avait dit, seize siècles auparavant, de la Grèce envahie par les soldats grossiers de Mummius :

> Græcia capta ferum victorem cœpit, et artes
> Intulit agresti Latio.

D'où vint cette prédilection de Charles-Quint et des nobles Castillans en faveur de l'art vénitien, qui leur fit préférer les maîtres de la couleur, et en particulier le grand Titien, à Léonard de Vinci, Michel-Ange, Raphaël, André del Sarto, et tant d'illustres artistes des autres écoles? En étudiant l'histoire de l'art à cette époque, on est amené à reconnaître que cette admiration presque exclusive accordée par les Espagnols aux peintres de Venise est due à une seule cause : le crédit dont jouissait l'Arétin auprès de Charles-Quint et des principaux seigneurs de sa cour. On sait que le *Fléau des rois* n'omit aucun éloge, aucune flatterie pour gagner et conserver les bonnes grâces du tout-puissant monarque. Lié avec le Titien, le Sansovino, le Tintoret et beaucoup d'autres, ce fut lui qui leur ménagea l'accès des faveurs impériales. Nous avons raconté ailleurs [1] cette influence de l'Arétin et les services qu'il rendit au grand Titien lui-même. Il l'introduisit à la cour de l'empereur, l'accrédita par ses lettres auprès de sa personne, et le mit en relation avec les principaux seigneurs qui l'accompagnaient constamment dans ses voyages. Une fois

---

[1] Voy. l'*Histoire des plus célèbres amateurs italiens*, p. 211 et suivantes.

admis dans l'intimité de ce prince, le peintre eut bientôt gagné lui-même ses bonnes grâces et celles de ses courtisans.

Ridolfi [1], en nous transmettant l'indication des tableaux que le Titien exécuta pour Charles-Quint, a raconté, avec un patriotique orgueil, les honneurs extraordinaires que le maître absolu des Espagnes, des Pays-Bas, de l'Allemagne, de Naples et du duché de Milan, rendit publiquement à l'artiste. Mais ce qui est peut-être moins connu, et ce qui mérite tout autant d'être signalé, c'est l'amour véritable, nous oserions presque dire la passion, que le fils de l'invincible César, le sombre, le vindicatif, le fanatique Philippe II, conçut également et conserva pour les œuvres du chef de l'école de Venise. Le Titien avait fait son portrait, alors qu'il n'était encore que l'héritier présomptif du trône d'Espagne, et un poëte du temps, ami de l'artiste, qui avait changé sur le Parnasse son nom de Gio. Maria Verdizotti, en celui plus classique de Partenio, célébra ce portrait dans le sonnet suivant :

> Quel intento di magno e di sincero,
>   Che al gran Filippo in l' aere sacro splende.
>   Mentre il valore il di lui petto accende
>   Col fasto de la gloria, e del' impero,
>
> Quel non so che terribilmente altero
>   Che natura, che 'l fa sol vede e intende
>   Nel guardo, che gli affige v'si comprende
>   Il mondo esser minor del suo pensiero.
>
> Quel proprio in carne di color vitale

[1] *Le Meraviglie dell' arte, vita di Tiziano*, édi. de 1648, in-4, p. 153 et suiv.

> Tiziano esprime, e da l' esempio move
> In gesto bel di maesta reale.
>
> Pare che 'l ciel con maraviglie nove
> Gli sparga intorno ogni poter fatale
> Come a nato di Cesare et di Giove [1].

Ces derniers vers expriment bien l'effet produit par le portrait de Philippe II. Le Titien seul pouvait rendre fidèlement l'expression singulière de cette physionomie impénétrable, qui cachait si bien, comme le dit le poëte, l'exercice d'un pouvoir inexorable, et tenant de la fatalité des anciens.

Devenu roi, le fils de Charles-Quint n'oublia pas le peintre. Comme son père, il s'empressa de rechercher ses œuvres, en lui confirmant l'assurance de sa protection royale et la continuation de ses honneurs et de ses pensions. Un des premiers tableaux que le Titien fit pour Philippe II, après l'abdication de Charles-Quint, fut *Jésus-Christ dans le jardin des Oliviers*, et, peu après, *le même descendu de la croix et reposant sur le sein de sa mère*. Il reçut ensuite du roi plusieurs commandes, tant de sujets de dévotion, que de compositions tirées de la mythologie, ou, comme on les appelait alors, des *poésies*. A l'occasion de ces tableaux, Philippe II écrivit de sa main, à l'artiste, la lettre suivante [2] :

« Don Philippe, par la grâce de Dieu, roi d'Espagne, des Deux-Siciles, de Jérusalem, etc.

« Notre amé, j'ai reçu votre lettre du 19 du mois

---

[1] Ridolfi, *ut suprà*, p. 165-166.
[2] Ridolfi, *ut suprà*, p. 168, la rapporte en espagnol : nous la traduisons ici pour la première fois en français.

passé, et j'ai été satisfait d'apprendre que vous aviez terminé les deux *poésies* : l'une de *Diane au bain* et l'autre de *Calisto*. Et pour qu'il n'arrive pas à ces tableaux le même accident qui est arrivé à votre peinture du Christ, j'ai consenti à ce qu'ils soient dirigés sur Gênes, pour que de là ils me soient envoyés en Espagne. J'en donne avis à Garcia Hernandès : vous les lui adresserez, et ferez en sorte qu'ils voyagent en bon état dans leurs caisses, et qu'ils soient emballés de manière qu'ils ne puissent pas être abîmés en route. A cet effet, il sera bien que vous, qui vous y entendez, vous les arrangiez vous-même de votre main ; car ce serait une grande perte s'ils venaient à être endommagés. Bien que je me sois beaucoup réjoui de ce que vous soyez sur le point de terminer le *Christ dans le jardin* (des Oliviers), et les deux autres *poésies* que vous me dites avoir commencées, je serais encore plus satisfait si vous consentiez à me faire un autre tableau du *Christ mort au tombeau*, semblable à celui qui s'est perdu, parce que je ne voudrais pas être privé d'un si bel ouvrage. Je vous suis reconnaissant de la diligence que vous avez mise à exécuter ces œuvres, que je tiens, comme de raison, pour être de votre main, et je regrette qu'on n'ait pas exécuté l'ordre que j'avais donné de vous en payer le prix, soit à Milan, soit à Gênes. Je viens présentement de faire écrire de nouveau à ce sujet, et je me tiens pour assuré que cette fois on ne manquera pas de se conformer à ma volonté. — De Gand, le 13 de juillet 1558.—*Moi, le Roi.* — Et, plus bas, G. Perez. »

Lorsque ces tableaux furent parvenus à Philippe II, il en fut si satisfait, qu'il fit écrire le 25 décembre 1558, du couvent de Grunendal, près de Gand, où il se trouvait alors, au gouverneur du duché de Milan, pour lui ordonner de faire immédiatement payer à Titien les deux pensions que Charles-Quint lui avait octroyées, l'une en 1541, et l'autre en 1548. Par le même ordre, il recommande que le service des arrérages de ces pensions soit fait dorénavant très-exactement chaque année. Et pour que cet ordre ne fût pas considéré par le gouverneur de l'État de Milan comme une simple lettre de chancellerie, Philippe II ajouta de sa propre main les lignes suivantes :

« Vous savez déjà la satisfaction que j'éprouverai à être agréable à Titien; c'est pourquoi je vous charge spécialement de le faire payer de suite, de telle sorte qu'il n'ait plus besoin de recourir à moi pour l'exécution de ce que je viens de vous mander. — *Moi, le Roi.* — G. Perez. »

Avec l'impression que donne l'histoire du caractère de Philippe II, et ce qu'elle apprend de son gouvernement, on a quelque peine à croire que ce soit le même prince, promoteur ardent de l'inquisition et juge implacable de son propre fils, qui ait écrit ces deux lettres. Comment ce souverain, absorbé en apparence par la politique et la dévotion, pouvait-il trouver le temps non-seulement d'admirer les œuvres de Titien, mais de descendre à des détails tels que ceux que nous venons de rapporter ? N'est-ce point chose surprenante de voir sa sollicitude pour les tableaux de ce grand maître ? L'histoire, qui nous révèle ces faits, nous montre en même temps la bizarrerie de l'esprit humain ; ou plutôt elle nous montre la puissance de l'art, même sur les hommes qui paraissent, à première vue, devoir rester le plus rebelles à son empire. Au milieu des plus fortes préoccupations d'un immense gouvernement, l'art, l'amour du beau s'était ouvert une place dans cette âme ardente et sombre, à côté du fanatisme religieux et de la politique, et le pinceau de Titien avait subjugué le monarque le plus puissant et le plus absolu qu'il y eût à cette époque.

Indépendamment des peintures que nous venons de citer, le maître vénitien exécuta pour Philippe II, à son grand contentement, le *Martyre de saint Laurent* destiné au château de l'Escurial ; le *Tribut de César*, l'*Adoration des Mages*, le *Christ déposé au tombeau par Joseph et Nicodème*, et une *Madeleine* dont Ridolfi fait le plus grand éloge. « Titien, dit-il, qui connaissait tous les secrets de son art, la représenta de telle sorte, qu'elle conservait encore la langueur de sa noble condition (*nobile condizione*), montrant dans l'expression de son visage, dans la vérité de ses soupirs et dans l'effusion de ses larmes, comment se lamente un cœur touché du céleste amour, et qui exprime le plus vif repentir de ses fautes. Devant cette peinture, on peut bien dire que c'est la nature même qui se montre sur la toile, et que cette figure doit, à l'avenir, servir de modèle à la symétrie de l'art, comme image du beau, comme exemple aux âmes pénitentes, et enfin comme le témoignage le plus éclatant de ce que peut produire un habile pinceau, dirigé par une savante main. Cette figure, d'une beauté véritablement surnaturelle, montre l'effet de l'art qui sait animer la toile.... » Après avoir rapporté une octave du cavalier Marini en l'honneur de Titien et de sa Madeleine, Ridolfi nous apprend [1] que l'idée de cette peinture lui fut inspirée par une statue de femme de marbre antique. Mais, pour observer quelques effets au naturel, il se servit, comme modèle, d'une belle jeune fille, sa voisine, qui prit tellement son rôle de Madeleine au sérieux, qu'en posant avec une ardeur peu commune, les larmes lui tombaient des yeux, exprimant en même temps sur son visage ce repentir de ses fautes que le peintre a su si bien rendre. On raconte en outre que pendant qu'il était occupé à la peindre, le Titien était tellement absorbé par la contemplation de son modèle, qu'il oubliait de prendre ses repas. Le plus curieux de l'affaire, c'est qu'en adressant cette figure au roi d'Espagne, le peintre écrivit à Philippe II « qu'il lui envoyait Madeleine, à cette fin qu'avec ses larmes elle intercédât pour l'expédition des pensions qui lui avaient été assignées, et dont le payement se faisait attendre par la faute des

---

[1] *Vita di Tiziano*, p. 171.

ministres de Sa Majesté. » Le roi répondit de sa main ; mais Ridolfi ne nous a conservé que la lettre de son secrétaire G. Perez, qui est ainsi conçue :

« Très-magnifique seigneur, vous verrez par la lettre incluse de Sa Majesté comme vous avez été servi, et les ordres que le roi m'a prescrit de donner au duc de Sessa et au vice-roi de Naples, pour qu'ils aient à vous payer. J'ai fait en cela ce que j'ai pu, et vous me trouverez toujours disposé à vous servir en toute circonstance. Il est juste que tout le monde s'empresse de venir en aide à un homme qui sert le roi avec tant de zèle, et qui a su constamment obtenir et conserver la haute satisfaction de Sa Majesté. Que Dieu conserve Votre Seigneurie comme il le doit. — De Barcelone, le 8 de mars 1564. »

Le seigneur G. Perez n'oubliait pas ses petits intérêts : comme son maître, il aimait les peintures de Titien, et savait se les faire offrir en échange des services qu'il rendait à l'artiste. Dans un *post-scriptum*, qui, comme toutes les fins de lettre, renferme sa pensée la plus chère, il ajoute discrètement : — « Quant à la figure de la très-sainte Vierge que vous dites tenir à ma disposition, je vous baise les mains ; et lorsque arrivera la *Cène* (destinée au roi), je m'arrangerai de manière que Sa Majesté fasse en faveur de Votre Seigneurie la démonstration telle que de raison. Au service de Votre Seigneurie. — G. Perez. »

Ce tableau de la *Cène* fut terminé par Titien dans le courant de l'année 1564. Le peintre atteignait quatre-vingt-sept ans, mais son génie n'avait encore rien perdu de sa verve. Au dire de ses contemporains, la *Cène* ne le cédait à aucun de ses chefs-d'œuvre, et lui-même l'estimait à l'égal de son immortelle *Assomption*, qui est restée à Venise. Il apprit au roi catholique l'achèvement de cette grande composition, en ces termes : « De Venise, le 5 août 1564. — La *Cène de Notre-Seigneur*, que j'ai depuis longtemps promise à Votre Majesté, est maintenant, grâce à Dieu, entièrement achevée, après sept années, depuis que je l'ai commencée, d'un travail sans relâche, ayant voulu laisser à Votre Majesté, à l'extrémité si avancée de ma vie, cette dernière marque, et la plus grande, de mon très-ancien dévouement. Plaise à Dieu qu'elle semble au jugement si sûr de Votre Majesté telle que je me suis efforcé de l'exécuter avec le plus vif désir de la satisfaire !... » — Titien, revenant ensuite sur les pensions qui ne lui étaient pas payées, nonobstant tous les ordres du roi, restés sans exécution, supplie de nouveau le puissant monarque de lui faire tenir ce qu'il devait à la munificence de l'empereur Charles-Quint son père. — Cette fois, l'artiste fut plus heureux que par le passé. Philippe II, à la réception du tableau de la *Cène*, fut tellement transporté d'admiration, qu'il lui envoya immédiatement, grâce sans doute aux bons offices de son secrétaire G. Perez, deux mille écus de gratification, et il donna des ordres si précis à ses ministres de Milan et de Naples qu'ils s'empressèrent de lui faire payer les années arriérées de ses pensions [1].

---

[1] Ridolfi, *Vita di Tiziano*, p. 171-173.

Ce tableau de la *Cène*, destiné au monastère de l'Escurial, y fut placé dans le réfectoire; il s'y trouve encore aujourd'hui, et il est resté dans ce palais à peu près le seul ouvrage de Titien, dont les autres tableaux ont été transportés récemment au musée royal de Madrid. Mais, soit que l'humidité du local ait nui à cette grande peinture, soit que la fumée et la vapeur des mets aient contribué à obscurcir et gâter ses brillantes couleurs, ou qu'il ait été volontairement lacéré, toujours est-il qu'il ne subsiste plus aujourd'hui que des lambeaux de cette œuvre de premier ordre.

Avant d'achever la *Cène*, Titien avait envoyé à Philippe II *Vénus et Adonis; Andromède attachée au rocher et délivrée par Persée; Europe enlevée par Jupiter sous la forme d'un taureau; Pan et Syrinx*. Il avait aussi composé pour la reine Marie le *Supplice de Tantale*, celui de *Prométhée* et celui de *Sisyphe*, et un autre *Enlèvement d'Europe*. Pour la reine de Portugal, il peignit un *Christ à la colonne*. Tous ces tableaux et beaucoup d'autres sont aujourd'hui au musée royal de Madrid[1]. C'est là qu'il faut aller admirer le génie de ce grand artiste, non moins remarquable dans ses *poésies*, comme disait Philippe II, que dans ses compositions tirées de l'Évangile ou de l'Écriture sainte, dans ses paysages et dans ses portraits. Il excelle dans tous les genres; sa verve est inépuisable, et la variété de ses compo-

[1] Le catalogue de cette collection indique *quarante-trois* tableaux du Titien.

sitions n'est pas moins surprenante que le charme brillant de son pinceau. A la vue de tant de chefs-d'œuvre, dus à l'imagination et à la main d'un seul artiste, il faut reconnaître que Charles-Quint eut bien raison de le choisir pour son peintre favori, et que Philippe II ne se montra pas moins bien inspiré en lui conservant cette préférence. Ces deux souverains ont donné, par ce choix, la preuve éclatante qu'ils se connaissaient en hommes, et que, parmi les artistes, ils savaient discerner le vrai génie. Depuis près de trois siècles, la postérité a commencé pour ces deux princes aussi bien que pour leur peintre, et l'histoire les a jugés; mais tant que dureront les toiles où le maître vénitien, avec un art qui n'appartient qu'à lui, a caractérisé leurs physionomies, leurs images vivront parmi les hommes, et, comme le dit Ridolfi dans l'épigraphe qu'il a inscrite à la tête de ses *Meraviglie dell' arte,* quoiqu'ils aient vécu pour mourir, ils ne sont morts que pour revivre [1]!

A l'exemple de leurs maîtres, la plupart des grands seigneurs espagnols qui étaient employés en Italie et en Allemagne, soit au commandement des armées, soit au gouvernement des provinces conquises, tinrent à honneur d'être dans les bonnes grâces de l'illustre chef de l'école vénitienne, et d'obtenir quelque ouvrage de son pinceau. Nous avons rapporté, dans l'*Histoire des plus célèbres ama-*

---

[1] *Vivimus morituri, morimur victuri.*

— 14 —

teurs italiens[1], qu'à son retour d'Allemagne à Venise, vers 1549, le Titien fit le portrait de l'une des maîtresses de Gio. Battista Castaldi, général espagnol, l'un des protecteurs de l'Arétin. En 1553, il exécuta celui de Francesco Vargas, ambassadeur de Charles-Quint, que le poëte Parténio a célébré dans un sonnet. Il représenta également Antonio di Leva, général des armées de l'empereur, vêtu d'un pourpoint à l'antique, et avec une large toque sur la tête ; le duc d'Albe ; Ferdinand-François d'Avalos, marquis de Pescaire, le mari de Vittoria Colonna, tant aimée de Michel-Ange, et Alphonse d'Avalos, son neveu, marquis del Vasto, tous deux généraux de Charles-Quint [2]. Le musée du Louvre possède ce dernier portrait, l'un des plus beaux de Titien. — « Avalos, debout, tête nue, revêtu d'une armure, pose la main gauche sur le sein d'une jeune femme assise, qui tient des deux mains sur ses genoux une boule de verre. A droite, un Amour apportant un faisceau de flèches ; une femme vue de profil, la tête couronnée de myrte, la main droite posée sur sa poitrine, dans une attitude respectueuse ; par derrière, une figure dont on ne voit que la tête en raccourci et les mains élevées, qui soutiennent une corbeille de fleurs [3]. »

Le Titien représenta une seconde fois le marquis

[1] Pag. 240 et suiv.
[2] Ridolfi, *ibid.* p. 154, 158.
[3] *Catalogue du musée du Louvre*, écoles d'Italie, p. 228. Troisième édit., 1852.

del Vasto, haranguant ses soldats à la manière de Jules César. Le jeune homme placé près de lui, qui tient son casque, est son fils aîné, qui remplissait les fonctions de lieutenant général des armées de Charles-Quint en Italie [1]. C'est à l'occasion de ce tableau que l'imprimeur Marcolino écrivait de Venise, le 15 septembre 1551, à son ami l'Arétin : « Si je voulais vous flatter, je dirais qu'on vienne vous admirer couvert d'une armure et quelque peu tremblant, sur cette toile où Titien, qui pour vous est plus qu'un frère, a peint au naturel le marquis Alphonse d'Avalos del Vasto, qui parle à son armée avec le costume et à la manière de Jules César. Que l'on vous admire dans ce tableau, et qu'en vous voyant Milan tout entier accoure avec tout son peuple, pour vous contempler comme une effigie très-digne et divine. »

Au milieu de tous ces nobles Castillans, nous ne devons pas oublier monseigneur d'Arras, qui, promu plus tard à la pourpre romaine, prit le nom de cardinal de Granvelle. « Il fit, dit Mariette [2], grande figure à la cour de Philippe II, comme son père avait fait à celle de Charles-Quint. Il aimait les beaux-ats et fit lever, avec grande dépense, le plan, en largeur et hauteur, des thermes de Dioclétien, par Sebastiano de Oya, architecte flamand. Il le fit en-

---

[1] *Catalogo de los cuadros del real Museo.* Madrid, 1850, p. 191, num. 821.
[2] Lettre à Bottari, dans le tome VI des *Lettere pittoriche*, édit di Ticozzi. Milan, 1822, in-18, p. 13-14.

suite graver sur cuivre, et en composa un livre qui, de tous ceux qui traitent des antiquités de Rome, est le plus rare, le plus intéressant et le plus curieux. Il a été imprimé à Anvers, chez Girolamo Coch en l'année 1558. » — Non-seulement le Titien fit le portrait de ce cardinal, mais il le traita dans sa maison de Venise en véritable grand seigneur. Après avoir raconté qu'à son retour de Pologne par Venise, en 1574, le roi Henri III alla rendre visite au peintre, qui lui offrit généreusement plusieurs tableaux, dont ce prince lui avait demandé le prix, Ridolfi ajoute : « Titien ne brillait pas moins par la grandeur de ses manières, entretenant chez lui un nombreux domestique, vêtu d'une brillante livrée, comme celle d'un noble cavalier. Dans les voyages qu'il fit à la cour des princes, il traita toujours honorablement, avec grandes dépenses. On dit qu'il reçut à l'improviste à dîner chez lui les cardinaux espagnols de Granvelle et Pacheco. Jetant sa bourse à ses serviteurs, il leur dit : « Préparez le repas, car je me trouve tout un monde chez moi. » Et, en attendant que le dîner fût prêt, il lia conversation avec les deux cardinaux, tout en retouchant leurs portraits [1]. »

[1] Ridolfi, *Vita di Tiziano*, p. 188.

CHAPITRE II

Don Diego Hurtado de Mendoza. — Sa naissance et son éducation. — Son ambassade à Venise. — Sa liaison avec le Titien, l'Arétin et le Sansovino. — Service signalé qu'il rend à ce dernier. — Son altercation avec le pape Paul III. — Il est rappelé en Espagne, tombe en disgrâce et est mis en prison à la suite d'une querelle dans le palais de Philippe II. — Son exil à Grenade, ses travaux dans cette ville. — Ses relations avec sainte Thérèse. — Il meurt à Madrid. — Examen de ses œuvres. — Sonnet de Cervantès sur Mendoza.

1503—1575

De tous les grands personnages de la cour d'Espagne, aucun ne vécut aussi intimement avec le Titien que don Diego Hurtado de Mendoza, qui fut pendant longtemps ambassadeur de Charles-Quint, à Venise. La vie de cet homme d'État est curieuse à étudier, en ce qu'elle se trouve mêlée aux événements politiques les plus importants de son temps, et qu'elle donne une haute idée de l'instruction aussi profonde que variée, et des rares qualités qui distinguaient alors la haute noblesse espagnole. Elle n'est pas moins intéressante au point de vue de l'art, puisque Mendoza fut lié avec le Titien, l'Arétin, le Sansovino et beaucoup d'autres artistes.

« Les vies des hommes illustres, dit don Gregorio Mayans, dans l'édition qu'il a donnée à Valence, en 1776, de la *Guerre de Grenade*, présentant les exemples les plus efficaces pour exciter à imiter leurs actions, je me suis déterminé à écrire la vie

de don Diego Hurtado de Mendoza, excellent écrivain et très-habile politique, afin qu'en parcourant son histoire de Grenade, on puisse en même temps avoir sous les yeux une notice sur ses études, et sur le soin et l'application qu'il apporta dans le maniement des affaires politiques, circonstances qui le préparèrent à écrire d'une manière si remarquable. »
— Mais, pour que sa biographie fût complète, le savant auteur aurait dû ajouter à ses recherches des détails sur les relations de son héros avec les artistes vénitiens, relations dont il ne parle pas. Les arts, aussi bien que la politique, ont, en effet, occupé une notable place dans l'existence de don Hurtado de Mendoza. C'est pourquoi, tout en suivant la notice de don Gregorio Mayans, nous essayerons de la compléter par les renseignements puisés dans les *Maraviglie dell'arte*, de Ridolfi, dans la vie de Sansovino par le *Temanza*, et dans les lettres publiées par Bottari.

Don Diego Hurtado de Mendoza naquit à Grenade, à la fin de l'année 1503, ou au commencement de 1504. Son père, l'un des plus célèbres généraux qui servirent les rois catholiques dans la conquête du royaume de Grenade, fut don Inigo Lopez de Mendoza, second comte de Tendilla et premier marquis de Mondejar, fils du comte de Tendilla, qui fut frère germain du premier duc de l'infantado don Diego Hurtado de Mendoza, et tous deux fils du célèbre don Inigo de Mendoza, premier marquis de Santillana. Sa mère était doña Francisca Pacheco, seconde femme du marquis et fille de don Juan Pacheco, marquis de Villena et premier duc de Escalona. Il fut le cinquième des fils issus de ce mariage, qui tous se firent remarquer par les services rendus à leur pays : le premier, don Luis, fut capitaine général du royaume de Grenade, et depuis président du conseil; don Antonio fut vice-roi dans les deux Amériques; don Francisco, évêque à Jaen, et don Bernardino, général des galères de l'Espagne.

Rien ne prouve qu'il naquit à Tolède, comme on l'a prétendu; car on sait que ses parents restèrent à Grenade pendant les années qui suivirent la conquête de cette ville. Leur présence était nécessaire dans cette cité turbulente qui, par suite du zèle excessif déployé par le cardinal Ximenès pour la conversion des Mahométans, se révolta vers la fin du mois de décembre 1499, et dont les troubles durèrent presque pendant deux années. Il n'est pas à supposer que, pour éviter ce péril, la marquise, femme d'un caractère héroïque, se soit réfugiée à Tolède. On doit croire plutôt qu'elle se retira dans la forteresse de l'Albaïcin, lieu que le marquis choisit pour apaiser la sédition, et qu'elle s'établit avec ses jeunes enfants dans une maison attenant à la grande mosquée, comme si elle eût été livrée en otage.

Don Diego reçut une éducation très-soignée. On croit qu'il eut pour principal maître Pierre Martir de Angleria, qui vivait à Grenade, avait de grandes obligations à la famille Mendoza, et devait au premier comte de Tendilla d'être venu se fixer en Espagne. Le jeune Diego commença par étudier la grammaire et la langue arabe, qu'il cultiva toute sa vie : il alla terminer ses études à Salamanque, où il apprit le grec et le latin, la philosophie, le droit civil et canonique. Ces fortes études étaient une excellente préparation à la vie politique et au maniement des affaires, carrières réservées alors à la haute noblesse espagnole. La découverte de l'Amérique, la conquête de Grenade, la réunion des royaumes de Castille et de Léon sous un même sceptre, la compétition de l'empire d'Allemagne, la domination dans les Pays-Bas et en Italie, ouvraient à cette époque un large champ à l'ambition des grands seigneurs de la péninsule. Les principales familles de ce pays comprenaient l'importance d'une éducation solide, et la nécessité d'acquérir des connaissances variées, qui les missent à la hauteur des fonctions ou des commandements qu'elles auraient un jour à exercer. Aussi, tandis que la noblesse française continuait, en général, à vivre dans une grossière ignorance, méprisant les lettres et ne connaissant d'autre occupation que la guerre, les nobles Castillans, sans être moins braves, ne dédaignaient pas de s'instruire, et devenaient ainsi plus habiles dans la conduite des affaires et du gouvernement. Cette différence d'éducation des deux peuples n'a peut-être pas été assez remarquée. En mettant tout amour propre national de côté, on peut dire qu'elle contribua plus qu'on ne le pense généralement à établir et consolider, pendant tout le seizième siècle, la prédominance des armes, de l'administration et des idées espagnoles tant en Allemagne, dans les Pays-Bas, en Italie, à Naples et en Sicile, que dans les deux Amériques.

Pendant le séjour de don Diego à l'université de Salamanque, il aurait composé, selon quelques auteurs, *la vie de Lazarille de Tormes*, roman dans lequel notre Lesage a puisé plus d'un caractère et plus d'une scène de son immortel Gil Blas. Mais c'est une question très-controversée; d'autres écrivains attribuant cet ouvrage au frère Juan de Ortega, religieux hiéronimite.

Après l'achèvement de ses études, notre écolier, attiré comme tant d'autres de ses compatriotes par le désir de la gloire, passa en Italie, où il combattit longtemps contre les Français. On n'est pas fixé sur les campagnes auxquelles il prit part : on croit cependant, d'après un passage de son histoire de la guerre de Grenade, où il parle des nombreuses armées dans lesquelles il a servi sous les ordres de l'empereur Charles-Quint, qu'il assista, en 1524, au siège de Marseille, et qu'il se trouva également à la bataille de Pavie où, suivant l'attestation de Sandoval, la compagnie de don Diego de Mendoza se distingua. Cependant il est impossible de l'affirmer, parce que, dans ce temps, il y avait à l'armée plusieurs Espagnols de ce nom.

Il est également vraisemblable qu'il prit part à la guerre faite à Lautrec, à l'occasion du duché de

Milan ; qu'il assista, en 1522, à la bataille de la Bicoque, et qu'il entra en France avec Charles-Quint, en 1536. Ce qu'il y a de certain, c'est qu'au milieu des mouvements et des préoccupations de la guerre, nul autre ne manifestait une plus ardente inclination pour les lettres. Dès que l'armée avait pris ses quartiers d'hiver, temps ordinairement consacré aux plaisirs et à l'oisiveté, il quittait les lieux de garnison et se rendait aux plus célèbres universités, telles que Bologne, Padoue, Rome et autres, pour apprendre, des professeurs les plus renommés, les mathématiques, la philosophie et les autres sciences. Il suivit, entre autres, les leçons d'Augustin Nifo et de Juan Montedosca, fameux philosophe sévillan, qui était en grande réputation dans les universités d'Italie, et qui mourut en 1532.

Ses talents, son application, sa haute naissance, le firent distinguer par Charles-Quint. Ce prince conçut la plus haute idée des qualités de don Diego ; il apprécia beaucoup ses services pendant toute la durée de son règne, et lui confia les négociations les plus difficiles : dès 1538, il était ambassadeur à Venise. Nous n'avons pas à suivre ici don Diego de Mendoza dans l'exercice de ses fonctions publiques ; cette partie de sa vie appartient à l'histoire générale de son pays. Nous devons nous borner à faire connaître l'existence qu'il menait à Venise, et les relations qu'il y entretenait avec les savants et les artistes.

Au milieu des négociations les plus épineuses,

le comte n'abandonna jamais le goût qu'il avait pour les sciences et pour les lettres. Il aimait particulièrement à se procurer des manuscrits grecs, à les faire copier à grands frais, ou à les faire chercher et rapporter des extrémités les plus éloignées de la Grèce. C'est ainsi qu'il envoya jusqu'en Thessalie et au mont Athos, Nicolas Sofiano, natif de Corfou, pour rechercher et copier tout ce qu'il trouverait de remarquable parmi les anciens auteurs grecs. Il se servit également de Arnoldo Ardénio, Grec fort instruit, auquel il fit traduire, avec grande dépense, beaucoup de manuscrits de diverses bibliothèques, et principalement de celle du cardinal Bessarion. Grâce à ces recherches, l'Europe, dit son biographe, put connaître beaucoup d'ouvrages ignorés jusqu'alors, des plus célèbres auteurs grecs sacrés et profanes, tels que saint Basile, saint Grégoire de Nazianze, saint Cyrille d'Alexandrie, Archimède tout entier, Héron, Appien et d'autres. C'est de sa bibliothèque que l'on publia les œuvres complètes de Josèphe.

Mais, ce qui est surtout digne d'être transmis à la postérité, c'est le cadeau qu'il reçut du sultan Soliman, auquel il avait renvoyé libre et sans rançon un captif que ce prince aimait beaucoup, encore que don Diego l'eût racheté à grand prix de ceux qui l'avaient fait prisonnier. Le Grand-Seigneur voulait lui témoigner sa satisfaction par un don en rapport avec sa puissance; mais don Diego ne consentit à recevoir qu'un présent digne de la noblesse de sa naissance et de ses sentiments, et fait pour montrer le désintéressement d'un ministre de l'empereur. La république de Venise se trouvait alors dans une extrême pénurie de blé. Pour la tirer de ce terrible embarras, le comte demanda au Grand-Seigneur qu'il permît aux vaisseaux vénitiens d'acheter librement du froment dans ses États, et de l'apporter dans ceux de la république. Soliman accueillit cette demande, et ne se montra pas moins favorable à une autre, qui fut la remise de beaucoup de manuscrits grecs, que don Diégo préférait aux plus riches trésors. Les auteurs ne sont pas d'accord sur le nombre de ces manuscrits. Les uns veulent que Soliman en ait envoyé à l'ambassadeur un navire entièrement chargé; d'autres disent qu'il n'en reçut que trente; enfin, don Grégorio Mayans, adoptant un terme moyen, croit plus probable, d'après Ambrosio Moralès et don Nicolas Antonio, qu'il en reçut du sultan six caisses entièrement remplies.

La passion que don Diégo apportait à rechercher et réunir des manuscrits l'a fait accuser, par ses ennemis, d'avoir dérobé une partie de ceux que le cardinal Bessarion avait légués à la république de Venise. Il les aurait rapportés en Espagne, et on ne se serait aperçu que plus tard de la substitution de volumes absolument semblables, en apparence, aux manuscrits qu'il aurait enlevés. Cette accusation est réfutée avec indignation par le biographe de don Diego de Mendoza, et il a d'autant plus de raison, que les travaux de Zanetti, et la publication qu'il a faite des *bibliothèques grecque et latine*, ont démontré l'existence de ces manuscrits à la bibliothèque de Saint-Marc [1].

Le palais de l'ambassadeur de Charles-Quint à Venise était le rendez-vous de la société lettrée de cette ville. Les étrangers de passage, cardinaux, évêques, nobles, savants, tant Espagnols qu'Allemands, Italiens et Flamands, s'empressaient de venir le visiter. On aimait à s'instruire dans sa conversation et à écouter ses explications sur la philosophie des anciens, qu'il connaissait à fond, et qu'il étudiait tous les jours. En considération de son savoir et de sa bienveillance, Paul Manuce lui dédia les œuvres philosophiques de Cicéron, corrigées avec le plus grand soin ; « encore bien, dit-il, dans son épître dédicatoire, que, par ses lectures continuelles et sa sagacité, don Diego les possède encore plus correctes. » On voit par cette dédicace, qu'il s'appliquait principalement à la philosophie ; qu'il prit chez lui une de ses sœurs, fort instruite dans la langue latine et également distinguée, et que l'opinion de don Diego, dans la méthode de l'enseignement de la jeunesse, était que l'on gâte les longues années destinées à l'étude de la langue latine, en apprenant aux jeunes gens les sciences dans leur langue maternelle ; opinion que lui avait inspirée le cardinal Alcolti, qui demeurait dans sa maison.

La bonté de son caractère, sa générosité, son

---

[1] Voy. l'*Histoire des plus célèbres amateurs français*, Mariette, p. 57.

amour pour les lettres, le portèrent à venir en aide à un grand nombre de Grecs, qui s'étaient réfugiés à Venise, fuyant la dure servitude des Turcs. A cette occasion, Lazaro Bonamico lui adressa une épître en vers latins [1], dans laquelle, décrivant sa manière de vivre et les études auxquelles il se livrait, il l'engage à s'abandonner à son génie, c'està-dire à l'étude et à la contemplation de la nature ; il vante son application à la philosophie, sa vigilance à défendre les droits de l'empereur, ses efforts pour résister au Turc, l'ennemi commun ; il loue son éloquence, rappelle l'estime que le sénat vénitien faisait de sa personne et le secours de blé qui, par son intervention, évita une horrible famine à la sérénissime république; il loue la libéralité avec laquelle il envoyait dans la Grèce, à ses frais, des savants chargés d'en rapporter des monuments anciens ; il termine en montrant le crédit dont il jouissait auprès de Charles-Quint, et dont il savait faire l'emploi le plus utile, soit pour obtenir la grâce des uns, soit pour favoriser l'avancement des autres [2].

Vivant ainsi à Venise dans l'étude, avec les savants et les lettrés, tout en dirigeant des négociations qui le mettaient en rapport avec les personnages les plus influents de cette république, don Diego

---

[1] Imprimée dans ses *Poésies*, publiées à Venise en 1552, in-8, et en 1572, in-4.

[2] *Vida de don Diego Hurtado de Mendoza*, par don Gregorio Mayans, en tête de l'édition qu'il a donnée à Valence en 1776, in-4, de la *Guerra de Granada*; réimprimée dans la même ville par don Benito Montfort, 1830, in-12, de la p. 1re à 16, *passim*.

ne pouvait manquer de prendre bientôt goût aux beautés de l'art, et de rechercher l'amitié des principaux maîtres de la brillante école de la couleur. L'art, l'amour et la politique étaient alors les seules occupations dignes d'un habitant de Venise, fût-il même étranger. Mais l'aristocratie du livre d'or, par ses privilèges et par ses richesses, était seule en position de mener de front ces trois grands mobiles de la vie vénitienne. Elle dominait dans le sénat, au Conseil des Dix, dans les élections ; commandait les flottes et les armées, gouvernait Chypre et les États de terre ferme ; ce qui ne l'empêchait pas de céder aux attraits de ces beautés faciles célébrées par Le Bembo, l'Arioste et tant d'autres poëtes. Cette noblesse patriotique et intelligente, avait compris l'importance de l'art. Depuis plusieurs siècles, il s'était établi entre les principales familles comme une rivalité publique, pour construire les plus beaux édifices, églises, palais et autres monuments, et pour les faire décorer des fresques et des mosaïques les plus belles et les plus curieuses. Ce grand mouvement artistique redoubla vers le milieu du seizième siècle, alors que l'école vénitienne dans tout son éclat, vit briller à la fois Gio-Bellino, Giorgione, Tiziano et beaucoup d'autres peintres éminents. Mais au milieu de cette pléïade, il manquait un architecte et un statuaire : Venise les trouva dans le toscan Sansovino, qui chassé de Rome, à la suite du sac de cette ville par les bandes du connétable de Bourbon en 1527, vint se fixer au milieu de ses lagunes, et décora sa patrie d'adoption des chefs-d'œuvre de la sculpture et de l'architecture.

Comment don Diego de Mendoza aurait-il pu rester insensible aux merveilleuses peintures exposées alors, non-seulement dans l'intérieur des palais et des églises, mais sur les murs extérieurs des monuments et des maisons particulières ? Le Giorgione et le Titien ne venaient-ils pas de lutter de génie dans ces fresques fameuses, peintes sur les différentes façades *du fondaco de' Tedeschi*, qui sont aujourd'hui détruites, mais dont Zanetti nous a conservé une idée par ses gravures [2] ? Le palais ducal, la basilique de Saint-Marc, n'étaient-ils pas ornés à la fois des œuvres les plus remarquables de la peinture, de la sculpture, de la ciselure et de la mosaïque ? L'ambassadeur de Charles-Quint, admirablement préparé par ses études pour comprendre et aimer les belles choses, ne pouvait donc pas échapper à l'influence de l'art vénitien.

L'Arétin fut sans doute l'instigateur des relations que le comte établit avec le Titien et le Sansovino, ses amis intimes. L'écrivain avait besoin de l'appui de l'ambassadeur du César pour obtenir et conserver les bonnes grâces, c'est-à-dire les pensions et les gratifications du puissant empereur, en échange de ses flatteries outrées et de ses impudentes bassesses. Il s'attacha donc à gagner la faveur de don Diego,

---

[1] Voy. l'*Histoire des plus célèbres amateurs français*. Mariette, p. 57 et suiv.

non-seulement en le louant, comme toutes les puissances, mais surtout en lui inspirant le désir de posséder des œuvres du Titien, dont il était à peu près certain de pouvoir disposer. L'artiste, de son côté, avait intérêt à ménager le représentant du souverain dont il cherchait à devenir le peintre. Quant à don Diego, il était déjà sous le charme du génie véritablement irrésistible du chef de l'école vénitienne. Avec ces dispositions réciproques, une étroite intimité s'établit entre l'homme d'État, l'écrivain et les deux artistes. Cette intimité ne fut point inutile à Titien pour le soutenir à la cour de Charles-Quint et l'accréditer parmi les grands seigneurs espagnols. Mais elle fut surtout favorable au Sansovino, et l'aida efficacement à se tirer d'une situation difficile, ainsi qu'on va le voir.

Depuis longtemps, l'ancien bâtiment de la Monnaie (Zecca), sur la place Saint-Marc, menaçait ruine, et on avait reconnu qu'il n'était pas possible de le réparer. Il fut résolu, en l'année 1535, d'en construire un autre à la même place, et trois architectes furent chargés d'en préparer les plans. Le conseil des Dix choisit celui de Sansovino, qui fut ensuite exécuté. Ce magnifique édifice est tout entier en pierres d'Istria. Les salles attenant à la fonderie du rez-de-chaussée ont des voûtes qui s'élèvent jusqu'au-dessous de la toiture. Mais il n'est pas exact, ainsi que l'a écrit Francesco Sansovino[1], fils

---

[1] Dans son ouvrage intitulé : *Venezia città nobilissima e singolare*

de l'architecte, de dire qu'il n'est pas entré de bois dans la construction de ce bâtiment, puisque le feu y prit et que, par bonheur, cet événement arriva pendant le jour. La façade sur la *Pescheria* est très-noble. La grande cour du milieu est entourée de vingt-cinq ateliers dans lesquels étaient distribuées autrefois les différentes industries nécessaires à la fabrication de la monnaie. Il n'y a que deux entrées, l'une sur l'eau, du côté du canal qui règne derrière les *Procuraties neuves*; l'autre sur la place Saint-Marc, qui débouche sur un petit espace correspondant à une arcade du portique de la Bibliothèque de Saint-Marc.

Cette bibliothèque est elle-même une œuvre remarquable du Sansovino. Le motif qui la fit construire fut de placer convenablement les précieux manuscrits et les livres qui avaient été légués à la république, en partie par Francesco Petrarca, en partie par le cardinal Bessarion. Cet édifice ne se compose que de deux ordres, un dorique très-orné, et un gracieux ionique dont l'entablement présente une frise d'une remarquable exécution. Au-dessus de la corniche qui fait gouttière au toit, règne une balustrade, sur les piédestaux de laquelle sont disposées des statues fort belles, ouvrages des plus célèbres élèves du Sansovino. A l'entrée est un portique élevé de trois marches au-dessus du niveau de la place, qui comprend vingt et une arcades, avec

descritta in XIIII libri, in Venezia appresso Giacomo Sansovino. 1581.

autant d'autres correspondant à l'intérieur. Celle du milieu donne accès à un magnifique escalier divisé en deux branches, qui conduit à une grande salle consacrée à un très-précieux musée de statues antiques données, pour la plus grande partie, à la république par les deux prélats Grimani, c'est-à-dire par le cardinal Dominique et par Jean-Germain, patriarche d'Aquilée. De cette salle, on passe à la bibliothèque, située au levant, et qui occupe en longueur sept arcades et trois en largeur. Le Sansovino ne construisit entièrement que la partie qui comprend l'escalier, le musée et la bibliothèque : le surplus fut terminé treize ans après sa mort.

Comme cette construction dura plusieurs années, il y arriva un accident qui mit en péril non-seulement la réputation de l'architecte, mais même sa liberté et sa fortune. C'est dans cette circonstance que l'intervention de l'ambassadeur de Charles-Quint lui fut très-secourable. On doit croire que cet homme d'État prenait un grand intérêt à cette entreprise, puisque, dans le mois de février 1540, l'Arétin l'invita par un billet à venir en masque, sur la place Saint-Marc, pour voir les travaux merveilleux du Sansovino [1]. Vers la fin de 1545, les cintres étaient posés, et l'on murait la grande voûte qui devait recouvrir la bibliothèque. Pour que les murs latéraux pussent résister à la poussée de cette voûte, l'architecte avait disposé, de cinq pieds en

---

[1] *Per vedere i sudori mirabili del Sansovino; lettere dell' Aretino.* T. II, p. 120.

cinq pieds, des chaînes de fer qui, comme la corde d'un arc, traversaient toute la longueur de la bibliothèque, d'un mur à l'autre. Cette opération traînant en longueur plus que le Sansovino ne l'avait supposé, la gelée arriva, et néanmoins on continua le travail. La voûte fut terminée vers la mi-décembre; mais le 18 du même mois, vers une heure du matin, elle s'écroula tout à coup, entraînant avec elle les murs situés du côté du palais ducal. Cet événement causa une grande rumeur et une stupéfaction générale dans la ville; et il y eut un fonctionnaire trop zélé qui, de sa propre autorité, se hâta de faire incarcérer le malheureux artiste.

Dès quatre heures du matin, L'Arétin avait appris la mésaventure du pauvre architecte. Il s'empressa d'en informer le Titien, qui était alors à Rome, afin qu'il intervînt et fît intervenir, auprès du sénat et du Conseil des Dix, le Bembo et d'autres puissances, en faveur de leur ami commun et compère. Si le Sansovino, comme tous les hommes supérieurs, avait ses ennemis et ses envieux qui cherchaient à exploiter contre lui cet événement, il trouva de chauds défenseurs parmi ses amis et ses élèves, au milieu desquels Cattaneo Danese se distingua par l'ardeur de son zèle. Don Diego Mendoza ne fut pas le dernier à agir; il était alors à Sienne, dont Charles-Quint l'avait nommé gouverneur, tout en lui conservant son ambassade de Venise. Dès qu'il eut reçu la nouvelle de l'accident, il s'empressa d'envoyer à Venise une personne de confiance, afin d'offrir au Sansovino toute l'assistance dont il pourrait avoir besoin. Bien qu'il fût interdit aux ambassadeurs étrangers de se mêler des affaires du gouvernement de la sérénissime république, il est à croire que, par ses relations avec les principaux membres du sénat et du Conseil des Dix, l'envoyé de Charles-Quint ne fut pas étranger à l'heureuse issue de la négociation entreprise pour tirer l'architecte du mauvais pas dans lequel il était tombé. Grâce aux démarches qui furent faites, le Sansovino put sortir de prison, et vit enfermer à sa place celui qui l'y avait fait mettre. Toutefois, il ne se disculpa pas facilement auprès des procurateurs *di sopra* [1], de son défaut de surveillance : il subit donc l'humiliation de voir son traitement suspendu, et d'être condamné à une amende de mille ducats, qui devaient être employés à refaire les parties écroulées de l'édifice. L'artiste supporta ce malheur avec résignation ; car à quoi bon, dit un de ses biographes, en citant un vers du Dante [2], se révolter contre sa destinée ?

On abandonna alors le projet de faire la voûte en pierre, et il fut décidé, avec raison, qu'on établirait une toiture, et qu'on placerait, au-dessous une voûte en lattis de roseau. Le Sansovino, non plus

---

[1] *D'en haut,* — fonctionnaires d'un ordre supérieur, choisis dans la plus haute noblesse. — Voy. *la Ville et la république de Venise*, par le sieur de Saint-Didier. Amsterdam, Daniel Elzevier, 1680, petit in-18, p. 134, 135, 136 et suiv. — Voy. aussi l'*Histoire de Venise*, par M. Daru, t. VII, p. 292, édit. in-18. Didot. 1826.

[2] « *Che giova nelle fata dar di cozzo?* » — Inferno, c. IX, v. 97.

comme un architecte qui dirige les travaux, mais comme un ouvrier qui répare ce qu'il a mal fait, prit part à la reconstruction des parties tombées. Les procurateurs voulurent bien consentir à lui prêter mille ducats, mais ils lui en firent payer neuf cents ; dont six cents furent appliqués aux statues de bronze de la *Logetta ;* et trois cents aux bas-reliefs, également de bronze, placés dans le haut, à gauche de la chapelle ducale de Saint-Marc.

Dès le mois d'octobre 1546 la reconstruction était très-avancée, car le cardinal Bembo écrivait de Rome : « Magnifique et excellent messire Jacopo Sansovino, mon très-cher, vous ne m'avez pas fait un petit plaisir, en m'apprenant que vous aviez amené la réédification du bâtiment que vous faites pour l'illustrissime seigneurie à un tel degré d'avancement, que sous peu on pourra l'habiter. Cette nouvelle m'a été aussi agréable que m'avait été pénible, par divers motifs, mais surtout par l'amitié que je vous porte, l'écroulement de cette construction, arrivé l'année dernière. Maintenant qu'elle est arrivée au degré que vous dites, je m'en réjouis avec vous, autant qu'il convient à l'attachement que je vous porte, et qui me fait désirer de trouver l'occasion de vous montrer par ses effets qu'il n'est pas médiocre. Je n'ai rien autre chose à vous dire, si ce n'est que vous fassiez attention à conserver votre santé. — De Rome, le 23 octobre 1546 ; prêt à satisfaire à vos désirs.—P. card. BEMBO.[1] »

---

[1] *Lettere di P. Bembo*, t. V, p. 488, dans l'édition des *Classiques*

Au mois de novembre 1546, tout ce qui s'était écroulé avait été reconstruit, et l'édifice entier était complétement terminé au commencement de l'année suivante, c'est-à-dire, suivant l'usage alors adopté à Venise, en mars 1548. Dès le mois de février précédent, le Sansovino avait été rétabli dans ses fonctions d'architecte, avec le même traitement qu'auparavant. On lui restitua même la portion de ses appointements, dont le payement avait été provisoirement suspendu.

La voûte de la bibliothèque fut alors divisée en plusieurs espaces, destinés à être décorés de peintures par les principaux maîtres de Venise. Les procurateurs voulant donner une récompense d'honneur à celui dont le projet de composition aurait paru le meilleur, firent choix de Titien et de Sansovino pour décider la question. Mais ces derniers, désirant éviter le reproche de partialité, voulurent savoir de chacun des concurrents, séparément, quelle était l'œuvre qui, après la sienne propre, lui paraissait préférable. Ils désignèrent tous la composition de Paul Véronèse, et les deux arbitres rendirent leur décision en faveur de ce grand peintre [1].

Nous ignorons si ce fut à cette époque que le

italiens, de Milan, in-8, 1820; t. IX des *OEuvres complètes de Bembo*.

[1] *Vita di Jacopo Sansovino, scultore ed achitetto chiarissimo, scritta da Tommaso Temanza in Venezia*, 1751. In-4, de la page 19 à la page 33. — Ridolfi, dans la *Vie d'Andrea Schiavone*, dit que Titien fit assigner à ce peintre les trois premières lunettes de la voûte (*tondi*) du côté du campanile ou clocher de Saint-Marc; et il donne une description détaillée de ces peintures.

Titien fit le portrait en pied de don Diego de Mendoza, célébré par le Partenio dans le sonnet suivant :

> Chi vuol veder quel Tiziano Apelle
> Far dell' arte mia tacita natura,
> Miri il Mendoza si vivo in pittura
> Che nel silenzio suo par che favelle.
> Moto, spirto, vigor, carne, ossa e pelle
> Gli da lo stil, ch' in piedi lo figura :
> Talche il ritratto esprime quella cura
> Che hanno di lui le generose stelle.
> Dimostra ancor nella sembianza vera
> Non pur il sacro illustre animo ardente,
> E delle sue virtù l' eroica schiera,
> Ma i pensier alti della nobil mente
> Che in le sue gravità raccolta e intera
> Tanto scorge il futur quanto il presente [1].

« Que celui qui veut voir Titien Apelles faire de l'art une nature muette, vienne admirer Mendoza, si vivant en peinture que, dans son silence, il paraît parler. Le pinceau qui l'a représenté en pied lui a donné mouvement, intelligence, vigueur, chair, os et peau ; tellement que ce portrait exprime le soin qu'ont de lui les heureuses étoiles qui ont présidé à sa naissance. Dans sa ressemblance frappante, il montre encore, non pas seulement son âme illustre et ardente, avec l'accompagnement de ses vertus héroïques ; mais il révèle aussi les pensées profondes que son esprit scrutateur examine et médite, afin de pénétrer et le présent et l'avenir. »

Si don Diego, comme le prétend son biographe [2], « était un Démosthènes devant le sénat vénitien,

---

[1] Ridolfi, *Vita di Tiziano*, p. 152.
[2] Don Gregorio Mayans, *ut suprà*, p. 14.

et un Socrate dans sa maison, » au moins il aurait dû reconnaître que ce n'était pas un Socrate insensible aux charmes des Laïs vénitiennes, de tout temps renommées pour leur beauté. Ridolfi raconte [1] que Titien fit pour don Diego le portrait d'une de ses maîtresses (*una sua favorita*), et que le même Partenio a chanté ainsi les attraits de cette femme, et la passion qu'elle avait inspirée au grave ambassadeur :

> Furtivamente Tiziano e Amore
>   Preser 'ambi i penelli e le quadrella;
>   Due esempi han fatto d' una donna bella,
>   E sacrati al Mendoza, aureo signore.
> Onde egli altier di si divin favore,
>   Per seguir cotal dea, come sua stella,
>   Con cerimonie appartenenti a quella,
>   L 'uno in camera tien, l 'altro nel core.
> E mentre quell' effigie e questo imago
>   Dentro à se scopre e fuor cela ad altrui;
>   E in cio, che più desia, meno appar vago.
> Vanta il secreto, che si asconde in lui,
>   Che s' ogn'un è del foco suo presago,
>   Ardendo poi non sà verun di cui.

« Titien et l'Amour prirent tous deux en cachette les pinceaux et la palette, et firent deux portraits d'une belle dame, chère au Mendoza, chevalier de la Toison d'or. Fier de cette faveur divine, et voulant suivre cette déesse comme son étoile, et la traiter avec les honneurs qu'elle mérite, ce seigneur a placé l'un des portraits dans sa chambre et fait entrer l'autre dans son cœur. Et, tandis qu'il admire en

---

[1] Loc. cit., p. 152-153.

lui-même ces deux images, il les cache avec soin à tout autre, se montrant ainsi, en apparence, peu désireux de ce qu'il souhaite le plus. Il est heureux du secret qu'il cache si bien ; de telle sorte, que si l'on peut présumer qu'il brûle du feu de l'amour, au moins ne sait-on pas quel est l'objet de sa flamme. »

Les sonnets de Partenio ne restèrent sans doute pas sans récompense; car les poëtes de circonstance n'avaient pas alors l'habitude d'écrire seulement pour la gloire, et, d'ailleurs, don Diego était généreux. Tiraboschi [1] rapporte qu'il fit cadeau de vingt-quatre écus d'or à Ant. Francesco Doni, qui lui avait envoyé la description de la gravure du portrait de Charles-Quint, par Enea Vico Parmigiano. Cette description, imprimée d'abord à Venise en 1550, par le Marcolini, fut plus tard dédiée de nouveau par l'auteur, qui cherchait à tirer profit de sa plume, au marquis Doria et au seigneur Ferrante Caraffa [2].

Nous ne suivrons pas don Diego dans son gouvernement de Sienne, dans sa mission au concile de Trente, non plus que dans son ambassade à Rome, qui le contraignit, à son grand regret, de quitter définitivement Venise. Sa carrière politique ressemble à celle de tous les hommes d'État de son siècle. Il recevait de ses maîtres, Charles-Quint et Philippe II, des instructions et des ordres, et il s'y conformait

---

[1] *Storia della letteratura italiana*, t. VII, p. 1514, édit. des Classiques, de Milan, 1824, in-8.

[2] Bottari, *Lettere pittoriche*, t. V, p. 140-146, *ad notam*.

en les faisant exécuter avec le zèle et même le fanatisme ardent qui dominait alors à la cour d'Espagne. Le comte paraît avoir eu en partage un caractère violent et passionné qui, dans l'âge mûr et même dans la vieillesse, le jeta plus d'une fois dans des extrémités regrettables. C'est ainsi, qu'étant ambassadeur à Rome, il eut une véritable altercation avec le pape Paul III (Farnèse), à l'occasion de la translation à Bologne des Pères du concile de Trente, qu'il convenait mieux à la politique de Charles-Quint de maintenir dans cette dernière ville [1]. Le pape, irrité des remontrances de l'ambassadeur, voulut le consigner dans son palais, mais don Diego lui répondit avec hauteur : « Qu'il était cavalier, et que son père l'avait été ; qu'en cette qualité, il devait prendre au pied de la lettre les ordres que lui envoyait son maître, sans aucune crainte de Sa Sainteté, quoique conservant toujours le respect que l'on doit au vicaire du Christ ; et qu'étant ministre de l'empereur, sa maison était là où il voulait qu'il mît les pieds, et que là où il se trouvait, il se trouvait en toute sûreté. »

Il paraît qu'il rentra en Espagne vers l'année 1554, qu'il fut maintenu dans le conseil d'État, et qu'il accompagna Philippe II à la grande journée de Saint-Quentin, en 1557. Toutefois, il ne jouissait plus auprès de ce prince de la même confiance qu'il avait pendant si longtemps inspirée à son père, soit

---

[1] *Vida de don D. H. de Mendoza*, p. 38, 39.

que sa conduite en Italie eût déplu au roi, soit, qu'en vieillissant, il dût naturellement perdre de son crédit.

Au milieu des distractions de la cour, il n'oubliait pas les lettres, et c'est à cette époque qu'il composa deux épîtres critiques, vives, éloquentes et remplies, suivant l'appréciation de son biographe [1], des plus délicates beautés de la langue castillane, sur l'histoire de la guerre de Charles-Quint contre les luthériens, que venait de publier in-folio, en 1552, Pedro Salazar. Il prit le pseudonyme du bachelier Arcade : dans la première lettre, il critique ouvertement cet ouvrage ; dans la seconde, sous prétexte de le défendre, il relève ses erreurs avec encore plus d'acrimonie. Ce caractère ardent avait besoin d'action, et n'étant plus absorbé par le maniement des grandes affaires, il cherchait un autre aliment à son activité encore toute juvénile.

Il lui arriva, vers ce temps, une aventure singulière, qui découvre l'emportement de son humeur et peint bien les mœurs de ce siècle. Se trouvant un jour dans le palais de Philippe II, il se prit de querelle avec un autre grand seigneur. Après un échange d'invectives, ils en vinrent aux mains, et don Diego ayant arraché le poignard de son adversaire, le précipita par la fenêtre. Don Gregorio Mayans ne dit pas si ce seigneur fut tué ou blessé ; mais c'est fort probable, si l'on réfléchit qu'il fut

[1] *Vida de don D. H. de Mendoza*, p. 46.

jeté du balcon d'un des étages élevés du palais. Cet événement fit beaucoup de bruit et déplut extrêmement à Philippe II, qui donna l'ordre de mettre le comte en prison. Il fut ensuite exilé de la cour, après avoir employé presque toute sa vie à rendre d'importants services à la couronne. Il essaya de se disculper, par des raisons qui passaient alors pour acceptables. Il écrivait à don Diego de Espinosa, évêque de Sigüenza et président du conseil de Castille : « ... Je pourrais citer beaucoup d'exemples semblables, outre ceux de ces hommes dont on a feint d'ignorer la conduite, et qui ont été promptement rétablis dans leurs honneurs et leur crédit, sans avoir été, pour ce qu'ils avaient fait, considérés comme fous. Seul, don Diego de Mendoza est obligé d'aller en exil, parce que, revenant par ici, à l'âge de soixante-quatre ans, il se saisit d'un poignard, dans un des corridors du palais, sans qu'on puisse l'excuser, ou lui infliger une réprimande proportionnée. Et afin qu'on ne me regarde pas comme un historien, j'omets de rappeler beaucoup d'autres exemples. Si ceux-ci ne suffisent pas, l'indignation qui me rend muet parlera partout. »

Ces explications hautaines n'apaisèrent point le ressentiment du roi. Il fut donc obligé de se retirer à Grenade, où il vécut dans le calme de l'étude, loin du bruit de la cour, bien qu'il prévît les troubles qui ne tardèrent pas à s'élever dans cette province, et qui se prolongèrent de 1568 à 1570. Don Diego vit éclater, en effet, la révolte de la population moresque, persécutée dans ses croyances par le zèle outré des conquérants. Il écrivit alors sa célèbre *Histoire de la guerre de Grenade*, composée à la manière de Salluste, remplie de maximes et de réflexions dignes d'un homme d'État, et présentée dans un style vif, concis et profond qui n'a pas été surpassé en espagnol. Ce soulèvement ne lui fit pas quitter Grenade, sa ville natale, qu'il aimait pour sa beauté, ainsi que pour les souvenirs de son enfance et de sa famille. Il continua d'y résider en cultivant les lettres, et en particulier la poésie, comme on le voit par l'épître en vers ou hymne qu'il adressa à don Diego de Espinosa, pour le complimenter sur le chapeau de cardinal que le pape Pie V lui avait envoyé, en mars 1568. Dans cette pièce, il traite le cardinal en ami, et lui insinue ce qu'il a souffert d'être exilé de la cour.

Don Diego était consulté par ses compatriotes les plus instruits sur les sciences et, en particulier, sur les antiquités de l'Espagne, dont il avait fait une étude approfondie. Il n'avait jamais cessé d'entretenir la connaissance qu'il avait acquise dans sa jeunesse des langues hébraïque, arabe et grecque. Il se mit donc à faire des recherches sur les antiquités arabes; il fut déterminé à entreprendre ce travail par le grand nombre de monuments de ce peuple qu'il voyait à Grenade. Malheureusement, ces recherches n'ont pas été publiées; c'est fort regrettable, car elles jetteraient une vive lumière sur l'origine et la destination des monuments de cette nation, qui sont aujourd'hui entièrement détruits, et dont on a perdu l'histoire. Il avait réuni plus de quatre cents manuscrits arabes, ainsi que l'assure Jérôme de Zurita, auquel il en communiqua quelques-uns pour être insérés ou cités dans ses *Annales de l'Aragon*.

Notre personnage touchait alors à sa soixante-dixième année, et les infirmités lui étaient venues avec la vieillesse. Ses idées tournèrent à l'extrême dévotion; il se mit en correspondance avec sainte Thérèse et avec son directeur, le frère Jérôme Gracian, qui l'avait assistée dans l'établissement de la réforme de son ordre (des Carmélites). Don Diego lui écrivit de fixer un jour pour le recommander à Dieu d'une manière toute spéciale. La sainte répondit que, le jour indiqué, elle et ses sœurs communieraient à son intention et qu'elles rempliraient cette journée le mieux qu'elles pourraient [1].

Cette ferveur dévote n'empêchait pas le comte de faire des démarches pour obtenir de rentrer à la cour. Philippe II lui permit enfin, au commencement de 1575, de se rendre à Madrid, soit pour se justifier, soit pour terminer quelques affaires. En témoignage de sa reconnaissance, don Diego envoya au roi ses livres en cadeau, et se mit en route pour Madrid. Mais à peine arrivé, il fut pris d'un mal de jambe et mourut en avril 1575 [2].

En 1610, un chevalier de Saint-Jean de Jéru-

---

[1] *Cartas de santa Teresa de Jesus*, T. 1ᵉʳ, carta 11.
[2] *Vida de don D. H. de Mendoza, ut suprà*, de la p. 38 à la p. 51.

salem, chapelain et musicien de chambre du roi d'Espagne, le frère Jean Diaz Hidalgo, publia, en un volume petit in-4° imprimé à Madrid, quelques-unes des poésies de don Diego, choisies parmi ses autres ouvrages, sous ce titre : *Obras del insigne cavallero don Diego de Mendoza, embaxador del emperador Carlos Quinto en Roma* [1]. Il a dédié ce volume à don Inigo Lopez de Mendoza, quatrième marquis de Mondejar. L'éditeur n'a pas voulu publier les autres œuvres de don Diego, tant, dit son historien [2], à cause de la singularité des matières qui s'y trouvent traitées, que parce qu'elles ne sont pas faites pour être mises entre les mains de tout le monde. D'un autre côté, le frère Jean Diaz nous apprend, dans son avertissement à ses lecteurs, que les autres poésies de don Diego consistaient en satires et pièces burlesques qu'il avait composées pour son plaisir et celui de ses amis, et qu'on ne doit pas les livrer à l'impression par respect pour la mémoire de leur auteur.— Nous ignorons dans quel dépôt public ou privé peuvent se trouver aujourd'hui les manuscrits de tous ces ouvrages.

Quant au volume publié à Madrid, en 1610, il contient un grand nombre de pièces dans tous les rhythmes : il y a des églogues, des *villanzicos*, espèces de pastorales, des *canziones*, des épîtres, des stances, des sonnets, des *quintas*, ou suite de cinq vers, des *redondillas*, morceaux qui répètent les

---

[1] Bibliothèque impériale de Paris, Y, n. 6256.
[2] *Vida de don D. H. de Mendoza*, p. 51.

mêmes rimes, comme le refrain de nos chansons ; un dialogue entre Tirsis et Pasqual, une fable d'Adonis, Hypomène et Atalante; l'Hymne à la louange du cardinal de Espinosa, etc. La plupart de ces morceaux sont des compositions amoureuses dans le goût des Italiens du temps. On trouve cependant des épîtres qui se distinguent par des pensées plus sérieuses, et par quelques remarquables descriptions des plus beaux sites de l'Espagne, du Portugal, de l'Italie et de la Sicile. Il n'appartient pas à un étranger de parler du style : les Espagnols le trouvent vif, élégant et pur.

Les compositions les plus remarquables de ce recueil sont celles qui ont été inspirées à don Diego par les suites de la scène que nous avons rapportée, et après laquelle il fut arrêté et mis en prison. Il a déploré, en *redondillas de pie quebrado* (rimes à vers inégaux et brisés), son emprisonnement et sa disgrâce, et ses vers [1] peignent bien l'état violent de cette âme ardente et fière, dont l'orgueil était si cruellement humilié sous cette punition. A la suite, on trouve des *quintillas* (p. 120) dans lesquelles il se plaint qu'on le punisse sans l'entendre. On voit aussi, par plusieurs épîtres en *redondillas* à sa dame (p. 126, 132, 134, 139 v°), que la querelle fatale,

---

[1] Cette pièce commence ainsi (p. 114) :
>Estoy en una prision
>En un fuego y confusion
>Sin pensallo.
>Que aunque me sobra razon
>Para dezir mi passion
>Sufro y callo.

dans laquelle il s'était laissé emporter jusqu'à jeter son adversaire par une des fenêtres du palais de Philippe II, avait été causée par la jalousie, et pour venger l'honneur outragé de sa belle. Ce n'est pas là le trait le moins singulier de notre personnage, qui était alors parvenu, ainsi qu'il le dit lui-même dans sa lettre au cardinal de Espinosa, à l'âge de soixante-quatre ans. Si l'on juge de sa passion par ses vers, il n'avait encore rien perdu de l'ardeur de la jeunesse, et ses *quintas* à sa maîtresse, qu'il était obligé de quitter pour se rendre en exil à Grenade, sont empreintes de la passion la plus vive [1]. Il est bien à regretter que l'éditeur des poésies de don Diego, ou son biographe, n'ait pas expliqué l'énigme de cette aventure; mais ils ont sans doute été retenus l'un et l'autre par la crainte de quelque puissante famille, dont le nom aurait été mêlé à cet événement.

L'immortel auteur de Don Quichotte semble faire allusion à cette histoire, dans le sonnet suivant, composé en l'honneur de don Diego de Mendoza et de sa renommée [2] :

---

[1] *Quintas a una despedida*, p, 141:

> Yo parto, y muero en partirme,
> Yo lo procure, yo lo pago.
> No me dexeys en el trago,
> Señora, del despedirme,
> Por el servicio que os hago.

[2] Il est rapporté en tête du volume publié à Madrid en 1610, et se trouve au verso du feuillet qui contient l'approbation de l'ouvrage et le permis d'imprimer donné par l'inquisition.

> En la memoria vive de las gentes,
> Varon famoso, siglos infinitos,
> Premio que le merecen tus escritos,
> Por graves, puros, castos, y excelentes.
> Las ansias en honesta llama ardientes,
> Los Ethnas, los Estigios, los Cozitos,
> Que en ellos suavemente van descritos,
> Mira si es bien (ô fama) que los cuentes?
> Y aunque los lleves en ligero buelo
> Por quanto cine el mar, y el sol rodea,
> Y en laminas de bronce los escultas.
> Que assi el suelo sabra, que sabe el cielo,
> Que el renombre immortal, que se dessea,
> Tal vez le alcançan amorosas culpas.

« Vis dans la mémoire des nations, homme illustre, pendant une longue suite de siècles, récompense due à tes écrits graves, purs, corrects, excellents. Les soupirs brûlants d'une honnête flamme, les Etnas, les Styx, les Cocytes, dont tu fais une si agréable description, considère, ô Renommée, si ce sont bien là réellement des fables ! A l'aide de tes ailes légères, répands-les partout où s'étend la mer, et où le soleil darde ses rayons, et fais-les graver sur des lames de bronze. Ainsi, le monde saura ce que savait déjà le ciel, que l'immortel renom dont il brillait racheta parfois ses fautes amoureuses. »

Parmi les poésies imprimées de don Diego, il n'y en a pas sur les arts, et aucune de ses épîtres n'est adressée à ses amis de Venise. Si l'on eût publié ses autres poésies légères, ainsi que ses lettres en prose, on aurait sans doute trouvé sa correspondance avec le Titien et le Sansovino. Quoi qu'il en soit, le nom de don Diego Hurtado de Mendoza restera toujours attaché à ceux de ces artistes, et, ainsi que l'a prédit Cervantes, sa mémoire vivra en Espagne et ailleurs, non-seulement comme celle d'un habile politique, mais, ce qui est de beaucoup préférable, comme celle d'un poëte illustre, d'un grand historien, et d'un amateur éclairé des beautés de l'art [1].

CHAPITRE III

LE COMTE-DUC D'OLIVARÈS

1587-1645

Naissance, éducation, caractère du comte-duc d'Olivarès. — Il devient le favori du prince des Asturies, fils et héritier présomptif du roi Philippe III.

1587—1621

Le long règne de Philippe IV [2], si funeste à la grandeur de la monarchie de Charles-Quint, peut être considéré comme l'âge d'or de la peinture, des lettres et de la poésie en Espagne. Pour ne citer que les plus illustres parmi les poëtes et les artistes, il vit naître ou fleurir à la fois, au nombre des premiers, Lope de Vega, Calderon Gongora, Quevedro; et parmi les artistes, Ribera, Velasquez, Alonso Cano et Murillo. Cet éclat extraordinaire des lettres

---

[1] Dans le catalogue des meilleures estampes du musée de Madrid, on trouve cité le portrait de don D. H. de Mendoza, parmi ceux des cent quatorze personnages illustres de la nation espagnole. — P. 7. *Cuaderno*, 6°.

[2] Du 31 mars 1621 au 17 septembre 1665.

et des arts, qui aurait pu consoler l'Espagne de ses revers, ne fut pas dû seulement à un concours de circonstances favorables; comme Léon X à Rome, et les Médicis à Florence, le roi Philippe IV et son premier ministre, le comte-duc d'Olivarès, peuvent revendiquer, en partie, la gloire d'avoir élevé l'art et la littérature espagnole à son plus haut degré de splendeur. Le ministre contribua plus encore que son maître à cet avancement; non que le roi ne fût porté vers le beau par d'heureuses dispositions : mais, d'un caractère naturellement apathique et porté à l'ennui et à la tristesse, cette maladie héréditaire des descendants de Jeanne la Folle, il avait besoin, pour sortir de son impassibilité, d'être excité par le favori auquel il abandonnait complétement les rênes de l'État. Le pouvoir d'Olivarès était si absolu, qu'il est réellement vrai de dire que, pendant plus de vingt-deux années, Philippe IV se contenta de régner, tandis que ce fut le comte-duc qui gouverna sans contrôle la vaste monarchie espagnole.

Nous n'avons point à considérer ici le comte-duc d'Olivarès du côté de la politique; fidèle au plan que nous nous sommes imposé, nous nous attacherons exclusivement à retracer les services qu'il rendit aux arts, la protection qu'il accorda aux artistes, et particulièrement celle dont il couvrit le plus grand peintre espagnol, don Diego Velasquez.

La vie du favori de Philippe IV a été racontée de diverses manières par plusieurs de ses contemporains, selon que l'intérêt personnel ou la haine de l'écrivain le portait à dire du bien ou du mal du ministre et de son gouvernement. Voiture [1], envoyé de Gaston d'Orléans à Madrid, où il fut accueilli avec le plus grand empressement par le comte-duc, ennemi naturel du cardinal de Richelieu, a tracé d'Olivarès un portrait que Plutarque ne désavouerait pas pour un de ses hommes illustres de l'antiquité. Mais l'habitué de l'hôtel de Rambouillet exagère, de parti pris, les qualités du ministre, et amoindrit ses défauts. Représentant à la cour d'Espagne l'adversaire du grand cardinal, et venant demander à Olivarès l'appui des subsides et des armes espagnoles pour un prince, chef de mécontents incapables de lutter contre Richelieu, il dut flatter le favori de Philippe IV, tandis que la politique de celui-ci consistait à encourager les troubles en France, et à caresser ceux qui en étaient les fauteurs ou les soutiens. Voiture, de tout temps fort sensible à la louange, en sa qualité de poëte, paraît donc, dans cette circonstance, avoir été la dupe des avances et des cajoleries du ministre de Philippe IV. Néanmoins, sous la réserve de la vérité, qui ne se trouve point dans le portrait d'Olivarès, ce morceau est, peut-être, ce que le précurseur des grands écrivains du siècle de Louis XIV a laissé en prose de plus remarquable. Si la flatterie tient une trop grande place dans cet éloge, elle ne doit pas néan-

---

[1] *OEuvres de Voiture*, édit. de M. Ubicini, 2 vol. in-12, chez Charpentier. 1855, t. II, p. 271 et suivantes.

moins rendre injuste envers la mémoire d'Olivarès. Nous n'admettrons donc pas complétement avec Voiture que : « Pour ce qui est de son esprit, il ne peut être mis en doute de personne; pour en faire imaginer la grandeur, il suffit de dire qu'il s'étend aux deux bouts du monde; qu'il gouverne en Orient et en Occident, et conduit seul en même temps les plus importantes affaires de l'Europe. Pour ce que j'en ai pu connaître, il est merveilleusement prompt, actif, pénétrant, subtil, charmant et agréable, plein de feu et de lumières. » Mais nous conviendrons avec lui : « Qu'il entra dans les affaires en un temps où il semblait que le génie de l'Espagne commençait à se lasser, et que cette monarchie, qui avait été mise au dernier point de sa grandeur par Charles-Quint, et subsisté à peine sous Philippe second, semblait vouloir décliner sous les autres rois. »

Un autre écrivain, le comte de la Rocca, a publié[1] sous ce titre : « *Le ministre parfait, ou le comte-duc, dans les sept premières années de sa faveur,* » une histoire d'Olivarès, qui est un véritable panégyrique. Il le propose aux rois et aux ministres comme un modèle accompli, à imiter en toutes choses, et l'exagération de la louange doit faire douter de l'exactitude de bon nombre de faits, que l'auteur a probablement présentés à sa manière.

Le comte Virgilio Malvezzi, de Bologne, ne se

[1] A Cologne, chez Pierre Van Egmondt, à la Sphère, 1673; petit in-16. — Bibliothèque impériale, n° 1963.

montre pas moins flatteur. Parvenu, par la protection d'Olivarès, à faire partie du conseil suprême de guerre du roi catholique, on ne doit pas trop s'étonner de lui voir entonner les louanges de ce prince et de son ministre. Mais, ce qui est fort curieux, c'est l'emphase avec laquelle cet écrivain raconte les choses les plus simples, et les réflexions, plus que naïves, mais visant à l'effet, dont il accompagne les faits les plus ordinaires [1].

Si la vérité historique ne se trouve guère dans ces trois ouvrages, elle ne paraît pas mieux respectée dans le roman de Gil Blas, où Le Sage nous représente, au physique, le comte-duc sous un aspect repoussant [2]; tandis qu'il en fait, au moral, un

---

[1] Par exemple, après avoir dit du comte-duc : « *Andò alla corte e vi andò addottrinato, non vi andò ignorante,* il ajoute : *La corte non è una scuola di grammatica; ella non da i primi alimenti e non insegna e primi elementi; il di lui cibo non è latte; di rado produce, raffina,* etc. Telle est la manière du marquis, pleine de recherche, et au fond très-vide. — Le passage ci-dessus est extrait, p. 14, de son ouvrage intitulé : *Il ritratto del privato politico cristiano, estratto dall' originale d'alcune attioni del co-duca di san Lucar*; dédié à Philippe IV, Bologne, 1635, *presso Giacomo Monti,* etc., in-8° de 135 pag., plus l'Introduction. — Le marquis Malvezzi a composé un autre livre à la louange de Philippe IV et de son ministre, sous ce titre : *Introduttione al raconto de' principali successi accaduti sotto il commando del potentissimo Re Philippo quarto.* — *Roma,* 1651, in-8° de 107 pages, plus le bref d'Innocent X, la dédicace au roi d'Espagne et l'avertissement. Les deux ouvrages sont à la Bibliothèque impériale, contenus dans le même volume, avec la *Caduta del conte Olivares, l'anno* 1643, du père Camillo Guidi, *in Ivrea,* 1644, — 0,388. — L'*Histoire d'Olivarès* a encore été écrite en italien par D. J.-J. d'Ischia, Udine, 1653, in-24, et par le comte Ferrante Pallavicini, *opere scelte.*

[2] Gil Blas, t. III, liv. xi, chap. ii, p. 238-9; édit. in-8° des *Classiques latins,* de Lefebvre.

portrait tout opposé à celui de Voiture [1]. Mais Le Sage n'avait pas la prétention de mettre l'histoire dans son admirable roman de mœurs qui peint si bien le cœur humain. Il faut donc prendre pour un tableau de fantaisie et d'*humour*, ce qu'il dit des relations du ministre avec Santillane.

Ce qui a tout l'intérêt d'un roman, c'est le récit passionné de la chute du comte-duc par le père Camillo-Guidi, religieux dominicain, résident à la cour d'Espagne pour le duc de Modène. Ce bon père, nous ne savons pour quel motif, se montre l'ennemi acharné du favori de Philippe IV, soit qu'en cela il ait obéi aux instructions ou aux tendances de son prince, soit qu'il n'ait fait que suivre ses propres rancunes :

... Tantæ ne animis cœlestibus iræ !

Toujours est-il qu'il n'a pour le ministre tombé que haine et mépris. Ce moine dit quelque part [2] : « *Uno che sia ingiustamente perseguitato, e che si possa giustamente vendicare, ha tutta l'energia nelle parole e una certa* DIVINITA *nelle ragioni.* » — « Celui qui est injustement persécuté, et qui peut justement se venger, a toute l'énergie dans les paroles — et une certaine ardeur divine dans ses raisons. » — Il fallait que le favori de Philippe IV eût bien vivement offensé le prêtre, pour qu'il savourât ainsi le

---

[1] *Ibid*, chap. v, p. 249-250.
[2] *La caduta del conte d'Olivares*, p. 33-4. Bibliothèque impériale, 0,388, à la fin du volume.

plaisir de la vengeance. Quoi qu'il en soit, son libelle, rapproché des louanges excessives du comte de la Rocca et du marquis Malvezzi, nous servira, comme un acide, dans une expérience chimique, à analyser et à rechercher la vérité.

Don Gaspar de Gusman, troisième comte d'Olivarès, était le second fils de don Henri de Gusman, ambassadeur à Rome pour Philippe III, et de dame Maria Pimentelli, femme, dit-on, d'un grand mérite. Il naquit à Rome en 1587, et pendant l'espace de douze années il suivit son père, toujours chargé de négociations importantes, et qui devint successivement vice-roi de Sicile, puis de Naples. Rentré en Espagne avec son père, il fut, en sa qualité de puîné, destiné à l'Église, et commença ses études par le droit canonique, alors la base de toute éducation solide. Sa naissance et le crédit de son père lui firent bientôt obtenir le grade de recteur de l'uversité de Salamanque, la plus célèbre alors de l'Espagne. Il aurait sans doute poursuivi paisiblement la carrière ecclésiastique, et serait probablement parvenu aux plus hautes dignités de l'église, si la mort de son frère aîné n'était pas venue changer sa destinée. Le marquis Malvezzi remarque avec justesse [1], qu'il vaut mieux vivre pendant quelque temps au second rang, et arriver ensuite au premier, que de naître dans cette condition. L'histoire d'Olivarès prouve la vérité de cette réflexion. Il devait à la place que lui assignait sa

[1] *Il ritratto del privato politico*, etc., *ut suprà*, p. 11.

naissance l'instruction sérieuse qu'il avait acquise : la mort de son frère aîné, don Girolamo, et bientôt après celle de son père, en lui donnant l'espoir de prendre part un jour aux plus hautes affaires de l'État, le mirent à même d'ajouter à l'influence de sa famille et de sa fortune les avantages d'une éducation aussi brillante que sérieuse. Au dire même de ses ennemis les plus impitoyables, le comte-duc parlait et écrivait la noble langue castillane avec la plus rare perfection : il était versé dans les idiomes anciens, et savait également bien le français et l'italien. Il se présenta donc à la cour, non comme un grand seigneur ordinaire, mais avec tous les avantages que donnent des connaissances nombreuses et variées à un esprit vif et pénétrant.

Son mérite le fit bientôt distinguer ; et, soit qu'on voulût utiliser les dons de son intelligence, soit que ses envieux désirassent l'éloigner pour avoir le champ libre, on lui offrit l'ambassade de Rome. C'était alors, comme aujourd'hui, un poste important, mais difficile, et que la rivalité de la France et de l'Espagne rendait encore plus délicat. Aussi, n'y envoyait-on que les hommes les plus capables et les plus prudents ; et lorsqu'ils avaient acquis l'expérience des négociations avec la cour de Rome, il était rare qu'on ne les y laissât pas longtemps. Le jeune Gusman le savait bien : rempli d'ambition, ayant la conscience de sa valeur, et visant déjà, peut-être, à vivre dans la familiarité de l'héritier présomptif de la couronne, il refusa les hautes fonctions qui lui étaient offertes, bien qu'on lui eût promis qu'elles le mèneraient à la *Grandesse*. Mais il considérait cette ambassade, dit le marquis Malvezzi, comme un temps d'arrêt dans sa carrière [1].

Son avenir prouva qu'il avait raison : la fortune se chargea de lui offrir bientôt une nouvelle occasion de se produire, plus en rapport avec son ambition, et qu'il se garda bien de rejeter.

Dès 1612, le prince des Asturies, fils et héritier présomptif de Philippe III, quoiqu'à peine âgé de sept ans [2], avait été fiancé à la fille aînée de Henri IV, la princesse Élisabeth, que les Espagnols nommèrent Isabelle. En même temps, le mariage de Louis XIII avait été arrêté avec l'infante Anne d'Autriche, fille aînée de Philippe III. Il entrait alors dans la politique des deux cours de chercher à se rapprocher par des alliances : après les luttes si longues et si acharnées qui, depuis le règne de François Ier jusqu'à la fin de celui de Henri IV, c'est-à-dire pendant près d'un siècle, avaient ensanglanté presque toutes les parties de l'Europe, il était naturel que les deux principaux antagonistes cherchassent à se donner des gages de paix, par l'union de leurs puissantes races. Trois ans plus tard, en novembre 1615, les cours d'Espagne et de France résolurent d'échanger les deux jeunes princesses, livrées, pour ainsi dire, comme des otages

---

[1] *Conoscendo che questa ambasciaria era un fermarsi, non la volle accettare.* — *Ut suprà*, p. 15.
[2] Il était né le 8 avril 1605.

de paix. Cet échange eut lieu le 9 novembre, au milieu de la Bidassoa. Pour recevoir la fille de Henri IV avec les honneurs dus à son rang, on avait donné au prince des Asturies une maison composée de l'élite de la noblesse espagnole. Olivarès en faisait partie, comme gentilhomme de la chambre; il avait alors vingt-huit ans. Marié dès 1607 avec Agnès de Zuniga y Velasco, il entrait dans la maison de l'héritier présomptif avec le double appui de son mérite personnel et l'influence de deux puissantes familles. La différence d'âge lui permettait d'ailleurs d'acquérir facilement sur le jeune prince un empire d'autant plus irrésistible, que don Philippe était naturellement apathique. Aussi, la pénétration d'Olivarès, son habileté à flatter les goûts de son maître, lui assurèrent bientôt sur la conduite du prince un ascendant qui ne se démentit pas pendant plus de vingt-cinq années.

Ce ne fut pas toutefois sans éprouver une vive résistance de la part de ses rivaux, qu'il acquit une telle prépondérance. La vengeance et l'assassinat étaient alors admis presque publiquement en Espagne; aussi, le comte fut-il plusieurs fois en butte à des attaques imprévues qui le mirent à deux doigts de sa perte.

Le marquis Malvezzi [1] raconte que bien qu'Olivarès n'eût offensé personne, il courut deux fois le danger d'être tué. La première, par quatre assassins qui l'attendaient à sa rentrée chez lui; la se-

---

[1] *Ut suprà*, p. 16.

conde, par trois hommes qui suivirent son carrosse, dans lequel il se trouvait seul. « Mais, ajoute-t-il, il fut toujours heureusement préservé, sans qu'il s'aperçût du péril qu'il venait de courir. »

En supposant que les rivalités politiques et les rancunes de l'ambition déçue aient pu inspirer ces vengeances, il est également permis de croire que l'amour et la jalousie ne sont peut-être pas restés étrangers à ces criminelles tentatives. — Voiture pourrait bien donner le mot de cette énigme, lorsqu'il dit d'Olivarès [1] : « Étant jeune,... il fut sans doute le plus galant de la cour, jusqu'à ce qu'il en fût le plus puissant. » On ne doit donc pas s'étonner de voir le plus galant cavalier espagnol, exposé aux vengeances de ses rivaux. Le dominicain Guidi nous expliquera plus tard quelles furent les conséquences de ces galanteries sur la carrière politique du comte-duc.

C'est sans doute à son désir de plaire aux belles de Madrid, qu'il faut rapporter ce que dit le comte de la Rocca, de sa passion pour les vers. « Elle lui dura longtemps ; il en fit, dit notre auteur, et très-bien. Mais il eut honte après les avoir faits, les brûla, et condamnait, dans un âge plus avancé, les premières saillies d'un esprit faible et surpris. Il ne pouvait même souffrir qu'avec tant d'ambition il eût logé tant d'amour, et que la gloire eût succédé si tard à sa tendresse..... D'autres n'en croient rien et logent ensemble ces deux passions, sur ce que

[1] T. II, p. 272, édit. de M. Ubicini.

l'une excite l'autre, si l'on se tempère, et s'il est vrai que l'amour délasse souvent un esprit tendu qui ne rumine que de grandes choses [1]. » Quoi qu'il en soit de cette théorie, Olivarès ne paraît l'avoir suivie que dans sa jeunesse; car l'ambition fut la seule passion dominante de sa vie. Exposé, dans la maison du prince des Asturies, à l'opposition de la princesse Isabelle, aux tiraillements des ministres et favoris du faible Philippe III, le duc de Lerme, le comte de Lemos et d'Uzède, qui se disputaient le pouvoir, le comte, assuré de son influence sur l'héritier présomptif, attendit patiemment la mort du roi. Elle arriva le 31 mai 1621, et, dès ce moment jusqu'en 1643, Olivarès fut le véritable souverain de l'Espagne.

CHAPITRE IV

Avénement de Philippe IV. — Son caractère, son amour des lettres et des arts. — Son talent et son goût pour la peinture, qu'il avait apprise de don Juan Bautista Mayno.

1621 — 1665

Le jeune monarque, qui venait de succéder à son père, n'avait encore que seize ans; son favori en avait trente-quatre. Celui-ci arrivait au pouvoir, déjà rompu aux intrigues de la cour, et connaissant à fond le caractère et les inclinations du nouveau roi. S'il est vrai de dire que la paresse de ce prince,

---

[1] *L'histoire du ministère du comte-duc*, etc., p. 6-7.

son apathie, son éloignement des affaires, habilement entretenus à dessein, exercèrent la plus fâcheuse influence sur le gouvernement de l'Espagne, il est encore plus juste de reconnaître, qu'il ne manquait d'aucune des qualités essentielles qui rendent ordinairement un souverain remarquable. Philippe IV était brave, judicieux, prudent, persévérant dans ses entreprises, modéré en toutes choses et nullement cruel. Son flegme et son impassibilité apparente n'étaient qu'un masque, dont il couvrait son visage et sa personne en public, pour ne pas déroger à la dignité, à la majesté royale. Mais, rentré dans ses appartements particuliers, la gravité du descendant de Philippe II faisait place à l'enjouement d'un homme d'esprit qui aimait les arts avec passion, composait des pièces de théâtre, et jouait lui-même des comédies dans lesquelles il ne craignait pas de donner la réplique au grand Caldéron. Si ce prince eût appliqué aux affaires publiques les ressources de son intelligence, il aurait certainement occupé dans l'histoire une autre place que celle où il s'est laissé reléguer. Mais sans prétendre excuser son indifférence, l'explication de sa conduite se trouve naturellement dans l'âge auquel il parvint à la couronne. Comment un jeune homme de seize ans, tenu éloigné des choses sérieuses pendant toute la durée du règne de son père, aurait-il pu entreprendre de diriger la politique et le gouvernement de l'Espagne ? Cette monarchie avait alors des possessions dans toutes les parties du monde; en Europe, elle voulait se soutenir ou dominer à la fois en Portugal, dans le Milanais, à Naples, en Sicile, en Sardaigne, dans les Pays-Bas et les Flandres, en Artois, dans la Franche-Comté, une partie de l'Alsace et du Luxembourg, et, avec l'Empire, dans toute l'Allemagne. Le vaste génie, l'activité dévorante de Charles-Quint, la sombre politique, le travail incessant de Philippe II avaient succombé sous cet écrasant fardeau. Leur petit-fils n'essaya pas même de le soulever; il en laissa le poids à Olivarès, et lorsqu'une fois l'habitude eut été prise d'abandonner entièrement au ministre la direction suprême de toutes les affaires, Philippe IV, satisfait de se livrer entièrement à son goût pour les arts, les lettres et les divertissements, ne se réveilla de ce long sommeil qu'au bout de vingt-deux années.

Pour assurer la durée de son pouvoir, le ministre n'eut qu'à flatter les goûts de son jeune maître, et à lui procurer sans cesse des distractions nouvelles. Parmi celles qui charmaient le mieux le roi, les arts tenaient la première place. Ce prince aimait la peinture avec passion. Selon la coutume établie depuis Charles-Quint, il avait eu pour maître de dessin un artiste distingué, le frère Jean-Baptiste Mayno, religieux dominicain, l'un des meilleurs élèves du Greco, peintre, sculpteur et architecte, lequel, suivant Palomino [1], était lui-même élève du Titien.

[1] *Las vidas de los pintores y estatuarios eminentes Españoles, que con sus heroycas obras han illustrado la nacion*, etc. Londres,

Le Mayno travailla surtout au couvent de Saint-Pierre martyr à Tolède ; il fut également employé à Madrid, et le comte-duc lui fit faire, pour un des salons du *Buen Retiro,* son principal tableau, *la Conquête d'une province de Flandres,* maintenant au musée royal de Madrid [1]. Le frère tira si bien parti des dispositions naturelles de son royal élève, qu'il en fit un amateur des plus distingués, et aussi fort que beaucoup d'artistes. Mais les dessins et les tableaux de Philippe IV n'ont pas été aussi respectés que sa tragédie du comte d'Essex, et que ses comédies [2], qui ont été imprimées, et sont restées au répertoire du théâtre espagnol. Les guerres qui ont désolé la Péninsule, tant avant l'avénement de Philippe V, que pendant le premier empire, ont détruit ou dispersé les œuvres dues au crayon et au pinceau du troisième descendant de Charles-Quint. Le mérite de ces ouvrages est attesté par des artistes et des connaisseurs. « Butron [3], dit M. William Stirling, dans son livre sur Velasquez et ses ouvrages [4], qui

---

1742, un vol. in-8, p. 37, n° 57. — Ce livre n'est qu'un abrégé du grand ouvrage de Palomino.

[1] *Catalogo,* 1850, n° 27, p. 18.

[2] *La Tragedia mas lastimosa, el conde de Sex ;* — *Dar la vida por su dama,* etc. Voyez à ce sujet : Ochoa, *Tesoro del teatro español,* 5 vol. in-8. Paris, 1838, t. V, p. 98.

[3] Jean de Butron, *Discursos apologeticos en que se defiende la ingenuidad del arte de la pintura.* In-4, Madrid, 1626.

[4] *Velasquez and his Works,* London, 1855, in-12, avec le portrait eau-forte de Velasquez; excellente biographie, à laquelle je ferai plus d'un emprunt; elle est extraite d'un ouvrage plus considérable du même auteur : *Annals of the artists of Spain,* London, 1848.

publia ses discours apologétiques sur la peinture en 1626, rend témoignage du mérite des nombreux tableaux et dessins du jeune roi. Un de ces derniers, à la plume, esquisse d'un *Saint Jean-Baptiste avec l'agneau*, ayant été envoyé à Séville, en 1619, par Olivarès, tomba entre les mains du peintre Pacheco, et devint le sujet d'un poëme élogieux, par Jean de Espinosa, qui prédisait, dans le règne du peintre royal, un nouvel âge d'or :

Para animar la lassitud de Hesperia.

Carducho mentionne comme une production remarquable du pinceau royal, une Vierge peinte à l'huile, qui était exposée de son temps dans le salon des joyaux du palais de Madrid, et Palomino note deux tableaux portant la signature de Philippe IV, et placés par Charles II à l'Escurial; probablement les deux petits saints Jean vus par Ponz dans un oratoire, près la chambre du prieur. Un paysage avec ruines, esquissé dans un style franc et spirituel, fut la dernière relique du talent de Philippe IV qui frappa l'œil scrutateur de Cean Bermudez. »

On le voit, le royal élève du Mayno faisait honneur à son maître ; heureux si son goût pour le dessin et la peinture ne l'avait pas détourné du gouvernement de son vaste empire. Olivarès, qui connaissait depuis l'enfance du prince des Asturies son inclination à vivre en homme privé plutôt qu'en roi, et à passer ses journées entières à dessiner et à peindre, n'eut garde, pour consolider sa propre prépondérance, de combattre cette disposition. Dès que le prince fut monté sur le trône, le favori s'empressa d'attirer à Madrid les artistes de quelque renom, soit espagnols, soit étrangers, afin de pouvoir procurer à son jeune maître, en lui montrant leurs œuvres, la distraction qu'il préférait à toute autre. Si le ministre fut souvent malheureux dans le choix des vice-rois, des gouverneurs de provinces et des commandants d'armées, le sort lui réserva, comme compensation, l'heureuse chance de trouver un peintre, dont le génie, en illustrant l'école espagnole, devait, pendant plus de trente années, charmer le roi et sa cour.

CHAPITRE V

Les arts à Madrid sous Philippe IV. — Éclat des écoles de Tolède, Valence et Séville. — Vincencio Carducho, Eugenio Caxes et Angelo Nardi, peintres ordinaires du roi.

1621—1665

Madrid, érigée par Charles-Quint en capitale des Espagnes, n'était pas encore, à l'avènement de Philippe IV, la métropole de l'art dans ce pays. Tolède, Valence, et surtout Séville, avaient conservé leurs anciennes écoles de peinture, et les artistes, nés ou élevés dans ces villes ou aux environs, se faisaient comme un devoir et un honneur d'y continuer les traditions qu'ils avaient reçues de leurs maîtres. De son côté, le clergé, tant séculier que régulier de ces grandes cités, siéges d'archevêchés, de couvents nombreux et d'autres établissements religieux aussi riches que puissants, cherchait à y retenir les peintres, les sculpteurs et les architectes. Il s'était établi entre les corporations religieuses des principales églises et des couvents comme une pieuse rivalité : c'était à qui, de Séville ou de Tolède, aurait la plus magnifique cathédrale; les Dominicains de Tolède opposaient aux Chartreux de Séville les peintures du Greco, tandis que ceux-ci se vantaient de posséder les plus belles œuvres du Becerra, de Pablo de Cespedes, de Luis de Vargas. Valence n'était pas moins fière de son Juanès, auquel elle avait décerné le nom de Divin [1]. La translation de la cour et son établissement permanent à Madrid avaient bien fait construire, dans cette ville et aux environs, des palais et des églises; mais il est à remarquer que ce furent des artistes étrangers, italiens pour la plupart, qui dirigèrent ces travaux, et en décorèrent l'intérieur de fresques, de tableaux et de sculptures. C'est ainsi que Titien envoya de Venise à Philippe II d'immenses toiles, destinées à garnir les murs du réfectoire et des autres salles de l'Escurial; c'est ainsi que, dans le même couvent, l'Italien Crescenzi fut l'architecte du Panthéon, ou nécropole des rois d'Espagne, et que plus tard, le Napolitain Luca Giordano vint décorer les voûtes de l'église vieille de ses fresques immenses, mais sans caractère religieux.

[1] Palomino, p. 18-19, n° 30.

A l'avénement du jeune Philippe IV, les plus célèbres parmi les peintres qui vivaient ordinairement à Madrid, étaient, avec Mayno : Vicencio Carducho, Eugenio Caxes et Angelo Nardi. Ces trois artistes, peintres ordinaires du roi, étaient Italiens soit de naissance, soit d'origine.

Vicencio Carducho, que Palomino qualifie de *gentilhombre Florentino*, est le plus connu d'entre eux, non parce qu'il fut le plus habile, mais parce qu'il a composé un traité, sous forme de dialogue entre le maître et ses élèves, *De l'excellence de la peinture et du dessin*, qu'il publia, in-folio, à Madrid en 1633. Cet ouvrage, écrit en espagnol, donne une opinion favorable de son esprit et de son instruction : il est précieux par les renseignements qu'on y trouve sur les œuvres de beaucoup d'artistes espagnols contemporains. Considéré comme peintre, Vicencio Carducho était élève de son frère Barthélemy. « Dans le temps de l'immense construction de l'Escurial, dit Baldinucci [1], on fit, par ordre de Philippe II, les plus beaux ornements de peinture et de sculpture que l'on connaisse, et l'on appela, pour les exécuter, un grand nombre d'excellents maîtres dans l'un et l'autre de ces arts. Parmi ceux-ci, on cite Federigo Zuccheri ; indépendamment des autres jeunes gens qui l'avaient aidé à peindre la grande coupole de Florence, il emmena avec lui (en Espagne) Bartolommeo Car-

---

[1] *Notizie de' professori di disegno, decennale III, dal 1600 al 1640.* In-4, p. 313, V°. *Vincenzio Carducci*, t. V.

ducci, encore jeune, mais déjà vieux pour l'art. Sous l'Ammanato, à Florence, il avait étudié la sculpture et l'architecture, et avec Zuccheri, il avait appris à peindre à fresque. Arrivé à Madrid, et voyant les grandes occasions qu'on y rencontrait pour travailler, il fit venir de Florence son frère Vincenzio, fort jeune encore, auquel il enseigna son art, et, en peu de temps, il en fit un peintre tellement distingué, que sous les règnes de Philippe III et Philippe IV, il obtint des commandes très-importantes pour embellir les palais royaux. Vincenzio donne lui-même dans son livre [1] la description des peintures, tant à fresque qu'à l'huile, qu'il exécuta au palais du Pardo, et dans les galeries, chapelles, salles et autres lieux du palais de Madrid. Le musée royal d'Espagne a hérité en partie de ses œuvres : bien qu'elles ne manquent pas de mérite, elles n'indiquent cependant qu'un talent de second ordre. Il était meilleur dessinateur que coloriste, et conserva toute sa vie la plus profonde admiration pour le grand [2] Michel-Ange, qu'il s'efforçait de prendre pour modèle.

Eugenio Caxes, bien que né à Madrid, était également Florentin d'origine. Son père, Patricio Cacci, était venu en Espagne appelé par Philippe II, au service duquel il entra comme peintre et architecte. Il traduisit en espagnol le traité d'architecture de Vignola, et peignit à fresque, au Pardo, la galerie

---

[1] *Dialogo* 7.
[2] Baldinucci, *ut suprà*, p. 315.

de la reine, où il exécuta l'histoire de Joseph. Mais, lors de l'incendie de ce palais, sous Philippe III, en 1604, ces ouvrages furent presque entièrement détruits[1]. Son fils, Eugenio, paraît avoir cultivé seulement la peinture : il jouissait de son temps d'une grande réputation, et Palomino vante, comme l'honneur de l'art espagnol, pouvant rivaliser avec ce que les Italiens ont produit de meilleur, les compositions que Caxes avait peintes dans l'église de Saint-Bernard à Madrid[2]. Telle était sa réputation, que le comte-duc lui commanda de retracer sur la toile « le débarquement hostile des Anglais sous Cadix en 1625, et leur défaite par Diego Ruiz, » le seul tableau d'Eugenio qui soit au *real museo* [3].

Italien comme les précédents, Angelo Nardi était, dit-on, élève de Paul Veronèse. Ses compositions à Madrid et à Alcala de Henarès, firent l'admiration de son siècle. Palomino[4] indique les églises, les chapelles et les couvents dans lesquels cet artiste avait travaillé. On doit supposer qu'il peignit beaucoup à fresque, puisqu'aucun de ses ouvrages ne figure sur le catalogue du *real museo* de Madrid.

Si le Valencien Giuseppe Ribera eût vécu à la cour d'Espagne, il eût sans doute effacé et fait oublier ces artistes : mais bien qu'on le considère, par

---

[1] Palomino, p. 36, n° 55, *V°. Patricio Caxes*. Le catalogue du *real Museo* n'indique qu'un seul tableau de cet artiste, sous le n° 162, la *Vierge avec l'enfant Jésus*.

[2] Pag. 53, n° 73, *Eugenio Caxes*.

[3] *Catalogo*, n° 154.

[4] Pag. 74, n° 102.

sa naissance et par son style, comme un peintre espagnol, on sait qu'il passa presque toute sa vie à Rome, et surtout à Naples; il ne contribua donc que de loin à rehausser l'éclat des arts sous le règne de Philippe IV.

La fortune réservait à ce prince la satisfaction qu'il souhaitait le plus ardemment : Elle lui donna dans Velasquez un peintre comparable aux plus grands artistes de l'Italie, avec une originalité, une perfection de style tout espagnole.

CHAPITRE VI

Naissance de Velasquez. — Il entre dans l'atelier de Francisco Pacheco. — Science profonde de cet artiste. — Analyse de son livre sur l'art de la peinture.

1599—1650

Don Diego Velasquez de Silva, ou, comme l'appelle Francisco Pacheco [1], son beau-père, Diego de Silva Velasquez, naquit à Séville en 1599. Ses ancêtres paternels, d'origine portugaise, descendaient d'une famille noble et très-ancienne; mais ils avaient, à ce qu'il paraît, perdu leur fortune, et s'étaient réfugiés à Séville, où le père de Velasquez se maria. Cette grande cité était alors l'entre-

---

[1] *Arte de la pintura, su antiguedad y grandezas*, etc.; *por Francisco Pacheco, Vezino de Sevilla, año* 1649; petit in-4°, p. 101 et suivantes. — Bibliothèque impériale, V. 1737.

pôt d'un commerce immense avec l'Amérique et les Indes, et l'opulence de ses habitants y avait introduit le goût des arts. Aussi, depuis plus d'un siècle, l'école de peinture de Séville se vantait d'être la première des Espagnes. Soit que le jeune Diego eût montré, dès son enfance, des dispositions extraordinaires pour le dessin, soit qu'il y eût été poussé par la seule volonté de son père, toujours est-il qu'il était entré de bonne heure dans l'école de Francisco Pacheco, peintre qui jouissait alors à Séville d'une grande considération [1]. Cet artiste n'avait pas seulement appris à manier le pinceau, mais il avait reçu en même temps, dans sa patrie, une très-forte éducation classique, dont il avait

---

[1] Palomino, p. 77, n° 106 (abrégé de son grand ouvrage; Londres, 1742, in-8°) veut que Velasquez ait été d'abord élève de Francisco Herrera le vieux. Mais nous trouvons dans le même auteur, p. 66, n° 94, que « Francisco Herrera, nommé le Vieux, peintre, architecte et sculpteur en bronze, fut natif et habitant de Séville, et élève de Francisco Pacheco; » et, p. 68, qu'il mourut à la cour en 1656 : il était donc à peu près de même âge que Velasquez, et par conséquent, il n'aurait pu lui servir de maître. Aussi, le catalogue du *real museo* de Madrid (édit. de 1850) indique Velasquez seulement comme élève de Pacheco. — Ce dernier, de son côté, dans son *Arte de la Pintura*, réclame pour lui seul la gloire d'avoir formé un tel disciple. Voici le passage où il revendique cet honneur (p. 171, § 2) : « Diego de Silva Velasquez, mon gendre, occupe la troisième place (parmi les artistes qui ont le plus honoré la peinture); c'est à lui, qu'après cinq années d'éducation et d'enseignement, j'ai donné ma fille, déterminé par sa vertu, sa douceur, ses excellentes qualités, et par les espérances que me faisaient concevoir son bon naturel et son grand génie. L'honneur d'avoir été son maître étant plus grand que celui d'être son beau-père, il m'a paru juste de refréner l'audace de celui qui voudrait s'attribuer cette gloire, m'enlevant ainsi la couronne de mes dernières années. »

beaucoup profité. Son oncle, chanoine de la cathédrale de Séville, était un des lettrés qui se chargeaient volontiers de composer, en vers latins, des inscriptions ou des éloges, à l'occasion des ouvrages d'art exécutés à Séville. Pacheco rapporte [1] ceux que le savant chanoine avait faits, pour être placés au-dessous d'un tableau de *saint Christophe* peint par Mateo Perez de Alecio, et qui se trouvait dans la cathédrale. Cet oncle, en destinant Pacheco à la peinture, voulut qu'il allât l'étudier en Italie : on ignore le temps qu'il y passa ; Palomino [2] dit seulement qu'il y séjourna plusieurs années, et qu'il étudia beaucoup les œuvres de Raphaël. Mais, d'après son livre sur la peinture et d'après ses propres œuvres, nous croyons que Pacheco dut préférer Michel-Ange au Sanzio ; car il revient souvent, dans son traité [3], sur les œuvres du grand Florentin, qu'il appelle : *el divino, clarissima luz de la pintura y escultura* : revenu en Espagne, Pacheco rentra dans sa ville natale, où il peignit, en concurrence avec Alonzo Vasquez les six tableaux du cloître de la *Merced Calzada* [4]. Mais comme c'était un peintre, *muy especulativo*, suivant l'expression de Palomino, qui réfléchissait beaucoup sur son art et le tenait en grand honneur, il en négligea peu à peu la pratique pour la théorie ; soit qu'il ne fût pas satisfait de ses ta-

---

[1] Pag. 566, *Arte de la Pintura*.
[2] *Ut suprà*, p. 60, n° 84.
[3] *Arte de la Pintura*, pag. 66, 611.
[4] Palomino, p. 60, n° 84.

bleaux, dont le dessin était pur et remarquable, mais dont le coloris paraissait sec et froid ; soit au contraire que se considérant, d'après les succès de Velasquez son élève, comme un des premiers maîtres de son temps, il ait voulu laisser aux artistes ses compatriotes un écrit contenant ses préceptes et ses leçons.

Le traité sur l'art de la peinture, qu'il publia en 1649 à Séville, peu connu de ce côté des Pyrénées, mérite de fixer l'attention des amateurs et des artistes : c'est pourquoi nous allons en donner une rapide analyse.

Comme il le dit lui-même dans le titre de son ouvrage, Pacheco s'est proposé, en le composant, d'écrire des notices sur les hommes éminents, tant anciens que modernes, qui ont exercé l'art de la peinture; de traiter du dessin et du coloris ; de la manière de peindre à la détrempe et à l'huile; de l'enluminure; de la peinture des étoffes, de celle à fresque; des chairs, du vernis, de la dorure, du bruni et du mat; enfin, d'enseigner la manière de composer toutes les peintures sacrées.

Pour remplir ce vaste cadre, l'ouvrage est divisé en trois livres qui contiennent chacun douze chapitres, et sont suivis d'un appendice sur l'exécution des tableaux tirés de l'Ancien et du Nouveau Testament et de la Vie des saints.

Le premier livre, qui traite de l'antiquité et de la grandeur de la peinture, nous paraît le plus intéressant. Après avoir remonté à l'origine de cet art, qu'il raconte à sa manière, et après avoir reproduit le débat, tant de fois agité en Italie, de la supériorité de la peinture sur la sculpture, Pacheco arrive, dans le chapitre VI, à rappeler les faveurs que les plus fameux peintres ont reçues des princes et des maîtres de ce monde. Son sujet le conduit à décrire, dans le chapitre VII, les honneurs funèbres rendus, à Florence, aux restes mortels de Michel-Ange, dont Pacheco vante avec raison le génie extraordinaire. On sait que ce service fut célébré dans l'église de San Lorenzo, en présence du grand-duc Cosme II, par l'Académie du dessin, sous la direction de quatre de ses membres, Angelo Bronzino et Georges Vasari, peintres, et Benvenuto Cellini et Bartolomeo Ammanato, sculpteurs. Dans le chapitre VIII, Pacheco donne des notices sur les peintres célèbres de son temps, que les rois et les princes traitèrent, à cause de leur art, avec une faveur toute particulière. C'est dans ce chapitre, qu'après avoir parlé de Diego Romulo Cincinnato, artiste fort oublié maintenant, et de Pierre-Paul Rubens, Pacheco a écrit une biographie de son élève et gendre Velasquez. Elle est malheureusement trop abrégée, et ne s'étend pas au delà de 1638. Les renseignements qu'on y trouve, les seuls véritablement authentiques, font vivement regretter que Pacheco n'ait pas donné plus d'étendue à la vie du premier peintre de Philippe IV. Mais il paraît avoir voulu se borner à revendiquer la part du maître dans les éclatants succès de l'élève; car après avoir réclamé pour lui seul, ainsi que nous l'avons rapporté, la gloire d'avoir formé un tel disciple, il ajoute, avec un orgueil que sa bonhomie fait excuser : « Je ne crois pas me faire tort en faisant honneur au maître de l'élève, n'ayant dit que la vérité. Léonard de Vinci ne perdit rien à avoir Raphaël pour disciple, non plus que Georges de Castelfranco (le Giorgione) pour avoir eu le Titien; et Platon, maître d'Aristote, n'en conserva pas moins le nom de divin. J'écris cela, non pas tant pour vanter celui qui en est l'objet (dont je parlerai ailleurs), que pour montrer la noblesse de l'art de la peinture, et surtout par reconnaissance et respect envers Sa Majesté notre grand monarque Philippe IV, auquel le ciel accorde longues années, puisque, de sa main généreuse, il a reçu et reçoit encore tant de faveurs [1]. » Malgré la promesse qu'il avait ainsi faite de s'occuper ailleurs de Velasquez, aucune autre notice que celle renfermée dans le chapitre VII de *l'Arte de la Pintura*, ne nous est parvenue de la composition de Pacheco.

Le chapitre IX du premier livre, *des Nobles et des Saints qui ont exercé la peinture, et de quelques effets merveilleux produits par elle*, est fort curieux. On y trouve [2] des documents précieux, sur les grands seigneurs et sur les religieux de tous ordres qui ont cultivé cet art en Espagne.

Dans le chapitre X, Pacheco revient sur les diffé-

---

[1] *Arte de la Pintura*, p. 101.
[2] P. 116.

rentes espèces de noblesse qui accompagnent la peinture, et sur l'utilité universelle qu'on en retire. L'importance que Pacheco attachait à l'exercice de sa profession le porte à s'indigner d'un impôt spécial qu'on avait mis sur la vente des tableaux, considérés comme une pure marchandise. Il ne cessa jamais, en compagnie de Vicenzio Carducho [1], de réclamer l'abolition de cette taxe, nommée *la alcavala*, que Velasquez finit par obtenir plus tard du comte-duc d'Olivarès.

On remarque, dans le chapitre XI, ce que dit l'auteur, de la peinture des tableaux de dévotion, de l'avantage qu'on en retire, et de l'autorité que leur accorde l'Église catholique.

Les artistes ne consulteront pas avec moins d'intérêt que de profit le dernier chapitre (XII) de ce livre, dans lequel Pacheco examine les trois états des peintres : de ceux qui commencent, de ceux qui sont arrivés au milieu de leur carrière, et de ceux qui finissent. Ils y pourront voir de quelle manière il démontre, en s'appuyant sur la lettre de Raphaël à Balthasar Castiglione [2], « comment la perfection consiste à passer de l'idéal à la nature, et de la nature à l'idéal, en cherchant toujours le meilleur, le plus sûr et le plus parfait [3]. »

---

[1] Palomino, p. 75, n° 102. — Une taxe semblable a existé plus longtemps sur la vente des livres, et le traité de Pacheco sur la peinture fut taxé à *quatro maravedis, cada pliego*. Voy. à la seconde feuille après le titre.

[2] Voy. l'*Histoire des plus célèbres amateurs italiens*, p. 101.

[3] *Arte de la Pintura*, p. 165.

Le livre second est un traité didactique de la théorie de la peinture et des parties dont elle se compose, telles que l'invention, le dessin, le coloris, etc. Les conseils que Pacheco donne ici aux artistes sont pleins de justesse, et montrent que l'auteur avait fait une profonde étude de la théorie de son art. A l'appui de ses raisonnements, il cite souvent les ouvrages de Léonard de Vinci, d'Albert Durer et de Leo Battista Alberti, ainsi que les vers de Pablo de Cespedès, chanoine de Cordoue, peintre, sculpteur et architecte, dont l'opinion faisait alors autorité en Espagne [1]. Du reste, Pacheco se fonde toujours sur les exemples des grands maîtres pour établir ses préceptes.

Dans le troisième livre, l'art de la peinture est envisagé au point de vue de sa pratique, de quelque manière qu'on veuille l'exercer : soit à l'aide de dessins, de modèles et de cartons, soit à la détrempe, en enluminure sur étoffes, à fresque, à l'huile, sur toile, sur bois, sur métaux. L'auteur passe ensuite à la peinture des fleurs, des fruits; à celle des paysages, des animaux, des oiseaux, des poissons, des tavernes (*Bodegones*), et aux portraits d'après nature. Pacheco s'étend sur ce dernier genre de peinture, en s'appuyant sur Pablo de Cespedès, Albert Durer et autres maîtres; il trace, pour bien faire les portraits, des préceptes que son élève Velasquez mit en pratique avec le plus grand succès.

[1] Palomino, p. 27, n° 43.

Dans le chapitre IX, il explique comment la peinture éclaire et excite l'intelligence, apaise la colère et la dureté de l'âme, rend l'homme aimable et communicatif, et il démontre qu'il est difficile de s'y connaître et de la juger. Enfin, dans le chapitre X, il revient sur les raisons qui en font le plus noble des arts.

Ces trois livres sont suivis d'avertissements, dans lesquels Pacheco s'efforce d'expliquer de quelle manière les peintres doivent représenter les sujets sacrés, afin de se conformer à l'autorité de l'Écriture sainte et des docteurs de l'Église.

Cette partie de l'ouvrage n'est pas la moins curieuse : elle a été composée par Pacheco, pour l'acquit de sa conscience d'inspecteur ou censeur des tableaux des choses sacrées. Cette fonction était alors fort recherchée; Pacheco en fut investi par décret du Saint-Office du 7 de mars 1618, dont il rapporte le passage suivant [1] : « Eu égard à la satisfaction que nous donne la personne de Francisco Pacheco, habitant de cette ville, excellent peintre et frère de Jean Perez Pacheco, familier de ce Saint-Office, et prenant en considération sa droiture et sa prudence, nous le chargeons d'avoir un soin particulier d'examiner et visiter les peintures des choses sacrées qui seront exposées dans les boutiques et les lieux publics... Et c'est pourquoi nous lui donnons telle commission que de droit. » Cette fonction consistait, ainsi que Pacheco l'explique

[1] *Arte de la Pintura*, p. 471.

lui-même, à vérifier s'il y avait quelque chose à changer dans les peintures sacrées, comme n'étant pas conforme à la foi catholique. Dans ce cas, l'inspecteur devait faire séquestrer les tableaux, afin de les montrer aux familiers de l'inquisition, qui décidaient de leur sort [1].

Ainsi, le pouvoir du Saint-Office, en Espagne, s'étendait sur les œuvres de l'art aussi bien que sur celles de la pensée ; et tandis qu'en Italie, et à Rome plus qu'ailleurs, les artistes jouissaient d'une liberté qui, dans leurs œuvres, dégénérait souvent en licence, et dépassait les limites de toute pudeur, en Espagne, l'inquisition réglait tout, même les points, en apparence, les plus insignifiants. Par exemple, Pacheco, en compagnie d'un théologien de ses amis, don Francesco de Rioja, examine longuement la question de savoir si Jésus-Christ a été attaché à la croix avec quatre clous, au lieu de trois, comme quelques artistes l'avaient représenté [2]. Il résout cette question avec grands renforts d'autorités et de citations de toutes sortes : il n'est pas jusqu'à Plaute qu'il n'invoque [3], pour démontrer que les Romains avaient coutume de crucifier les criminels avec quatre clous, et les deux pieds appuyés séparément sur un morceau de bois, *scabellum*, attaché à l'arbre principal de la croix [4].

---

[1] *Arte de la pintura*, p. 471.
[2] *Ibid.*, pages 593 et suivantes.
[3] *Ibid.*, p. 605.
[4] C'est ainsi que Charles Le Brun a représenté Jésus-Christ, dans

Au demeurant, bien que censeur, pour le Saint-Office, des peintures des choses sacrées, Pacheco ne paraît avoir fait brûler aucun artiste, même en peinture. Fervent catholique, comme tout bon Espagnol du dix-septième siècle, sa verve pittoresque et les souvenirs de son séjour en Italie lui font mêler le sacré avec le profane. Tout en expliquant la manière, approuvée par l'Inquisition, de peindre la Sainte Trinité, les anges, les saints, les mystères, les scènes tirées de l'Ancien et du Nouveau Testament, il n'en admire pas avec moins d'enthousiasme, la *Danse d'amours*, le *Bain de Diane*, la *Vénus et Adonis*, la *Vénus et Cupidon*, et autres compositions très-profanes du Titien[1]. A l'appui de ses opinions et de ses jugements, il cite souvent les poëtes et les écrivains de l'antiquité, et il n'a pas moins recours aux grands poëtes italiens. C'est ainsi qu'il termine sa longue dissertation sur les quatre clous du crucifiement, en faisant l'éloge d'Homère, et en citant ce vers que Pétrarque, dans le troisième chapitre du triomphe de la Renommée, applique au chantre d'Achille et d'Ulysse :

Primo pittore delle memorie antiche.

En parcourant avec attention l'*Arte de la pintura*, nous avons été frappé de l'extrême modestie

---

son tableau, gravé par G. Andran et Edelinck, où il le montre adoré par les anges, parmi lesquels on a voulu reconnaître, dans celui qui est à genoux au pied de la croix, le portrait de madame de la Vallière.

[1] *Ibid.*, p. 100.

avec laquelle Pacheco parle de lui-même et de ses ouvrages. Dans tout ce gros volume de 644 pages, il ne cite de lui que deux tableaux : l'un, la *Présentation de la sainte Vierge Marie au Temple*, qu'il peignit pour un couvent de religieuses de Port-Sainte-Marie, en 1634 ; l'autre, un *Saint Sébastien*, qu'il exécuta en 1616, pour l'hôpital de Saint-Sébastien de Alcala de Guadeira. Il donne la description [1] de ces deux tableaux, sans les vanter, et avec une réserve qui lui fait honneur. Il parle aussi [2] de la part qu'il prit à la peinture décorative du tombeau que Séville érigea, en 1598, à la mémoire de Philippe II ; mais en se bornant à dire que ce travail devait être exécuté très-rapidement.

Le musée royal de Madrid possède de ce maître quatre tableaux : deux *saint Jean-Baptiste*, une *sainte Catherine*, et une *sainte Inès avec la palme du martyre*. Tous ces tableaux sont sur bois [3]. Ces compositions, dessinées avec pureté, pèchent par le coloris qui est dur et sec, et ne sont, après tout, que les productions d'un artiste de second ordre.

Pour donner une idée de la difficulté de l'art, Pacheco cite ces quatre premiers vers d'un sonnet de Michel-Ange.

> Non ha l'ottimo artista alcun concetto,
> Che un marmo solo in se non circoscriva

---

[1] *Arte de la Pintura*, p. 492, 567.
[2] *Ibid.*, p. 163.
[3] *Cataloge*, nos 237, 238, 333, 388.

Col suo soverchio, e solo a quello arriva
La mano che ubbidisce all' intelletto [1].

Le peintre espagnol est lui-même un exemple remarquable de la justesse de cette appréciation de l'auteur du Moïse et du jugement dernier. L'invention, la théorie, la connaissance approfondie de toutes les parties de l'art ne manquaient pas à Pacheco; mais sa main n'a pas obéi à son intelligence, et faute de cet accord, entre l'esprit qui conçoit et le pinceau qui exécute, il est resté confondu dans la foule des peintres d'un talent ordinaire.

Tel qu'il était, néanmoins, le maître de Velasquez paraît avoir exercé une grande influence sur son élève. Palomino dit que Velasquez avait étudié toutes les sciences nécessaires à son art, et qu'il aimait et s'était rendu familiers les poëtes et les orateurs [2]: il avait donc autant profité de l'instruction profonde que des leçons du savant auteur de l'*Art de la peinture*. Mais ce qu'il y a de remarquable, c'est que l'influence de Pacheco est peu sensible dans les tableaux religieux, en petit nombre, que le peintre de Philippe IV a traités. Pacheco faisait de ces sujets son étude de prédilection presque exclusive. Son élève, au contraire, semble n'avoir peint que malgré lui des compositions tirées de l'Écriture sainte. Il brille surtout dans les sujets de fantaisie, où il s'abandonne à toute sa verve, et il excelle dans la repro-

[1] Ces vers sont tirés du premier sonnet de Michel-Ange à la marquise de Pescaire, Vittoria Colonna: Voy. *Le rime di Michel-Agnolo Buonarroti, testo di lingua italiana*, in-8°, 1817, p. 1.

[2] Palomino, p. 77, n° 106.

duction des scènes de la vie ordinaire, même commune et de bas étage, et dans la peinture des animaux, des fleurs, des fruits, de la soie, des étoffes ; enfin dans les portraits, où il est l'égal des plus habiles. Dans tous ces genres, on voit qu'il a profité des leçons et des préceptes de son judicieux maître, tout en conservant son originalité propre.

CHAPITRE VII

Commencements de Velasquez à la cour. — Portraits de Gongora, de Juan de Fonseca et du jeune roi Philippe IV.

1622 — 1623

Velasquez avait atteint sa vingt-troisième année ; il venait d'épouser Juana Pacheco, lorsque, pour se perfectionner dans son art, il résolut d'aller étudier à l'Escurial, ce Vatican de l'Espagne, les œuvres des maîtres italiens, flamands et espagnols qui, depuis Philippe II, avaient contribué à l'embellissement de ce couvent royal. Il partit de Séville dans le mois d'avril 1622, et après s'être arrêté quelque temps à l'Escurial, il se rendit à Madrid. Il y fut amicalement accueilli par les deux frères don Luis et don Melchior de l'Alcazar, ses compatriotes, et aussi par don Juan de Fonseca, huissier du rideau [1],

---

[1] *Sumiller de cortina de su Magestad*, Pacheco ; *Arte de la pintura*, p. 102. — C'était une sorte de chambellan, chargé de tirer le

grand amateur de peinture. A ce premier voyage, Velasquez ne put obtenir la permission de faire le portrait du roi, bien qu'il l'eût sollicitée : mais, à la demande de son beau-père Pacheco, il fit celui de Louis Gongora, qui eut beaucoup de succès [1]. Le personnage était bien choisi pour attirer l'attention sur l'artiste à ses débuts. Louis de Gongora était un poëte bizarre, à force de vouloir trouver l'originalité : affectant de mépriser les poëtes et les écrivains espagnols qui l'avaient précédé, il avait conçu l'idée de créer un nouveau style poétique qu'il appelait *Estilo culto*, style visant à l'effet, précieux, guindé, violant toutes les règles reçues. C'est dans cette manière qu'il écrivit ses *Solitudes, Soledades,* son *Polyphème* et plusieurs autres ouvrages [2]. Bien que ces poëmes fussent plutôt composés de mots pompeux que de pensées, ils excitèrent, comme tout ce qui est nouveau, la curiosité du public, et firent naître des imitations encore plus déraisonnables. On appelait ce genre *le nouvel art*, et Gongora, qui l'avait créé, passait alors pour un homme de génie. Philippe IV, ou plutôt Olivarès, l'avait nommé chapelain titulaire du roi, et il était dans tout l'éclat de sa renommée, à l'époque où Velasquez fit son portrait. L'artiste n'avait donc pu mieux choisir son personnage. Ce-

---

rideau, ou d'ouvrir et fermer les portières lorsque le roi d'Espagne entrait dans ses appartements ou en sortait.

[1] Ce portrait est au *Real museo, catalogo,* n° 527.
[2] Bouterwek, *Hist. de la littérature espagnole,* t. II, p. 94 et suivantes.

pendant, soit qu'il eût épuisé ses ressources, soit qu'il désirât revoir sa femme, qu'il avait laissée à Séville, il ne voulut pas prolonger son séjour dans la capitale ; il reprit donc le chemin de l'Andalousie : mais il ne devait pas y rester longtemps.

Dès le commencement de 1623, le comte-duc d'Olivarès, qui avait entendu Juan de Fonseca vanter le talent du jeune artiste, et qui, sans doute, avait pu en juger par le portrait du poëte à la mode, donna l'ordre à l'huissier du rideau de le faire revenir à Madrid. Velasquez se hâta d'obéir, et reçut de nouveau, à son retour, l'hospitalité la plus bienveillante dans la maison de son protecteur. Pour lui témoigner sa reconnaissance, il s'empressa de faire son portrait. Dès le soir du jour où il fut terminé, un fils du comte de Peñaranda, camérier du cardinal-infant, don Fernando, l'emporta au palais pour le montrer à toute la cour. « Au bout d'une heure, raconte Pacheco[1], toutes les personnes de la cour, les infants et le roi, l'avaient vu, ce qui était la plus grande épreuve qu'il eût à supporter. Le roi ne se trompa point. L'œuvre du jeune Sévillan lui plut ; il augura bien de son talent, et de suite, il voulut qu'il fît le portrait du cardinal-infant. Mais, en y réfléchissant, il parut plus convenable que le peintre commençât par celui du roi, bien qu'il fût obligé, à cause de ses grandes occupations, de faire attendre l'artiste. Le 30 août 1623,

[1] P. 102

le portrait royal était terminé à la satisfaction de Sa Majesté, des infants et du comte-duc, qui affirma que, jusqu'alors, le roi n'avait pas été peint ; jugement qui fut confirmé par tous les seigneurs qui vinrent voir l'œuvre de Velasquez [2]. »

Tel est le récit que le bon Pacheco fait du succès de son élève et gendre, et il perce dans sa narration une satisfaction si vive, qu'on n'y aperçoit pas la moindre trace de jalousie. Ce début menait tout d'un coup le jeune artiste à la gloire et à la fortune. Avec l'approbation du roi et la protection de son tout-puissant ministre, n'aurait-il eu qu'un talent médiocre, il eût été certain de réussir ; mais possédant déjà, malgré sa grande jeunesse, tous les dons du génie, la promptitude dans l'invention, la facilité dans l'exécution, un coloris égal aux Vénitiens les plus éclatants, une sûreté de main incroyable, quel devait être son avenir ! Sa route était toute tracée ; il n'avait qu'à la suivre en s'élevant à la perfection par le travail, sans se laisser détourner par les plaisirs de la cour, les désirs de l'ambition, ou les mauvaises pensées de l'envie. Dès ce moment, jusqu'à la fin de sa carrière, Velasquez prouva, par son application soutenue à son art, que si la fortune avait favorisé ses débuts, sa conduite, sa dignité personnelle et ses constants efforts pour mieux faire, le rendaient digne de la faveur du sort et de la bienveillance du roi et de son ministre.

[1] *Arte de la pintura*, p. 102.

Cette bienveillance ne tarda pas à se manifester d'une manière éclatante; d'abord, de la part du comte-duc, lequel, la première fois qu'il eut l'occasion de le rencontrer, l'assura de sa haute protection, faisant l'éloge de son talent, qu'il considérait comme l'honneur de l'école espagnole, et lui promettant que, désormais, il aurait seul, parmi ses compatriotes, l'avantage de faire le portrait du roi. Il lui ordonna de venir se fixer à Madrid, et, le 31 octobre 1623, il lui fit expédier son brevet de peintre du roi, avec vingt ducats de traitement par mois, plus, le payement de ses ouvrages, et en outre, avec les soins gratuits du médecin et de l'apothicaire de Sa Majesté. Peu de temps après, Velasquez étant tombé malade, le comte-duc, de l'ordre du roi, lui envoya ledit médecin le visiter[1]. Tels furent, à la cour, les débuts de l'élève de Pacheco.

CHAPITRE VIII

Le prince de Galles à Madrid. — Négociations pour son mariage avec l'infante Marie. — Divertissements à la cour. — Principaux amateurs de peinture. — Olivarès et le *Buen-Retiro*. — Représentations d'*Autos Sacramentales*. — Goût du prince de Galles pour les œuvres d'art.

1623

Dans le même temps que Velasquez quittait Séville pour se rendre à Madrid sur l'ordre d'Olivarès, le prince de Galles, second fils de Jacques Ier,

---

[1] *Arte de la pintura*, p. 102.

et depuis roi d'Angleterre sous le nom de Charles Ier, s'embarquait pour l'Espagne. Il y venait à l'improviste, et avec le dessein, d'abord arrêté, de garder le plus strict incognito. Son but était d'activer, et de faire aboutir par sa présence, les négociations depuis longtemps commencées pour son mariage avec l'infante Marie d'Autriche, seconde fille de Philippe III, qui épousa plus tard l'empereur d'Allemagne Ferdinand. Il voulait, en galant chevalier, faire en personne la cour à sa princesse, et montrer, par sa présence dans la capitale espagnole, quelle importance la cour d'Angleterre attachait à cette alliance. Charles était accompagné, dans cette aventure, par son fidèle Steenie, duc de Buckingham, aussi avancé dans les bonnes grâces du roi Jacques, son père, que dans les siennes, et fort capable de lutter de ruse, d'adresse, d'intrigue et de rouerie avec les plus fins et les plus madrés négociateurs du pays de Philippe II. Ce mariage était depuis longtemps en train ; mais, comme il arrive presque toujours dans les unions des princes, l'alliance des deux familles d'Angleterre et d'Espagne, ne devait être que l'appoint de plusieurs combinaisons politiques. D'abord, en donnant sa sœur à l'héritier protestant de la couronne d'Angleterre, le roi d'Espagne, fidèle à la politique traditionnelle de ses ancêtres, voulait obtenir pour la religion catholique, persécutée en Angleterre depuis Henri VIII, des garanties et une sorte d'émancipation, que les protestants anglais et écossais de toutes sectes n'auraient pas consenti à lui laisser accorder. Sur ce point, Philippe IV était soutenu et excité par tout son entourage. Son premier ministre lui-même, qui avait le mot de la cour de Rome, était bien décidé à ne rien céder sur une question aussi capitale. De son côté, l'ambassadeur d'Angleterre à Madrid, Digby, comte de Bristol, qui avait, dès 1617, entamé cette négociation, en même temps que la main de l'infante, voulait obtenir en faveur de l'électeur palatin, gendre du roi d'Angleterre, la restitution du Palatinat, occupé alors par les armées de la maison d'Autriche, alliée de l'Espagne. L'infante, objet du débat, n'était pas, à ce qu'il paraît, disposée à ce mariage : en bonne catholique, elle redoutait une alliance avec un protestant, et, comme descendante de Charles-Quint, elle préférait le trône de l'empire d'Allemagne à celui du royaume d'Angleterre. Aussi, a-t-on prétendu [1] qu'elle avait fait connaître ses véritables sentiments au premier ministre de son frère, en l'invitant à user de tous les moyens en son pouvoir pour faire manquer ce mariage. Olivarès était déjà disposé, par des considérations personnelles, à amener cette rupture, s'il est vrai, comme on l'a écrit, qu'il ait eu à se plaindre de la conduite de sa femme avec le séduisant Buckingham. Quoi qu'il en soit, en attendant l'occasion d'une rupture que chacun désirait peut-être, mais n'osait pas brus-

---

[1] *Anecdotes du ministère du comte duc d'Olivarès, tirées et traduites de l'italien de Mercurio Siri, par M. de Valdory*; Paris, 1722, in-12, p. 191 : — Bibliothèque impériale, 0,700.

quer, les fêtes, les spectacles, les courses de taureaux, les chasses au Pardo, les divertissements de tous genres se succédèrent à Madrid, pendant les cinq mois du séjour du prince Charles.

La cour d'Espagne était alors la plus brillante de l'Europe : les grands seigneurs castillans, comblés d'honneurs et de dignités, chargés de l'or du Mexique et du Pérou, enrichis des dépouilles du duché de Milan, des vice-royautés de Naples et de Sicile, vivaient dans un luxe et un éclat faits pour éblouir les autres nations. Depuis Charles-Quint, le goût des arts s'était répandu en Espagne, à la suite des guerres et des conquêtes de Milan et de Naples. La construction de l'Escurial par Philippe II avait attiré à Madrid un grand nombre d'artistes italiens, et il s'en fallait de beaucoup, à l'avénement de Philippe IV, que les travaux de cet immense monument, à la fois palais, couvent et sépulture des rois d'Espagne, fussent entièrement terminés. Le jeune roi, nous l'avons dit, aimait et cultivait la peinture; à son exemple, ou par inclination naturelle, bon nombre de seigneurs de la cour se livraient à l'exercice de cet art, et s'appliquaient à en réunir les œuvres les plus remarquables. Parmi les premiers, Pacheco cite [1] avec le plus grand éloge : Don Geronimo de Ayança si connu, dit-il, pour son talent et ses excellentes qualités; don Geronimo Muñoz, digne des plus grandes louanges à cause de la place qu'il

---

[1] *Ut suprà*, p. 112, 113.

occupe dans la théorie et la pratique de cette profession; l'un chevalier d'Alcantara, l'autre de Santiago; don Juan de Fonseca i Figueroa, père du marquis de Orellana, professeur et chanoine de Séville, et depuis huissier du rideau de Philippe IV, lequel, avec son esprit pénétrant et une grande érudition, n'estime pas peu le noble exercice de la peinture. — « J'ai connu dans notre heureuse patrie, ajoute Pacheco, un grand nombre de cavaliers et d'hommes haut placés, qui possédaient un talent remarquable pour le dessin, parmi lesquels on doit citer : don Francisco Duarte, qui fut président de la contractation [1], et sa sœur doña Mariana, très-habile en l'art d'écrire, desquels j'ai vu de merveilleux dessins à la plume; Diego Vidal, et son cousin du même nom, tous les deux prébendiers (*rationeros*) de cette église (*de Séville*); don Estevan Hurtado de Mendoça, chevalier de Santiago, qui, dans sa jeunesse, donna des preuves de son rare talent pour cet art; le marquis del Aula; Juan de Xauregui, connu de tous, lequel a pris une place avantageuse et honorable parmi ceux qui professent la peinture, et dont l'esprit élevé doit faire, comme de raison, espérer d'illustres œuvres. »

Au premier rang des amateurs de son temps, Pacheco cite encore : « Notre duc de Alcala (don

---

[1] La *contractation* était une junte siégeant à Séville, et qui était chargée d'enregistrer les cargaisons qui partaient de cette ville pour l'Amérique, ou venaient y aborder, et de faire payer les droits d'entrée et de sortie.

Fernando Enriquez de Ribera), vice-roi de Barcelone, qui a joint à l'exercice des lettres et des armes celui de la peinture [1]. Le nom de ce grand seigneur revient souvent sous sa plume, comme celui d'un véritable Mécènes. Il raconte que, dans son ambassade extraordinaire à Rome, où il fut envoyé en 1625, pour faire acte d'obédience, au nom de Philippe IV, au souverain pontife Urbain VIII, le duc s'était fait accompagner par un jeune peintre, Diego Romulo Cincinnato, né à Madrid, fils d'un autre Romulo, peintre du roi Philippe II, et qui était originaire de Florence [2]. Comme le roi d'Espagne n'avait pas de portrait du pape, Diego avait obtenu de faire celui d'Urbain VIII, et le pontife en avait été tellement satisfait, qu'il avait conféré à l'artiste l'ordre du Christ, de Portugal, et lui avait donné une chaîne d'or avec une médaille à son effigie. « Mais, dit Pacheco, que la gloire humaine est peu durable ! A peine venait-il de recevoir cet honneur de la main du cardinal espagnol Trexo de Paniagua, commis par le pape à cet effet, que le jeune homme mourut le 14 décembre 1625, et fut enterré dans l'église de San-Lorenzo, de Rome, avec les insignes de chevalier de l'ordre du Christ [3]. »

Le duc d'Alcala, qui fut ensuite vice-roi de Naples, rapporta d'Italie un grand nombre de tableaux, et continua, lorsqu'il fut rentré en Espa-

---

[1] *Ibid.*, p. 113.
[2] Voy. Palomino, p. 24, n° 38, et p. 41, n° 59.
[3] *Arte de la pintura*, p. 96 - 97.

gne à protéger les artistes, ses compatriotes. Il avait formé à Séville une belle galerie et une riche collection de livres rares et curieux, et toute sa vie se partagea entre le maniement des plus grandes affaires et l'amour des lettres et des arts.

Le prince Francisco de Borja y Esquillache, qui cultivait la poésie avec succès, comme Xauregui, n'était pas moins amateur des œuvres de la peinture, dont il possédait de remarquables spécimens. Le duc d'Alba se faisait également remarquer par le même goût ; il en était ainsi d'un grand nombre de nobles qui avaient rapporté ce goût d'Italie, et parmi lesquels on doit citer, d'après Pacheco [1] : don Francisco de Castro, ambassadeur d'Espagne, puis vice-roi de Sicile, qui offrit quatre mille ducats d'un tableau du Corrège au cardinal Sforza, sans pouvoir l'obtenir ; le duc d'Ossuna, qui rapporta plus tard, en 1629, à Madrid, un grand tableau de Raphaël, peint sur bois, de *la Sainte-Vierge*, l'*Enfant Jésus* et *saint Jean-Baptiste*, que le duc de Florence lui avait offert lorsqu'il était vice-roi de Naples, et qui fut payé par don Gaspar de Monterey seize cents ducats ; et le marquis de Leganes, vice-roi du duché de Milan.

Au milieu de tous ces grands seigneurs, le tout-puissant ministre de Philippe IV se faisait remarquer par son luxe, et par les encouragements qu'il accordait aux lettres et aux arts. Le vieux Lope de

---

[1] P. 95.

Vega, devenu son chapelain, vivait dans sa maison : sa bibliothèque était une des plus nombreuses et des plus curieuses de l'Espagne, et l'on y comptait beaucoup de manuscrits et de livres rares. A l'une des portes de Madrid, il avait fait bâtir le palais du *Buen Retiro*, qu'il offrit au roi peu de temps après son avénement. Il n'avait d'abord fait construire qu'une petite maison qu'il avait nommée *Galinera*, parce qu'il y avait mis des poules fort rares qu'on lui avait données. « Comme il allait les voir assez souvent, dit madame d'Aulnoy[1], la situation de ce lieu, qui est sur le penchant d'une colline, et dont la vue est très-agréable, l'engagea d'entreprendre un bâtiment considérable. Quatre grands corps de logis et quatre gros pavillons font un carré parfait. On trouve au milieu un parterre rempli de fleurs, et une fontaine dont la statue, qui jette beaucoup d'eau, arrose, quand on veut, les fleurs et les contr'allées par lesquelles on passe d'un corps de logis à l'autre. Ce bâtiment a le défaut d'être trop bas. Ses appartements en sont vastes, magnifiques et embellis de bonnes peintures. Tout y brille d'or et de couleurs vives, dont les plafonds et les lambris sont ornés. Je remarquai dans une grande galerie l'entrée de la reine Élisabeth, mère de la feue reine. Elle est à cheval, vêtue de blanc, avec une fraise au cou et un *garde-infant*. Elle a un petit chapeau garni de pierreries avec des plumes et une aigrette. Elle était

---

[1] *Voyage d'Espagne*, t. III, p. 6-7.

grasse, blanche et très-agréable ; les yeux beaux, l'air doux et spirituel. La salle pour les comédies est d'un beau dessin, fort grande, tout ornée de sculpture et de dorure... le parc a plus d'une grande lieue de tour. Il y a des grottes, des cascades, des étangs, du couvert, et même quelque chose de champêtre en certains endroits, qui conserve la simplicité de la campagne et qui plaît infiniment. »

Telle est la description du *Buen Retiro*, donnée par une personne qui l'avait vu quelques années après la mort du comte-duc. Ce ministre y avait employé les artistes les plus renommés de son temps, tels que le Mayno, Eugenio Caxes, Vicencio Carducho et Velasquez. L'architecte Crescenzi, dont nous parlerons plus tard, dirigea la construction des bâtiments. Le système des eaux, le dessin des jardins ainsi que la disposition de la salle de spectacle, furent confiés au florentin Cosimo Lotti, peintre et ingénieur, au service de Philippe III, et sur lequel nous reviendrons[1]. Le *Buen Retiro* fut, pendant toute la durée du règne de Philippe IV, la résidence préférée par ce prince. Il s'y retirait souvent, et s'y livrait avec passion à son goût pour les pièces de théâtre, parmi lesquelles *las comedias de repente*, ou pièces improvisées sur un sujet convenu, faisaient ressortir toutes les ressources de son esprit vif et piquant.

L'arrivée inattendue du prince de Galles, et le

[1] Voy. le chapitre xii.

motif de sa visite, ne pouvaient qu'exciter encore davantage l'ardeur du jeune roi pour les plaisirs et les divertissements de toutes sortes. Pour donner à l'héritier protestant de la couronne d'Angleterre la plus haute idée de l'Église catholique et de ses pompeuses cérémonies, on fit défiler en sa présence les processions de tout le clergé régulier et séculier de Madrid, dans tout l'éclat de leur magnificence; on lui prépara des parties de chasse au sanglier, au *Pardo* et au *Buen Retiro*, à la manière espagnole, décrite si minutieusement par Juan Mateos [1]. Le roi et les invités, montés sur de magnifiques andalous, forçaient le sanglier avec des limiers, et quelquefois le poussaient dans une enceinte entourée de toiles, où ils venaient le percer de leurs lances et de leurs épieux, en présence de la reine et des dames de la cour, dans leurs carrosses, ainsi que l'a représenté Velasquez, dans un de ses tableaux du *real museo* [2].

Mais, de tous les divertissements qui furent offerts au prince de Galles, aucun ne dut exciter plus vivement sa curiosité que les représentations des pièces du théâtre espagnol. Ce n'est pas qu'il n'eût assisté, sans doute, à Londres ou à la cour de son père, aux comédies, aux drames et aux tragédies du grand Shakespeare. Mais les compositions de Lope de Vega, l'auteur alors en vogue à Madrid, diffé-

---

[1] *Origen y dignidad de la Caça, etc.* Madrid, 1634, petit in-4°, avec le frontispice-portrait de l'auteur. Chapitres VIII, IX, XXVI, XXVII, XXXII, etc.

[2] *Catalogo*, n° 68.

raient essentiellement, et par le fond et par la forme, de celles du poëte de Roméo et Juliette. Par exemple, les *Autos sacramentales* de l'auteur espagnol, ou pièces en l'honneur du Saint-Sacrement et de la foi catholique, n'ont aucun rapport avec le répertoire du théâtre du vieux William. Ainsi, dans la comédie de *Saint-Antoine*, « lorsque le saint disait son *Confiteor*, tous les assistants, selon l'attestation d'un témoin oculaire [1], se mettaient à genoux et se donnaient des *Mea culpa* si rudes, qu'il y avait de quoi s'enfoncer l'estomac. » Les décorations n'étaient pas moins curieuses que les pièces elles-mêmes. « On voyait ordinairement, dit Bouterwek [2], le saint monter au ciel dans une robe parsemée d'étoiles. Au moment où il quittait la terre, un rocher se fendait, et on en voyait sortir les âmes de son père et de sa mère, qu'il avait délivrées du purgatoire, et qui s'élevaient avec lui vers les cieux au bruit de la musique. »

Ce spectacle avait certainement pour le prince de Galles le mérite de la nouveauté : mais il ne paraît pas qu'il ait produit sur son esprit d'autre effet que celui de la curiosité satisfaite. Ce qui frappa le plus vivement l'héritier de la couronne d'Angleterre, ce fut le grand nombre de tableaux et d'objets d'art qu'il pouvait admirer, non-seulement dans les palais du roi d'Espagne, mais dans les couvents et les églises, ainsi que dans les maisons des principaux

[1] Mme d'Aulnoy, *Voyage d'Espagne*, t. I, p. 87.
[2] *Littérature espagnole*, t. II, p. 60.

seigneurs de la cour. Depuis quelques années, Buckingham s'était efforcé de diriger l'attention de son jeune maître du côté des arts. Il cherchait à lui en inspirer le goût, autant pour rivaliser avec le comte d'Arundel, ainsi que nous l'expliquerons ailleurs [1], que pour détourner le futur roi d'Angleterre de s'occuper des affaires publiques. Charles prit tellement à cœur les tableaux et les statues, que, lorsqu'il fut monté sur le trône, il réunit en peu de temps des collections aussi belles que les plus renommées d'Italie ou d'Espagne. Déjà, pendant son séjour dans ce dernier pays, il avait cherché à réunir des tableaux. C'est ainsi qu'il acheta, en vente publique, une partie de ceux du comte de Villa-Mediana, et du sculpteur Pompeo Leoni. Il offrit à don Andres Velasquez mille couronnes pour un petit tableau sur cuivre du Corrége, mais sans pouvoir l'obtenir. Il ne fut pas plus heureux avec don Juan de Espinosa, auquel il avait demandé de lui céder les deux précieux volumes de dessins et de manuscrits de Léonard de Vinci. Mais le roi et ses courtisans lui firent cadeau de plusieurs belles peintures. Philippe lui donna la fameuse *Antiope* du Titien, le tableau favori de son père, qui avait été sauvé de l'incendie du Pardo, en 1604; *Diane au bain*, l'*Enlèvement d'Europe et Danaé*, ouvrages du même maître. Néanmoins, ces œuvres capitales ne sortirent pas d'Espagne, et, bien que déjà emballées et encaissées à destination de l'Angleterre, elles

---

[1] Voy. la notice sur cet amateur, chapitre XV et suiv.

furent oubliées à Madrid, dans le départ précipité du prince et de son favori [1].

Ce départ fut si prompt, que Velasquez n'eut pas le temps de terminer le portrait de Charles, qu'il avait commencé. Néanmoins, selon le témoignage de Pacheco [2], il reçut du prince cent écus pour cette ébauche. Devenu roi d'Angleterre quelques années après, Charles dut regretter de n'avoir point à exposer à White-Hall ou Hamptoncourt, entre ses magnifiques portraits par Rubens et Vandyck, son effigie peinte par Velasquez.

CHAPITRE IX

Départ précipité du prince de Galles. — Rupture entre l'Angleterre et l'Espagne. — Premier portrait équestre de Philippe IV par Velasquez. — Son succès : sonnet de Pacheco à cette occasion. — Honneurs et récompenses accordés à Velasquez. — Portrait d'Olivarès. — Tableau de l'expulsion des Maures.

1623 — 1628

Après plus de cinq mois de séjour à Madrid, Charles et son écuyer partirent à l'improviste, comme ils étaient venus, à la grande satisfaction du roi, de l'infante et du premier ministre. A l'occasion de la rupture du mariage du prince protestant avec une infante catholique, ce dernier reçut du pape Urbain VIII, une lettre qui le félicitait chaudement

---

[1] *Velasquez and his Works, by william Stirling*, p. 80-81.
[2] P. 102.

d'avoir fait manquer cette union, et lui promettait, pour l'avenir, la bienveillance du saint-siége. Cette lettre, dont la traduction du latin en italien est donnée par le marquis Malvezzi [1], prouve que la cour de Rome n'avait pas accordé, ainsi qu'on l'a prétendu, des dispenses pour le mariage.

L'orgueil britannique, blessé par ce dénoûment, chercha bientôt à se venger, en suscitant, contre l'Espagne et l'Empire, une ligne formidable, dans laquelle entrèrent la France, l'Angleterre, la Hollande et le duc de Savoie, unis par le traité d'Avignon. Le comte-duc s'attendait à cette levée de boucliers : il opposa, dans ces graves conjonctures, des forces imposantes à celles des ennemis de l'Espagne, et pendant quelque temps, au moins, les succès furent balancés.

Ces graves événements n'empêchèrent pas le jeune roi de continuer sa vie de plaisirs et de dissipations, en abandonnant au ministre le fardeau tout entier de ces grandes affaires. Il avait été si satisfait du premier portrait de Velasquez, qu'il voulut en avoir un second de sa main. Mais, cette fois, il décida que le peintre le représenterait monté sur un des plus beaux chevaux de ses écuries. Philippe excellait dans l'art de l'équitation, et se livrait souvent à son goût pour la chasse à courre, en dirigeant, avec autant de hardiesse que de dextérité, les plus ardents coursiers des haras de Cordoue. Olivarès,

---

[1] P. 51, *ut supra*.

qui était également un cavalier remarquable, s'était fait nommer grand écuyer du roi, pour ne perdre aucune occasion d'influence, et l'accompagner dans toutes ses parties de campagne. Juan Mateos, dans son traité de la chasse, raconte les exploits du monarque, soit qu'il forçât un sanglier de toute la vitesse de son cheval, traversant des bois, des fondrières et des marécages, soit qu'il poursuivît un cerf ou un lièvre avec les lévriers les plus agiles de sa meute, ne craignant pas de galoper sur des sentiers escarpés, bordés de précipices, et dans les passages les plus dangereux. Mais le peintre de Séville saurait-il représenter le noble coursier andalous, le *genet d'Espagne*, d'origine arabe, à l'œil de feu, à la crinière épaisse et flottante, à la noble encolure, aux jambes fines comme celles d'un cerf? Sans doute, l'élève de Pacheco avait suivi, dans le cours de ses études, les conseils de son maître, qui s'étend avec complaisance sur la représentation du noble animal destiné à porter l'homme [1]. Il est hors de doute, en voyant au musée de Madrid le portrait équestre de Philippe IV, que Velasquez ne devait pas être à son coup d'essai pour dessiner et peindre des chevaux. Le roi galope à travers une campagne accidentée : il est couvert d'une armure d'acier avec filets d'or; une écharpe cramoisie flotte sur sa poitrine, et il tient dans sa main droite le bâton de

---

[1] Voy. le chapitre IX, liv. III, *Arte de la pintura*, p. 427 et suivantes.

commandement [1]. « Le tout, dit Pacheco [2], est peint d'après nature, même le paysage. »

Si le premier portrait de Philippe avait suffi pour donner à la cour la plus haute opinion du talent du peintre, celui-ci produisit encore plus d'effet. Son succès fut si grand, que les amis de l'artiste demandèrent au roi l'autorisation de le montrer au public. Cette demande, qui flattait le goût du prince, fut facilement accordée, et l'on vit ce portrait exposé dans la *calle mayor* de Madrid, vis-à-vis de saint Philippe, à l'admiration du public tout entier, et au vif désappointement des envieux du jeune artiste ; « ce dont, dit Pacheco [3], j'ai été témoin. » Raphaël Mengs place ce portrait au nombre des meilleurs de Velasquez : — « Ce qui est surtout extraordinaire, dit-il, c'est la manière facile et franche avec laquelle est peinte la tête, dont la peau brille d'un teint naturel, et tout, jusqu'aux cheveux qui sont très-beaux, est exécuté avec la plus grande légèreté [4]. »

Plusieurs beaux esprits de la cour composèrent, en l'honneur de ce portrait, des pièces de vers dans lesquelles, tout en louant l'artiste, ils flattaient encore plus le monarque. Pacheco rapporte ceux de don Geronimo Gonzalès de Villanueva, poëte distingué de Séville, qui fit, dans cent vingt-deux

---

[1] *Catalogo*, 299.
[2] P. 402.
[3] *Ibid.*
[4] Lettre de Raphaël Mengs à D. Antonio Ponz, dans le *Recueil de Bottari*, 2ᵉ édition de Ticozzi, in-12, t. VI, p. 305.

vers ampoulés, l'éloge emphatique du roi, qu'il appelle :

« Copia felix de Numa o de Trajano. »

« Heureuse ressemblance de Numa ou de Trajan[1]. » Pacheco, alors à Madrid, et au comble de la joie, voulut aussi féliciter son élève et gendre de son éclatant succès, et lui chanter le *sic itur ad astra*. Il le fit dans le sonnet suivant, où éclatent à la fois l'attachement du père, la satisfaction du maître, l'admiration de l'artiste et l'enthousiasme d'un fidèle Espagnol :

« Vuela, o joven valiente, en la Ventura
De tu raro principio, la privança
Onre la possesion, no la esperança
D'el lugar que alcançaste en la pintura.
Animete l'Augusta alta figura
D'el monarca mayor qu'el orbe alcança,
En cuyo aspecto teme la mudança
Aquel que tanta luz mirar procura.
Al calor d'este sol tiempla tu buelo,
I veras cuanto estiende tu memoria
La Fama, por tu ingenio i tus pinzeles.
Qu'el planeta benigno a tanto cielo,
Tu nombre illustrara con nueva gloria
Pues es mas que Alexandro, i tu su Apeles [2] »

« Vole, ô vaillant jeune homme, soutenu par le succès de ton rare début : la faveur et non l'espérance honore maintenant la place que tu as su conquérir dans l'art de la peinture. Anime la noble figure de l'auguste monarque, le plus grand de ceux qui gouvernent le monde ; crains de rien changer

---

[1] P. 106-109, *Arte de la pintura*.
[2] P. 110, *ibid*.

à la ressemblance du prince qui t'accorde la grâce de contempler un si grand astre. Élève ton vol à la chaleur de ce soleil, et tu verras comme la Renommée étendra ta mémoire, à l'aide de ton génie et de tes pinceaux. Cet astre, si bienfaisant dans le ciel, illustrera ton nom d'une gloire nouvelle, puisqu'il est plus grand qu'Alexandre, et que tu es son Apelles. »

Le roi fut encore plus satisfait de ce portrait que du premier. Il en témoigna sa satisfaction à Velasquez en lui donnant, d'abord une gratification de trois cents ducats, une pension annuelle de pareille somme et un logement évalué deux cents ducats par an. Mais, comme la pension était assignée sur un bénéfice ecclésiastique, et qu'il fallait, pour pouvoir la toucher, obtenir une dispense du pape, l'artiste ne put commencer à en jouir qu'en 1626.

Il est probable qu'après avoir exécuté le portrait équestre du roi, Velasquez ne manqua pas de faire celui du premier ministre, son protecteur. Le musée de Madrid en possède un [1] d'une grande beauté, qui peut rivaliser avec celui de Philippe IV : on dirait même qu'il a été composé pour lui servir de pendant. Le comte-duc est également monté sur un magnifique cheval lancé au galop ; il tient dans sa main droite le bâton de commandement, il est revêtu d'une armure sur laquelle se détache une écharpe cramoisie, et sa tête est couverte d'un large sombrero à bords rabattus.

[1] *Catalogo*, n° 177.

Bientôt, le roi voulut mettre Velasquez à une épreuve plus sérieuse. Pour conserver le souvenir de l'expulsion des Maures, ordonnée par son père, événement qui, pour le dire en passant, dépeupla plusieurs provinces, et enleva plus de deux cent mille habitants à l'Espagne, Philippe IV décida qu'un concours serait ouvert entre les peintres de la cour. Pacheco ne nomme pas ces peintres : il dit seulement que Velasquez peignit : « une grande toile avec le portrait du roi Philippe III, et l'expulsion inespérée des Maures, en concurrence avec trois peintres du roi [1]. » Il est probable que ces artistes étaient Eugenio Caxes, Vicencio Carducho et Angelo Nardi, dont nous avons parlé précédemment. Les juges de ce concours furent le frère Juan Mayno, que nous avons également fait connaître, et le marquis Jean-Baptiste Crescenzi, chevalier de Santiago, et alors architecte de l'Escurial, tous les deux, dit Pacheco, grands connaisseurs en peinture. Ces juges décidèrent en faveur de Velasquez. Malheureusement, son tableau n'est pas parvenu jusqu'à nous; soit qu'il ait été perdu, soit qu'il ait été détruit dans un incendie, ou pendant les guerres qui ont désolé l'Espagne : Palomino, qui l'avait vu, en a donné une description détaillée [2].

C'est à la suite de ce concours, que Velasquez fut investi de la charge, très-recherchée alors, d'huissier de la chambre, avec le traitement y attaché. En

[1] P. 103.
[2] T. III, p. 486.

outre, le roi lui donna une pension de douze réaux par jour pour sa nourriture, et beaucoup d'autres gratifications [1].

CHAPITRE X

Rubens envoyé à Madrid pour négocier la paix. — Emploi de son temps pendant son séjour. — Portraits de Philippe IV, d'Olivarès, et autres peintures.

1628 — 1629

Après la rupture du mariage projeté entre le prince de Galles et l'infante Marie, la guerre avait éclaté avec violence, non-seulement en Europe, mais dans les autres parties du monde. L'Angleterre, la France, la Hollande, la Savoie, unies contre l'Espagne et l'Empire, avaient fait subir à la monarchie espagnole plus d'un revers, compensés néanmoins par quelques succès. Les trésors des combattants étaient à sec, les populations épuisées lorsqu'elles commencèrent à songer à la paix. La France, la première, s'était détachée du traité d'Avignon, et avait conclu séparément une trêve avec l'Espagne [2] L'angleterre, livrée au gouvernement de Buckingham, bien que souhaitant la paix, se laissait traîner à la remorque de Maurice de Nassau, qui avait abaissé

---

[1] Pacheco, *Arte de la pintura*, p. 103.
[2] *Histoire de France sous Louis XIII*, par M. A. Bazin, t. II, p. 30-31.

l'orgueil espagnol dans les Pays-Bas et en Flandre. Néanmoins, dès 1625, elle penchait vers un accommodement honorable. C'est à cette époque que le peintre Rubens avait fait, à Paris, la connaissance du favori de Charles Ier. Employé depuis longtemps dans des négociations secrètes par l'archiduc Albert, gouverneur des Pays-Bas pour le roi d'Espagne, Rubens, à ce qu'on croit, avait reçu à Paris les confidences du duc de Buckingham, et les avait transmises à l'archiduchesse Isabelle, restée, après la mort de son mari, gouvernante des Pays-Bas. Ces ouvertures communiquées au roi d'Espagne par l'infante, avaient déterminé ce prince, ou plutôt le comte-duc, à autoriser Rubens à continuer, avec les agents du duc, les relations commencées à Paris. Rubens fut donc chargé par l'archiduchesse, de se mettre en rapport avec Balthasar Gerbier, qui représentait en Hollande la cour d'Angleterre, et de savoir quelles pouvaient être les intentions de cette cour, en laissant entrevoir les conditions que l'Espagne mettrait à un accommodement. Mais, comme ces négociations traînaient en longueur, Isabelle, de l'avis de son ministre, le marquis de Spinola, proposa au roi d'envoyer Rubens en Espagne, afin qu'il lui fût plus facile de donner toutes les explications désirables. Philippe IV et Olivarès s'empressèrent d'adhérer à cette proposition : s'ils ne connaissaient pas l'homme, ils avaient pu juger déjà de sa supériorité comme artiste ; et en véritables amateurs, ils désiraient le voir à l'œuvre à Madrid même.

Ils autorisèrent donc l'archiduchesse à l'envoyer en Espagne, afin de mieux connaître le véritable état des choses, et de lui donner ensuite les instructions secrètes dont il devait se servir à la cour d'Angleterre pour ramener, s'il était possible, le bienfait de la paix en Europe [1].

Rubens était à la hauteur d'une pareille mission : connaissant à fond la docte antiquité, ainsi que nous l'expliquerons, il écrivait et parlait également bien presque toutes les langues de l'Europe, et son génie d'artiste lui assurait la bienveillance et même la familiarité des plus grands seigneurs, des princes et des rois.

Il partit d'Anvers dans le mois d'août 1628 ; il passa par Paris, sans s'y arrêter, parce qu'il avait ordre de faire toute diligence possible [2], et dut arriver à Madrid dans le courant du même mois [3].

Accueilli avec la plus grande distinction par Philippe IV et son ministre, il eut bientôt gagné leur

---

[1] Voy. sur les négociations de Rubens, l'introduction mise par M. Émile Gachet en tête des lettres inédites de cet artiste qu'il a publiées. Bruxelles, 1840, in-8º, p. XXXV et suivantes.

[2] Lettre de Rubens à Peiresc, de Madrid, 2 décembre 1628 ; dans les lettres inédites de Rubens publiées par M. Gachet, p. 220, nº LXIX.

[3] Selon J. F. Michel, *Histoire de la vie de P. P. Rubens*, Bruxelles, 1 vol. in-8º, 1771, p. 29, le duc de Mantoue, Vincent de Gonzague, voulant envoyer à Philippe III une superbe voiture avec un attelage de sept chevaux napolitains, aurait fait choix de Rubens pour accompagner et offrir ce cadeau. Palomino (p. 50, nº 70) dit que Rubens vint à Madrid pendant le séjour du prince de Galles en 1623 : c'est une erreur. Rubens vécut à la cour de Mantoue jusqu'à la fin de 1608, époque où la mort de sa mère le rappela à Anvers, et il ne retourna plus en Espagne qu'en 1628.

confiance entière, et donné de son esprit et de son intelligence supérieure une idée égale à celle qu'avait fait concevoir son génie d'artiste. Mais, au lieu de lui tracer de suite les instructions nécessaires pour son voyage en Angleterre, but de sa mission, le roi et son favori voulurent profiter du séjour en Espagne d'un des plus grands peintres qu'il y eût alors en Europe, pour occuper son pinceau à décorer de ses œuvres leurs églises et leurs palais.

Rubens, dans ses lettres, ne paraît pas trop contrarié de ces retards, qui lui permettaient d'étudier et même de copier à l'Escurial, celles des peintures de Titien, son modèle de prédilection, qu'il ne connaissait pas encore. « Rien de certain au sujet des affaires d'Angleterre, écrivait-il de Madrid, le 29 décembre 1628, à son meilleur ami, Jean Gaspar Gevaërts, secrétaire de la ville d'Anvers [1], depuis le coup fatal qui a tout rompu. Pourtant, les deux parties semblent de nouveau chercher à se réunir, et tout fait concevoir plus d'espérance que de crainte. Mais ces affaires-là sont encore incertaines, comme ce qui dépend de l'avenir, et, d'après le train des choses de ce monde, je n'ose vous parler avec certitude que de ce qui est passé. » Dans cette même lettre, après avoir rendu compte de l'impression produite à Madrid par la prise opérée le 20 septembre précédent, par les Hollandais, près de Cuba,

---

[1] Gachet, *Lettres inédites de Rubens*, p. 221, 224, 227, n° LXX.

d'une flotte espagnole portant la valeur énorme de cent soixante-huit tonnes d'or, il ajoute : « Vous seriez étonné de voir ici presque tout le monde au comble de la joie, en pensant qu'ils peuvent à bon droit accuser de cette calamité publique les honteuses jalousies qui animent leurs gouvernants; tant est grande la violence de cette haine, qui va jusqu'à négliger, et même oublier ses propres maux, pour le plaisir de se venger. Pour moi, je n'ai pitié que du roi. Doué par la nature de toutes les qualités de l'esprit et du corps (ce dont j'ai pu me convaincre dans les rapports journaliers que j'ai eus avec lui), ce prince serait assurément capable de gouverner dans toute espèce de fortune, s'il ne se défiait pas de lui-même, et s'il n'avait pas trop de déférence pour ses ministres. Tandis que maintenant, il porte la peine de la crédulité et de la folie des autres, et il est victime d'une haine qui ne s'adresse pas à lui : ainsi l'ont voulu les dieux. »

Rubens, on le voit, avait une haute opinion de Philippe IV, et, en écrivant que ce prince avait trop de déférence pour ses ministres, il appréciait très-judicieusement le caractère de ce monarque. Pour lui, il n'avait qu'à se féliciter de l'accueil qu'il avait reçu du roi et de son favori. D'abord, quelque temps après son arrivée à Madrid, Philippe, oubliant la promesse qu'il avait faite à Velasquez, de ne se faire peindre par aucun autre artiste, avait commandé son portrait au maître d'Anvers. Dans un mot, écrit à la hâte de Madrid, le 2 décembre 1628, à son ami Peiresc, Rubens, après s'être excusé de ne l'avoir pas vu à Aix, en allant en Espagne, lui apprend : « qu'il avait déjà commencé le portrait du roi à cheval, en quoi Sa Majesté prenait un si singulier plaisir, qu'elle venait tous les jours le voir travailler ; qu'il avait déjà fait tous les portraits de la famille royale, par ordre de l'infante Isabelle, et cela, avec grande facilité, en leur présence. Il termine en disant que l'infante lui avait permis de passer par l'Italie à son retour, si les affaires le permettaient[1]. »

Le roi fut si satisfait de son portrait par Rubens, qu'il voulut poser plusieurs fois encore devant lui. Cumberland, dans ses *Anecdotes of spanish painters*, dit que Rubens peignit cinq fois Philippe IV : on peut voir la description de ces portraits dans le catalogue que M. André Van Hasselt a publié à la suite de son histoire de Rubens[2].

A l'exemple de son maître, Olivarès voulut aussi se faire *pourtraire* par l'artiste flamand. Rubens, s'il faut en croire un de ses biographes[3], le peignit en grisaille ; nous ne savons pour quel motif, car le coloris est la qualité dominante du chef de l'école d'Anvers. Nous ignorons si ce portrait est le même que celui qui a été gravé par Cornelius Galle.

[1] É. Gachet, *Lettres inédites de Rubens*, p. 220, n° LXIX.
[2] Bruxelles, 1840, 1 vol. in-8°, p. 342, 343, n°ˢ 1135, 1136, 1137, 1138, 1139 et 1140.
[3] M. A. van Hasselt, p. 340, n° 1127, qui dit que ce portrait est aujourd'hui dans la collection du duc de Hamilton, en Angleterre. Il a été gravé par P. Pontius, et en petit, par Galle jeune.

Le comte-duc y est représenté à mi-corps, dans un médaillon, la tête nue, avec la cuirasse et l'écharpe sur ses épaules. Dans le haut, on voit l'étoile du soir entourée d'un serpent mordant sa queue, symbole de l'éternité, avec cette devise :

> Hespere quis cœlo lucet felicior ignis?

A droite du médaillon, le hibou de Minerve sur le bouclier représentant la tête de Méduse ; à gauche, la massue d'Hercule soutenant la dépouille du sanglier de Calydon ; au bas, les armoiries du comte-duc avec l'inscription : *Philippi IV munificentia*. Au-dessous, ce distique :

> « Qui comitis ducit que ducis sub imagine vultus,
> Moli ornandæ orbis dat comitem atque ducem. »

Le comte-duc offrit à Rubens une occasion plus importante de développer la fécondité de son imagination, et la prodigieuse habileté de son pinceau. Ce ministre était alors occupé à faire agrandir et décorer le couvent des Carmélites de Loëches, à quelques lieues de Madrid, petite ville qui dépendait de son duché d'Olivarès, et où il possédait un palais. Il voulut que Rubens représentât dans l'église du couvent le triomphe de la loi nouvelle, de l'Église et de l'Évangile, le renversement du paganisme et de tous les rites et cérémonies de l'antiquité. Ce sujet devait former une suite de dix tableaux, qui furent peints par Rubens, et dont le *Triomphe de la religion* se trouve maintenant au

Louvre, tandis que les autres sont en Angleterre [1]. D'après Palomino [2], Rubens avait également peint pour cette église les cartons de plusieurs tapisseries; et il ajoute que toute cette composition était remplie d'imagination et de science, comme on pouvait encore, de son temps, en juger dans l'église des Carmélites de Loëches.

Rubens fit encore pour le comte-duc ce fameux *Jugement de Pâris*, destiné au palais du *Buen Retiro*, et qui est maintenant au musée royal de Madrid. Dans ce tableau, où brille au suprême degré l'éclatant coloris du maître, l'Amour couronne Vénus d'une guirlande de roses, tandis que Mercure lui présente la pomme, que vient de lui adjuger le jeune berger qui contemple la déesse d'un air émerveillé de sa beauté [3].

Palomino énumère un grand nombre d'autres tableaux que Rubens exécuta, soit pour le roi, soit pour les églises et corporations religieuses, ou pour des grands seigneurs espagnols. Parmi ces ouvrages, il cite en particulier : l'*Enlèvement des Sabines*, le *Martyre de l'apôtre saint André*, l'*Immaculée Conception*, exécutée pour les religieuses de la ville de Fosaldana, près de Valladolid, dont la beauté, dit-il,

---

[1] Voy. le Catalogue du musée du Louvre, édition de 1852, écoles allemande, flamande et hollandaise, p. 229, n° 431, et la note p. 225 qui accompagne le n° 426. Ces dix compositions de Rubens ont été gravées par N. Lauwers, Schelte de Bolswert et Adrien Lommelin; voy. l'*Abecedario* de Mariette, V° *Rubens*, p. 110.

[2] P. 50, n° 70, *Pedro Pablo Rubens*.

[3] *Catalogo*, n° 1704.

est aussi merveilleuse que la grandeur du tableau est étonnante, et qui coûta soixante-dix mille réaux.

Pacheco, qui vivait à Madrid avec son gendre, à l'époque du séjour de Rubens dans cette capitale, nous a transmis les renseignements les plus authentiques sur les œuvres que le peintre flamand exécuta pendant son voyage. « Il partit de Bruxelles pour la cour d'Espagne, dit-il [1], et arriva dans le mois d'août 1628. Il apportait à Sa Majesté notre roi catholique Philippe IV, huit tableaux de différents sujets et de diverses grandeurs, qui furent placés dans le salon nouveau, parmi d'autres peintures fameuses. Pendant les neuf mois qu'il resta à Madrid, sans négliger les négociations importantes pour lesquelles il y était venu, et quoiqu'il eût été indisposé pendant quelques jours de la goutte, il peignit beaucoup de choses, comme nous allons le voir, tant étaient grandes son adresse et sa facilité. Premièrement, il fit le portrait du roi et des infants, à mi-corps, pour envoyer en Flandre; il fit de Sa Majesté cinq portraits, et, entre autres, un à cheval, avec d'autres figures, très-remarquable. Il fit le portrait de madame l'infante Carmélite, plus qu'à mi-corps, et en fit plusieurs copies. Il fit cinq ou six portraits de particuliers. Il copia tous les tableaux du Titien que le roi possède, qui sont : les *Deux bains (de Diane)*, l'*Europe*, l'*Adonis et Vénus*, la *Vénus et Cupidon*, l'*Adam et Ève*, et autres. Il

---

[1] *Arte de la pintura*, p. 100.

copia aussi les portraits du *Landgrave*, du *duc de Saxe*, du *duc d'Albe*, de *Cobos*, d'un *Doge vénitien*, et beaucoup d'autres tableaux en dehors de ceux que le roi possède. Il copia le portrait du roi *Philippe II*, en pied, et avec son armure. Il changea quelque chose au tableau de l'*Adoration des rois*, de sa main, qui est au palais. Il fit pour don Diego Mexia, son grand ami, un tableau de la *Conception*, de deux verges, et pour don Jaime de Cardenas, frère du duc de Maqueda, un *Saint Jean évangéliste*, de grandeur naturelle. Il paraît incroyable qu'il ait pu peindre tant de choses en si peu de temps, et avec de si grandes préoccupations. Il fréquenta peu les peintres ; il se lia seulement avec mon gendre, avec lequel il avait échangé des lettres, avant son voyage ; il loua beaucoup ses ouvrages et sa modestie, et ils allèrent ensemble voir l'Escurial. »

Le catalogue du *Real Museo* de Madrid énumère soixante et un ouvrages de Rubens, et cette collection ne possède pas tous les tableaux de ce maître qui sont en Espagne. Il ne faudrait pas croire que Rubens ait pu exécuter ces œuvres si nombreuses, et dont quelques-unes présentent une énorme dimension, pendant son séjour en Espagne. Malgré sa prodigieuse facilité et son travail continuel, et bien qu'il se soit fait aider, si l'on en croit Palomino[1], par ses deux élèves Sneyders et Pierre de Vos, qu'il aurait amenés avec lui en Espagne, sa prodigieuse activité n'aurait pu suffire à tant de besogne. Bal-

[1] P. 50, n° 70.

dinucci, dans la vie de Rubens [1] donne l'explication de l'origine d'un grand nombre d'ouvrages du peintre flamand qui se trouvent en Espagne. « Lorsqu'il fut de retour à Anvers, dit-il, il eut à peindre pour le roi Philippe IV beaucoup de tableaux, qui devaient servir à décorer le palais de la *Torre della Perada*, éloigné de trois lieues de Madrid. A cet effet, le roi fit fabriquer dans cette ville les toiles de la grandeur voulue, et les fit envoyer au peintre à Anvers. C'est chose digne d'admiration de voir comme Rubens, dans ses inventions et compositions de fables, métamorphoses et autres sujets, s'y prit de telle sorte, que l'on pouvait joindre un tableau à un autre, ayant fait disposer dans quelques intervalles ménagés entre eux, des combats et des jeux d'animaux peints par Sneyders, excellent peintre en ce genre. » Suivant Baldinucci, ce serait également à Anvers que Rubens aurait peint les cartons des tapisseries, exécutées ensuite en Flandre, pour l'église des Carmélites de Loëches. Cette version paraît plus probable que celle de Palomino, qui veut que ces cartons aient été exécutés par Rubens lorsqu'il était à Madrid.

On a raconté deux aventures qui seraient arrivées à Rubens pendant son séjour en Espagne ; l'une avec le duc de Bragance, l'autre avec un moine peintre, nommé Collantès. On trouvera la première dans l'histoire de Rubens par Michel [2], et M. Van

---

[1] *Decennale II, della parte III, dal* 1590 *al* 1600, p. 281-283.
[2] P. 169.

Hasselt, après l'avoir répétée, raconte la seconde [1]. Pacheco, fort bien instruit de ce que fit l'artiste flamand à Madrid et dans les environs, ne parle ni de l'une ni de l'autre anecdote : il est donc vraisemblable qu'elles auront été inventées à plaisir. Nous nous bornerons à remarquer, en ce qui concerne la première, que l'avarice reprochée au duc de Bragance n'est nullement dans le caractère que l'histoire attribue à ce seigneur, qui devint quelques années plus tard roi de Portugal. Quant à la seconde aventure, la rencontre de Rubens avec un moine peintre, du nom de Collantès, elle ne paraît pas plus vraie. Il y avait bien alors un peintre de ce nom, Francisco Collantès, dont nous parlerons plus tard ; mais aucun biographe ne dit qu'il ait été moine. Nous croyons donc que l'on doit révoquer en doute l'authenticité de ces deux récits.

Après avoir passé près de neuf mois en Espagne, Rubens réussit enfin à recevoir les instructions secrètes qu'il attendait pour entamer les négociations avec la cour d'Angleterre. Si, pendant tout le temps de son séjour, le roi, le comte-duc et les grands seigneurs espagnols lui avaient témoigné toute l'estime qu'ils faisaient de sa personne et de son talent, il reçut, au moment de son départ, des marques encore plus éclatantes de la bienveillance royale. D'abord, Philippe IV, dans une lettre adressée à l'infante Isabelle, et dont Rubens était porteur, autorisait cette princesse à lui faire payer tout ce

[1] P. 131-133.

qu'il réclamerait pour les dépenses de son voyage [1]. Ensuite, ce prince lui octroya un office de secrétaire du conseil privé de la cour de Bruxelles, pour toute sa vie, avec la survivance à son fils Albert, ce qui vaut, dit Pacheco [2], mille ducats par an. En outre, il est probable, d'après ce que rapporte Baldinucci [3], que le maître flamand emporta un grand nombre de commandes du roi et du comte-duc, tant pour des tableaux, que pour des cartons de tapisseries.

CHAPITRE XI

Voyage de Velasquez en Italie. — Ses études à Rome, tableaux qu'il exécute dans cette ville. — Accueil qu'il reçoit du roi à son retour. — Indication de quelques-uns de ses ouvrages.

1629 — 1631

La liaison qui s'était établie entre Velasquez et Rubens, pendant le séjour de ce dernier en Espagne, dut beaucoup profiter à l'élève de Pacheco. A cette époque, le peintre d'Anvers était dans toute sa gloire : la fécondité de son imagination, la facilité prodigieuse de son pinceau, l'éclat de son coloris, frappèrent, sans nul doute, son jeune émule, non moins que la variété de ses connaissances et la supériorité de son esprit. Comme Rubens avait fait un très-long séjour en Italie, et qu'il admirait avec pas-

[1] Voy. le texte de cette lettre en espagnol, dans l'introduction aux lettres inédites de Rubens, par M. Gachet, p. XLIV.
[2] P. 100, *Arte de la pintura*.
[3] *Ut supra*, p. 285.

sion les œuvres des maîtres de ce pays, et surtout celles du Titien, on doit croire qu'il engagea vivement le peintre espagnol à visiter cette contrée, pour y étudier, à la source même de la peinture chez les modernes, toutes les beautés de cet l'art. Depuis longtemps Velasquez, avait formé le projet de faire ce voyage; mais il lui fallait l'agrément du roi qui, après le lui avoir promis plusieurs fois [1], ne pouvait se décider à le laisser s'éloigner. Après le départ de Rubens, Velasquez renouvela ses instances, et le roi finit par consentir. Il lui donna même pour son voyage quatre cents ducats d'argent (*en plata*), lui faisant payer deux années de son traitement. Le comte-duc, lorsque Velasquez vint pour prendre congé, ajouta deux cents autres ducats d'or, une médaille avec le portrait du roi, et un grand nombre de lettres de recommandation [2].

Velasquez partit de Madrid, par ordre du roi, avec le marquis de Spinola, qui allait prendre le commandement des troupes espagnoles dans le duché de Milan. Il gagna Barcelone, où il s'embarqua le jour de Saint-Laurent (10 août) 1629, et vint aborder à Venise. Il y fut logé dans le palais de l'ambassadeur d'Espagne, qui l'admit à sa table, et le fit accompagner par ses domestiques, lorsqu'il sortait pour visiter la ville et ses environs, à cause des troubles qui agitaient alors l'Italie. Après un court séjour à Venise, il prit la route de Rome, par Ferrare,

[1] Pacheco, p. 103.
[2] *Id. ibid.*, p. 103.

où, selon Palomino [1], il ne s'arrêta que deux jours pour admirer les œuvres du Garofolo. Pacheco raconte qu'il se présenta dans cette ville, chez le cardinal Sachetti, légat du pape, et autrefois nonce en Espagne, auquel il remit une lettre d'introduction d'Olivarès. Le cardinal accueillit le peintre de Philippe IV avec empressement ; il lui fit beaucoup d'instances pour qu'il logeât dans son palais, pendant le temps qu'il étudierait à Ferrare, et pour qu'il mangeât à sa table. Velasquez s'en excusa modestement, en disant qu'il ne mangeait pas aux heures ordinaires ; mais que, néanmoins, si Son Éminence désirait être obéie, il changerait ses habitudes. Le cardinal ayant reçu cette réponse, envoya un gentilhomme espagnol, qui était à son service, avec ordre de se mettre à la disposition du peintre, de le faire servir de la même manière que s'il eût mangé à sa table, et de lui montrer les choses les plus curieuses de la ville. Informé que le départ de Velasquez devait avoir lieu le lendemain, le prélat ordonna de commander des chevaux et le fit accompagner pendant seize milles, jusqu'à un pays nommé Cento (la patrie du Guerchin). De là, Velasquez se dirigea, en toute hâte, vers Rome, en passant par Bologne et Lorète, mais sans s'y arrêter, et même sans se donner le temps de remettre aux cardinaux Ludovisi et Spada, qui se trouvaient dans la première de ces villes, les lettres de recommandation qui leur étaient adressées.

[1] V° Velasquez, p. 78, n° 106.

Arrivé à Rome, le peintre de Philippe IV fut reçu avec beaucoup de distinction par le cardinal Barberini, neveu du pape Urbain VIII, qui lui offrit un logement dans le palais du Vatican, et lui fit donner les clefs de plusieurs pièces, dont la principale était entièrement peinte à fresque de la main de Federigo Zucchero, avec des sujets tirés de l'Écriture sainte, parmi lesquels on voit Moïse devant Pharaon. Velasquez refusa de loger au Vatican, pour ne pas être seul ; il se contenta d'accepter l'offre qui lui fut faite de donner l'ordre aux gardiens qu'on le laissât entrer sans difficulté, toutes les fois qu'il le voudrait, pour dessiner le *Jugement dernier* de Michel-Ange, ou les ouvrages de Raphaël; et il vint étudier souvent ces peintures, avec grand profit. Plus tard, charmé par la situation du palais ou Vigne des Médicis, sur la Trinité des Monts, et croyant ce site très-favorable à l'étude pendant le printemps, parce qu'il s'étendait sur la partie la plus élevée et la plus aérée de Rome, et qu'il s'y trouvait un grand nombre de statues antiques, il obtint la permission du grand-duc de Florence, par l'intermédiaire de l'ambassadeur d'Espagne, le comte de Monterey, de s'y établir. Il y passa deux mois, jusqu'à ce qu'une fièvre tierce l'eut obligé à chercher un refuge dans la maison du comte. Pendant cette indisposition, l'ambassadeur, beau-frère d'Olivarès, prit le plus grand soin du peintre favori du roi son maître, et de son premier ministre. Il lui envoya son médecin le visiter, et voulut supporter seul toutes les dépenses occasionnées par sa maladie. En outre, il donna l'ordre de lui procurer tout ce qu'il pourrait demander, vint le voir quelquefois, et envoya savoir souvent de ses nouvelles. Tel est le récit que Pacheco [1] fait du premier voyage de son gendre et de son séjour à Rome. A part les études faites par Velasquez dans le Vatican, Pacheco ne mentionne d'autres peintures de son gendre que son propre portrait, donné à Pacheco lui-même, et un portrait sur toile de la reine de Hongrie, fille de Philippe III, que l'artiste fit à Naples, où il alla s'embarquer, et qui était destiné au roi d'Espagne [2]. Palomino et d'autres biographes disent que Velasquez fit à Rome le tableau de *Joseph vendu par ses frères*, et celui de *Vulcain averti par Apollon de l'infidélité de Vénus* [3]. Palomino ajoute [4] que Velasquez emporta ces deux tableaux en Espagne, où il les offrit au roi, à son retour à Madrid, au commencement de 1631, après une absence de dix-huit mois. Le roi les reçut avec une grande satisfaction, et les fit placer au *Buen Retiro*, d'où le *Joseph* fut bientôt transporté à l'Escurial dans la salle du chapitre.

C'était d'après le conseil d'Olivarès que Velasquez s'était présenté chez le roi, pour le remercier de ce qu'il avait bien voulu tenir la promesse qu'il lui avait faite en partant, de ne se laisser *pourtraire* par aucun autre artiste pendant son absence. « Phi-

---

[1] *Arte de la pintura*, p. 103 à 105 inclusivement.
[2] Il est au *Real Museo, catologo*, n° 135.
[3] Ce dernier tableau est au *Real Museo, catalogo*, n° 195.
[4] *Ut suprà*, p. 78.

lippe IV, dit Pacheco [1], se réjouit beaucoup de son retour, et la distinction ainsi que la générosité avec lesquelles le traita un si grand monarque sont à peine croyables. Il lui donna, dans sa galerie, un atelier dont il garda la clef, venant le voir peindre presque tous les jours. Mais ce qui dépasse tout ce qu'on pourrait imaginer, c'est que le roi, lorsque l'artiste le peignit à cheval, posa, dans une seule séance, trois heures de suite, de son plein gré et avec une véritable bienveillance. »

Parmi les nombreuses récompenses que ce prince lui donna dans l'espace de six mois, Pacheco compte trois offices de secrétaires de la ville de Séville, qui furent octroyés au père de Velasquez, et dont chacun valait mille ducats par an. En moins de deux années, le peintre de Philippe IV reçut un office de garde-robe (*guarda-ropa*), et celui d'aide de la chambre (*ayuda de camara*), en 1638; l'honorant de la clef de chambellan, distinction fort enviée de beaucoup de cavaliers de l'habit (de Santiago et de Calatrava). « Pour moi, ajoute Pacheco [2], à qui revient une si grande part de son bonheur, j'espère que, grâce au soin et à la ponctualité qu'il apporte chaque jour au service de Sa Majesté, il augmentera et améliorera son art, ainsi qu'il le mérite; et qu'il recevra les prix et les récompenses dus à son heureux génie, dont les qualités supérieures sauront le

[1] P. 105.
[2] *Ibid.*

maintenir, sans aucun doute, à la hauteur où il s'est élevé maintenant. » Ces souhaits du bon Pacheco, qui terminent sa trop courte notice sur son élève et gendre, ont été pleinement réalisés. C'est à partir du retour de son premier voyage d'Italie, que Velasquez a exécuté ses plus beaux ouvrages : d'abord, ses portraits de cour, si brillants, si vrais, si originaux, si espagnols; ensuite, ses tableaux de scènes intérieures du palais, comme ses *Meñinas* [1], où les usages, les costumes et les personnages du temps sont rendus avec une perfection incroyable; ses compositions *di mezzo carattere*, comme son tableau de *Las hilanderas* [2], délicieuse scène d'un naturel exquis, relevée par les plus charmants détails, et par une admirable disposition de la lumière; enfin, ses tableaux d'églises, ses paysages et ses *Bodegones*, scènes vulgaires dans le genre d'Adrien Brawer ou de Van Ostade, mais traitées, comme celles de Ribera, dans un style tout espagnol. L'ensemble de ces œuvres si diverses, mais toutes également remarquables, prouve que Philippe IV et son ministre ne s'étaient point trompés, lorsqu'à l'apparition du portrait de Gongora, ils avaient deviné le génie d'un grand maître.

[1] *Real Museo, catologo,* n° 155.
[2] Ou *Fabrique de tapis, ibid.,* p. 355.

CHAPITRE XII

Artistes italiens au service de Philippe IV. — Juan Bautista Crescencio. — Pompeo Leoni. — Le Panthéon de l'Escurial. — Le Buen Retiro. — Cosimo Lotti. — Baccio del Bianco. — Angel Michele Colonna et Agostino Mitelli. — Pietro Tacca et la statue équestre de Philippe IV.

1621—1665

Depuis Charles-Quint et Philippe II, l'Italie était en possession de fournir un grand nombre d'artistes à la cour d'Espagne. Parmi ceux qui furent employés avec honneur sous les règnes de Philippe III et de son fils, Juan Bautista Crescencio, que nous avons déjà indiqué, mérite une mention particulière. Il était d'une noble famille romaine, et frère du cardinal Crescenzi (Pietro Paolo). Il peignait d'une manière remarquable des fleurs et des fruits, et Palomino [1] rapporte qu'il y avait de son temps, au palais de Madrid, une toile qui donnait une haute idée de son talent dans ce genre. Mais sa réputation, comme architecte, était beaucoup plus assurée, et c'est à cet art que son nom doit d'être parvenu jusqu'à nous. Le Baglione, dans sa notice sur Crescenzi [2], rapporte qu'après avoir été fait, par Paul V, surintendant de la belle chapelle Pauline, à Sainte-Marie-Majeure, et de tous les autres tra-

---

[1] P. 76, n° 105.
[2] *Le vite de' pittori, scultori, architetti ed intagliatori dal pontificato di Gregorio XIII, del* 1572, *fino ai tempi di papa Urbano VIII, nel* 1642; *Roma*, in-4°, 1733, p. 251 et suiv.

vaux exécutés par ordre de ce pontife, il fut emmené en Espagne, en 1617, par le cardinal Zappada, qui le recommanda au roi Philippe III. Ayant présenté à ce prince quelques tableaux qui lui plurent, il fut admis à concourir, avec d'autres artistes, au plan des tombeaux des rois d'Espagne à l'Escurial. Le modèle de Crescenzi fut exposé avec les autres, dans la galerie de ce palais, et le roi l'ayant jugé le meilleur, le chargea de l'exécuter. Mais, comme il n'y avait sur les lieux ni matériaux de bonne qualité, ni ouvriers assez capables, Crescenzi retourna en Italie avec des lettres du roi adressées à différents princes. A Florence, il engagea Francesco Generino, sculpteur; à Rome, Pietro Gatto, Sicilien, graveur; Francuccio Francucci et Clemente Censore, fondeurs; Giuliano Spagna, Gio. Bat. Barnici, Siennois, et deux Flamands, doreurs. Revenu avec eux en Espagne, il mit la main à l'œuvre de la sépulture royale, qu'on a nommée Panthéon. C'est une chapelle souterraine, à laquelle on descend par soixante degrés : elle est entièrement privée de la lumière du jour. Sa forme est sphérique; en face de l'escalier est l'autel; au-dessus, un crucifix de bronze de Pietro Tacca, dont nous parlerons bientôt; tout autour, de magnifiques ornements encadrent les tombeaux des rois d'Espagne, depuis Charles-Quint. Chaque tombeau est séparé du plus rapproché par des doubles pilastres de brocatelle, au milieu desquels sont placés des anges qui tiennent des torchères, au nombre de trente, comme les tombeaux. L'œuvre est d'ordre corinthien, et les ornements en bronze, du Francucci et du Censore, sont enrichis d'or et d'argent.

Ce fut Pompeo Leoni, fils du graveur en médailles et sculpteur, Leone Leoni, d'Arezzo, dont nous avons raconté ailleurs [1] la vie aventureuse, qui fit toutes les statues de ces tombeaux, ainsi qu'un grand nombre d'autres pour l'Escurial. Il avait également travaillé pour des particuliers, et l'on cite de lui la statue du duc de Lerme, faisant partie du tombeau de ce ministre de Philippe III, dans l'église de Saint-Paul, à Valladolid [2].

Le Panthéon de l'Escurial, commencé vers 1619, ne fut achevé qu'en 1654. Sa consécration fut faite le 15 mars de cette année, avec la plus grande pompe, en présence du roi et de toute sa cour. Lorsque les corps de Charles-Quint, de son fils, de son petit-fils, et des reines qui avaient continué cette race royale, eurent été descendus dans la chapelle, et déposés, chacun à sa place, dans de magnifiques sarcophages de porphyre, un frère hiéronimite prononça une éloquente oraison funèbre, sur ce texte tiré d'Ézéchiel : « *O vous, ossements desséchés, écoutez la parole du Seigneur* [3]. »

Pour récompenser les services de Crescenzi,

---

[1] Voy. l'*Histoire des plus célèbres amateurs italiens*, p. 250 et suiv.
[2] Baldinucci, *vita di Vicenzio Carducci*, p. 315, Dec. III, della parte III, dal 1600 al 1640.
[3] Ximenès, *descripcion del Escorial*, p. 344, 353 : il est cité par M. W. Stirling, *Velazquez and his Works*, p. 55-56.

Philippe IV l'honora de l'habit de Santiago et du titre de marquis de La Torre, et le nomma surintendant des travaux faits dans les palais et Alcazars. Suivant le Baglione, ce fut Crescenzi qui donna le plan du *Buen Retiro,* d'ordre dorique, que le comte-duc fit bâtir et qu'il offrit au roi, presque aussitôt après son avénement à la couronne. Ce prince fit à ce palais quelques augmentations, et il éleva en outre, au milieu des agréables jardins qui l'entourent, les deux pavillons appelés les Hermitages de Saint-Antoine et de Saint-Paul, qu'il fit décorer de fresques. — Nous ignorons si Crescenzi fut également l'architecte de l'église de Saint-Isidore, construite par ordre de Philippe IV, et qui est, encore aujourd'hui, le monument religieux le plus imposant de Madrid. — Selon Palomino, le Crescenzi mourut dans cette ville en 1660, à l'âge de soixante-cinq ans environ, et le Baglione ajoute qu'il fut enterré en grande pompe dans l'église *del Carmine.*

Cosimo Lotti, peintre, architecte et ingénieur, était un Florentin, élève de Bernardino Poccetti, qui fut d'abord employé par le grand-duc Cosme II, à restaurer les fontaines de sa villa de Pratolino, et spécialement toutes les statues et figures que l'eau fait mouvoir. Il exécuta ensuite pour les jardins du palais Pitti, des groupes, une barque et d'autres jets d'eau qui paraissaient de merveilleuses inventions à cette époque. En 1628, Philippe IV désirant ajouter un théâtre au palais du *Buen Retiro,* demanda au duc de Toscane un artiste capable, non-seulement de donner le plan et de diriger la construction de cet édifice, mais aussi d'inventer et de faire mouvoir les décorations et les machines nécessaires aux représentations. Le grand-duc, après avoir consulté Giulio Parigi, architecte alors en grande réputation à Florence, choisit Cosimo Lotti, et lui proposa de se rendre en Espagne, ce que celui-ci accepta, emportant avec lui quelques-unes de ses inventions. Dès qu'il fut arrivé à Madrid, le roi s'empressa de lui faire commencer la construction du théâtre. Cosimo le disposa attenant au palais, de telle sorte, que de l'appartement du roi, on avait la vue de toute la scène, et que l'on pouvait également bien voir et entendre les comédies. Comme le fond de la scène s'ouvrait sur la campagne, l'architecte put facilement y disposer les dessous et les gradins pour manœuvrer les machines. Il réussit tellement bien, que pour faciliter après lui les changements de décorations, il composa un livre orné de dessins et contenant toutes les explications nécessaires. Le roi lui avait accordé un traitement considérable, et lui avait donné un logement dans les dépendances du palais [1].

Carducho [2] décrit en ces termes une représentation donnée par Cosimo Lotti devant la cour, et dans laquelle il fut témoin d'une des plus singulières inventions de cet ingénieur. — « Devant les

[1] Baldinucci, *Dec. IV, della parte I, dal* 1630, *al* 1640; V° *Cosimo Lotti*, p. 306 et suiv.
[2] Traduit par Baldinucci, *ibid.*, p. 309.

fenêtres des voûtes de l'appartement du roi, on avait disposé, dit-il, un théâtre portatif en planches, pour donner une représentation des machines, dans laquelle Cosimo Lotti, fameux ingénieur florentin, envoyé par le grand-duc de Toscane au service de Sa Majesté, a donné une exhibition de ses étonnantes et admirables inventions. Pour montrer son talent, lorsqu'il fut arrivé, il fit une tête de satyre, d'un travail remarquable, laquelle avec un air féroce, remue les yeux, les oreilles, les cheveux, et ouvre la bouche avec tant de force et en poussant un tel cri, qu'elle épouvante et frappe de stupeur quiconque n'a pas été averti à l'avance. C'est ainsi, qu'en ma présence, un homme qui ne s'attendait pas à cet horrible cri, fut pris d'une telle frayeur, qu'il se précipita d'un bond à plus de quatre pas. On ignore si la tête qu'avait fabriquée Albert le Grand était aussi étonnante que celle-ci. Cosimo donna une représentation au palais, où l'on voyait la mer agitée d'une telle manière, et avec un tel effet, que ceux qui en étaient témoins furent obligés de sortir avec le mal de cœur (*collo stomaco alterato*), comme s'ils eussent été réellement sur mer, ainsi qu'il parut chez plusieurs dames, de celles qui assistèrent à cette fête. »

Ce n'est pas tout : Cosimo ayant offert au roi sa fameuse tête de satyre, la reine la fit voir à quelques-unes de ses dames, en leur inspirant la crainte que cette tête ne fût une invention surnaturelle, qui avait la faculté d'espionner la conduite et les paroles des courtisans, pour tout rapporter au roi ou à elle-même. Cette explication leur inspira une telle frayeur, qu'elles n'osaient plus se risquer à parler, afin de n'être point entendues par cette tête [1].

Philippe IV fut tellement satisfait des représentations données par Cosimo Lotti, qu'il lui fit cadeau des machines et des costumes employés dans l'une d'elles. L'artiste voulut appeler alors le public à juger de ses étonnantes inventions. Il fit payer un droit d'entrée, et gagna, dit Baldinucci [2], plus de deux mille écus. Cosimo ne se bornait pas à diriger les représentations théâtrales : il composait des pièces burlesques, et jouait lui-même, avec beaucoup de succès, les personnages les plus ridicules de ses pièces. Il conserva longtemps l'emploi d'ingénieur du roi d'Espagne, et mourut à Madrid dans un âge avancé.

Pour le remplacer, en 1650, ce prince demanda un autre artiste au grand-duc de Toscane, qui lui envoya Baccio del Bianco, élève de Jean Bilivert, peintre, ingénieur et architecte, comme Cosimo Lotti. Il dessinait très-facilement à la plume, et réussissait à faire des charges ou caricatures, dont la vue, selon Baldinucci [3], amusait beaucoup le grand-duc Cosme III. Baccio quitta Florence le 8 décembre 1650, et s'achemina par Gênes, où il fut reçu avec honneur par les Spinola, qui le logè-

[1] Baldinucci, *ibid.*, p. 308.
[2] *Ibid.*, p. 310.
[3] Vie de Baccio del Bianco, *ut suprà*, p. 311 à 334, et spécialement p. 323.

rent dans leur palais pendant un mois, en attendant que le temps lui permît de s'embarquer pour Alicante. Baccio mit ce séjour à profit, en dessinant à la plume sur parchemin, pour ses illustres hôtes, une *Suzanne au bain avec les vieillards*, figures qui avaient une palme de hauteur. A son départ, il reçut de nombreux cadeaux, entre autres du velours et du drap pour monter sa garde-robe. Arrivé à Madrid, il eut bientôt gagné les bonnes grâces du roi, par son talent à disposer les décorations de son théâtre, et à faire mouvoir les machines. S'il faut en croire Baldinucci, les plus grands seigneurs de la cour ne dédaignaient pas de l'aider eux-mêmes à faire marcher, et à changer les décorations à son coup de sifflet. Une comédie représentée à l'aide de ces auxiliaires, eut un tel succès, qu'il fallut la répéter trente-six fois de suite, et le roi, en témoignage de toute sa satisfaction, s'empressa d'offrir à Baccio mille ducats d'or. Lors de l'incendie du palais de Madrid, notre ingénieur se distingua par sa présence d'esprit, et sauva les bâtiments voisins, en faisant la part du feu. Le roi l'ayant chargé de reconstruire ce qui avait été brûlé, il poussa les travaux avec une grande activité, en sorte qu'au bout de six mois, tout était complétement réparé. Il dessina aussi pour le roi des jardins, dans le goût de ceux du palais Pitti ou de la villa Pratolino, près de Florence. Il avait su gagner la bienveillance de don Louis de Haro, qui était alors premier ministre de Philippe IV, et ce favori ne dédaigna pas de venir souvent le voir, pendant plusieurs maladies qu'il fit à Madrid. Après avoir passé six années au service de Philippe IV, Baccio mourut des suites d'une saignée, et l'on crut alors que cette opération avait été faite avec un fer empoisonné, à l'instigation d'un de ses ennemis [1].

Palomino rapporte [2], qu'à son second voyage en Italie, exécuté en 1648, Velasquez, en passant par Bologne, conclut un arrangement avec Angel Michele Colonna et Agostino Mitelli, pour les engager à venir en Espagne. Passeri [3], qui a consacré à ces deux artistes une notice détaillée, et qui a dû être mieux informé, attribue au prince-cardinal, Jean-Charles de Médicis, la conduite de la négociation qui attacha ces deux artistes au service de Philippe IV. Ils étaient tous deux Bolonais, et liés de la plus étroite amitié, à ce point qu'ils travaillèrent toute leur vie ensemble et aux mêmes ouvrages, sans le moindre nuage. Mitelli peignait des ornements et des perspectives d'architecture, et Colonna y disposait des figures. Ils excellaient dans ce genre de travail, qu'ils préparaient de concert et exécutaient en commun, et bientôt leur réputation s'étendit par toute l'Italie. Ils peignirent d'abord à Bologne, ensuite à Modène, à Florence et à Rome, à Forli et dans beaucoup d'autres lieux, églises, cloîtres,

---

[1] Baldinucci, *ut suprà*, p. 329 à 331.
[2] P. 79, n° 106, vie de Velasquez.
[3] *Vite de' pittori, scultori, ed architetti*, etc., in-4°. Roma, 1772, p. 269 à 274, et spécialement 272, 273.

couvents, palais, villas. Dans toutes ces entreprises, ils montrèrent quelle puissance pouvait avoir une si complète union. Mitelli en a laissé un touchant témoignage à Bologne, dans les fresques dont il couvrit toute une grande cour de la maison de son camarade Colonna, et qui représentaient des perspectives et des ornements dus à la fantaisie de son imagination [1]. Le même artiste peignit également un grand nombre de décorations pour les pièces représentées à Bologne : comme aussi des tableaux à la gouache, dont les figures furent peintes par son fils, qui ne manquait pas de talent dans ce genre.

Lorsque Mitelli et Colonna furent entrés au service du roi d'Espagne, la première œuvre qu'ils entreprirent fut une façade dans le jardin de ce prince, avec trois perspectives peintes à la voûte, dans le palais même à Madrid. Dans la première, ils représentèrent la *Chute de Phaéton;* dans la seconde, l'*Aurore,* et dans la troisième, la *Nuit.* Ils peignirent ensuite dans le même palais une grande salle octogone avec tant de verve, une si grande richesse d'ornements, une fantaisie d'invention si capricieuse, que Philippe IV, charmé de ce beau travail, allait les voir à l'œuvre deux fois par jour, et quelquefois même montait sur l'échafaudage où ils peignaient, et causait avec eux familièrement, traitant, disait-il, comme on le devait, avec hon-

---

[1] Passeri, *id.*, p. 271.

neur et bienveillance, ces braves Italiens. Lorsque ce travail fut terminé, le roi, pour montrer sa grande satisfaction, voulut donner dans cette salle sa première audience de réception à l'ambassadeur de France, le duc de Grammont, qui venait lui demander pour Louis XIV la main de l'infante Marie-Thérèse d'Autriche. Protégés par le marquis d'Heliche, fils de don Louis de Haro, les deux Bolonais furent employés ensuite au *Buen Retiro,* où ils peignirent la voûte d'une loge. Ils en décorèrent les murailles latérales avec des ornements d'architecture, qu'ils disposèrent en perspective fuyante, selon les règles de l'art, avec les proportions convenables, et ils y introduisirent des jeux d'enfants et de satyres, avec des guirlandes de fleurs, de fruits et différents ornements, imitant des bas-reliefs et des feuillages. Au milieu de la voûte, où ils avaient peint une vue du ciel, ils représentèrent l'*Aurore enlevant Céphale.* Le Mitelli peignit ensuite un casino pour le même marquis d'Heliche, et ce fut le dernier ouvrage créé par son ingénieux pinceau ; car, surpris par une grave maladie, il ne tarda pas à succomber à Madrid, en 1660, à l'âge de cinquante et un ans, laissant dans ce pays son ami Colonna, seul et inconsolable. Le Mitelli a gravé à l'eau-forte des fantaisies et des caprices, ainsi qu'un livre de frises et autres ornements d'architecture, estimé des maîtres en cet art [1].

---

[1] Passeri, *ut suprà,* p. 273-274.

Un autre artiste italien, plus célèbre que les précédents, Pietro Tacca [1], de Carrare, sculpteur, fut également occupé par les rois Philippe III et Philippe IV, mais sans aller en Espagne. Il fut élève de Jean de Bologne, et après le départ pour la France, en 1601, de son camarade Pietro Francavilla, il occupa la première place dans l'atelier de son maître, devenu vieux, et lui rendit les plus importants services. Sous la direction de cet illustre artiste, le Tacca ne tarda pas à acquérir une grande habileté pour le dessin, le modelé, le moulage et surtout la fonte des métaux ; car Jean de Bologne aimait à exécuter ses ouvrages en bronze. Après sa mort, arrivée à Florence le 14 août 1608, le Tacca fut jugé digne de le remplacer, comme statuaire en titre du grand-duc Cosme II, emploi dont il reçut le brevet officiel l'année suivante. A partir de cette époque, il put à peine suffire aux commandes qui lui arrivaient, non-seulement de l'Italie, mais de toutes les parties de l'Europe. Jean de Bologne avait commencé, en 1604, le cheval sur lequel devait être placée la statue de notre roi Henri IV : ce fut le Tacca qui termina le cheval et la statue. Cet ouvrage était entièrement achevé en 1611 ; il fut envoyé en France, par Livourne, le 30 avril 1613, mais il ne parvint à Paris que vers la fin de juin 1614. Le piédestal en marbre, destiné à recevoir la statue, avait été décoré de bas-reliefs exécutés

[1] Voyez sa vie dans Baldinucci, *Dec. III, della parte III*, p. 354 à 372.

par le Florentin Francesco di Bartolommeo Bordoni, sur les dessins du Cigoli. La reine Marie de Médicis, dans une lettre du 10 octobre 1614, remercia le Tacca, au nom du roi son fils et au sien, de la belle statue de bronze qu'elle venait de recevoir, « laquelle était digne, disait elle, de celui qu'elle représentait. » — Cette statue, l'une des meilleures du statuaire, après avoir fait l'ornement du Pont-Neuf pendant cent soixante-dix-huit années, n'a pas trouvé grâce devant la barbarie révolutionnaire de 1793.

Le Tacca fut également chargé de terminer la statue équestre de Philippe III, que son maître avait laissé inachevée. Elle fut envoyée en Espagne en 1616, mais sans que le Tacca quittât Florence; il la confia aux soins d'un de ses parents, Antonio Guidi, qui avait déjà conduit en France celle de Henri IV. Douze ans plus tard, Olivarès ayant voulu faire couler en bronze une statue équestre colossale de Philippe IV, auquel il avait décerné le nom de Grand, fit écrire par ce prince à madame de Lorraine, pour obtenir du grand-duc, son mari, l'autorisation de charger le Tacca de cette entreprise. Ce prince, non-seulement y consentit, mais il voulut faire lui-même les frais de cette statue, qu'il se réserva d'offrir au roi d'Espagne. Le Tacca reçut donc l'ordre de cesser tout autre travail, et de mettre la main à ses modèles. Il les avait déjà fort avancés, soit en cire, soit en terre, lorsqu'on lui représenta qu'il serait fort agréable au roi, de ne point voir le cheval dans la pose de ceux de toutes les autres statues équestres ; c'est-à-dire, non comme s'il marchait au pas, mais comme s'il était lancé au galop et se cabrait. Avant d'étudier cette pose, alors toute nouvelle et qui passait pour impossible à exécuter, le Tacca voulut avoir un modèle en petit du cheval et du cavalier dans cette attitude. Sachant que Rubens était alors à Madrid, il écrivit dans cette ville, pour qu'il lui fût envoyé de la main de cet artiste. Au bout de quelques semaines, on lui adressa une toile d'environ une brasse et demie, sur laquelle étaient représentés le cheval et la personne du roi, peints, d'après nature, de la main même de Rubens. Non satisfait de ce premier modèle, le Tacca, pour mieux rendre encore la ressemblance de Philippe IV, redemanda un nouveau portrait de ce prince, de grandeur naturelle, du pinceau du même artiste, portrait qui lui fut également envoyé [1].

[1] M. William Stirling, *Velazquez and his Works*, p. 125-126, se conformant à la tradition espagnole, mais sans citer aucune autorité, raconte que les modèles envoyés au Tacca furent peints par Velasquez, et moulés en outre par le sculpteur Muntanez, de Séville ; d'où il résulte que le Tacca n'aurait eu d'autre mérite que celui de l'exécution et de la fonte. Assurément, les deux artistes espagnols étaient fort capables de préparer tous les éléments de la statue de leur roi : mais j'ai préféré suivre la version de Baldinucci, dont l'affirmation ne peut laisser le moindre doute, et qui parle comme témoin oculaire. En effet, après avoir rapporté l'envoi fait au Tacca des deux modèles peints par Rubens, il ajoute : — « *Tanto chiese e tanto prontamente ottenne, e cosi venne a guadagnare le due bellissime pitture di mano di quel grand' uomo* (Rubens), *che rimasero nella sua eredità, e nel tempo che io queste cose scrivo, si conservano in casa i serrati.* » — Baldinucci, vie de Pietro Tacca, Dec. III, part. III, p. 363 - 364. — Je crois toutefois devoir faire

Restait l'exécution du cheval et de la statue, de grandeur colossale. Nous avons déjà dit qu'on regardait alors comme impossible de faire tenir en l'air, en se cabrant sur ses pieds de derrière, un cheval portant le poids énorme d'une masse de bronze, trois ou quatre fois plus grande que nature. Les gens du métier étaient unanimes pour dire que, dans cette attitude, le cheval portant à faux, ne pourrait se tenir en équilibre avec son cavalier. Le Tacca partageait cette appréhension, car, pour résoudre la difficulté, il n'hésita pas à s'adresser au célèbre Galilée, le plus savant mathématicien et géomètre de sa patrie et de son siècle. Cet homme illustre suggéra au sculpteur un moyen facile de résoudre le problème, sans qu'il y parût, et sans nuire à la beauté de l'œuvre : il fit poser les jambes de derrière du cheval sur un plan carré, établi de biais, à l'un des côtés duquel il fixa une poutre ou forte barre de fer, qui s'étendait dans presque toute la longueur du cheval, et s'enfonçait en terre, pour empêcher que la tête et les pieds de devant n'entraînassent et ne fissent renverser la partie postérieure du cheval ainsi que le cavalier [1]. Le Tacca, de son côté, combina le poids des diverses parties de son groupe, de manière à en équilibrer l'assiette.

---

remarquer, que Baldinucci ne semble avoir connu ni l'existence ni les œuvres de Velasquez, car on ne trouve aucune mention de cet artiste, dans ses nombreuses *Notizie de' professori del disegno*. Il ne serait donc pas impossible qu'il eût attribué à Rubens des modèles peints par Velasquez.

[1] Baldinucci, *ut suprà*, p. 364.

La statue, étant heureusement terminée, fut exposée à Florence dans la maison de l'artiste, au grand étonnement de ses envieux, et à l'admiration de tout le public. Mais le pauvre sculpteur ne jouit pas longtemps de sa gloire; il mourut presque aussitôt après l'achèvement de son œuvre, le 26 octobre 1640. Baldinucci [1] donne à entendre que sa fin fut hâtée par les contrariétés qu'il éprouvait depuis longtemps de la part d'un des ministres du grand-duc. Il fut inhumé avec honneur à l'*Annunziata*, dans la même chapelle et dans le même lieu que son maître Jean de Bologne [2].

Ce fut son fils aîné Ferdinand, qui avait étudié la sculpture et la fonte sous la direction de son père, qui fut chargé de conduire la statue équestre de Philippe IV à Madrid. Il l'offrit au roi d'Espagne, au nom du grand-duc, et la plaça, en 1641, sur le piédestal qui lui avait été préparé devant la façade principale du Buen Retiro, d'où elle a été éloignée en 1844, pour être reportée sur la place spacieuse, en face du palais de Philippe V. A cette époque, on a ajouté deux bas-reliefs, disposés sur les principaux côtés du piédestal. L'un représente Philippe IV donnant une médaille à Velasquez; l'autre rappelle la protection que ce prince accordait aux beaux-arts [3].

Si la statue du Tacca ne peut plus aujourd'hui

[1] *Ibid.*, p. 365.
[2] *Ibid.*, p. 366.
[3] William Stirling, *ut suprà*, p. 127, à la note.

exciter l'étonnement que causa, lors de son exhibition, la vue d'un cavalier porté sur un cheval qui se cabre, elle mérite encore de fixer l'attention des amateurs, à cause de ses belles formes et du fini de son exécution. Que ce soit Rubens ou Velasquez qui en ait donné le modèle au statuaire florentin, toujours est-il que celui-ci a parfaitement rendu l'idée du maître. Aussi, ce groupe peut passer pour un des meilleurs, en ce genre, que les modernes aient coulé en bronze jusqu'à ce jour.

CHAPITRE XIII

Principaux artistes espagnols, du temps de Philippe IV. — José Ribera. — Francisco Herrera le vieux et son fils; Francisco Collantès; Alonso Cano; don Bartolomè Estevan Murillo; Juan Martines Muntañés.

1621—1665

Si Philippe IV et son ministre appelaient en Espagne des artistes étrangers et les comblaient d'honneurs et de richesses, ils encourageaient, avec un empressement plus vif encore et une faveur plus marquée, les artistes espagnols dont le talent pouvait rehausser l'éclat de ce règne. Velasquez est un exemple frappant de la protection extraordinaire que le roi et son favori aimaient à répandre sur les hommes d'un véritable mérite; mais cet exemple n'est pas le seul à citer.

Ribera, bien qu'il ne vécût pas en Espagne, et

que son caractère fougueux semblât le tenir éloigné de la faveur royale, ressentit néanmoins les effets de la bienveillance de Philippe et d'Olivarès. On sait qu'il s'était fixé à Naples, où son talent le mit bientôt en grande réputation. Le comte de Monterey, beau-frère d'Olivarès, vice-roi, le logea dans son palais, lui fit de nombreuses commandes pour son maître, et lui procura dans Naples même des travaux considérables. Ribera exécuta plusieurs tableaux pour le comte, et ce seigneur les fit placer ensuite dans le couvent des Augustines qui portait son nom, à Salamanque. Il y avait, parmi ces ouvrages, une très-belle *Conception*, un *Saint Augustin* et un *Saint Janvier*[1]. Mais, ce qui fait encore plus d'honneur au vice-roi, c'est que la faveur qu'il accordait à Ribera ne l'empêcha pas de prendre sous sa protection spéciale le timide Dominiquin. On sait que l'Espagnolet et ses partisans voulaient obliger, par leurs menaces, l'artiste bolonais à laisser inachevée la coupole du trésor de Saint-Janvier, qu'il s'était obligé d'achever dans un délai fixé, ainsi que nous l'avons raconté ailleurs[2]. Mais, après le remplacement de Monterey par le duc de Medina de las Torres, le Zampieri, persécuté et dominé par la peur d'être assassiné, s'enfuit furtivement de Naples, et laissa le champ libre à ses ennemis[3].

[1] Palomino, *Ribera*, n° 88, p. 64.
[2] Voy. l'*Histoire des plus célèbres amateurs italiens*, p. 408 et suiv.
[3] Passeri, *Vite de' pittori, scultori ed architetti, etc,* — *Domenico Zampieri*, p. 33-39.

Lanfranc, qui le remplaça en 1641 dans les travaux de la coupole de Saint-Janvier, pour gagner les bonnes grâces du duc, fit le portrait de sa femme [1]; mais bientôt Ribera reprit le dessus et régna en maître à Naples, jusqu'à sa mort, arrivée dans cette ville en 1656. Cet artiste excellait à rendre les scènes vulgaires à la manière du Carravage, son maître. Mais, lorsqu'il voulait s'élever jusqu'à la représentation de sujets tirés de l'Ancien ou du Nouveau Testament, son style rappelait trop les types grossiers qui lui servaient de modèles. Aussi, malgré l'éclat d'un coloris vigoureux, ses grandes compositions manquent complétement d'idéal, défaut à peu près général à toute l'école espagnole.

Francisco de Herrera, surnommé le Vieux, peintre, architecte et statuaire en bronze, naquit à Séville, et, selon Palomino [2], fut élève de Pacheco; il a beaucoup travaillé dans cette ville, où il resta jusqu'en 1640. On a raconté [3] qu'il avait été accusé de fabrication de fausse monnaie, et que le roi Philippe IV, en considération de son tableau de *Saint-Hermenegildo*, dans l'église de ce nom, à Séville, lui avait fait grâce, dans une excursion qu'il fit en 1624 à travers l'Andalousie. Quoi qu'il en soit, Herrera quitta Séville en 1640, et vint se fixer à Madrid, où il travailla beaucoup pour les églises, les couvents et l'Escurial. Palomino donne une in-

---

[1] *Ibid.*, p. 152, vie de Lanfrance.
[2] P. 66, n° 94.
[3] M. William Stirling, *Velazquez and his Works*, p. 52.

dication détaillée de ses œuvres. Il peignait à fresque avec une facilité singulière, qui rappelle quelquefois la manière du Tintoret. Herrera empâtait tellement ses toiles, que ses figures paraissent comme perdues au milieu de la couleur ; mais son coloris, sombre et vigoureux, donne une haute idée de son talent [1]. Il a gravé lui-même quelques-unes de ses compositions. Herrera le Vieux mourut à Madrid, en 1656, laissant un fils, qui fut peintre du roi, architecte et inspecteur principal (*maestro mayor*), des œuvres royales.

Ce fils était un artiste d'un grand talent, comme son père ; il avait étudié à Rome, et il excellait à peindre des sujets de pêche, ce qui lui avait fait donner dans cette ville le surnom de l'*Espagnol aux poissons*. Revenu dans sa patrie, il se livra presque exclusivement, comme les autres artistes de ce pays, à la peinture des sujets religieux. En sa qualité d'architecte, il fit un grand nombre de retables pour les principaux autels des églises de Séville et de Madrid, et les ornements dont il les décora furent extrêmement admirés. Il les enrichissait aussi de ses tableaux, et celui qui passe pour son meilleur ouvrage, *Saint-Hermenegildo*, fut peint et placé par lui dans le retable du maître-autel des Carmélites déchaussées de Madrid [2].

[1] On peut en juger au Louvre, en présence du tableau de cet artiste nouvellement acheté de la succession de M. le maréchal Soult, et représentant *Saint Bonaventure dictant ses commentaires*.

[2] Il est maintenant au *Real museo, catalogo*, n° 531.

Il ne paraît pas que Herrera le Jeune ait été dans les bonnes grâces du comte-duc, si l'on ajoute foi à l'anecdote suivante, racontée par Palomino [1]. Olivarès l'avait fait avertir qu'il viendrait voir ses tableaux, et lui avait demandé d'exposer les meilleurs, afin qu'il pût en choisir quelques-uns, ce que le peintre s'était empressé de faire. Cependant, le comte-duc étant venu, se mit à les critiquer, et en choisit d'autres que le peintre estimait moins bons. Blessé de cette manière d'agir, Herrera le Jeune peignit un singe qui, se trouvant au milieu d'un parterre de fleurs, parmi lesquelles brillent de magnifiques roses, préfère cueillir une tête de chardon qui le rend fier et joyeux. L'artiste avait composé ce tableau dans l'intention de l'offrir au comte-duc. Mais, un de ses amis, don Antonio de Soto-Mayor, qui était fort prudent, dit Palomino, lui représenta les fâcheuses conséquences qui pourraient en résulter pour lui ; il résolut donc de garder cette toile, et d'offrir à Olivarès un autre ouvrage. Suivant Palomino, Herrera le Jeune mourut à Madrid, en 1685, à l'âge de soixante-trois ans [2].

Francisco Collantès, né à Madrid, fut un excellent paysagiste ; mais ses vues de la campagne ne se bornaient pas à la représentation de la nature morte : il savait les animer par des scènes tirées de l'Écriture sainte. C'est ainsi qu'il peignit pour le

[1] N° 171, p. 136.
[2] Le comte-duc ayant été disgracié en 1643, Herrera devait être très-jeune lorsqu'il travailla pour ce ministre.

Buen Retiro une *Résurrection des Morts*, traitée d'une manière vigoureuse, et dans laquelle il s'est inspiré de la vision d'Ézéchiel. « On y voit, dit le Catalogue du musée de Madrid, où ce tableau est maintenant exposé[1], sur un fond tout couvert de grandes fabriques en ruine, dont les débris sont semés sur le sol, la terrible scène de la fin du monde et de l'anéantissement de l'humaine grandeur. Les cadavres abandonnent leurs sépulcres, enveloppés de leurs linceuls, et dirigent leurs regards étonnés vers l'éclat sinistre qui apparaît dans le ciel. » Ce tableau, selon Palomino[2], rempli d'imagination, est exécuté avec une grande habileté. Suivant le même biographe, Collantès peignait aussi des scènes familières de boutiques et de cabarets (*bodegoncillos*); et il déclare en avoir vu plusieurs excellentes entre les mains d'un amateur. Francisco Collantès mourut à Madrid, en 1656, à l'âge de cinquante-sept ans.

Parmi les artistes espagnols qui vécurent du temps de Philippe IV, Palomino cite encore Pedro Obregon, élève de Carducho, Bartolommeo Roman, Juan Van der Hamer y Léon et Juan de la Curte, tous de Madrid. Mais, comme aucun ouvrage de ces peintres n'est exposé au *Real Museo*, nous nous bornerons à indiquer leurs noms, en renvoyant à

---

[1] N° 108.

[2] P. 68-69, n° 93, notice sur F. Collantès. Cet artiste est représenté au musée du Louvre, n° 544, par un paysage, *le Buisson ardent*, d'un grand caractère, mais dans lequel Moïse ressemble à un berger d'une des *sierras* espagnoles.

Palomino pour avoir quelques explications sur leurs travaux.

Nous nous arrêterons sur un artiste, peintre, sculpteur et architecte, et l'une des gloires de l'école espagnole, dont le nom et les œuvres ne sont point ignorés de ce côté des Pyrénées.

Alonso Cano naquit à Grenade, en 1600, et apprit les éléments d'architecture de Michel Cano, son père; plus tard, il étudia la peinture à Séville, dans l'atelier de Pacheco, peut-être avec Velazquez, où il ne passa que neuf mois; il alla ensuite continuer ses études dans l'école de Juan de Castillo, d'autres disent de Herrera le Vieux. Dès l'âge de vingt-quatre ans, il peignit à Séville plusieurs tableaux pour des couvents et des églises. Il fit, à la même époque, pour la ville de Nebrijà, dans la cathédrale, un grand retable, pour lequel il exécuta de sa main trois statues en bois plus grandes que nature, qui lui firent beaucoup d'honneur; tellement, que des artistes flamands vinrent copier celle de la Vierge, pour la reproduire dans leur pays [1]. Sa réputation parvint bientôt à la cour, et le comte-duc le fit venir à Madrid. C'est alors que, placé sur un plus vaste théâtre, il donna des preuves d'un génie aussi vigoureux qu'original. Un de ses premiers ouvrages, fut le célèbre tableau du *Miracle du puits de Saint-Isidore*, placé dans le second compartiment du maître-autel de l'église paroissiale de cette ville;

---

[1] Palomino, p. 119 et suivantes, n° 152.

« peinture, dit Palomino, exécutée avec tant de grâce, dessinée et coloriée avec tant de beauté, qu'elle est elle-même un vrai miracle. » Voulant lui témoigner sa haute satisfaction, Philippe IV le nomma, en 1628, sur la recommandation d'Olivarès, inspecteur ou architecte principal (*maestro major*) des œuvres royales, et bientôt après il lui conféra le titre de peintre du roi, en le choisissant comme maître de dessin de l'infant don Balthazar Carlos. Palomino [1] raconte, en outre, que ce prince le nomma chanoine *minor* de la cathédrale de Grenade, canonicat qui valait une prébende ou bénéfice ecclésiastique, et qu'il répondit au chapitre qui lui faisait des remontrances sur le peu d'instruction de l'artiste : « Si ce peintre était un savant, qui sait s'il ne pourrait pas devenir archevêque de Tolède ? Je puis faire des chanoines autant et comme il me plaît ; mais Dieu seul peut faire un Alonso Cano. » Les œuvres de ce maître étaient répandues dans toute l'Espagne, particulièrement dans l'Andalousie, à Valence, à Tolède, Alcala de Henarès et à Grenade où il mourut, en 1676, à soixante-seize ans. Le musée de Madrid en possède un certain nombre, qui donnent une haute idée de son génie. Moins fougueux que Ribera, moins suave que Murillo, il brille par une grande pureté de dessin, une naïveté toute naturelle, un ordre et une harmonie qu'on ne saurait trop admirer.

[1] T. III, p. 580, cité par M. William Stirling, *Velazquez and his Works*, p. 52-53.

Don Bartolomeo Estevan Murillo, est également au nombre des artistes qui rendirent célèbre le règne de Philippe IV. Il naquit en 1613 à Pilas, ville éloignée de cinq lieues de Séville, et fut élève de Juan de Castillo. Ayant appris de ce maître tout ce qu'il pouvait enseigner, pour s'exercer la main [1] et s'habituer aux grandes compositions, il se mit à peindre pour le commerce, et fit une suite de tableaux destinés, comme cargaison, à l'Amérique. Il passa ensuite à Madrid, où, avec la protection de Velazquez, il put visiter plusieurs fois toutes les peintures remarquables, alors en très-grand nombre, que renfermait l'Escurial, et celles qui se trouvaient dans les autres palais du roi et dans les collections particulières. Il copia beaucoup d'ouvrages de Titien, Rubens, Van Dyck, exercice qui lui fut fort utile pour améliorer son coloris : il ne dédaigna pas non plus de dessiner les statues que renfermaient les palais royaux. Enfin, il étudia sous la direction de Velazquez, dont la grande manière et la correction lui furent très-profitables. Il retourna ensuite à Séville, où il passa la plus grande partie de sa vie. Nous ne trouvons nulle part que ses débuts, comme ceux de Velazquez, aient été encouragés soit par le roi, soit par Olivarès. Murillo n'a jamais visité l'Italie ; c'est donc, comme notre Lesueur, un artiste entièrement de son pays. Aussi, Palomino, très-fier, en bon Espagnol, du génie du

[1] *Para Mantenersi,* dit Palomino, p. 139, n° 173.

chef de l'école de Séville, fait remarquer, avec satisfaction, que les artistes de son pays n'avaient pas besoin de quitter leur patrie pour trouver les tableaux, les fresques, les statues, les gravures et les livres les plus remarquables, à l'aide desquels il leur était facile d'acquérir toutes les connaissances qu'un artiste peut désirer. — Nous n'avons point à faire ici l'éloge de Murillo : son génie brille d'un vif éclat au-dessus de presque tous les peintres, ses compatriotes. On peut même dire qu'il n'a pas d'égal en Espagne, dans les grandes compositions tirées de la Bible, de l'Évangile ou de la Vie des saints, telles que son *Moïse frappant le rocher ;* sa *Multiplication des pains dans le désert,* et son *Extase de saint Antoine de Padoue* [1]. Il est incomparable pour rendre l'état extatique qu'il prête à plusieurs de ses saints, comme aussi pour éclairer et représenter les scènes de visions miraculeuses. L'ordre de ses compositions, l'harmonie qui règne dans toutes leurs parties, la douceur, la suavité, la transparence de son pinceau, font des tableaux de ce grand artiste des œuvres à part dans l'art espagnol, où l'on rencontre quelquefois l'idéal exprimé avec la sublimité des Italiens les plus purs. Mais ce n'est pas cette qualité qu'il faut chercher dans ses ouvrages ; elle n'est qu'une rare exception chez cet artiste, et quoique ses types ne soient pas aussi vulgaires que ceux représentés par ses compa-

---

[1] Ces tableaux sont à Séville.

triotes, on y rencontre presque toujours la nature espagnole dans toute sa vérité. Murillo exécuta ses œuvres les plus remarquables de 1660 à 1685, alors qu'il était dans toute la maturité de l'âge et du talent, et bien qu'il appartienne par ses commencements au règne de Philippe IV, on peut dire que c'est surtout sous son successeur qu'il a donné les plus grandes marques de son génie.

Sans vouloir établir une comparaison entre Velazquez et Murillo, et rabaisser l'un aux dépens de l'autre, ce que nous croirions indigne du respect que l'on doit à deux hommes d'une si prodigieuse supériorité, nous ne pouvons nous empêcher de dire que le talent de Murillo fut beaucoup moins varié que celui de son maître. — Tandis que Velasquez excelle à la fois dans le portrait, le paysage, les scènes familières et triviales, les représentations de sujets *di mezzo carattere*, tels que ses *Hilanderas* et ses *Meninas*, enfin les tableaux de sainteté, Murillo a concentré presque tout son génie à peindre des sujets chrétiens, entraîné sans doute à la recherche de l'idéal, qui l'éloignait des choses de ce monde. Aussi, a-t-on dit avec justesse [1] : « que Velazquez est le peintre de la terre et Murillo le peintre du ciel. » Mais quelle gloire, pour un seul règne, d'avoir possédé ces deux artistes, accompagnés de Ribera et d'Alonzo Cano, et d'avoir également profité du génie de Rubens! Il faut remonter aux plus

[1] M. Viardot, *les musées d'Espagne*. p. 145. Paris, 1843, 1 vol. in-12.

grandes époques de l'art en Italie, pour retrouver une semblable réunion d'hommes de génie. Sans doute, Philippe IV et son ministre ne créèrent pas ces talents prodigieux ; mais, comme les Médicis à Florence, comme Jules II et Léon X à Rome, comme plus tard Louis XIV et Colbert en France, ils contribuèrent puissamment, par des encouragements donnés à propos, au développement extraordinaire que l'art de la peinture prit en Espagne pendant la première moitié du dix-septième siècle, et à l'éclat qu'il répandit sur ce pays.

Bien que la statuaire ne brillât pas au même degré, il ne faut pas oublier néanmoins que la sculpture en bois fut également très-cultivée sous Philippe IV. La construction et l'ornementation des magnifiques retables des cathédrales, des églises et des couvents, permettaient aux artistes d'y placer, comme le fit plusieurs fois Alonzo Cano, des statues de saints, de la Vierge, du Christ en croix et d'autres œuvres de cet art particulier à l'Espagne, que Palomino et les autres auteurs de ce pays appellent la *Talla*. Parmi les artistes qui se livraient avec un véritable talent à ce genre de sculpture, on doit citer en première ligne Juan-Martinès Muntañès, de Séville. Si l'on en croit la tradition, ce *tallador* ne se bornait pas à travailler le bois ; il était également fondeur en bronze, et c'est à lui qu'on attribue, ainsi que nous l'avons rapporté, les modèles en petit de la statue équestre de Philippe IV, que le Tacca exécuta en grand à Florence, comme on l'a vu plus haut [1]. Palomino [2] cite de Muntañès une statue de Jésus-Christ, nommée la *Passion*, qui se trouvait de son temps (1653-1726), dans le couvent royal de la Merci de Séville, « laquelle, dit-il, a une telle expression de douleur, qu'elle réchauffe la dévotion des cœurs les plus tièdes... » Il cite également d'autres figures de ce maître, dont il fait un si grand éloge. Mais nous devons faire remarquer, qu'il en est de Muntañès comme de tous les autres statuaires espagnols, dont aucun ouvrage n'est inspiré soit par la mythologie, soit par l'histoire grecque ou romaine. L'illustre Berruguète travailla bien à Rome sous la direction de Bramante, et avec le Sansovino, au premier modèle en cire qui ait été fait du Laocoon pour le jeter en bronze [3]; mais, rentré en Espagne, il abandonna toute tradition de l'antiquité, pour traiter exclusivement des sujets autorisés par la religion catholique, et cet exemple a été suivi par tous les sculpteurs espagnols jusque vers le milieu du dernier siècle. Muntañès mourut à Séville en 1640.

Tels étaient les principaux artistes espagnols du temps de Philippe IV, et l'on voit que si le roi et son ministre honoraient Velazquez d'une faveur toute spéciale, ils ne repoussaient point les autres, et se montraient disposés à protéger tous ceux qui donnaient des marques d'un véritable talent.

[1] Voy. le chapitre précédent.
[2] P. 52, n° 72.
[3] Vasari, *Vie de Jacopo Sansovino*, p. 264-5, t. IX. — Traduction de M. Leclanché. Paris, 1842, in-8°.

CHAPITRE XIV

Disgrâce du comte-duc d'Olivarès. — Histoire de son fils nature Julien, d'après le père Camillo Guidi. — Velazquez reste fidèle au comte-duc. — Portrait inachevé de Julien.

1643—1645

Ce n'est pas sans exciter autour de soi des haines profondes et des inimitiés irréconciliables, qu'on arrive au pouvoir suprême, et qu'on est assez fort ou assez habile pour le conserver pendant un grand nombre d'années. Indépendamment des causes naturelles qui font que l'homme est disposé à considérer son maître comme son ennemi, les événements qui se succèdent avec le cours des années, l'imprévu qui joue un si grand rôle dans ce monde, sont autant d'éléments qui conspirent contre la durée de toute puissance humaine. A une époque et dans un pays où l'influence des grandes familles existait encore dans toute sa force, des rivalités, d'autant plus à craindre qu'aucun grand pouvoir public ne venait en amortir le choc, s'ajoutaient à ces causes générales d'opposition. Sous un roi absolu, il suffit, pour obtenir le premier rang, de gagner la faveur du prince : de là les intrigues, les menées, les influences souterraines qui assiégeaient les rois d'Espagne, depuis que Charles-Quint avait de fait aboli les anciennes cortès. Olivarès le savait bien; aussi, pour assurer son crédit, avait-il pris soin d'éloigner de Philippe IV toutes les personnes, même la reine

Isabelle, qu'il soupçonnait de vouloir tenter de ruiner sa faveur. Depuis qu'il avait épargné au roi tout embarras, toute préoccupation de gouvernement, le comte-duc, engagé dans des guerres difficiles et placées sur des théâtres éloignés, avait vainement lutté contre les attaques de ses ennemis. Il avait laissé perdre successivement à l'Espagne : en Orient, les royaumes d'Ormuz, de Goa et de Fernambouc, et tous les pays adjacents à cette vaste côte ; de plus, tout le Brésil, l'île de Terceira, le royaume de Portugal, la principauté de Catalogne, le comté de Roussillon, toute la Comté de Bourgogne, de Dôle et de Besançon, Hesdin et Arras en Flandre, un grand nombre de places dans le Luxembourg et Brisach en Alsace. En outre, les royaumes de Naples, de Sicile et le duché de Milan, pressurés par des exactions intolérables, ne tenaient plus à l'Espagne que par force. Sur mer, la marine espagnole n'avait pas été mieux traitée, et l'on estimait à plus de deux cents le nombre des navires, galions et autres, enlevés et détruits, dans l'Océan et la Méditerranée, par les Hollandais, les Anglais et les Français. L'Espagne était accablée d'impôts de toutes sortes, et les populations, fatiguées de tant de désastres, aspiraient à un changement de maître [1]. Cependant, toutes ces causes réunies d'impopularité n'auraient peut-être pas amené la chute du favori, s'il ne s'était

---

[1] Guidi, *la Caduta del comte-duca d'Olivares*, anno 1643 ; Ivrea, 1644, in-8°, à la fin du volume, Bibliothèque impériale, 0,388 ; — p. 5.

pas compromis lui-même aux yeux du roi, de la haute noblesse espagnole, et particulièrement de sa propre famille, en reconnaissant comme son fils légitime un enfant naturel, qu'il croyait avoir eu dans sa jeunesse. Voici en quels termes le Père Camille Guidi, religieux dominicain, résident à la cour de Madrid pour le duc de Modène, raconte cette histoire, qui a tout l'intérêt d'un roman [1] : « ..... Le troisième et peut-être le plus douloureux effet pour le comte de sa disgrâce inattendue, est la misérable condition dans laquelle reste son bâtard légitime, lequel avait été jugé indigne de cette grandeur à laquelle son père putatif l'avait élevé. Et, parce que cette histoire est un événement qui excite la plus grande curiosité qui puisse parvenir jusqu'à un esprit désireux d'anecdotes singulières, il m'a paru convenable de renfermer en quelques lignes ce qui aurait besoin d'un livre tout entier, pour pouvoir en faire connaître exactement toutes les circonstances. Douze ans avant de devenir le favori du roi, le comte, se trouvant à Madrid, s'amouracha d'une femme qui tenait le premier rang parmi les courtisanes d'amour. Cette dame, bien qu'appartenant à la noblesse, ne fut pas exempte des persécutions qu'endurent sans relâche dans cette cour les personnes d'une éclatante beauté. Pour obtenir, à Madrid, la possession des belles, même des plus grandes dames, on ne connaît d'autre moyen que

---

[1] *Ibid.*, p. 49 à 55.

l'emploi de l'or. A cette époque, don Francisco di Valcaz, *alcade di cela*, et de la cour, ce qui est ce qu'on peut désirer de mieux parmi les plus hautes judicatures de ce pays, jouissait d'une grande autorité et d'immenses richesses. Quoique marié, il entretint à ses frais la maison et la personne de la dame, et, à l'aide d'une profusion d'argent, de bijoux et de cadeaux de toutes sortes, il se fit l'unique possesseur de son lit. Le comte, qui payait alors le tribut à la fragilité humaine, eut un caprice pour cette femme. Un fils naquit, lequel fut réputé fils de l'alcade, par la raison que la plante avait poussé sur le terrain qu'il avait acheté avec son argent. Mais, parce qu'il s'était aperçu que d'autres que lui labouraient son champ sans vergogne, il abandonna volontiers au public cet enfant, qu'en conscience, il ne considérait pas comme sien. A son baptême, le garçon fut nommé Julien, et il fut entretenu au moyen des profits illicites de la mère, et très-mal élevé. Arrivé à l'âge de dix-huit ans, sa mère étant morte, il se trouva aussi sans père. Désespéré du malheur de sa naissance, il supplia l'alcade de le reconnaître pour son fils, afin qu'il ne restât pas dans le monde privé de père et sans nom, protestant qu'il n'avait aucune prétention à sa succession, mais qu'à l'aide du seul nom de Julien de Valcaz, il pourrait gagner son pain avec l'épée. L'alcade ne consentit à cette proposition qu'au moment de mourir, pour donner satisfaction à l'opinion du monde, plutôt qu'aux réclamations de sa conscience ;

car il savait que la naissance du jeune homme pouvait être attribuée non-seulement au comte, mais à beaucoup d'autres.

« Sous ce nom de Julien de Valcaz, le garçon passa aux Indes, où, par suite d'un grand nombre de méfaits commis au Mexique, il fut condamné aux galères. Mais, parce que le vice-roi était très-lié avec l'alcade qui s'était reconnu son père, il obtint facilement grâce. Il revint à Madrid ; mais, n'ayant pas de quoi vivre, il passa en Flandre et en Italie, pour y servir comme simple soldat, et il rentra en Espagne à l'âge de vingt-cinq ans. Son esprit était vif, mais sa manière de vivre était si dégradée que, fréquentant les cabarets, il ne put jamais oublier le mauvais lieu où il était né.

« Cependant, le comte avait perdu tout espoir d'avoir des héritiers de son nom[1]. Il se souvint alors que Julien était né à l'époque où il courait après les femmes, et on ignore comment il se laissa persuader qu'il était son fils. Le bruit s'en répandit dans Madrid ; c'est pourquoi Julien étant sur le point d'épouser dona Isabelle, d'Anvers, dont les portes n'étaient jamais fermées, même aux plus vils taverniers, elle protesta... qu'il fît bien attention à ce qu'il allait faire, parce qu'il courait un bruit de sa descendance du comte d'Olivarès, et qu'elle ne voulait pas l'engager dans un mariage disproportionné à sa position. Mais Julien ne tint aucun

---

[1] Il avait perdu sa fille unique, mariée au duc de Medina de Las Torres, et il n'existait aucun rejeton de ce mariage.

compte de ces observations, et le mariage fut célébré par le curé de la paroisse, dans la maison de la mère d'Isabelle.

« En 1641, dans le mois de novembre, à l'improviste et à la stupéfaction du monde entier, le comte, avec l'approbation du roi, reconnut par acte public et authentique Julien pour son fils. Dans le même acte, il ne le nomme plus Julien, mais don Enrico Felippe di Guzmano, héritier du comté d'Olivarès, et, en outre, du duché de San-Lucar, quand il plairait au roi, en considération de ses services, de l'en investir ; car le titre de duc de Castille ne se confère pas sans l'investiture.

« Le comte fit part de cette déclaration aux ambassadeurs et aux grands d'Espagne. Cette base établie, non sans dégoût et mortification de la part de tous ceux de sa famille, il voulut marier son nouveau fils avec une des principales héritières d'Espagne. Il jeta les yeux sur la première dame du palais, dona Giovanna di Velasco, fille du connétable de Castille, lequel ne le cède à personne en noblesse, puisqu'il se vante de compter parmi ses ancêtres cinq quartiers royaux.

« Pour conclure ce mariage, il était nécessaire de rompre le premier, et déjà on avait rempli toutes les formalités à Rome, auprès du pape, lequel donna tous pouvoirs à l'évêque d'Avila, pour conduire cette grave négociation. La femme réclama, et fit, par protestations et assignations, tous les actes juridiques qui pouvaient démontrer que son mariage était parfaitement valable. Mais le bon évêque fut d'une opinion contraire, par cette seule raison que le curé (qui avait béni le mariage), n'était pas l'ordinaire de la femme, le mariage ayant été célébré dans la maison de la mère, qui dépendait d'une paroisse différente de celle de sa fille, laquelle vivait ailleurs, séparée du domicile de sa mère.

« A ces raisons, les théologiens d'une conscience nette répondirent que la fille n'ayant pas été émancipée par sa mère, parce qu'on ne les considère jamais comme émancipées à moins qu'elles ne soient établies, on ne pouvait pas comprendre que le domicile de la mère fût différent de celui de la fille ; c'est pourquoi le curé très-légitime de la mère, était également celui très-légitime de la fille ; d'où la conséquence que le mariage était très-valable. Néanmoins, l'autorité du favori prévalut sur la raison du fait, et le mariage fut solennellement rompu.

« Le comte s'appliqua ensuite avec la plus grande ardeur à négocier le mariage de son bâtard reconnu avec la fille du connétable, et, finalement, en dépit du père et de tous ses parents, il l'obtint.

« On reconnut, dans cette circonstance, la bassesse des âmes adulatrices, puisque tous les grands de la cour, tous les fonctionnaires, tous les nobles allèrent donner la bienvenue à don Enrique, le traitèrent d'Excellence, et lui présentèrent tous ces compliments qui appartiennent plutôt aux rois qu'à des vassaux. Mais le personnage paraissait tellement ridicule, que n'étant pas accoutumé aux grandeurs, il allait se heurtant, sans aucun discernement, contre les choses les plus abjectes ; d'où les Italiens disaient que don Enrique était un Matassin habillé en roi d'Espagne.

« Le connétable devint fort triste de s'être fait des ennemis de tous ses parents, qui ne voulaient plus le voir. On donna à don Enrique une maison si magnifique et si riche, qu'aucun grand d'Espagne n'en avait jamais eu de pareille. De somptueux cadeaux affluèrent de tous les royaumes et de toutes les provinces. Le plus remarquable fut celui du duc de Médina de Las Torres, alors vice-roi de Naples, qui dépassa la valeur de deux cent cinquante mille écus. A Saragosse, on donna l'habit d'Alcantara à don Enrique, avec une commande de dix mille écus. Il fut nommé gentilhomme de la chambre du roi, avec la promesse de la présidence du conseil des Indes, arrachée à cette fin au comte de Castille, pour rendre plus acceptable la convenance de le faire précepteur de l'héritier présomptif de la couronne. Au milieu de toutes ces flatteries, la haine contre don Enrique était si véhémente, qu'on n'oublia jamais la bassesse de ses habitudes, et que le peuple disait publiquement de lui :

« Enrique de dos nombres, y dos mugeres,
Hijo de dos padres, y de dos madres,
Y diables, que mas [1]. »

[1] Enrique de deux noms, de deux femmes fils de deux pères et de deux mères, et diable, en outre.

« La reconnaissance de sa filiation et son mariage exaspérèrent la famille du marquis del Carpio, parce qu'elle enlevait la succession d'Olivarès au véritable héritier déjà reconnu, don Luis de Haro, cavalier d'une intelligence extraordinaire et d'une capacité supérieure. »

Tel est le récit du père dominicain; et bien que nous ayons retranché plusieurs passages intraduisibles pour un lecteur français qui veut être respecté, on voit que le bon moine ne brille pas précisément par la charité chrétienne.

Ainsi qu'il le raconte, don Luis de Haro, neveu du comte-duc, que la légitimation de Julien privait de l'héritage de cet oncle, se ligua avec la reine Isabelle, la nourrice, le confesseur du roi et toute la camarilla, pour demander le renvoi du favori. Il ne paraît pas que Philippe IV ait fait grande résistance ; il céda, et envoya en exil le ministre tout-puissant depuis plus de vingt-deux années. Mais, comme ce prince était incapable de porter lui-même le fardeau du gouvernement, il le remit immédiatement entre les mains de don Luis de Haro, qui le conserva jusqu'à la mort du monarque.

Olivarès avait d'abord été exilé à Loëches, petite ville de sa juridiction, à quelques lieues de Madrid, où la duchesse, sa femme, avait bâti un couvent de religieuses dominicaines, qu'elle et son mari avaient décoré de magnifiques tapisseries, exécutées, ainsi que nous l'avons dit, d'après les cartons de Rubens.

Renversé du pouvoir d'une manière aussi éclatante qu'inattendue, Olivarès, dont la volonté ne connaissait pas de résistance quelques jours avant, se vit entièrement abandonné de ses *bons amis de cour*. Velazquez seul lui demeura fidèle, et, sans craindre le ressentiment du nouveau ministre, il n'hésita point à l'aller voir et à l'assurer de sa reconnaissance et de son dévouement. Il ne paraît pas que cette démarche ait nui à la faveur dont l'artiste était en possession auprès du roi. Il gagna même bientôt celle du nouveau favori, qui aimait et admirait son génie. Il continua donc à faire les portraits des personnages les plus éminents de la cour, et à représenter les scènes d'intérieur du palais. En 1648, il fut envoyé pour la seconde fois en Italie [1], afin d'y acheter, pour le roi, des tableaux; statues et autres œuvres d'art, qu'il rapporta en Espagne; enfin, il jouit jusqu'à sa mort, arrivée à Madrid le 6 août 1660, de la vogue et de la faveur la plus marquée.

Quant au comte-duc, bientôt ses ennemis trouvèrent, qu'à Loëches, il était trop près de Madrid, et ils le firent exiler à Toro, petite ville ruinée sur le Douro. C'est là qu'il mourut de chagrin, dit-on, environ deux années après sa disgrâce. On raconte que ses ennemis, le poursuivant de leur haine implacable, l'avaient accusé de s'occuper, dans sa

---

[1] C'est dans ce voyage qu'il fit le célèbre portrait d'Innocent X, qu'on admire à Rome au palais Doria-Pamphili.

retraite, de magie et d'alchimie, considérées alors comme des crimes, et sévèrement punies par les lois de l'Église. Mais le grand inquisiteur, qu'il avait comblé de places et de bénéfices, prit sa défense et détourna cette accusation.

Depuis la chute du comte, don Enrique avait perdu le titre d'Excellence, la suite de ses adulateurs et la protection du roi, « et c'était une chose digne de pitié, dit le dominicain Guidi [1], de voir, comme en un instant, d'une idole adorée, il avait été transformé en le plus méprisé des hommes. » Un des derniers portraits exécutés par Velazquez pour le comte-duc, avait été celui de son fils Julien. De ce portrait, la partie supérieure seule est terminée; le reste n'a pas été achevé, probablement par suite de la disparition du personnage qui, après la disgrâce de son père, alla sans doute cacher loin de Madrid son désespoir et sa misère. Ce tableau, qui se trouve maintenant en Angleterre, dans la galerie de lord Ellesmère [2], est resté dans son état incomplet, comme une médaille peinte des vicissitudes humaines.

Plus de deux siècles se sont écoulés depuis la mort d'Olivarès, et le temps, qui change tout dans sa marche, a fait oublier les fautes et les désastres du long règne de Philippe IV. Mais si le gouvernement du roi et de son favori a été fatal à la monarchie de Charles-Quint, l'Espagne ne peut-elle

---

[1] *Ut suprà.*
[2] Selon M. W. Stirling, *Velazquez and his Works.*

pas montrer aujourd'hui avec orgueil, et comme une compensation qu'admettront tous les vrais amis de l'art, les toiles incomparables de Rubens, d'Alonso Cano et de Velazquez, dues au goût éclairé du prince et de son ministre?

AMATEURS ANGLAIS

THOMAS HOWARD, COMTE D'ARUNDEL

1585-1646

CHAPITRE XV

Infériorité de la peinture anglaise jusqu'au dernier siècle. — Règne de Charles Ier, époque la plus brillante pour les arts en Angleterre. — Protection que ce prince leur accorde, due en partie à la rivalité du duc de Buckingham et du comte d'Arundel. — Portrait du comte par lord Clarendon. — Opinions contraires de Richard Chandler, d'Horace Walpole et d'autres. — Biographie abrégée du comte. — Ses voyages en Italie. — Ses acquisitions d'objets d'art. — Sa liaison avec Rubens et Van Dyck. — Ses portraits. — Encouragements qu'il accorde à plusieurs artistes. — L'architecte Inigo Jones, les sculpteurs Nicolas Stone, Leseur et Fanelly. — Collections du comte d'Arundel.

1585—1630

De tous les peuples de l'Europe, les Anglais sont le seul qui, jusqu'au commencement du siècle dernier, n'ait pas produit de peintre remarquable. Tandis qu'à la suite de l'Italie, l'Allemagne, la Hollande, les Pays-Bas, l'Espagne et la France comptaient, depuis deux siècles, plusieurs artistes d'un véritable génie, et un grand nombre d'autres d'un talent distingué, l'Angleterre seule, en était encore réduite à faire venir des peintres étrangers pour représenter les grands événements de son histoire, ou pour reproduire les traits de ses souverains et de ses principaux citoyens. A part quelques portraitistes obscurs, nés sur son sol et absolument inconnus ailleurs, elle n'a possédé, avant 1700, aucun artiste réellement digne de ce nom.

Hans Holbein semble avoir introduit en Angleterre l'art et le goût du portrait, lorsqu'il se présenta, en 1526, à Thomas Morus, avec une lettre et le portrait d'Érasme, leur ami commun. Le savant et ingénieux écrivain de Rotterdam avait voulu, dit-on, prouver au grand chancelier d'Angleterre que Holbein était capable de rivaliser avec Albert Durer dans l'art de la pourtraiture. Accueilli avec faveur par le ministre, le peintre de Bâle fut bientôt admis dans les bonnes grâces du roi Henri VIII, qu'il a représenté nombre de fois, lui et ses femmes, sous tous les costumes et dans toutes les attitudes. Il a fait également pour ce prince plusieurs tableaux. Les principaux seigneurs anglais de cette époque, plutôt par orgueil et ostentation que par amour de l'art, s'empressèrent d'imiter l'exemple de leur maître, et il n'est guère de famille anglaise un peu ancienne, qui ne possède quelque portrait de Holbein.

L'influence de cet artiste sur la peinture du portrait a été très-grande en Angleterre; mais aucun artiste anglais, proprement dit, ne paraît avoir hérité même d'une faible partie de son génie.

Après lui, le Hollandais Van Somer, et Marc Garrard, de Bruges, vinrent se fixer à Londres, et y exercèrent leur talent médiocre pour le portrait, de la fin du seizième au commencement du dix-septième siècle. Le dernier, attaché à la cour de la reine Élisabeth, était entretenu à son service, et il a fait plusieurs fois le portrait de cette princesse. Un autre peintre étranger, plus célèbre que les précédents, Frédéric Zucchero, d'Urbin, travailla également pour elle, et l'on voit à Hampton-Court plusieurs tableaux et portraits de sa main. Ces ouvrages toutefois ne donnent qu'une idée fort imparfaite du talent de cet artiste qui, en compagnie de son frère Taddeo, a peint, d'une manière si vigoureuse et si originale, les belles fresques du palais de Caprarola, près de Viterbe, qui appartenait alors à la puissante maison Farnèse.

A Rubens, et à Van Dyck, son élève, était réservé l'honneur d'exercer en Angleterre une influence égale, supérieure même à celle de Holbein. Les nombreux portraits et les grandes toiles exécutés par ces deux artistes, et surtout par Van Dyck, qui passa la plus grande partie de sa vie à Londres, ne servirent néanmoins à former aucun peintre de quelque talent ; car il est à remarquer que sir Peter-Lely, l'imitateur le plus habile de Van Dyck, bien qu'il ait vécu en Angleterre, était né en Allemagne, où il avait appris les premiers éléments de son art [1].

[1] J'ai vu à l'exposition de Manchester, en juillet 1857, un très-grand nombre de portraits exécutés par des artistes étrangers venus

Comment a-t-il pu se faire que cette grande nation anglaise, dont le génie littéraire est si original, et qui, dans l'art dramatique, brille depuis longtemps d'un si vif éclat, grâce à l'immortel Shakespeare ; comment a-t-il pu se faire, disons-nous, que cette nation, si avancée en toutes choses, soit restée presque entièrement étrangère à l'art, jusque vers le quart du dernier siècle? Nous ne croyons pas être injuste envers elle, en avançant que cet état de choses doit être attribué, avant tout, au peu de goût du peuple anglais pour le beau ; ensuite aux révolutions politiques et religieuses, et surtout à l'austérité des mœurs puritaines, qui écarta pendant longtemps des temples et des monuments publics les tableaux et les statues, les considérant avec horreur comme des œuvres de la superstition papiste. — D'un autre côté, l'encouragement exclusif que la noblesse anglaise a donné pendant deux siècles à la peinture du portrait, qui flattait son orgueil aristocratique, a nui beaucoup au genre historique et au paysage. Enfin, ajoutons que l'atmosphère humide, et presque toujours chargée de brouillards de la « Reine de l'Océan, » n'a jamais été favorable à un art, qui emprunte à la lumière du soleil ses rayons

en Angleterre, tels que van Somer, Marc-Garrard, Franc-Hall, sir Peter-Lely, Kneller, de Lubeck, et beaucoup d'autres. Parmi les portraits dus à des artistes anglais, je n'ai remarqué que celui de Cromwell, par Robert Walker, et ceux de Charles Cottrell et de Balthasar Gerbier, sur la même toile, par William Dobson. — Voy. le compte rendu de cette exposition, que j'ai publié dans le *Journal des Débats*, n°s des 5, 9, 11 et 20 juillet 1857.

les plus purs, pour éclairer et animer ses brillantes œuvres.

Quoi qu'il en soit, il a fallu attendre, au siècle dernier, l'apparition de trois grands artistes, Anglais par la naissance comme par le talent, William Hogarth, Gainsborough et Joshua Reynolds, pour voir la peinture anglaise sortir enfin de sa vieille routine, en s'ouvrant une voie aussi nouvelle qu'originale [1].

Mais si, jusqu'au dix-huitième siècle, l'Angleterre n'a produit aucun peintre remarquable, elle peut néanmoins se vanter d'avoir possédé un certain nombre d'hommes distingués, véritablement amis des arts, et ayant su dignement les encourager.

A ce point de vue, aucune époque ne peut être comparée, dans l'histoire d'Angleterre, au règne du brillant et infortuné Charles Ier.

Ce prince entreprit, pour ainsi dire, d'acclimater les arts dans son royaume, et s'il ne réussit pas à former une école de peinture anglaise, il fut assez heureux pour attirer à sa cour les maîtres les plus éminents, en différents genres, tels que les peintres Rubens et Van Dyck, les graveurs Vosterman et Hollar, les miniaturistes Petitot et Bordier, et beaucoup d'autres [2]. L'éducation que ce prince avait reçue, et une inclination naturelle, le poussaient à

---

[1] Hogarth a précédé les deux autres. Ses premiers tableaux datent d'environ 1720.

[2] Cornelius Jansen, Charles Mytens, van Somer, Joachim Sandrart, Polenburg, Gérard Honthorst, etc.

aimer et rechercher les belles choses. Mais ce n'est pas uniquement à cette disposition de son esprit, qu'il faut attribuer les encouragements donnés aux arts pendant son gouvernement : les historiens et les biographes qui ont raconté son règne, font honneur de cette tendance du roi Charles à son favori, Georges Williers, duc de Buckingham, qui, lui-même, en cela, obéissait plutôt à un sentiment d'ambition et d'orgueil, qu'à un véritable penchant pour les productions de l'art. Rival implacable du célèbre Thomas Howard, comte d'Arundel et de Surrey, grand-maréchal d'Angleterre, le duc de Buckingham ne voulut pas laisser à ce seigneur la gloire d'avoir le premier créé en Angleterre un musée de monuments antiques, et une collection, non moins remarquable, de dessins, de peintures, de médailles, de livres et de gravures. Il excita son maître à suivre et surpasser cet exemple d'un de ses sujets, et lui-même il s'efforça de l'imiter et de l'égaler. « Ce fut par l'exemple et à la recommandation de lord Arundel, dit Dallaway [1], et à cause de la jalousie que lui portait le favori Williers, que Charles Ier, doué d'ailleurs par la nature d'un goût sûr et délicat, aima les arts et leur donna de l'encouragement. » — C'est donc au comte d'Arundel que revient l'honneur d'avoir introduit dans la

---

[1] Dans son ouvrage qui a pour titre : *Anecdotes of the arts in England, or comparative remark, on architecture, sculpture, and painting, chiefly illustrated by specimens, at Oxford, etc.* Il a été traduit par Millin, 2 vol in-8°, 1807, Paris.

Grande-Bretagne le goût de l'antique et des arts : et, bien que la politique, qui se mêle à toutes choses dans ce pays, ne soit pas restée étrangère à ce résultat, le comte ne mérite pas moins d'être considéré comme le plus illustre amateur anglais du dix-septième siècle.

Cependant, lord Clarendon, dans son histoire de la rébellion et des guerres civiles d'Angleterre, depuis 1641 jusqu'au rétablissement de Charles II [1], refuse au comte d'Arundel, non-seulement tout amour du beau, mais même toute aptitude à pouvoir le comprendre :

..... « Le comte d'Arundel, dit-il, passait pour un homme orgueilleux et vain. Il conversait avec très-peu de personnes de sa nation ; il vivait comme s'il avait été dans un autre pays. Sa maison était le rendez-vous de tous les étrangers et de ceux qui affectaient de le paraître... Il passait une grande partie de son temps à voyager. Il demeura plusieurs années en Italie, avec sa femme et ses enfants. Il approuvait extrêmement l'humeur et les manières de cette nation, et affectait de les imiter... Il voulait qu'on le crût fort savant, surtout en ce qu'il y avait de plus curieux dans l'antiquité, sous prétexte qu'il avait dépensé des sommes immenses à faire un amas de médailles les plus rares, et à acheter un

---

[1] *Rebellion and civil Wars in England*, 1702. 3 vol. in-f°. — N'ayant pas sous les yeux le texte anglais, je me sers de la traduction française, publiée à la Haye en 1704 ; 6 vol. in-12, t. Ier, p. 73 et suiv.

grand nombre de belles statues en Italie, dont il n'avait fait apporter qu'une partie, n'ayant pu obtenir la permission de faire sortir les autres de Rome, quoiqu'il les eût payées bien cher. Il était fort ignorant dans toutes les sciences, et ne croyait point qu'il y eût d'histoire si remarquable que celle de sa famille, dans laquelle, à la vérité, il y avait eu plusieurs personnes de réputation. Il avait dans son port, dans sa contenance, et dans ses manières, toutes les apparences d'un grand homme. Il affectait de porter des habits semblables à ceux qu'il voyait dans les vieux tableaux des plus illustres de sa nation, ce qui lui attirait les regards de tout le monde, et le respect de plusieurs, comme représentant l'origine et la gravité des anciens nobles, dans le temps où ils étaient plus vénérables. Mais tout cela n'était qu'extérieur. Naturellement, il était la légèreté même, et n'aimait que les jeux d'enfants et les divertissements les plus méprisables. Il ne paraissait pas fort affectionné pour la religion, et ne prenait aucun parti ; il avait peu de penchant pour l'Angleterre, où il avait une si bonne part, et où il pouvait jouir de tous les plaisirs que l'on peut souhaiter. Aussi, la quitta-t-il aussitôt qu'il y vit commencer les troubles ; il se retira en Italie, où il est mort avec les sentiments équivoques pour la religion dans lesquels il avait vécu. »

Certes, voilà un portrait peu flatté : nous laissons aux Anglais le droit de décider si lord Clarendon, grand-chancelier d'Angleterre sous le règne de

Charles II, n'a pas jugé le comte d'Arundel plutôt avec ses rancunes politiques, qu'avec l'impartialité exigée d'un historien. Sans doute, on peut reprocher au comte d'Arundel, grand-maréchal d'Angleterre, d'avoir quitté sa patrie, en 1642, au commencement de la lutte engagée entre le roi et le Parlement, abandonnant ainsi l'infortuné Charles Ier à sa malheureuse destinée. Son devoir d'Anglais et de grand dignitaire de la couronne l'obligeait à rester, afin d'apporter dans cette lutte les efforts de son expérience des affaires, de son influence, et, s'il eût été possible, d'une intervention modérée. Mais, en admettant que le jugement de lord Clarendon soit mérité, si on l'applique à l'homme public, au grand-maréchal d'Angleterre, il nous paraît tout à fait injuste, lorsqu'il cherche à déprécier les qualités de l'homme privé, surtout son amour et son admiration véritable pour l'art et l'antiquité. Les faits et les témoignages les plus authentiques, donnent un démenti formel à cette appréciation du caractère, des goûts et du savoir du comte d'Arundel. Nous reconnaissons qu'il ne suffit pas de dépenser beaucoup d'argent et de réunir des collections de statues, de médailles et de tableaux, pour être considéré comme un amateur éclairé : mais l'homme qui passa une partie de sa vie en Italie, retenu par la contemplation des chefs-d'œuvre que ce pays renferme ; qui découvrit le génie d'Inigo-Jones, qui fut lié avec Rubens et Van Dyck ; qui choisit et conserva tant qu'il vécut, pour son bibliothécaire, le savant Junius, auquel il fit composer le traité *De Pictura Veterum*; qui pensionna le mathématicien Oughtred ; qui employa Nicolas Stone, Leseur et Fanelly, les premiers sculpteurs qui exercèrent leur art en Angleterre ; qui attacha à son service, pour reproduire ses plus belles peintures, le graveur Hollar et le peintre-graveur Henri Van der Borcht, un tel homme devait nécessairement ne pas être insensible aux beautés de l'art, non plus qu'aux pures jouissances qu'elles procurent, à l'égal des sciences et des lettres.

Que le comte d'Arundel ait eu le premier, parmi ses compatriotes, l'idée de les initier à la connaissance des œuvres de l'antiquité, en introduisant dans la Grande-Bretagne des statues, des bas-reliefs, des inscriptions grecques et latines, c'est ce qui est attesté par ses contemporains, et reconnu par les écrivains les plus recommandables.

Le docteur Richard Chandler, dans sa préface des *Marmora Oxoniensia* [1], reconnaît que le comte d'Arundel a rendu ce service à sa patrie. « Sous les règnes de Jacques Ier et de Charles Ier, dit-il, florissait Thomas, comte d'Arundel, lequel, soit que l'on considère ses ancêtres, sa vie et son caractère, doit être nécessairement compté parmi les hommes les plus illustres et les plus magnifiques. Il passait une grande partie de sa vie à Rome, retenu dans cette ville par les mœurs si polies des Italiens, et par la

---

[1] *Oxford*, 1773, *e typographeo Clarendaniano*. — 1 vol. in-folio, gravures, cabinet des estampes, n° 3242.

douceur du climat. Là, contemplant chaque jour les vénérables restes de l'art, de l'élégance et de la splendeur antique, *le premier de tous, que nous sachions, il résolut d'enrichir sa patrie de ces précieuses dépouilles.* Son opulent patrimoine lui permettait de mettre à exécution cette pensée royale. Il acheta donc à Rome, n'importe à quel prix, les plus excellentes œuvres que recommandait l'antiquité. Il aurait fait plus, si le souverain pontife ne s'était opposé à ce qu'il fît passer en Angleterre la plupart des statues qu'il avait acquises. Malgré tous ses efforts, cet homme illustre ne put donc rapporter de Rome un trésor admirable, et comme il n'en aurait existé nulle part de semblable. C'est pourquoi, faisant choix de Guillaume Pettœus (Petty), savant d'un jugement remarquable, il le chargea de lui trouver ailleurs des œuvres de l'art antique. Pettœus partit, on le pense bien, avec une somme considérable; il parcourut l'Italie, la Grèce, l'Asie Mineure; visita les ruines des plus nobles cités, et n'hésita pas à revoir plusieurs fois ces vénérables monuments, au péril de ses jours, bravant les avanies et la barbarie des Turcs. Les antiquités de tous genres qu'il avait ainsi conquises, avec autant de diligence que de bonheur, coûtaient au comte des sommes énormes, principalement à cause du mauvais état des routes, et exigeaient la plus grande sollicitude; mais aussi, elles devaient exciter, au plus haut degré, l'étonnement et l'admiration des amateurs de l'antiquité. »

Horace Walpole, dans ses *Anecdotes of painting in England* [1], attribue également au comte d'Arundel l'honneur d'avoir, le premier, fait connaître les œuvres de l'art antique à l'Angleterre. — « Thomas Howard, comte d'Arundel, dit-il, est suffisamment connu, comme homme public, par cet admirable portrait qu'en a donné lord Clarendon. Vivant surtout avec lui-même, mais dans tout l'éclat de l'ancienne noblesse, son unique récréation était sa collection d'objets d'art, dont les restes dispersés font aujourd'hui encore le principal ornement de plusieurs cabinets. Il fut le premier qui commença à réunir publiquement dans ce pays des collections d'objets d'art, et à montrer cet exemple au prince de Galles (plus tard Charles I er), et au duc de Buckingham. — « Je ne saurais, dit Peacham [2], parler avec trop de respect du très-honorable Thomas Howard, lord grand-maréchal d'Angleterre, aussi distingué par le noble patronage qu'il accordait aux arts et aux sciences, que par sa haute naissance et sa position. C'est à sa munificence, ainsi qu'aux dépenses qu'il fit avec tant de générosité, que ce coin du monde est redevable d'avoir pu contempler

---

[1] *The third ed.*, London, 1782, 4 vol. in-8º, t. II, p. 124.

[2] Nous devons faire observer que Peacham, dont Horace Walpole invoque l'autorité, fut le précepteur des enfants du comte d'Arundel, et qu'il l'accompagna dans les Pays-Bas. Il est l'auteur du *Compleat Gentleman*, d'une nouvelle intitulée, la Valeur d'un sou, *The Worth of a penny*, et de divers autres ouvrages cités dans l'avertissement de la 2e édition de cette nouvelle. — Il a gravé, d'après Holbein, le portrait de sir Thomas Cromwell, plus tard comte d'Essex.

pour la première fois les statues grecques et romaines, dont il a commencé à décorer les jardins et les galeries d'*Arundel-House*, depuis environ vingt ans, (ceci, fait remarquer Horace Walpole, fut imprimé en 1634), et qu'il a constamment continué depuis à faire transporter de l'antique Grèce en Angleterre. »

Le docteur Waagen, directeur de la galerie royale de peinture, à Berlin, n'est pas moins explicite, dans son très-précieux ouvrage : *Treasures of art in Great-Britain*[1]. Après avoir donné un aperçu des principales acquisitions d'objets d'art faites pour le roi Charles Ier, il ajoute : « Au milieu de cet amour général pour les œuvres les plus pures de l'art, le roi avait un digne émule dans la personne du comte d'Arundel, dont nous avons déjà fait mention; et même ce fut ce seigneur qui inspira le premier ce goût au roi. Il collectionnait aussi avec le sentiment le plus éclairé, le goût le plus sûr et une munificence princière, des peintures, des dessins, des pierres gravées, mais avant tout des sculptures et des inscriptions antiques. Pendant ses longs voyages sur le continent, il fit lui-même beaucoup d'acquisitions, et il employa ensuite des agents très-connaisseurs en cette partie dans les différentes contrées de l'Europe. Un peintre, Edward Norgate, et un savant, John Elwyn[2], furent très-heureux dans les

---

[1] *London, John Murray*, 1854, 3 vol. in-8°, t. Ier, p. 11. Le docteur Waagen a publié en 1857 un volume de supplément, sous le titre de : *Galleries and cabinets of art in England*, également chez John Murray.

[2] Il faut lire *Evelyn*. Voy. Dallaway, *les Arts en Angleterre*. t. II,

acquisitions qu'ils firent pour lui en Italie.... Les efforts qu'il fit pour puiser aux sources originales (en Grèce, en Asie Mineure et en Italie) prouvent que ce grand connaisseur avait un esprit extrêmement cultivé. »

Enfin, nous ajouterons l'autorité d'un artiste éminent, contemporain du comte, et non moins remarquable par la supériorité de son esprit et de ses connaissances, que par son brillant génie comme peintre. Pierre Paul Rubens, informé à Anvers, en juillet 1620, par un des agents du noble lord, de son désir d'avoir de sa main son portrait et celui de sa femme, aurait répondu de la manière suivante : « Quoique j'aie refusé d'exécuter les portraits de bien des princes, de bien des nobles citoyens, surtout du rang de votre seigneurie, cependant, de monsieur le comte je suis prêt à accepter l'honneur qu'il me fait en demandant mes services, *le regardant comme un évangéliste pour le monde de l'art, et comme le grand protecteur de notre état.* »

On voit par ces différents témoignages combien lord Clarendon s'est montré sévère et même injuste envers la mémoire du comte d'Arundel, considéré comme homme de goût et de savoir.

Mais avant d'entrer dans des explications détail-

p. 258, et la *Biographie universelle* de Michaud, V° Evelyn. Ce savant, dans son ouvrage intitulé *sculptura*, parle du comte d'Arundel, comme d'une personne qu'il avait connue.

[1] William Hookham Carpenter, *Mémoires et documents inédits sur Rubens et Van Dyck, traduits de l'anglais par Louis Hymans.* Anvers, 1845, grand in-8°, 1 vol, p. 9-10.

lées sur les acquisitions faites par ce célèbre amateur, sur ses différentes collections et sur ses relations avec les principaux artistes de son temps, nous croyons nécessaire de donner un abrégé très-succinct de sa vie. Nous l'avons extrait de « l'histoire des antiquités du château et de la ville d'Arundel, contenant une biographie de ses comtes, depuis la conquête (des Normands) jusqu'au temps présent[1], par le révérend Tierney, chapelain du duc de Norfolk, » qui est aujourd'hui l'héritier des comtes d'Arundel.

Thomas Howard naquit à Finchingfield, comté d'Essex, en 1585. Il était le seul fils de Philippe, premier comte d'Arundel, et de lady Anne Dacre, sa femme. A l'âge de dix ans, il perdit son père, qui lui laissa une fortune très-embarrassée. Sa mère était, à ce qu'il paraît, une femme remarquable : elle voulut que son fils reçût la meilleure éducation, et la surveilla elle-même avec la tendresse la plus attentive.

En 1606, à peine âgé de vingt et un ans, il épousa Alatheia, troisième fille et seule héritière éventuelle de Gilbert, comte de Shrewsbury. L'année suivante,

---

[1] *The history and antiquities of the castle and town of Arundel, including the biography of its Earls from the conquest to the present time; by the Rev. M. A. Tierney, F. S. A. chaplain to his grace the duke of Norfolk. London, G. and W. Nicol, Pall-Mall, 1834. —* 2 vol. grand in-8°, fig. Bibliothèque impériale, n° 433, 0.6.2. — Ces deux volumes n'ont qu'une seule pagination ; le 2e vol. commence à la page 351. La biographie de Thomas Howard, second comte d'Arundel, se trouve dans ce volume, de la page 414 à la page 496.

il fit son entrée à la cour, et le roi Jacques Ier servit de parrain à son fils aîné. Ce prince aimait beaucoup le jeune Thomas Howard, et l'historien d'Arundel dit qu'il se proposait de l'admettre dans son conseil, si la religion catholique, dans laquelle le comte avait été élevé par sa mère, et sa mauvaise santé ne s'y fussent opposés [1].

Ces motifs ne l'empêchèrent pas néanmoins d'être créé, en 1611, chevalier de la Jarretière, distinction qui prouve la faveur dont il jouissait auprès du monarque.

Mais sa santé délicate et chancelante s'accommodait difficilement du climat humide et variable de la Grande-Bretagne. Pour rétablir ses forces, il se décida, vers la fin de 1611, à transporter sa résidence dans les pays plus doux et plus sains du midi de l'Europe. Il partit donc pour l'Italie qu'il parcourut en grande partie. Il visita Venise en 1612, et, à la fin de cette année, il était de retour en Angleterre. Nous le trouvons, le 14 février 1614, au mariage de la princesse Élisabeth (fille de Jacques Ier) avec Frédéric, comte palatin du Rhin. Mais son séjour dans sa patrie fut alors de peu de durée; chargé de conduire cette princesse à son mari, à peine eut-il rempli cette mission, qu'il se hâta de regagner l'Italie, où il resta plus d'une année, et d'où il ne revint, avec la comtesse sa femme, qu'en novembre 1614.

[1] Tierney, p. 418-419.

C'est pendant ce second séjour qu'attiré vers les belles choses que Venise, Florence et Rome offraient à sa vue et à ses études, il résolut de former une collection des spécimens les mieux choisis de tout ce que l'art antique et l'art moderne présentaient de plus remarquable. Il fit donc alors en Italie, soit par lui-même, soit par des agents très-intelligents qu'il entretenait à cet effet dans les principales villes, de nombreuses acquisitions payées au poids de l'or, et destinées à orner sa résidence d'*Arundel-House*, à Londres.

Rentré dans sa patrie, et bientôt élevé au rang de lord du conseil privé, et de membre de la commission des six pairs chargés d'exercer en commun l'office de comte grand maréchal d'Angleterre, dont il fut plus tard investi seul, il employait la plus grande partie de ses énormes traitements à augmenter ses collections. C'est alors qu'étendant le cercle de ses recherches, il envoya, en Orient, Guillaume Petty, à la découverte de statues, bustes, inscriptions, vases et autres marbres antiques. Horace Walpole raconte[1] que, revenant de Samos avec ses nombreuses acquisitions, Petty eut toutes les peines du monde à sauver sa vie au milieu d'une affreuse tempête. Il perdit tous les objets qu'il avait pu réunir, et, à peine à terre, il fut mis en prison par les Turcs, comme espion des chrétiens. Mais aussitôt qu'il eut recouvré sa liberté, il se remit à poursuivre sa

---

[1] *Anecdotes of painting*, t. II, p. 127.

mission, et nous verrons plus tard qu'il fut assez heureux pour faire passer à Londres, en 1627, ce qu'il était parvenu à trouver dans le Levant.

Les acquisitions d'antiquités réunies par le comte avaient stimulé quelques-uns de ses compatriotes à entrer dans cette noble voie. Le comte de Pembroke et sir Robert Cotton commencèrent alors à faire de semblables collections, et il est amusant, dit le révérend M. Tierney, d'observer l'ardeur avec laquelle le comte s'efforçait de prévenir ses nouveaux émules dans l'acquisition de leurs curiosités favorites. La lettre suivante, bien que sans date, doit avoir été écrite par le comte, vers l'année 1619. « Je désire, écrit-il à la comtesse sa femme, que vous puissiez présentement, par quelque moyen, savoir ce que sir Thomas Roë (c'était l'agent du duc de Buckingham) a rapporté d'antiquités : dieux, vases, inscriptions, médailles et telles autres choses. Je pense que sir Robert Cotton ou M. Dikes sont disposés à les acheter. Je désire que cela soit fait avant vendredi, parce que je crains milord Chamberlayne (Pembroke), et je pense qu'ils pourraient facilement les avoir [1]. »

En Europe, le comte employait à ses acquisitions d'œuvres d'art un grand nombre d'agents; parmi ceux que cite son biographe, et dont il rapporte des lettres [2], nous voyons figurer à Bruxelles W. Trumbull; à Anvers, envoyé près de Rubens,

[1] Tierney, t. II, p. 434-435.
[2] Tierney, t. II, p. 488 à 495.

un autre dont le nom est resté inconnu ; à Venise, sir John Borough ; à Madrid, Arthur Hopton ; à la Haye, le peintre Daniel Mytens. La correspondance de tous ces agents roule sur l'acquisition des tableaux des plus célèbres maîtres, parmi lesquels nous citerons Holbein, Albert Durer, Raphaël, Léonard de Vinci, le Titien, le Tintoret, etc. On voit par leurs lettres que le comte n'hésitait pas à payer fort cher les œuvres qui lui étaient signalées comme dignes de décorer sa galerie.

L'admiration de notre amateur pour les chefs-d'œuvre des maîtres du seizième siècle ne l'empêchait pas de rendre hommage au talent des artistes ses contemporains. Au nombre de ceux qui occupaient alors le premier rang, il faut placer, comme *primus inter pares*, le célèbre Pierre-Paul Rubens, dont la réputation remplissait l'Europe entière. Nous ignorons quelle fut la circonstance qui rapprocha le grand seigneur anglais du peintre d'Anvers, mais la réponse de Rubens, que nous avons rapportée, à l'envoyé du comte qui venait le solliciter de faire son portrait et celui de sa femme, prouve en quelle estime le grand artiste tenait l'illustre amateur. Aussi fit-il plusieurs fois son portrait, et voici ceux que M. André Van Hasselt indique, dans le catalogue placé à la suite de son *Histoire de Rubens*[1].

« N° 948. Lord Arundel, ouvrage indiqué dans le catalogue de la vente de Rubens, n° 97.

---

[1] Bruxelles, 1840, 1 vol. in-8°, avec le portrait de Rubens, p. 321.

« N° 949. Lord Arundel avec sa femme et son fils. Cet ouvrage capital fut peint, en 1627, pour le noble lord. Après la confiscation des biens de ce seigneur, en 1649, le tableau fut transporté à Anvers et vendu à l'électeur de Bavière. Il se trouve aujourd'hui dans la galerie royale de Munich.

« N° 950. Le même, revêtu d'un manteau garni de fourrure. Dans la collection du comte de Carlisle, en Angleterre ; gravé par J. Houbraken, dans un cadre ovale orné.

« N° 951. Le même, revêtu d'une armure. Dans la collection du comte de Warwick, en Angleterre. »

En outre, lorsque Rubens se rendit d'Espagne à Londres, où il se trouvait au commencement d'août 1629, il peignit, pendant son séjour, pour le comte d'Arundel, une *Assomption de la Vierge* [1].

Notre amateur ne fut pas moins lié avec Van Dyck. M. Carpenter [2] incline à croire, d'après les documents authentiques qu'il a découverts, que le comte avait cherché, dès 1620, à attirer Van Dyck en Angleterre pour l'y retenir à son service ; mais il est certain que plus tard, pendant le long séjour que le peintre fit dans la Grande-Bretagne, il vécut avec le lord-maréchal d'Angleterre dans une complète intimité. — Selon Bellori [3], qui tenait ce ren-

---

[1] N° 322 du catalogue de M. van Hasselt, suivant lequel ce tableau se trouverait aujourd'hui dans la collection du comte de Pembroke à Wilton-House. — *Ibid.*, p. 260.

[2] *Ut suprà*, p. 11.

[3] *Vita di Antonio Van Dyck*, dans ses *Vite de' Pittori*, Roma, 1672. 1 vol. in-4°, p. 260-261.

seignement du cavalier Digby, résident à Rome de la reine d'Angleterre, du temps d'Urbain VIII, ce fut le comte d'Arundel « très-grand amateur des arts du dessin, qui introduisit Van Dyck dans les bonnes grâces du roi d'Angleterre : ce peintre fit son portrait de grandeur naturelle avec celui de sa femme, et ils sont, dit-il, plutôt vivants que peints. »

Voici, d'après le docteur Waagen [1], les tableaux de Van Dyck qui existent encore aujourd'hui à Arundel-Castle, résidence du duc de Norfolk... et qui ont probablement été exécutés par lui pour le comte et d'après ses commandes :

« Le portrait de Charles Ier, à mi-corps, que M. Waagen attribue à l'un des élèves du maître ;

« Le portrait d'Henriette-Marie, encore plus douteux, selon le même connaisseur ;

« Thomas Howard, revêtu de son armure, à mi-corps, peint avec soin, et d'un ton brun vigoureux ;

« Le même, avec sa femme Alathea Talbot. Ils sont représentés assis, jusqu'aux genoux. Le comte montre du doigt un globe placé près de lui : la comtesse tient un cercle. Ils sont l'un et l'autre richement vêtus. La composition est naturelle, et l'exécution soignée d'un ton entièrement brun ;

« Thomas Howard, comte d'Arundel, et son fils, lord Maltravers, encore jeune. Le père est revêtu

---

[1] *Treasures of art in Great-Britain*, t. III, p. 30, 31.

de son armure, avec le bâton de commandement ; le fils est en costume de soie, tous deux jusqu'aux genoux. Ce tableau a quelque chose de grand comme composition, et n'est pas moins remarquable par son coloris bruni ; l'exécution en est réellement magistrale ;

« Henri Howard, en costume noir, peint à peu près jusqu'aux genoux, admirablement modelé, d'un ton chaud comme celui de Titien. »

L'authenticité de ces portraits, attribués à Van Dyck, n'est pas contestée par le savant appréciateur de Berlin ; il n'en est pas de même de celui de James Howard, lord Mowbray et Maltravers, qu'on considère comme un Van Dyck à Arundel-Castle, mais qu'il trouve peu digne de ce maître.

En outre, M. Waagen signale un portrait du comte dans la collection de lord Clarendon [1].

Nous ignorons si le célèbre tableau qui représente le comte, et dans lequel Van Dyck a placé le fameux bronze de la tête d'Homère, se trouve parmi ceux énumérés ci-dessus ; mais on voit que cet artiste fut largement employé par le grand-maréchal d'Angleterre et les siens. Si l'orgueil aristocratique eut sa part dans la commande de tous ces portraits de famille, on doit également admettre que la supériorité de l'artiste ne fut pas étrangère au choix que fit de son pinceau l'un des plus grands connaisseurs de l'Angleterre.

[1] *Ibid.*, t. II, p. 455.

Un autre peintre moins célèbre, mais cependant bien connu dans la Grande-Bretagne, où il a longtemps travaillé, non sans talent, le hollandais Van Somer, fit aussi plusieurs fois le portrait du comte d'Arundel. M. Waagen cite de lui, à Arundel-Castle, deux tableaux : l'un, représentant le comte; l'autre, sa femme, et il assure que ces portraits sont de bons spécimens du talent de cet artiste de second ordre [1]. Dallavay, dans son ouvrage sur les beaux-arts en Angleterre, cite encore deux autres portraits du comte et de sa femme, par Van Somer. On les voyait, de son temps (vers 1800), au château de Worksop. Ils sont datés de 1618 ; le lord est représenté assis, vêtu de noir, portant à son cou le collier de l'ordre de la Jarretière ; il désigne avec son bâton de maréchal quelques statues qui sont près de lui [2].

Daniel Mytens, peintre hollandais, attaché au service de Charles Ier, fit aussi les portraits du comte et de la comtesse d'Arundel, et l'on voit par une lettre de cet artiste, adressée de Londres, le 18 août 1618, à sir Dudley Carleton, ambassadeur d'Angleterre à La Haye, et rapportée par M. Carpenter, p. 222, que le comte avait fait exécuter par cet artiste des réductions de ces portraits, et qu'il les envoya à Carleton, dont il se servait en Hollande pour lui acheter des tableaux.

Le peintre Joachim Sandrart, auteur de l'*Aca-*

---

[1] *Ibid.*, t. III, p. 30.
[2] Dallaway, t. Ier. p. 264, *ad notam* 2, traduction de Millin.

démie du très-noble art de la peinture [1], ayant accompagné, en Angleterre, son maître, Gerard Honthorst, pour l'aider dans ses travaux, reçut les encouragements de Charles Ier et du comte d'Arundel [2].

Le graveur Lucas Vosterman ne fut pas moins bien accueilli par notre amateur. Dès 1623, il fit pour lui quatre dessins à la plume, d'après Léonard de Vinci, et un portrait du prince Rupert. C'est à la comtesse d'Arundel que Vosterman a dédié sa gravure, en six planches, de la bataille des Amazones, d'après Rubens.

Mais aux yeux des Anglais, ce qui doit encore mieux recommander la mémoire du noble lord, c'est que ce fut lui, dit-on [3], qui, le premier, découvrit le génie de l'architecte Inigo Jones. Selon Dallaway « les embellissements des bâtiments de Westminster avaient été confiés à lord Arundel et à Inigo Jones (Rymer Fœdera, vol. XVIII, p. 97); et, en 1618, d'autres pairs lui furent adjoints pour diriger l'alignement et l'uniformité de Lincoln's inn-Fields. Les dessins de Lincoln's inn-Fields et de Covent-Garden, par Inigo Jones, ajoute Dallaway [4],

---

[1] Nuremberg, in-folio, 1683.

[2] Voy. les *Études sur l'Allemagne* de M. Michiels, t. II, p. 387; — et la *Biographie universelle* de Michaud, V° Sandrart, t. XL, p. 321.

[3] Voy. l'*Abecedario* de Mariette, V° Jones Inigo, t. III, p. 8 et suiv.; — la *Biographie universelle*, à l'article consacré à cet architecte, et la notice intéressante donnée par Allan Cunyngham, dans ses *Lives of the most eminent Bristish painters, sculptors and architects*; London, 1831, in-18, t. IV, p. 70 et suiv.

[4] *Loc. cit.*, p. 256, *ad notam*.

sont présentement chez le lord Pembroke, à Wilton. »

Il paraît que le roi Jacques avait résolu de réparer la cathédrale de Saint-Paul qui, depuis le grand incendie de Londres, en 1561, menaçait de tomber en ruine. Il avait résolu également de remplacer les constructions ébranlées de l'ancien palais de White-Hall par le bâtiment actuel de *Banqueting house*. Le comte d'Arundel et ses collègues furent chargés de surveiller cette entreprise et d'en assurer le succès. M. Tierney rapporte[1] une lettre d'Inigo Jones, du 17 août 1620, adressée au noble lord, dans laquelle, après l'avoir entretenu des logements préparés pour l'ambassadeur d'Espagne au palais de Hampton-Court, il lui annonce que le plan de toutes les additions à Saint-Paul est entièrement terminé, et que les maçons doivent se mettre à refaire la partie située à l'extrémité ouest, qu'ils avaient démolie.

Nous avons dit, sur la foi de Dallaway[2], que le comte d'Arundel employa Nicolas Stone, Leseur et Fanelly, les premiers sculpteurs qui exercèrent leur art dans la Grande-Bretagne. Mais nous ne pouvons indiquer les travaux qu'ils exécutèrent pour leur protecteur. Peut-être Nicolas Stone, qui était à la fois sculpteur et architecte, fut-il occupé, avec ses deux compatriotes, à bâtir et à décorer l'hôtel du lord à Londres, sur les bords de la

[1] *Ut suprà*, 436-7.
[2] *Ibid.*, p. 257.

Tamise, ses châteaux d'Arundel et d'Albury, dans le comté de Surrey, et sa maison de campagne de Lambeth, près de Londres. Quant à Leseur, ou, comme il signait : Hubert Lesueur, il est l'auteur de la statue en bronze, érigée aujourd'hui à Charing-Cross, et l'inscription de la gravure qu'en a faite Hollar prouve que cette statue fut exécutée aux frais du comte d'Arundel. M. Carpenter, dans ses mémoires inédits sur Rubens et Van Dyck [1], cite une pétition de cet artiste au roi Charles Ier, dans laquelle il termine par : « Son très-humble, obéissant et indigne *Praxitèle*. »

Indépendamment de ses marbres antiques, sur lesquels nous reviendrons, le comte avait également une magnifique collection de pierres gravées et de médailles. Mais ce qu'il possédait peut-être de plus remarquable, c'était sa galerie de tableaux et son cabinet de dessins. Il avait pu réussir à se procurer, pendant ses longs voyages en Italie et dans les Pays-Bas, des œuvres des principaux maîtres des différentes écoles. Ridolfi rapporte, dans ses *Maraviglie dell' arte* [2], que le comte avait acheté à Venise une *Lucrèce* du Titien, violée par Tarquin, représentée d'une autre manière que celle du même maître, acquise pour le roi Charles, et dont parle le même auteur [3]. On voyait dans la galerie d'Arundel un grand nombre de tableaux des diverses écoles

---

[1] Traduit par M. Hymans, p. 243-246.
[2] *Vita di Tiziano*, in-4°, *Venezia*, 1648, p. 178.
[3] *Ibid.*, p. 177.

d'Italie. Mais, de tous les peintres, le vieux Holbein est celui qu'il paraît avoir préféré, au moins si on en juge par le grand nombre de tableaux de ce maître, gravés par Hollar comme faisant partie de la collection d'Arundel. Cette préférence était peut-être due, indépendamment de la supériorité de cet artiste, à ce qu'il avait peint presque tous les personnages publics du temps de Henri VIII, à la cour duquel il avait longtemps vécu. Le comte, très-fier de sa haute naissance, s'était attaché à réunir, non-seulement les portraits de ses ancêtres, mais aussi ceux des hommes et des femmes célèbres dans les annales d'Angleterre, du temps de Holbein. Aucune collection, soit publique, soit particulière, n'a pu réunir autant d'ouvrages de ce peintre; car, à côté de ses tableaux, le comte possédait une très-nombreuse suite de ses admirables dessins. Albert Durer partageait avec Holbein la prédilection de l'illustre amateur. Il avait réussi à se procurer bon nombre de dessins de l'éminent artiste; il les avait achetés, en partie, à la vente de la célèbre collection Imhoff, à Nuremberg [1], collection qui avait été formée du vivant même d'Albert Durer, par Bylibalde Pyrkheimer, son intime ami.

Mariette raconte [2], « qu'ayant appris qu'un M. Delanoue avait une très-belle collection de dessins, surtout du Parmesan et du chevalier Vanni, le comte d'Arundel vint sur le champ à Paris, se

---

[1] Waagen, *Loc. cit.*, t. Ier, p. 12.
[2] *Abecedario*, t. III, V° Léonard de Vinci, p. 142, *ad notam* 2.

flattant d'en faire aisément l'acquisition. Il ne put y réussir, et se faisant connaître pour lors à M. Delanoue, qu'il en estima davantage, il lui avoua le sujet de son voyage. Si le comte ne put acheter les dessins du Parmesan que possédait M. Delanoue, il paraît, ajoute Mariette, qu'il s'en était procuré beaucoup d'autres, car lorsque l'on vendit, en 1724, les débris de sa collection, Zanetti, qui était alors à Londres, acheta un magnifique recueil de dessins de ce maître, au nombre de cent trente, dont il publia depuis, en 1743, à Venise, des estampes gravées, partie en cuivre, et partie en bois, à la manière d'Ugo da Carpi, qu'il remit en honneur [1]. »
— « De tous les cabinets particuliers, dit encore Mariette [2], le plus abondant en dessins de Léonard a été, je pense, celui du comte d'Arundel. Cet illustre curieux n'avait épargné ni soins ni dépenses pour se procurer ce que les arts ont produit de plus exquis dans tous les genres. Mais il était surtout passionné pour les dessins, et il en avait formé un des plus beaux assemblages qu'on verra jamais. En particulier, il avait conçu une si forte estime pour ceux de Léonard, que, non content de ceux qu'il possédait, il avait offert, au nom de Charles Ier, roi d'Angleterre, jusqu'à trois mille pistoles d'Espagne (30,000 fr.), pour un des volumes qui sont actuellement dans la bibliothèque Ambroisienne [3]. Le

[1] *Ibid.*, p. 297, *ad notam* 1.
[2] *Ibid.*, p. 142.
[3] M. Charles Blanc, dans son livre *de Paris à Venise*, p. 57, dit

recueil de dessins de têtes (au nombre d'environ deux cents, à la même bibliothèque) peut avoir appartenu à cet illustre curieux. Je fonde ma conjecture sur ce que... près de quatre-vingts de ces têtes ont été gravées par Venceslas Hollar, qui était au service du comte. »

La passion des arts du dessin dominait tellement l'esprit de notre amateur, qu'elle lui inspirait des préjugés certainement déraisonnables. Horace Walpole raconte, d'après Evelyn [1], « que le comte croyait que celui qui serait incapable de dessiner un peu ne pourrait jamais être un honnête homme. » L'auteur des *Anecdotes of Painting* relève cette opinion comme devant donner, si elle était prouvée, une triste idée de celui qui l'aurait eue et de celui qui l'aurait rapportée. Il a raison assurément ; car il n'est pas besoin de démontrer qu'on peut être un fort honnête homme sans savoir jamais manier le crayon ou le pinceau. Peut-être la pensée du grand amateur anglais était-elle semblable au sentiment de notre Mariette, qui croyait que la vue des belles choses élève l'âme, la fortifie dans l'adversité et la console [2]. Peut-être aussi que les passions politiques, au milieu desquelles vivait le lord grand maréchal d'Angleterre, lui inspiraient le dégoût des stériles

---

que cette offre fut faite du temps de Jacques Ier à Galéas-Arconati, qui possédait alors le *Livre des Machines* de Léonard de Vinci, mais qui aima mieux en enrichir la bibliothèque de Milan.

[1] *Sulptura*, p. 103. — Walpole, t. II, p. 129.

[2] Voy. le volume consacré à Mariette dans l'*Histoire des plus célèbres amateurs français*, p. 226. 232.

agitations de ce monde, et lui faisaient rechercher l'art comme un port de refuge, à l'abri duquel sa conscience retrouvait toute sa sérénité.

CHAPITRE XVI

Principaux amateurs anglais du temps de Jacques Ier et de Charles Ier. Les comtes de Pembroke, de Suffolk, les lords Hamilton et Alb. Montague. — Georges Williers, duc de Buckingham. — Sa liaison avec Rubens, dont il achète le cabinet. — Il se sert des ambassadeurs anglais à Constantinople et à Venise pour se procurer des objets d'art. — Balthasar Gerbier, son agent dans les Pays-Bas. — Acquisition de la galerie des ducs de Mantoue pour Charles Ier. — Buckingham est assassiné par Felton.

1590 — 1628

A côté du comte d'Arundel, Guillaume, comte de Pembroke, grand chambellan d'Angleterre, ne se faisait pas moins remarquer par son goût pour les arts et l'antiquité que par la protection qu'il accordait aux artistes. Il fut l'ami d'Inigo Jones, qu'il envoya en Italie à ses frais. La chambre des lords le nomma, en 1618, de la commission chargée de s'entendre avec ce grand architecte pour les constructions que l'on voulait ajouter à Westminster. Il possédait, à Wilton, un grand nombre de statues et de marbres antiques, et il avait, à Londres, des médailles, des peintures et des dessins de maîtres. Ce fut lui qui échangea, avec le roi Charles Ier, une suite de dessins de quatre-vingt-six portraits par

Holbein, contre le tableau de saint Georges par Raphaël, qu'il donna plus tard au comte d'Arundel[1]. Après lui venaient le comte de Suffolk, lord Hamilton, et lord Albert Montague, qui se faisaient également remarquer par leur goût pour les arts, et qui cherchaient aussi à réunir des dessins et des peintures[2].

Mais tous ces seigneurs étaient effacés par le brillant favori de Jacques et de Charles Ier, Georges Williers, duc de Buckingham. Lorsqu'il avait à cœur de se procurer soit pour lui-même, soit pour ses maîtres, les œuvres les plus rares, il n'était arrêté par aucune considération de dépense, et il écartait tous ses concurrents par des offres qui devenaient de véritables prodigalités. Le duc s'était lié avec Rubens pendant le séjour que ce peintre fit à Paris, en 1621, époque où il entreprit les compositions allégoriques de la galerie du palais du Luxembourg, pour la reine Marie de Médicis. Georges Williers se trouvait également à la cour de France, où il était venu à la suite des négociations entamées pour le mariage de Henriette-Marie, fille de Henri IV, avec le roi Charles Ier. Ce fut à Paris, à ce qu'on prétend, que Rubens, entrant dans les vues du duc, consentit à servir d'intermédiaire entre la cour d'Espagne et celle d'Angleterre, et à essayer, avec l'approbation de l'archiduchesse Isabelle, régente des Pays-Bas, de rétablir la paix entre les

[1] Waagen, *ibid.*, p. 15.
[2] *Id., ibid.*, p. 8.

deux pays. Nous ignorons si les considérations politiques qui avaient déterminé le favori de Charles Ier à faire ces ouvertures au peintre flamand, ne le décidèrent pas également à lui proposer l'acquisition de son cabinet, composé de peintures, d'antiquités et d'autres objets rares et curieux qu'il avait réunis avec beaucoup de soins dans ses voyages. On sait que Rubens avait fait construire dans sa maison, à Anvers, une salle ronde éclairée par une seule ouverture au centre dans le haut, à l'imitation de la rotonde (le Panthéon) de Rome, pour obtenir une lumière égale. C'est là qu'il avait disposé son précieux musée, composé de marbres, de statues, de bronzes, de médailles, de camées, de pierres gravées, de livres et de tableaux. Ces derniers étaient en partie de sa main, en partie des copies faites par lui, à Venise et à Madrid, d'après le Titien, Paul Véronèse et autres excellents peintres. Aussi recevait-il les visites des hommes de lettres, des savants et des amateurs de peinture : aucun étranger ne passait par Anvers sans lui demander la permission de visiter son cabinet[1].

Le duc de Buckingham avait probablement vu le musée de Rubens, et c'est ce qui le décida sans doute à en négocier l'acquisition. Il fit d'abord à Rubens cette proposition par lettre, à la fin de 1622, et il lui envoya bientôt après, à Anvers, le sieur Blondel, Français, grand connaisseur, lequel, après

---

[1] *Bellori, Vita di P.-P. Rubens, dans le Vite de' Pittori, etc. Roma*, 1672, in-4°, p. 245.

examen de cette collection, en offrit à Rubens, au nom du duc, cent mille florins de Brabant [1]. Rubens hésita, malgré l'élévation de cette offre : il avait de la peine à se défaire d'une collection réellement royale, qu'il n'avait réunie qu'après nombre d'années de voyages et de grandes dépenses. Cependant, pressé par les instances du duc, il finit par accepter les propositions de son agent. Il n'y consentit toutefois qu'à la condition que les statues, bustes et bas-reliefs seraient moulés, afin qu'il ne restât pas complétement privé de ses modèles et de ses études sur l'antique. Il fit mettre des copies aux places précédemment occupées par les originaux, et, selon l'un de ses biographes [2], plaçant d'autres tableaux dans les places vides et les moulages des statues entre deux, il reforma, en apparence, le même cabinet.

Dans le Levant, le duc de Buckingham employa sir Thomas Roë, ambassadeur d'Angleterre à Constantinople, de 1621 à 1623, à chercher et acheter pour le roi Charles des manuscrits, des médailles et des marbres. L'envoi de Guillaume Petty, par le comte d'Arundel, avait déterminé son rival à se servir de sir Thomas Roë pour le même objet. La correspondance de cet ambassadeur, dont le premier volume seulement a été publié [3], rend compte

---

[1] Qui représenteraient aujourd'hui plus d'un million.
[2] J.-F. Michel, *Histoire de la vie de P.-P. Rubens*, Bruxelles, 771, 1 vol. in-8° avec le portrait de Rubens, p. 144-145.
[3] En 1730, in-folio, *London*.

des dangers et des difficultés éprouvés, tant par lui que par son concurrent, pour satisfaire aux désirs des deux nobles lords.

A Venise, un autre ambassadeur anglais, sir Henri Wolton, avait également ordre du duc de lui acheter les plus belles toiles des maîtres de la couleur. C'est ainsi que Buckingham devint possesseur de deux Giorgion, dix-neuf Titien, deux Pordenone, deux Palma Vecchio, treize Paul Véronèse, dix-sept Tintoret, vingt et un Bassan, et six Palma jeune. A ces tableaux il faut ajouter ceux qui, ainsi que les précédents, sont indiqués dans le catalogue de la vente faite après sa mort tragique, en 1628, comme lui ayant appartenu. On y remarque trois compositions de Léonard de Vinci, une d'André del Sarto, trois de Raphaël, une de Jules Romain, deux du Corrége, deux d'Annibal Carrache, trois du Guide, neuf de Domenico Feti, huit de Holbein, six d'Antonio Moro, treize de Rubens, et beaucoup d'autres. Toutes ces peintures n'avaient pas sans doute le même mérite; mais il y avait parmi elles des toiles admirables : l'*Ecce Homo* du Titien, dans lequel ce maître a introduit les portraits du pape Paul III, de Charles-Quint et de Soliman, et dont le duc avait refusé sept mille livres sterling (175,000 francs), offertes par le comte d'Arundel; et le chef-d'œuvre du Corrége, *Jupiter et Antiope*, qu'il avait obtenu du roi d'Espagne Philippe IV, pendant sa mission en ce pays, et qui fait aujourd'hui l'un des plus précieux ornements du grand salon carré du Louvre.

Rubens avait donc raison d'écrire à Peiresc, de Londres, le 9 août 1629 : « .... On est loin de rencontrer dans cette île la barbarie que le climat pourrait y faire supposer, éloignée qu'elle est de la délicieuse Italie; il faut même l'avouer, sous le rapport de la peinture, je n'ai jamais vu nulle part une aussi grande quantité de tableaux de maîtres que dans le palais du roi d'Angleterre et dans la galerie du feu duc de Buckingham[1]. » Toutes ces richesses artistiques avaient été placées par le duc dans sa résidence de York-House, dans le Strand, à Londres. Après sa mort, elles furent vendues et dispersées. Le roi Charles, le duc de Northumberland et lord Montague furent, selon M. Waagen[2], les principaux acquéreurs de ces magnifiques ouvrages réunis avec tant de dépenses.

Le favori de Charles Ier apportait la même ardeur à procurer à son maître les œuvres les plus rares. Il employa quelquefois à ces négociations un Flamand d'Anvers, Balthasar Gerbier d'Ouvilly, peintre, dessinateur, enlumineur, écrivain de troisième ordre, et, de plus, agent secret mêlé à la politique et à la diplomatie[3]. Attaché au service du duc de Buckingham, Gerbier l'accompagna en Espagne, et fut envoyé plus tard dans les Pays-Bas, avec la mission secrète de négocier la paix entre l'Angle-

---

[1] *Lettres inédites de P.-P. Rubens*, publiées par Émile Gachet. Bruxelles, 1840, 1 vol. in-8°, p. 235.

[2] *Loc. cit.*, t. Ier, p. 12.

[3] Voy. sur ce personnage les *Anecdotes of Painting*, t. II, p. 91 et suiv.

terre et l'Espagne. Si l'on en croit M. Van Hasselt dans son Histoire de Rubens [1], l'artiste était dans la confidence de cette négociation ; le voyage qu'il entreprit, en 1626, en Hollande, après la mort de sa première femme, Isabelle Brant, motivé en apparence sur la nécessité de se distraire, aurait eu, en réalité, pour cause, une mission du duc de Buckingham auprès des généraux et négociateurs espagnols, dans l'intérêt du rétablissement de la paix, qu'il parvint plus tard à faire accepter par les deux parties.

Au point de vue des arts, Rubens ne rendit pas un service moins considérable à l'Angleterre, en lui assurant la possession des sept cartons de Raphaël, placés aujourd'hui au palais de Hampton-Court ; à l'instigation du duc, il les acheta en Flandre, où ils étaient restés depuis le temps de Léon X, pour le compte du roi Charles Ier.

Le duc réussit également dans la négociation qu'il ouvrit avec le duc de Mantoue, pour l'acquisition, au nom de son maître, de la célèbre galerie de tableaux créée dans cette ville et augmentée, pendant plus d'un siècle, par les princes de la maison de Gonzague. On dit qu'elle coûta au roi Charles quatre-vingt mille livres sterling (deux millions), somme énorme pour le temps, et qui en représenterait aujourd'hui plus du triple. Depuis la fin du quinzième siècle, cette famille des Gonzague, portée

---

[1] P. 119 et suiv.

naturellement vers le beau, s'était appliquée à s'entourer des artistes les plus éminents, et à les retenir à Mantoue. C'est ainsi que le Mantegna et Jules Romain [1] furent attirés à leur cour, et décorèrent leurs palais d'œuvres remarquables. Le Mantegna y peignit son fameux Triomphe de Jules César, et Jules Romain la Guerre des Titans contre Jupiter, et beaucoup d'autres compositions qui attestent son génie. La collection achetée pour le roi Charles comprenait, entre autres chefs-d'œuvre, la *Vierge à la perle*, de Raphaël, maintenant au musée de Madrid ; l'*Éducation de Cupidon*, du Corrége, aujourd'hui à la *National Gallery*, à Londres ; la *Mise au tombeau*, du Titien, au musée du Louvre ; les *Douze Césars*, du même maître, et beaucoup d'autres ouvrages des plus célèbres artistes d'Italie [2]. Mais Buckingham ne put admirer ces chefs-d'œuvre dans le palais de son royal maître, s'il est vrai, ainsi que l'indique M. Waagen [3], que ces tableaux n'arrivèrent en Angleterre que dans l'année 1629, car il était tombé sous le poignard de Felton le 28 août 1628.

On voit avec quelle ardeur Georges Williers entrait dans les vues de son maître, l'un des souverains les plus accomplis, non-seulement par le caractère et les qualités du cœur, mais le premier,

---

[1] Voy. l'*Histoire des plus célèbres amateurs italiens*, p. 168, 178 et suiv.

[2] *Art treasures, etc.*, t. II, p. 465. — Catalogue des peintures de Charles Ier, d'après Vertue.

[3] *Ibid.*, t. Ier, p. 7-8, *ad notam*, p. 7.

peut-être, à citer pour son amour véritable du beau, son goût aussi sûr qu'éclairé, et la protection généreuse autant qu'intelligente avec laquelle il traita et encouragea les artistes venus à sa cour. Rubens, pendant son séjour en Angleterre, dans le courant de l'année 1629, fut frappé de la prospérité dont jouissait ce pays, et n'admira pas moins les richesses de toutes sortes qu'il renfermait dès lors au point de vue des arts. — « Cette île, écrit-il à P. Dupuy, de Londres, le 8 août 1629[1], me semble un théâtre tout à fait digne de la curiosité d'un homme de goût, non-seulement à cause de l'agrément du pays et de la beauté de la nation, non-seulement à cause de l'apparence extérieure qui m'a paru d'une richesse extrême, et qui annonce un peuple riche et heureux au sein de la paix, mais encore par la quantité incroyable d'excellents tableaux, de statues, d'inscriptions antiques, qui se trouvent dans cette cour. » — Horace Walpole a donc bien jugé Charles Ier, lorsqu'il dit de ce prince qu'il avait toutes les vertus nécessaires pour faire le bonheur de son peuple, et qu'il ajoute : « Plût à Dieu qu'il n'eût pas été convaincu que lui seul, connaissant les moyens à employer pour le rendre heureux, devait lui seul posséder le pouvoir d'assurer la félicité publique[2] ! »

[1] *Lettres inédites de P.-P. Rubens*, publiées par Émile Gachet, p. 230-234.
[2] *Anecdotes of Painting*, t. II, p. 71.

CHAPITRE XVII

Franciscus Junius, bibliothécaire du comte d'Arundel, et son traité *De pictura veterum*. — Analyse et citations de cet ouvrage. — Approbation qu'il reçoit de H. Grotius, de Van Dyck et de Rubens. — Effet produit en Angleterre par l'arrivée des marbres achetés par le comte d'Arundel. — Leur explication par Selden. — Opinion de Rubens. — Collection d'antiques à Arundel-House.

1589 — 1636

Parmi les hommes célèbres qui vinrent se fixer en Angleterre, attirés par la renommée du roi Charles 1er, et par la liberté dont on jouissait dans ce pays, il ne faut pas oublier Franciscus Junius [1], l'un des savants du dix-septième siècle qui ont le mieux étudié et le mieux compris l'histoire de l'art dans l'antiquité. Son père, Franciscus Junius, de Bourges, n'était pas moins recommandable, selon le témoignage de Jean-Georges Grævius [2], par la modération de son caractère que par la pureté de ses mœurs. Après avoir embrassé la religion réformée, et s'être fait ministre, il avait quitté la France, et s'était réfugié en Allemagne pour éviter les persécutions. Établi d'abord à Heidelberg, c'est là que naquit, en 1589 [3], l'auteur du traité *De pic-*

---

[1] Tel est le nom latin qu'il s'est donné et sous lequel il a publié ses ouvrages : Son nom français était Dujon, et en anglais il se faisait appeler Yough. Voy. la préface du docteur Chandler aux *Marmora oxoniensia*.

[2] *Vita Francisci Junii, F. F.*, après la préface de la 2e édition que Grævius a donnée en 1694 du traité *De pictura veterum*.

[3] Le texte de Grævius porte : *Anno nonagesimo primo*; mais

tura veterum. Junius père, ayant eu l'intention de rentrer en France, avait quitté Heidelberg en 1592. Mais comme il traversait la Hollande, les états des Provinces-Unies lui envoyèrent une députation d'une des provinces, pour l'engager à se fixer à Leyde, afin d'y enseigner la théologie. Il accepta ces fonctions, et s'en acquitta à la grande satisfaction de l'Église et de la célèbre université de cette ville, jusqu'en 1602, année dans laquelle il mourut.

Son fils grandissait et s'appliquait à l'étude des mathématiques, avec le projet arrêté de suivre la carrière des armes, sous les ordres du prince d'Orange. Mais, en 1609, une trêve de douze ans ayant été conclue avec l'Espagne, il changea de résolution, et se livra entièrement à l'étude des sciences et des belles-lettres, et en particulier des saintes Écritures. Il commença par réunir, mettre en ordre et publier les écrits de son père ; il se rendit ensuite en France, et, en 1620, passa en Angleterre, se faisant aimer des savants et des honnêtes gens pour l'élévation de son esprit, la profondeur de son savoir, et l'extrême aménité de son caractère. Charmé par l'agrément que lui offrait l'heureuse Angleterre, et retenu par la bienveillance que lui témoignaient les hommes distingués qui l'y avaient si bien accueilli, il y fixa son séjour, et passa trente années, comme bibliothécaire, dans la famille du comte d'Arundel. C'est pendant cet intervalle qu'il

l'épitaphe de Junius, à Oxford, attribuée à Isaac Vossius, son neveu, indique, en chiffres romains, qu'il était né en MDLXXXIX.

composa son traité *De pictura veterum*, qui fut envoyé par Guillaume Blavius à Amsterdam, vers 1636, pour y être imprimé.

Cet ouvrage, modèle d'une véritable érudition, n'empêcha pas Junius de se livrer à des travaux beaucoup plus arides, et qui épouvanteraient aujourd'hui l'imagination du savant le plus déterminé. Possédant à fond, comme tous les lettrés de son siècle, les langues grecque et latine, Junius voulut remonter aux origines des principaux idiomes de l'Europe occidentale. Il se mit donc d'abord à étudier la langue anglo-saxonne, et démontra qu'elle avait été la source des langues allemande, anglaise et flamande. Il apprit ensuite les anciens idiomes du Nord, le goth, le franc, le cimbrique, qu'on appelle aussi runnique, et le frison. Il s'assura, par ces études, qu'un grand nombre de mots en usage aujourd'hui, en français, en italien et en espagnol, sont tirés de ces dialectes primitifs. Il donna le premier spécimen de sa profonde connaissance de ces anciennes langues en publiant à Amsterdam, en 1655, ses observations sur la paraphrase du Cantique des cantiques de l'abbé Willeram, publiée par Paul Merula, en 1598, à Leyde. Nous ne suivrons pas Junius dans ses travaux philologiques, qu'il poursuivit en Hollande, et qu'il reprit en Angleterre, où il revint en 1674, pour n'en plus sortir. Il nous suffira de renvoyer à sa vie par Grævius, et de dire que, jusqu'à l'âge de quatre-vingt-six ans, il consacra à ces recherches si difficiles et si ingrates toutes les ressources d'un esprit actif, et toutes les heures d'une vie entièrement livrée à l'étude. Après avoir passé deux ans à l'université d'Oxford, où il avait sous la main les matériaux de ses recherches, il vint mourir à Windsor, chez son neveu, Isaac Vossius, que le roi Charles II avait admis comme chanoine du chapitre de l'église de Windsor, nonobstant sa qualité d'étranger.

Junius, pour payer à l'Angleterre la dette de l'hospitalité qu'elle lui avait accordée pendant plus de trente années, légua tous les manuscrits de ses ouvrages à l'université d'Oxford, où il avait longtemps travaillé. On peut en voir la liste à la suite de sa Vie par Grævius. Ce savant fait le plus grand éloge de l'auteur du traité de la *Peinture des anciens*. Il l'avait connu dans sa jeunesse à Amsterdam, et il raconte qu'il fut reçu par cet éminent interprète de tant d'anciennes langues avec la plus grande bienveillance. Introduit dans la bibliothèque de Junius, il s'entretint avec lui pendant longtemps des nouvelles de la république des lettres. Grævius le représente au physique comme étant d'une taille peu élevée, d'une figure maigre, mais comme doué d'une heureuse proportion de tous ses membres. Au reste, on peut en juger par ses portraits. Il en existe un d'Adrien Van der Werff, admirablement gravé par P.-A. Gunst, et qui est placé en tête du traité de la *Peinture des anciens*. Junius y est représenté en buste, dans un médaillon que deux génies s'efforcent de fixer à une pyramide entourée d'ifs.

Il paraît dans la force de l'âge, il est vu de trois quarts, porte la barbe, comme ses contemporains, et sa physionomie montre un mélange de sérieux, de finesse et de pénétration qui révèle bien son origine gauloise. Au-dessous, sont les attributs de la peinture et de la sculpture, une palette, des pinceaux, un marteau, un ciseau; tout à fait au bas, la trompette de la Renommée entourée d'une couronne de lauriers. On lit sur le socle de la pyramide les vers suivants :

« Franciscus Junius, F. F. [1].
Hic dedit æternam claris pictoribus umbram
Quod dare pictorum non potuere manus;
Vincit Appellœos hac Junius arte colores,
Junius ingenio nobilis, arte, domo. »

Un autre portrait de Junius avait été fait par Van Dyck; il est aujourd'hui à l'université d'Oxford. Nous ignorons si ce portrait est le même que celui qui a été gravé par Hollar, et dans lequel Junius est représenté à mi-corps, tenant de sa main droite un livre entr'ouvert, avec l'indication qu'il a été peint *Ætatis XXXXIX*.

Bien que le corps de Junius eût été déposé dans l'église de Windsor, l'université d'Oxford voulut lui élever au milieu d'elle un monument funèbre, pour attester sa reconnaissance du legs qu'il lui avait fait. L'épitaphe, rapportée par Grævius, en est attribuée à Isaac Vossius, qui a pu, en toute vérité, dire de son illustre parent :

---

[1] *Francisci Filius.*

..... Per omnem ætatem.
Sine querela aut injuria cujusque
Musis tantum et sibi vacavit.

Nous n'avons point à nous occuper des nombreux ouvrages que Junius composa sur les anciennes langues de l'Europe, ou sur l'Écriture sainte ; mais nous donnerons une analyse succincte de son traité de la *Peinture des anciens*, l'un des premiers ouvrages sur les arts publiés en Angleterre.

Dans sa dédicace à Charles Ier, Junius explique l'origine de ce livre et les encouragements qui l'ont déterminé à le composer. « Grand prince, dit-il au roi, il y a dix-sept années que je me suis réfugié dans la Grande-Bretagne, comme dans un port de paix et à l'abri des orages, au milieu des troubles et des convulsions du monde entier. Admis sur les recommandations de Lancelot, alors évêque de Winton, et de Guillaume, évêque de Methuen [1], aujourd'hui archevêque de Cantorbéry, dans la noble famille d'Arundel, je me suis appliqué dès lors, selon le désir de l'illustre comte d'Arundel et de Surrey, à réunir et examiner tous les passages des auteurs anciens les plus accrédités, non-seulement dans la vue d'écrire l'histoire des artistes, mais pour pénétrer à fond et découvrir la nature même des arts d'imitation. . . . . . .

. . . « La matière s'étendant à mesure que j'entrais

---

[1] *Menevensis*, je ne suis pas certain que ce mot latin veuille dire Methuen ; il ne se trouve pas dans le *Dictionnaire des noms latins de la géographie ancienne et moderne*. Paris, 1777, in-12.

plus avant dans mon sujet, j'entrepris une tâche plus large que celle qui m'avait été imposée, d'abord pour témoigner toute ma gratitude à l'illustre personnage qui m'avait si bien accueilli; ensuite pour ne pas me traîner, comme le vulgaire, sur les traces de tout le monde. Et, puisque j'en suis à ces détails, je ne puis me dispenser d'offrir ici l'hommage de ma profonde reconnaissance à la divine Providence, aussi bien qu'à Votre Majesté, dont le gouvernement s'applique à maintenir la paix publique, et permet ainsi à chacun de se livrer dans une heureuse sécurité à l'étude des belles-lettres. . . . .

. . . Comment pourrais-je passer sous silence cette constante sollicitude à encourager les arts et les sciences, à l'aide de laquelle Votre Majesté a dissipé, comme l'astre le plus lumineux, les épaisses ténèbres des siècles précédents, et conquis de toutes parts les ornements de la paix. De là le calme régnant dans toute la Grande-Bretagne, de là cette renaissance des beautés primitives de l'art... C'est pourquoi nous n'avons rien à envier, dans ce siècle, à l'antiquité, cette mère féconde des belles et bonnes choses. On rencontre rarement, je l'avoue, un Apelles ou un Phidias; mais c'est, peut-être, parce qu'on trouve plus rarement encore un Mécène; car les maîtres de la terre sont, en général, peu disposés à encourager ces rares génies. Les grands esprits, les intelligences supérieures seraient puissamment excités si, au milieu des soins incessants que réclament le maintien de la paix, la conduite de la guerre et les autres nécessités du gouvernement, les souverains ne se contentaient pas seulement d'aimer et d'encourager les lettres et les arts, mais s'ils se décidaient à les cultiver avec nous. L'exemple de Votre Majesté montre à tous, combien il est agréable et même utile de se délasser du souci des affaires les plus sérieuses par un repos intelligent, qui occupe à la fois les yeux et l'esprit.

. . . Quant à moi, comme je ne pouvais voir avec les yeux du corps les beautés de l'art que l'antiquité révèle à ceux qui savent la comprendre, je me suis appliqué à les décrire et à les expliquer, en suivant les indications et les types que l'illustre comte d'Arundel mettait à ma disposition. C'est pourquoi je me suis laissé entraîner à réunir les anciennes règles éparses et dispersées parmi les écrits que nous a laissés la docte antiquité, et à les rédiger en corps de doctrine, afin qu'étant parvenu à percevoir dans mon esprit comme une image de l'ancienne peinture, ou du moins une ombre de cette image, il me fût plus facile d'apprécier toute la beauté de cet art précieux... Sous les auspices et avec les conseils de cet homme illustre, j'offre donc respectueusement à Votre Majesté la peinture des anciens. C'est un hommage assez faible, si l'on s'arrête à mon style; mais il est grand par l'intention qui me dirige, il est digne de Votre Majesté par le choix du sujet. Je ne me laisserai point émouvoir par l'ignorance et la lâcheté de certains esprits dépravés de ce siècle qui, ne pouvant comprendre la sublimité de l'art, s'efforcent soit de le rabaisser, soit de l'élever au delà des forces humaines. L'art, il est vrai, peut s'élever jusqu'au sublime, et de cette hauteur défier tous les faibles efforts des hommes : il méprise les esprits grossiers et barbares qui ne sont attachés ici-bas qu'à leur ignorance obstinée; ou bien il éblouit, par son brillant éclat, leurs yeux obscurcis par les ténèbres d'une nuit profonde. L'art est une grande chose; il demande à rencontrer un connaisseur, un appréciateur qui soit au niveau de sa beauté. Alors il se soutient en honneur auprès de tous... Avec un tel Mécène, la peinture triomphe et doit triompher : qui oserait plus tard la mépriser, lorsqu'on saura en quelle estime elle a été tenue par un si grand prince?... »

Junius, lorsqu'il écrivait cette phrase, vers 1636, ne se doutait guère que, bientôt, d'affreuses dissensions civiles amèneraient la chute et la mort tragique du malheureux Charles 1er, et que ces grands seigneurs anglais, dont il vante, dans sa dédicace, l'amour éclairé pour les arts [1], seraient les premiers à ordonner, par acte du Parlement, la vente aux enchères publiques de l'admirable collection de tableaux, de dessins, de statues et d'autres objets précieux réunis en Angleterre, avec tant de peines et de dépenses, par l'infortuné monarque!

---

[1] *Neque putavi diutius mihi fastidiendas aut negligendas artes illas, quæ non regio modo majestas vestra, sed tot ac tales florentissimi regni proceres usque adeo studiose colunt atque suscipiunt.*

Le traité de Junius est divisé en trois livres, qui sont eux-mêmes subdivisés en chapitres. Comme il se propose de suivre le développement de l'art de la peinture depuis sa naissance, il enseigne, dans le premier livre, quelle fut son origine; dans le second, quelles ont été les causes de ses progrès; dans le troisième, comment elle est parvenue à sa perfection [1].

Après avoir présenté des considérations générales sur la faculté innée chez l'homme de pouvoir tout imiter, Junius s'efforce de démontrer, dans son premier livre, que cette faculté peut être surtout développée par l'imagination, pourvu que *cette folle du logis* ne se laisse pas trop emporter, comme il arrive aux jeunes gens, par les écarts déréglés du caprice ou de la fantaisie. Et comme cette intempérance d'imagination est commune aux poëtes et aux peintres, il profite de l'occasion pour examiner ce que la poésie et la peinture ont entre elles de semblable; il ajoute, en passant, quelques conseils à l'usage de ceux qui veulent considérer avec attention les œuvres de la peinture.

[1] Voici le titre de la deuxième édition : *Francisci Junii de pictura veterum libri tres, tot in locis emendati et tam multis accessionibus aucti, ut plane novi possent videri. — Accedit catalogus, adhuc ineditus, architectorum, mechanicorum, sed præcipue pictorum, statuariorum, cœlatorum, tornatorum, aliorumque artificum, et operum quæ fecerunt, secundum seriem litterarum digestus. — Roterodami, Typis Regneri Leero,* 1694, grand in-4° avec frontispice de A. Vander Werff, gravé par Molder, et le portrait de Junius, du même, gravé par Gunst. La première édition avait paru en 1636.

Dans le second livre, l'auteur entreprend de prouver que c'est la nature qui a donné à l'homme le désir de tout imiter, et que, si l'imagination le pousse à produire et à créer, il y est excité encore par beaucoup d'autres causes. Avant tout, il indique Dieu, source et origine de tout bien, comme l'auteur de cette faculté donnée à l'homme. La bonté divine a voulu que l'enfant reçût ses premières impressions de ses parents, dont les préceptes l'initient d'abord aux règles des arts. Livré ensuite à ses propres forces, si le jeune homme, chez les anciens, était disposé à se laisser aller à de mauvais penchants, il était retenu par la crainte des lois rendues contre les corrupteurs des arts. Si, au contraire, étant doué d'un jugement sain, il était décidé à ne pas s'écarter des principes de son premier enseignement, il ne tardait pas à trouver des encouragements dans une utile émulation et dans les conseils des maîtres. Bientôt, son esprit était attiré par cette admirable douceur de l'art, jouissant d'une émulation naturelle, par cette force qui sait réunir et s'approprier, à l'aide d'un exercice constamment répété, tout ce qui est utile à la pratique de l'art. L'honneur que les hommes de tout rang rendaient aux arts, l'espérance du succès et de la gloire, flattaient l'amour-propre de l'artiste; joyeux, plein de confiance en lui-même et rempli d'une heureuse audace, il n'hésitait pas à entreprendre de grandes choses. La félicité publique, dont, selon l'auteur, les peuples jouissaient dans ces heureux siècles, favorisait beaucoup cette ardeur et ce désir de gloire. En outre, les succès particuliers contribuaient à entretenir l'émulation générale et l'espoir de réussir.

Après avoir ainsi fait ressortir les causes des arts d'imitation chez les anciens, Junius, dans son troisième livre, examine les effets de cette force imitatrice qui réside dans l'intelligence de l'homme; il suit les progrès qu'elle a faits et la perfection qu'elle a su atteindre. Il observe, chez les anciens, dans la peinture, cinq parties capitales : l'invention ou sujet; la proportion ou symétrie; la couleur, et, avec elle, la lumière et l'ombre, le clair et l'obscur; le mouvement, soit l'action et la passion ; enfin, l'ordonnance ou disposition économique de tout l'ouvrage. Les quatre premières parties, c'est-à-dire l'invention, la proportion, la couleur et le mouvement, étaient observées avec soin par les anciens dans toute peinture, soit qu'elle ne représentât qu'une seule figure, soit qu'elle en contînt plusieurs. Quant à la disposition, ils ne s'en occupaient que dans les tableaux comprenant plusieurs figures, afin que, par la diversité du jeu de la lumière, l'ordonnance fît mieux ressortir la différence des corps et des objets représentés sur la même surface. Les anciens ne faisaient pas consister la perfection de l'art uniquement dans l'observation de ces cinq parties : ils voulaient encore qu'une certaine grâce, semblable à celle répandue sur toute la personne de Vénus, se fît remarquer dans chacune des parties du tableau, et les fît toutes également admirer. Junius donne donc des conseils pour trouver et rendre la grâce, sans laquelle, quels que soient la science et le talent, un artiste ne saurait jamais se flatter d'arriver à la perfection.

Telle est la théorie du savant auteur du traité de la peinture des anciens. Il procède, on le voit, avec les formes pédantesques du seizième siècle, et son ouvrage, bourré à chaque page de citations grecques et latines, est un véritable prodige de science et d'érudition. Aucun auteur ancien qu'il ne cite ou ne commente : il fait le même honneur aux critiques et glossateurs modernes le plus en réputation de son temps, tels que Budée, Casaubon, Grotius, Gruterus, Saumaise, Scaliger, Selden et les deux Vossius. Cet étalage d'érudition était dans le goût de l'époque, où dominait encore, parmi les lettrés, l'usage habituel du grec et du latin. Cette manière de procéder paraît fastidieuse au savoir facile, mais un peu superficiel, de notre temps. Il est certain néanmoins qu'en dépouillant le traité de Junius de son enveloppe par trop hérissée de grec, et en laissant de côté ses déductions, qui sentent trop l'école et la scolastique du moyen âge, on y trouve une connaissance approfondie de l'antiquité, accompagnée de considérations qui dénotent un esprit aussi juste que cultivé. On ne doit pas oublier, pour juger son livre avec impartialité, que, depuis la Renaissance, Junius est le premier qui ait cherché à expliquer l'origine de l'art chez les anciens, non en artiste, comme Léonard de Vinci, Vasari et d'autres biographes italiens, mais en véritable philosophe, qui fait remonter la source du beau comme du bien, et par conséquent des arts d'imitation, jusqu'à Dieu lui-même.

Pour donner une idée du style et de la manière de raisonner de l'auteur, nous citerons le passage suivant, dans lequel il développe cette thèse [1].

« L'excellent, le très-grand créateur de l'univers, a fait ce monde de telle sorte, que les Grecs, d'accord avec les autres nations, l'ont appelé κοσμος, c'est-à-dire ornement, et les Latins *mundus*, à cause de l'élégance et de la perfection de toutes ses parties. Quant à ce qui est de l'homme, Dieu ne l'a pas créé à son image pour qu'il vécût semblable à une vile brute; mais pour que, se rappelant son origine, il s'avançât vers une éternité de gloire, en suivant le droit chemin de la vertu. Depuis l'origine du monde, cette opinion réside au fond de l'âme de tous les hommes, et elle n'a pas moins cours chez le vulgaire que parmi les savants. Cette raison suffit à elle seule pour élever de terre l'esprit de l'homme, et le conduire, pour ainsi dire, jusque dans le ciel. Mais au milieu de l'immensité des choses de ce monde, la nature pousse les uns dans une voie, les autres dans une autre. Celui-ci, dans sa haute intelligence, mesurant l'étendue du monde lui-même, calcule, le compas à la main, la circon-

---

[1] *De pictura veterum*, lib. prim., § 1, p. 2e, édition de 1694.

férence du globe, et livrant à la postérité le catalogue des étoiles, révèle les lois des astres, laissant, pour me servir des expressions de Pline, le ciel en héritage à tous. Cet autre, non sans une terreur causée par la majesté du spectacle, s'efforce de découvrir et de pénétrer les secrets les plus profondément cachés dans le sein de la nature ; il s'étudie à comprendre et à expliquer les nuées, les tonnerres, les tempêtes, les mers et les autres phénomènes par lesquels la terre et ce qui l'environne sont agités. L'homme qui aime à contempler le spectacle de la nature examine toutes choses : il comprend que tout cela le regarde ; bien plus, il sait qu'il a été placé lui-même sur cet immense théâtre comme spectateur et admirateur de l'œuvre sublime de la création. Qu'est-ce, en effet, autre chose que l'homme, si ce n'est l'être se rapprochant le plus de Dieu, et créé pour contempler tout ce qui compose le monde. Anaxagoras, interrogé pourquoi il avait été mis au monde, répondit : « Afin de contempler le ciel, le soleil et la lune. » « L'homme, dit Cicéron (*De Naturâ Deorum*, lib. II), est né pour contempler le monde et imiter ce qu'il voit. — Je crois que les dieux immortels, dit le même Cicéron (*In Catone Majore*), ont introduit les âmes dans les corps des hommes afin d'établir des êtres qui pussent considérer la terre, et qui, contemplant l'ordre établi dans le ciel, s'efforçassent de l'imiter par leur manière de vivre et par leur constance. »

Ce n'est que longtemps après avoir plané à ces

hauteurs métaphysiques, que Junius se décide à aborder son sujet au point de vue historique et critique. Il le fait, dans le troisième livre de son traité, avec une grande richesse d'érudition, et une force non moins remarquable de raisonnement. Néanmoins, il n'a pas d'illusion sur la valeur de son œuvre, et ne croit pas qu'elle soit à la hauteur du sujet qu'il avait entrepris de traiter.

« Si quelqu'un, dit-il en terminant [1], venait à croire que j'ai pu épuiser un sujet si vaste, dans un ouvrage si court, il se tromperait gravement ; car il n'apercevrait ni mon insuffisance, ni l'étendue de la matière. Je me suis proposé seulement d'indiquer aux artistes, ainsi qu'aux amateurs de ces attachantes études, les sources où ils pourraient puiser et les pentes qu'elles suivaient. Mais je n'ai pas eu la présomption de m'offrir comme un guide ; ce qui eût été de ma part une preuve d'arrogance ; il me suffisait de montrer comme avec le doigt où étaient les sources. »

C'est là, en effet, le mérite principal du traité de Junius. Ce mérite est encore plus appréciable dans le catalogue des peintres, des architectes, des statuaires, des graveurs de l'antiquité et de leurs œuvres, qu'il a composé, et qui a été imprimé après sa mort, dans la seconde édition de son ouvrage, donnée par Grævius à Rotterdam, en 1694. Ce catalogue, qui ne comprend pas moins de deux

---

[1] *Id., ibid.*, p. 296.

cent trente-six pages, grand in-4°, est certainement le plus complet qui ait jamais été dressé sur les artistes égyptiens, étrusques, grecs et romains, et sur leurs œuvres. Tout ce que les modernes ont écrit depuis sur ce sujet, a été puisé à cette source.

Il ne faudrait pas croire que Junius se soit borné à comprendre dans ce catalogue les seuls artistes; il y admet également, ainsi qu'il l'exprime à l'article de M. Agrippa, *ob eximium ergà hasce artes amorem et cultum*, les hommes qui, dans l'antiquité, se sont montrés favorables aux arts. La notice consacrée à cet ami d'Auguste donne, sur la construction et la décoration du Panthéon, à Rome, des renseignements qu'il serait fort difficile de trouver réunis ailleurs. Les articles consacrés à Apelles, Phidias, Praxitèle, Polyclète, Parrhasius, Xeuxis, ne sont pas moins précieux. Il en est de même des indications que rapporte Junius, d'après un grand nombre d'auteurs anciens, sur des artistes de second ordre.

Le traité de la peinture des anciens, dont la première édition parut en 1636, eut un grand succès en Angleterre et ailleurs. Hugo Grotius, le savant auteur du *Mare liberum* et du traité *De jure belli et pacis*, qui n'était pas moins versé dans la connaissance des lettres et des beaux-arts que dans le droit des gens et dans la politique, s'empressa de féliciter Junius de cette importante publication. Ils se connaissaient presque depuis l'enfance, étant à peu près de même âge [1] ; de plus, Grotius, lorsqu'il fut envoyé à l'université de Leyde pour y terminer ses études, avait été reçu dans cette ville par le père de Junius, chez lequel il demeura pendant trois années [2]. Après une enfance et une jeunesse consacrées entièrement à l'étude des sciences et des lettres, Grotius, devenu le partisan et l'ami du grand pensionnaire Barneveldt, éprouva, comme cet homme célèbre, les mécomptes de la vie politique. Condamné, à la suite de l'exécution du grand pensionnaire, qui eut lieu le 13 mai 1619, à la confiscation de ses biens et à une détention perpétuelle, Grotius parvint, grâce au dévouement de sa femme, au bout de plus de deux années de captivité, à s'échapper de prison et à se réfugier en France. Il y resta environ dix ans, d'avril 1621 à la fin de septembre 1631. Bien accueilli par les savants et par les magistrats, ce fut dans la maison de campagne du président de Mesmes, à Balagny, près de Senlis, qu'il prépara la publication de son fameux traité *De jure belli et pacis*. A l'époque où parut l'ouvrage de son ami Junius sur la peinture des anciens, Grotius était revenu à Paris, en qualité d'ambassadeur de la reine de Suède, fonctions qu'il devait à la bienveillance de son ami, le grand chancelier Oxenstiern, et qui le mettait, sous la sauve-

---

[1] Grotius est né à Delft le 10 avril 1585, et Junius à Heidelberg en 1589.

[2] Voy. l'article de Grotius, Hugues, dans la *Biographie universelle* de Michaud, t. XVIII, p. 541 et suiv.

garde du droit des gens, à l'abri de nouvelles persécutions. Ce grand esprit, au milieu des luttes politiques et des négociations les plus épineuses, trouvait encore le temps de cultiver les lettres et d'admirer les œuvres de l'art. L'érudition profonde, l'austérité de mœurs d'un grand nombre de citoyens des Provinces-Unies, n'excluaient pas alors le goût des belles choses, et c'est à cet heureux mélange de savoir, de vie régulière et de fantaisie, que l'école hollandaise doit, en grande partie, ses œuvres les plus admirables. Grotius était lié avec les principaux artistes flamands et hollandais de son temps, particulièrement avec Rubens et Van Dyck; son portrait avait été peint plusieurs fois, notamment en 1599, lorsqu'il était à peine âgé de quinze ans. Il figure en tête de son ouvrage sur *Martianus Capella*, publié à la Haye à cette époque. On l'y voit décoré de la chaîne d'or, présent de Henri IV à son premier voyage en France. Grotius ne pouvait pas rester indifférent à l'ouvrage de son ami sur la peinture des anciens. Il avait reçu le livre de Junius vers le commencement de 1638 ; voici en quels termes il le remercia de cet envoi [1].

« Je t'adresse mes remercîments les plus vifs, très-savant Junius, pour ton livre *De pictura veterum*, que tu as bien voulu me donner, et qui reflète l'image la plus vraie de ton esprit et de ton érudi-

---

[1] Voy. le texte latin de cette lettre, traduite ici pour la première fois en français, dans le traité *De pictura veterum*, immédiatement après la dédicace de Junius à Charles Ier.

tion. J'admire l'étendue de tes lectures, le jugement, l'ordre et ce que tu as emprunté à tous les autres arts pour orner celui-là. Cet ouvrage me paraît de tous points comparable à ces tableaux composés de pierres de diverses couleurs, tels que celui que Satureius célèbre dans une épigramme grecque [1], et que Procope nous apprend avoir appartenu au roi des Goths Théodoric. La variété charme, et plus encore l'admirable ensemble qui résulte de cette variété même. Donne-nous, je t'en prie, beaucoup d'œuvres semblables; mais je te rappelle ta promesse de nous donner aussi les noms des anciens peintres et le catalogue de leurs ouvrages [2]. Et afin que tu demeures entièrement convaincu que j'ai bien lu réellement toutes les parties de ton livre, je te demande de m'expliquer ce que veut dire Claudien par ces mots : voiles hébraïques (*vela hebraïca*). Tu sais qu'il n'était pas permis aux Juifs de représenter l'image d'aucun être animé, même sur des voiles : réfléchis s'il ne faudrait pas lire : *Lydiacis quæ pingitur India velis*, ou toute autre variante qui te paraîtra préférable. De cette manière, tu dissiperas mes doutes. Toutes les fois que je trouve quelqu'un revenant d'Angleterre, je m'empresse de lui demander de tes nou-

[1] Voy. cette épigramme en grec, et sa traduction en vers latins par Grotius lui-même, dans le catalogue des artistes anciens de Junius, p. 194, V[is] *Satureius, sculptor*, édition de 1694 du traité *De pictura veterum*.

[2] Qui ne parut qu'après la mort de Junius dans la 2e édition de son ouvrage donnée par Grævius, 1694.

velles et de m'informer de la situation de tes affaires. J'ajouterai, si tu le permets, une prière : c'est de saluer cordialement en mon nom Seldenus, Patritius, ton homonyme Pettœus et d'autres encore, avec lesquels je suis lié d'une étroite amitié. — Tout à toi de cœur. — H. Grotius. — Paris, 31 mai 1638. »

Junius s'empressa de déférer au désir de son savant ami, et lui écrivit de nouveau le 12 juillet ; mais nous n'avons pas retrouvé sa lettre. Voici la réponse que lui adressa Grotius, de Paris, le 23 septembre de la même année 1638 :

« Je t'aime à beaucoup de titres, très-savant Junius, et j'attache un grand prix à ce que, en retour, tu me conserves ton attachement. Tu sais combien est ancienne cette amitié qui existe entre nous, et quelles profondes racines elle a jetées. Garde-toi de croire, néanmoins, que les observations qui m'ont été suggérées par la lecture de ton ouvrage sur la peinture des anciens, aient été influencées par notre vieille amitié. De même que les juges, dans les causes qui leur sont soumises, s'attachent à prononcer leurs sentences d'après les faits et les titres, sans aucune acception de la personne d'un ami ou d'un ennemi, de même j'ai l'habitude d'en user à l'égard des écrits des autres. En ce qui concerne ton livre, je suis d'autant plus certain de l'avoir bien jugé, que mon sentiment est tout à fait conforme à celui des hommes les plus instruits que j'ai consultés. Dès lors, quel doute pouvait-il me rester sur le mérite de ton ouvrage? Tu m'as fait plaisir, en m'apprenant que tu m'avais rappelé au souvenir de Selden et de Patritius Junius. Je leur dois beaucoup comme homme public, à cause des ouvrages qu'ils ont publiés dans l'intérêt de l'humanité, et, en mon particulier, parce que j'ai souvent éprouvé les marques de leur bienveillance.... »

Si les éloges de Grotius devaient satisfaire Junius, au point de vue de l'érudition et des savantes recherches dont son livre est rempli, il n'était pas moins désireux d'obtenir l'approbation des artistes, juges plus compétents des questions traitées dans son ouvrage. Cette approbation ne se fit pas attendre. Van Dyck, avec lequel il s'était lié en Angleterre, mais qui était alors retourné en Flandre, lui écrivit de Desen, le 14 août 1636, la lettre suivante [1]:

« Monsieur, le baron Canuwe m'a renvoyé par mer un exemplaire de votre ouvrage *De pictura veterum*, qui lui paraît d'un grand mérite, et qu'il considère comme un travail des plus érudits. Je suis certain qu'il recevra du public un accueil aussi satisfaisant que tout livre publié jusqu'à ce jour, et que les arts recevront de nombreux éclaircissements d'un ouvrage aussi remarquable, qui doit évidemment avancer leur réhabilitation, et assurer une grande réputation à son auteur. Je l'ai récemment

---

[1] En flamand, traduite par Louis Hymans, dans sa traduction des mémoires publiés en anglais sur Antoine Van Dyck et Rubens par Carpenter. — Anvers, 1845, p. 57-58, in-8°.

communiqué à un homme très-instruit qui venait me visiter, et il m'est difficile de vous dire en quels termes favorables il parla de votre livre, qu'il regarde comme le plus curieux et le plus profond qu'il ait jamais connu. Ledit baron Canuwe désire en recevoir un exemplaire aussitôt qu'il sera mis en publication, persuadé qu'il est que chacun le lira avec un intérêt particulier, et il est impatient de l'avoir sous les yeux. Comme j'ai fait faire la gravure du portrait du chevalier Digby, dans l'intention de la mettre en vente, je vous prie humblement de me gratifier de quelques mots pour lui servir d'inscription [1]. Ce sera me rendre un service et me faire un grand honneur. La présente ne tendant qu'à vous offrir mes respectueux services, croyez-moi toujours, monsieur, votre indigne serviteur, — Ant. Van Dyck. »

L'illustre chef de l'école flamande, Rubens, ne tarda pas à suivre l'exemple de son élève : il écrivit à Junius dans le mois d'août 1637, d'Anvers, où il était alors en passant, et comme il le dit : *Stans pede in uno*. Sa lettre, commencée et terminée en flamand, et probablement interrompue et reprise plusieurs fois, est écrite, pour la plus grande partie, en latin, langue que l'éminent artiste connaissait à fond, comme tous les hommes distingués de son époque. En voici la traduction pour la première fois en français [2] :

---

[1] Voy. les notes de M. Hymans, *ut suprà*, p. 58.
[2] Cette lettre est rapportée dans le recueil de Bottari, t. IV, n° X,

« Vous aurez été très-étonné que je n'aie pas jusqu'ici accusé réception de votre lettre. Je vous prie de croire qu'il n'y a pas plus de douze jours que je l'ai reçue. Elle m'a été remise par un homme de cette ville, nommé Leone Hemselroy, qui s'est beaucoup excusé de ce retard. Telle est la raison pour laquelle je ne vous ai pas écrit plus tôt. Je désirais aussi de la lire avant de vous répondre, comme je l'ai fait avec beaucoup d'attention. Je puis dire avec vérité, que vous avez extrêmement honoré notre art, par ce trésor immense recueilli dans toute l'antiquité avec un si grand soin, et communiqué au public dans un si bel ordre. Car ce livre, pour tout dire en un mot, est véritablement le plus riche en exemples, sentences et préceptes, épars jusqu'alors dans les ouvrages des anciens, réunis aujourd'hui à l'honneur et gloire de l'art de la peinture, et pour notre plus grand profit. C'est pourquoi je trouve, monsieur, que vous avez atteint complétement le but que vous vous étiez proposé par le titre et la matière de ce livre *De la peinture des anciens*. Vos conseils et vos règles, vos jugements qui jettent tant de lumière sur les points les plus obscurs, une érudition vraiment admirable, relevée par tous les agréments du style le plus élégant, un ordre excellent, un soin et une correction infinie de toutes les parties, font de cet ouvrage un des plus parfaits que

de l'édition de Ticozzi, Milano, 1822, p. 19. On a traduit en italien les passages qui sont en flamand dans l'original : mais on a laissé en latin la partie de la lettre écrite dans cette langue.

je connaisse. Mais, parce que les exemples des peintres anciens ne peuvent être suivis plus ou moins que selon le degré d'imagination et d'intelligence de chaque lecteur, je voudrais, qu'avec la même application, il vous fût possible de composer un traité semblable sur les peintures des Italiens, dont les ouvrages existent aujourd'hui comme des types, et peuvent être montrés du doigt, en disant : Les voilà! Car les choses qui tombent sous le sens se gravent et entrent plus profondément dans l'esprit, réclament un examen plus attentif, et profitent plus à ceux qui veulent les étudier, que les objets qui ne se présentent à nous que par la seule force de notre imagination, comme dans un songe. Ces objets, décrits par un texte obscur, échappent souvent, bien qu'ils soient trois fois expliqués, comme l'image d'Eurydice échappe à Orphée, et privent ainsi le lecteur de l'espoir de les comprendre. C'est ce que j'ai éprouvé moi-même, je dois l'avouer. En effet, quel est celui d'entre nous qui, entraîné par les descriptions de Pline ou des autres auteurs anciens, n'a pas essayé, séduit par la beauté de l'entreprise, de se représenter devant les yeux un des chefs-d'œuvre d'Apelles ou de Timanthe? Et cependant, il n'est parvenu qu'à imaginer quelque pensée indigne de la beauté, de la majesté de l'art antique. Car chacun est plein d'indulgence pour son propre génie, et compose volontiers une sorte de mélange qui ne ressemble en rien aux chefs-d'œuvre des anciens, et qui même est une injure envers leurs illustres mânes. Comme je fais profession de la plus grande vénération pour leur mémoire, je préfère, je l'avouerai franchement, suivre les traces de ceux qui existent encore, plutôt que de m'efforcer en vain de refaire, par la seule pensée, les ouvrages des maîtres anciens. Je vous prie de prendre en bonne part, ce que, en considération de notre amitié, je prends la liberté de vous écrire, Je me flatte qu'après un si excellent entremets (*promulcidem?*), vous ne nous refuserez pas le commencement même du repas (*ipsum caput cœnæ*), que nous désirons tous avec tant d'ardeur ; puisqu'il est vrai que, de tous ceux qui jusqu'ici ont traité de cette matière, aucun n'a satisfait notre appétit ; car il faut en venir séparément à chaque œuvre en particulier, ainsi que je l'ai dit. Je me recommande du fond du cœur à votre bienveillance, et après vous avoir remercié de l'honneur que vous m'avez fait en m'offrant votre amitié et votre livre, j'ai l'honneur d'être pour toujours votre dévoué P.-P. Rubens. »

Rubens, on le voit, tout en louant le livre de Junius, le juge en grand peintre, et à l'aide des comparaisons et des images poétiques dont son imagination savait embellir ses tableaux. Il a raison, assurément, de préférer la vue des chefs-d'œuvre de Léonard de Vinci, de Michel-Ange, de Raphaël, du Corrége et des autres grands Italiens, à l'explication, toujours obscure, des ouvrages des artistes de l'antiquité. On doit regretter que Junius n'ait pas voulu ou n'ait pas pu suivre les conseils du chef de l'école flamande, et qu'il n'ait point composé, ainsi que le désirait Rubens, un second traité *De pictura Italorum*. Peut-être, le savant bibliothécaire du comte d'Arundel était-il trop porté vers les recherches de pure érudition, pour réussir également bien dans l'examen et l'appréciation des œuvres de la Renaissance, que tous les amateurs pouvaient indiquer du doigt, comme Rubens. D'ailleurs, il aurait fallu, pour mener cette entreprise à bonne fin, que Junius abandonnât l'Angleterre pour l'Italie, et la religion protestante, à laquelle il était fort attaché, s'opposait à ce voyage.

Tel qu'il est, avec le catalogue des artistes de l'antiquité, l'ouvrage de Junius mérite les éloges qu'il a reçus de Grotius, de Rubens et de Van Dyck. S'il ne présente pas méthodiquement une histoire de l'art proprement dite, comme Winckelmann l'a composée plus tard, il renferme les documents les plus nombreux et les plus authentiques sur la vie des artistes anciens et sur leurs œuvres. C'est une mine féconde qui a été souvent exploitée : beaucoup d'auteurs, parmi les modernes, ont imité et quelquefois même copié Junius sans le dire. Il est à peu près le seul qui ait eu le courage de remonter jusqu'aux sources, et son travail indique combien étaient profondes et consciencieuses les études consacrées, par les savants et les amateurs du dix-septième siècle, à la recherche du beau depuis l'origine de l'art.

Dans son épître dédicatoire à Charles Ier, Junius

déclare qu'il a entrepris le traité *De la peinture des anciens* pour obéir à la volonté du noble comte d'Arundel, et qu'il s'est inspiré des monuments de l'art ancien que son patron avait réunis dans sa demeure. Ce ne fut point sans des difficultés infinies et des dépenses énormes que le comte réussit à faire parvenir en Angleterre les statues, les bas-reliefs et les inscriptions enlevés par lui à la Grèce et à l'Italie. Ces précieux restes ont été les premiers monuments de l'antiquité introduits en Angleterre. Comme ils font aujourd'hui partie des collections de l'université d'Oxford, leur histoire et leur description ont été plusieurs fois publiées. Nous empruntons à l'avertissement donné par le docteur Richard Chandler, en tête de l'ouvrage intitulé *Marmora oxoniensia*[1], l'historique de leur arrivée à Londres dans le palais d'Arundel, et de la sensation qu'ils excitèrent chez les savants, les amateurs et les artistes.

Après avoir expliqué que le comte avait fait choix de Guillaume Pettæus (Petty) pour chercher et acquérir, en Italie, en Grèce, en Turquie et dans tout le Levant, ce qu'il trouverait de plus remarquable parmi les restes des marbres, statues, bas-reliefs et inscriptions de l'antiquité, Richard Chandler raconte, qu'une partie de ces marbres était parvenue à Londres en 1627. Déposés dans la maison et

---

[1] *Oxonii, e typographeo Clarendoniano, impensis academiæ,* MDCCLXIII, 4 vol. in-f°. — Cabinet des estampes, bibliothèque impériale, n° 3242-62.

les jardins du comte d'Arundel, sur les bords de la Tamise, les savants et les hommes les plus distingués accouraient de toutes parts pour les voir. —
« On remarquait parmi eux l'illustre Robert Cotton, qui s'empressa d'aller trouver Selden, le priant avec instance de venir le lendemain matin (car il faisait alors nuit), pour examiner avec la plus grande attention ces arcanes enlevés à la Grèce. Selden y ayant consenti, ils convinrent de s'adjoindre leurs amis communs, Patricius Young, ou, comme il préférait s'appeler, Junius, et Ricardus James, l'un célèbre par la découverte qu'il avait faite de l'épître de saint Clément aux Corinthiens, qu'il publia, et par d'autres ouvrages ; l'autre possédant une profonde érudition, acquise par un travail opiniâtre, et alors occupé à colliger les manuscrits dont s'est enrichie la bibliothèque Cottonienne.

« Le lendemain matin, à la pointe du jour, ces doctes investigateurs des monuments de l'antiquité se réunirent chez le comte d'Arundel, et, après avoir lavé et nettoyé les marbres, découvrirent le pacte de l'alliance conclue entre les habitants de Smyrne et ceux de Magnésie, dont ils restituèrent le texte, en le rendant d'une entente facile. Bientôt, la renommée répandit la nouvelle de la découverte de cette inscription, et, de toutes parts, se manifesta le désir d'en avoir des reproductions. Mais Selden s'y opposa, craignant que, par suite de l'incurie des copistes, le texte, qu'ils avaient eu tant de peine à rétablir dans toute sa pureté, ne fût bientôt altéré de nouveau. Il promit donc à ses amis, qui désiraient avoir cette inscription, de la publier avec quelques autres. Il tint parole l'année suivante [1], à la satisfaction de tous les érudits, et particulièrement du célèbre Peiresc [2]. Ce personnage, auquel nul sacrifice ne coûtait lorsqu'il s'agissait d'acheter des raretés, apprit avec le plus vif intérêt, que quelques-unes de ces inscriptions avaient été acquises par un homme dont il faisait le plus grand cas; tandis que, lui-même, avait déboursé autrefois à Smyrne cinq cents pièces d'or pour les obtenir, sans avoir pu se les procurer, son chargé de pouvoirs, Sampson, ayant été jeté en prison par la fourberie des Turcs; ce qui avait permis à Pettœus de les racheter pour le comte d'Arundel, mais à un prix beaucoup plus élevé. — Le livre de Selden obtint un si grand succès, qu'au bout de quelques années, on ne trouvait plus à l'acheter, à quelque prix que ce fût. »

Rubens, qui se trouvait à Londres en 1629, écrivait à Peiresc, le 9 août de cette année : « Le duc d'Arundel possède une infinité de statues antiques, grecques et romaines, que vous aurez vues, puisqu'elles se trouvent publiées par Jean Selden et sont savamment commentées par le même auteur,

---

[1] *Marmora Arundeliana*, publicavit J. Seldenus, Londini, J. Billius, 1629, in-4°.

[2] Voy. *la Vie de Peiresc*, par Gassendi, édition de Lyon, 1658, f° 5.

ainsi qu'on avait le droit de l'attendre de son grand talent. Vous aurez sans doute vu son traité *De Diis Syris,* qu'on vient de réimprimer *recensitum iterum et auctius.* Mais je voudrais bien qu'il se renfermât dans les bornes de la science, sans aller se mêler à tous ces désordres politiques qui l'ont privé de sa liberté, ainsi que plusieurs autres membres du Parlement, accusés d'avoir agi contre le roi dans la dernière session [1]. »

Le comte d'Arundel avait adopté l'ordre suivant pour l'arrangement de ses marbres : les statues et les bustes étaient placés dans la galerie d'*Arundel-House*, à Londres; les marbres chargés d'inscriptions étaient appliqués contre les murs du jardin de cet hôtel, et les statues d'un ordre inférieur, ou celles qui étaient mutilées, décoraient le jardin d'été que le lord avait à Lambeth. Plusieurs catalogues apprennent que la collection des marbres d'Arundel contenait trente-sept statues, cent vingt-huit bustes, et deux cent cinquante marbres écrits, sans compter les autels, les sarcophages, les vases, divers fragments et des bijoux antiques inestimables [2]. — Junius avait donc raison de vanter la munificence de son illustre patron, qui n'avait reculé devant aucun sacrifice pour enrichir sa patrie de ces précieux trésors.

[1] *Lettres inédites de Rubens,* publiées par Émile Gachet, p. 235.
[2] Dallaway, p. 260-1.

CHAPITRE XVIII

Ambassade du comte d'Arundel en Allemagne, près de l'empereur Ferdinand II. — Extraits du journal de cette mission, publié par W. Crowne. — Description des collections de l'empereur Rodolphe, à Prague, et du palais de Wallenstein. — Récit de la mort de ce général. — Représentation donnée en l'honneur du comte par les Jésuites de Prague. — Acquisition de la bibliothèque de Pirckheimer à Nuremberg. — Retour du comte en Angleterre.

1636

En 1636, l'année même où Junius publia son ouvrage, le comte d'Arundel, fut envoyé par le roi Charles Ier d'Angleterre, en ambassade extraordinaire près Ferdinand II, empereur d'Allemagne. La relation, ou, pour parler plus exactement, le journal itinéraire de cette mission nous a été conservé. Il a été écrit, jour par jour, par un gentilhomme anglais, William Crowne, attaché à la suite du comte [1].

L'ambassadeur quitta Greenwich le jeudi 7 avril

---

[1] Voici le texte de ce journal qui est devenu rare, même en Angleterre, et dont je dois la communication à l'obligeance de M. Alphonse Wyat-Thibaudeau : *A true relation of all the memorable places and passages observed in the travels of the rigth honourable Thomas Lord Howard, Earle of Arundell and Surrey, primer Earle, and Earle Marshall of England, ambassadour extraordinary to his Sacred Majesty Ferdinand the Second, Emperour of Germania, anno Domini 1636, by William Crowne, gentleman.* — London, printed for Henry Seile, and are to be sold in Fleet-Street, at the sign of the Tygress-Head, between the bridge and the conduit, 1637. — Petit in-8° de 70 pages, sans la dédicace à Thomas Howard, fils et héritier de Henry lord Maltravers.

1636, pour s'embarquer à Margate et se diriger vers La Haye, afin de présenter, en passant, les compliments du roi d'Angleterre au prince d'Orange. Il s'achemina ensuite par Utrecht, Wesel, Dusseldorf, Cologne, Coblentz, Mayence, Francfort-sur-le-Mein, Nuremberg, Passaw et Lintz, où il trouva l'empereur et l'impératrice qui étaient venus à sa rencontre. Il eut son audience de réception le 6 juin, et dut demeurer dix-neuf jours à Lintz, pour y mener à fin les négociations qui l'y avaient amené, et dont l'objet principal était le rétablissement de la paix dans l'Allemagne, troublée depuis longtemps par la guerre dite de Trente ans. Pendant tout son séjour à Lintz, l'ambassadeur anglais fut logé et entretenu aux frais de l'empereur, et des fêtes furent données en son honneur. L'historiographe de cette mission n'a transmis aucune description de ces fêtes.

Après s'être rendu à Vienne et à Augsbourg, où le comte visita plusieurs établissements des Jésuites, qui le reçurent avec les plus grands honneurs, il se dirigea vers Prague, où il arriva le 6 juillet. » Étant entrés dans le château qui servait de résidence au roi de Bohême.... après avoir traversé trois belles cours, dans l'une desquelles il y avait une statue de saint Georges, à cheval, en bronze, et une fontaine, ils arrivèrent à une grande salle où il y avait de nombreuses et belles boutiques, comme à Westminster. Ils traversèrent ensuite un grand nombre de salles ornées de peintures, dont l'une était décorée de portraits de nobles anglais, et montèrent au second étage, où était la chambre du conseil. Les seigneurs bohémiens s'y trouvaient réunis avec les conseillers de l'empereur. Mais là, s'éleva un tel tumulte, que les Bohémiens jetèrent ces conseillers par les fenêtres, élevées de plus de quarante-cinq pieds au-dessus du sol, et ils tirèrent sur eux des coups de pistolet... Alors nous descendîmes dans une salle basse, véritablement magnifique, qui sert pour leurs bals masqués. Son plafond est soutenu par un grand nombre de belles colonnes, et, au milieu, elle est décorée de statues de bronze. Le long des murs pendent des tableaux représentant des chevaux indiens, qui étaient alors à Prague. A côté, se trouve une grande salle à manger, dont la table est en mosaïque, et à l'extrémité de laquelle on voit de belles armes... C'est dans le *Schant-hamber* que se trouvent le trésor et les superbes collections de l'empereur Rodolphe.

« Dans la première salle, un grand nombre de dressoirs ou buffets adossés aux murs renferment : le premier, des objets en corail ; le second, en porcelaine ; le troisième, en nacre de perle ; le quatrième, des feuilles de cuivre curieusement gravées ; les cinquième et sixième, des instruments de mathématiques ; le septième, des bassins, des aiguières et une coupe d'ambre ; le huitième, des vases d'or et de cristal ; le neuvième, de cristal de roche ; le dixième, des ouvrages de mosaïque ; le onzième, des objets en ivoire, plus une grande corne de licorne de un *yard* de long ; le douzième, des ouvrages en relief ; le treizième, en émail ; le quatorzième, d'objets antiques, jetés en argent ; le quinzième, des cabinets de diamants de Bohême, et quelques petites boites de perles du même pays ; le seizième, d'objets relatifs à l'astronomie ; les dix-septième et dix-huitième, des objets indiens ; le dix-neuvième, des choses venant de la Turquie ; le vingtième, une statue de femme de grandeur naturelle, vêtue de soie. Au milieu de la salle, sont des horloges ; le chroniqueur en décrit sept de différentes sortes, à sonneries, avec musique, mettant en mouvement des personnages, fort curieuses, à ce qu'il paraît, pour le temps, et devant lesquelles il resta en admiration. — « Nous entrâmes alors dans une petite pièce fermée, dans laquelle il y avait beaucoup de niches pratiquées dans l'épaisseur du mur, et renfermant les présents envoyés à l'empereur, comme des casques dorés et des statues. — Dans la troisième salle, quatre dressoirs le long des murs, remplis de rares peintures, et, au milieu, des objets antiques, comme une statue de jeune fille de grandeur naturelle, qui fit la guerre[1], et une machine qui servait autrefois à imprimer les livres. La quatrième salle renferme des armoires remplies de raretés anatomiques, de poissons, de coquilles, de livres, parmi lesquels une Bible in-folio de la plus grande beauté..... » — Après avoir visité les églises

---

[1] *Vho went to wur.* — Etait-ce la statue antique d'une amazone ?

de Prague, et s'être promené dans le parc, hors de la ville, le comte d'Arundel voulut voir le nouveau palais que Wallenstein s'était fait construire. . . .

« Son Excellence traversa d'abord une immense salle longue, au moins, de quarante-huit pas, et large de trente et un. Nous montâmes ensuite à des galeries où des tableaux étaient exposés, et où l'on avait peint sur les murs l'histoire d'Hercule, et au plafond diverses compositions tirées d'Ovide. Dans la salle d'audience, les quatre Éléments sont peints au milieu du plafond. A la suite, se trouvent un grand nombre de belles chambres. Dans le jardin, on voit cinq fontaines avec de grandes statues qui les décorent, et la fontaine de Neptune, surmontée de quatre nymphes, avec une belle grotte; mais les eaux ne coulèrent pas. Nous allâmes ensuite visiter l'écurie, pouvant contenir vingt-six chevaux. Les colonnes et les mangeoires sont entièrement de marbre rouge; il y a quarante-huit colonnes, et chacune d'elles a coûté vingt-cinq livres (sterling). Quatre cours environnent le palais, qui appartient maintenant au roi de Hongrie. Ce Wallenstein était le seul général en chef de l'empire, sous les ordres de l'empereur. Il devint si puissant, qu'il inspira de la crainte à l'empereur, et c'est avec raison, si l'on considère les complots que Wallenstein avait tramés contre sa couronne. Mais, pour en prévenir l'explosion, l'empereur donna l'ordre à quelques officiers irlandais qu'il entretenait à son service, de le surveiller la nuit et de le mettre en pièces, ce qui arriva le soir même. Un de ces officiers étant entré à l'improviste dans sa chambre, le trouva en chemise, et lui dit : « Vive Ferdinand, mais meure le traître Wallenstein! » Ce dernier, étendant les bras, se mit à crier : Oh! mon Dieu! en recevant un coup de hallebarde. Cela fait, ils lui coupèrent la tête, et, sur-le-champ, la portèrent à l'empereur, lequel les récompensa largement, et continua à leur accorder sa faveur. » — Telle est la morale que l'honorable gentleman tire de l'assassinat de Wallenstein. Nous regrettons d'être obligé d'ajouter que le comte d'Arundel s'empressa de recevoir le colonel écossais Lesley et l'Irlandais Deverous [1], que l'histoire accuse du meurtre du duc de Friedland.

Bien qu'attaché à l'un des plus grands connaisseurs du dix-septième siècle, il ne paraît pas que William Crowne ait compris la beauté des statues et des peintures qu'il put voir en Allemagne. Le narrateur prit plus d'intérêt aux fêtes et aux spectacles donnés en l'honneur de son noble patron. Il nous a conservé le programme d'une pièce allégorique, composée par les Jésuites de Prague, représentée dans leur collége, et faisant allusion aux espérances que la mission du comte d'Arundel avait fait naître en Allemagne.

« . . . . . Son Excellence, dit-il [2], fut invitée à assister à une représentation au collége des Jésuites,

---

[1] *Ibid.*, p. 50, 53,
[2] P. 32.

dont le supérieur est un Irlandais, qui le reçut comme un prince. D'abord, un discours lui fut adressé par un jeune élève ; il fut ensuite salué, à son passage, par une garde de soldats qui déchargèrent leurs mousquets en son honneur. Son Excellence arriva ensuite à la salle où la comédie fut jouée à sa grande satisfaction, non-seulement eu égard au sujet de la pièce, mais surtout à cause du talent des acteurs, de la beauté des costumes, au nombre de plus de cinquante, et des rôles joués par les jeunes écoliers et par plusieurs fils de nobles barons. La représentation terminée, ils désirèrent être admis à baiser la main de Son Excellence, à genoux, en témoignage de son approbation. Je joins ici, ajoute le narrateur, l'argument de la pièce [1].

« La Paix, qui habite l'Angleterre, exilée depuis longtemps de la Germanie, se prépare à rentrer dans ce pays.

« Drame représenté à Prague, en 1636, par les élèves du collége des Jésuites, à l'occasion de la visite faite à ce collége par le très-illustre et très-excellent Thomas Howard, comte d'Arundel et de Surrey, ambassadeur extraordinaire du très-puissant roi d'Angleterre Charles Ier, près l'auguste empereur Ferdinand II et les princes de l'empire.

« PROLOGUE. — Le valet de Mercure, occupé à préparer le théâtre, rencontre une troupe de jeunes

---

[1] William Browne le rapporte en latin et en anglais, p. 33 à 37.

enfants, désireux de voir l'ambassadeur du roi d'Angleterre; il leur fait savoir qu'il ne croit pas qu'ils puissent le voir du théâtre, à moins qu'ils ne lui adressent leurs félicitations sur son arrivée. Ne pouvant les lui présenter en latin, à cause de leur extrême jeunesse, il les invite à le faire en diverses langues.

« PREMIÈRE PARTIE. — Scène première. — Mercure reçoit les dieux et les déesses, qui se rendent au conseil avec les attributs et les costumes qui les distinguent, et il assigne à chacun sa place.

« Scène deuxième. — Astrée se plaint à Jupiter et aux dieux des crimes des mortels. Jupiter, après avoir recueilli les opinions, livre la Terre à Mars et à Vulcain, afin qu'ils la punissent.

« Scène troisième. — La Paix, désolée, cherche un lieu où elle puisse échapper à la fureur de Mars; Neptune la fait monter sur une conque marine et la conduit en Angleterre.

« Scène quatrième. — Mars divise en plusieurs parts le globe de la terre et le distribue à Bellone, aux Furies et à ses autres compagnes.

« SECONDE PARTIE. — Scène première. — Cérès, Apollon, Bacchus déplorent, auprès de Jupiter, les calamités dont ils ont à souffrir de la part de Mars. Jupiter les renvoie à Neptune.

« Scène deuxième. — Neptune annonce qu'il a remis l'empire de la mer à Charles, roi d'Angleterre; il leur dit d'aller le trouver, s'ils veulent rendre la paix au monde.

« Scène troisième. — Mercure ordonne à Cérès et à Phœbus d'avoir bon espoir, car bientôt le roi Charles aura rétabli la paix, par les soins de son envoyé, Howard comte d'Arundel. La Paix assure qu'elle ne tardera pas à revenir en Germanie, son ancienne demeure. Tous se félicitent et adressent leurs compliments au noble comte.

« Épilogue, faisant allusion aux armoiries de la famille Howard, par lequel on souhaite et on prédit à l'ambassadeur toute sorte de prospérités ; et après l'avoir salué avec respect, un des acteurs, tant en son nom qu'au nom de tous, lui adresse des remercîments. — Applaudissez. »

Ce n'était pas la première fois que les jésuites avaient montré, à l'ambassadeur de Charles Ier, le spectacle d'une représentation allégorique en son honneur. Déjà, pendant son séjour à Lintz, ils lui avaient offert le même divertissement. Mais William Crowne ne nous a conservé que l'argument de la pièce jouée à Prague.

Malgré les assurances données par les anciennes divinités de l'Olympe, évoquées par les jésuites, la paix ne fut pas alors rétablie en Allemagne d'une manière durable. L'accord conclu momentanément le 4 septembre 1636, avec l'intervention du comte d'Arundel, n'empêcha pas des torrents de sang de couler encore dans ce pays pendant de longues années. Le célèbre traité de Westphalie, signé en 1648, en reconnaissant la liberté de conscience comme un principe de droit public désormais inattaquable, put seul mettre un terme à ce conflit sanglant, qui avait ravagé l'Allemagne et une grande partie de l'Europe pendant plus de trente années. Ce qu'il y a de singulier, c'est que si la paix, à cette époque, rentra en Allemagne, elle abandonna l'Angleterre, ainsi que Mercure l'avait annoncé, et la laissa livrée à son tour aux fureurs de Mars et de Bellone. L'infortuné roi Charles Ier, que les Allemands invoquaient, en 1636, presque comme une divinité arbitre de la paix, renversé alors de son trône par ses ennemis acharnés, présenta le premier exemple d'un roi mis à mort par ses sujets, à la suite de la plus inique condamnation [1]. Ainsi vont les choses de ce monde, où les fortunes de certains hommes ne s'élèvent si haut que pour être renversées, aux yeux de tous, par une chute plus éclatante :

..... Tolluntur in altum,
Ut lapsu graviore ruant.

Après avoir assisté, le 2 septembre 1636, au couronnement du fils de Ferdinand II, Ferdinand-Ernest, comme roi des Romains, le comte d'Arundel se mit en marche pour revenir. Il s'arrêta quelques jours à Augsbourg, où il alla voir dans le *Stadt-House* des statues et des peintures, et, entre autres, l'Histoire de tous les dieux, peinte, dit William Crowne, par Raphaël ; probablement une copie des fresques de la Farnésine de Rome. Il reprit ensuite

---

[1] Il fut décapité à Londres, le 30 janvier 1649.

son chemin par Nuremberg, où il fit l'acquisition de la bibliothèque de Bilibalde Pirckheimer, vendue par ses héritiers. On dit que cette collection faisait partie dans l'origine de celle formée à Bude, en 1485, par Mathias Corvin, roi de Hongrie, et qu'à sa mort, en 1490, elle était passée en la possession du père de Bilibalde Pirckheimer[1]. Continuant sa route par Francfort, Hanau, et le Rhin jusqu'à La Haye, le comte d'Arundel était de retour à Londres le 28 décembre 1636, et le lendemain il avait, à Hampton-Court, son audience du roi Charles Ier.

CHAPITRE XIX

Le graveur Wenceslas Hollar, attaché au service du comte d'Arundel, et ses principales œuvres. — Portrait du Sicilien Blaise de Manfre, célèbre faiseur de tours. — Autres portraits gravés par Hollar. — — Jérôme Laniere. — Les deux Van der Borcht.

1636—1646

C'est pendant son voyage en Allemagne que le comte fit la connaissance du graveur Hollar, qu'il attacha à sa personne, et ramena avec lui en Angleterre. On croit que ce fut à Cologne qu'il rencontra cet artiste; mais la relation de Crowne n'en parle pas.

Wenceslas Hollar est au nombre de ces artistes

[1] Ces livres sont maintenant réunis à ceux du *Bristish museum.* Voy. M. Tierney, t. II, p. 472.

éminents que le travail le plus opiniâtre, joint à un talent remarquable, ne purent préserver des atteintes de la misère. Il naquit à Prague en 1607, et il paraît qu'il appartenait à une famille noble, qui fut complétement ruinée pendant la guerre de Trente ans : au moins, dans son portrait, dessiné et gravé par lui-même, en 1647, il s'est représenté au milieu d'un cartouche ou écusson avec ses armes, à quatre quartiers, et une montagne surmontée de deux fleurs de lis [1]. La légende d'un autre portrait de Hollar, peint par N. Meyssens [2], nous apprend que Hollar « était fort enclein à l'art de la miniature, principalement pour esclaircir ; qu'il fut beaucoup retardé par son père; qu'en 1627 il partit de Prague, parcourut l'Allemagne s'adonnant à pratiquer l'eau-forte, et partit de Cologne, avec le comte d'Arundel, pour se diriger par Vienne et Prague vers l'Angleterre ; qu'il y fut serviteur-domestique du duc d'Yorck, et que, par suite de la guerre civile, il se retira à Anvers, où il résidait encore en 1647. » Nous ajouterons, pour terminer cet aperçu de la vie de Hollar, qu'après un long séjour à Anvers, où il s'était fixé lorsque le comte d'Arundel fut parti pour l'Italie, Hollar se décida à rentrer en Angleterre, à l'époque du rappel du roi Charles II, et qu'il mourut à Londres en 1677. Cet artiste était

---

[1] Voy. au cabinet des estampes, Bibliothèque impériale, n°s 208-323, l'*Œuvre de Wenceslas Hollar*, in-folio, 3 vol., au commencement du 1er vol.

[2] Id., ibid.

naturellement travailleur, et le stimulant de la misère, contre laquelle il lutta souvent, surtout après son retour en Angleterre, lui fit composer un très-grand nombre de planches sur toutes sortes de sujets. Vertue, dans le dernier siècle, en Angleterre, et, récemment, M. L.-G. Parthey [1], à Berlin, ont rédigé un catalogue complet de son œuvre.

La manière de Hollar est, généralement, un peu molle; ses contours sont, quelquefois, trop arrondis; sa pointe ressemble trop à du crayon. Ces défauts se font surtout remarquer dans ses plus grandes planches, représentant des sujets de sainteté, des vues de villes et des batailles. Mais dans ses portraits, ses costumes d'hommes et de femmes, ses paysages, ses animaux, et d'autres sujets dont la grandeur n'excède pas vingt centimètres de haut, et souvent beaucoup moins, sur une largeur proportionnée, Hollar atteint souvent la perfection par la finesse du burin, la délicatesse de tous les détails, le rendu, l'expression des physionomies, la savante disposition des ombres et des lumières. Le faire de cet artiste est véritablement original, et donne un cachet tout particulier à la plupart de ses œuvres, fort recherchées des amateurs, principalement en Angleterre. La réputation que Hollar s'acquit dans ce pays, sous les auspices du comte d'Arundel et de Charles Ier, dure encore aujourd'hui. Le talent du graveur suffirait pour justifier cette vogue; mais

---

[1] En allemand : *Wenzel Hollar beschreibendes verzeichniss sein Rupforsticke.* — *Berlin*, 1853. cabinet des estampes. n° 40109.

on sait que les Anglais recherchent, avec un empressement tout national, les œuvres de l'art qui se rapportent à leur histoire, à leurs traditions, à leurs mœurs, à leur pays. A cet égard, ils ont eu raison d'adopter Hollar presque comme un compatriote, car les pages les plus remarquables de son œuvre, non-seulement ont été composées à Londres, mais rappellent les personnages, les monuments, les campagnes de la vieille Angleterre.

Le comte d'Arundel, en sa qualité d'Anglais et de grand maréchal du royaume, s'était attaché à réunir, dans sa collection, les tableaux qui pouvaient offrir un intérêt historique pour son pays. C'est ainsi qu'il possédait les plus beaux portraits de Holbein, représentant le roi Henri VIII, et ceux de ses femmes, Anne de Clèves, Catherine Howard, Jeanne Seymour et Anne de Boleyn. Dans le premier volume de l'œuvre de Hollar, qui est au cabinet des estampes, on trouve, sur la même feuille, les gravures exécutées par cet artiste de ces différents portraits. S'il est curieux, au point de vue historique, de pouvoir considérer la figure de boucher de ce roi Barbe-Bleue, à côté de celles des malheureuses victimes de ses passions désordonnées, il n'est pas moins intéressant, au point de vue de l'art, de voir avec quelle habileté le graveur a su rendre la finesse, la fermeté, l'expression qui caractérisent les portraits du grand peintre de Henri VIII.

Mariette [1] estimait beaucoup les gravures que

---

[1] *Abecedario*, V° Léonard de Vinci, t. III, p. 169.

Hollar avait exécutées des dessins de Léonard de Vinci, faisant partie de la collection d'Arundel. « C'est peut-être, dit-il, ce que nous avons de mieux d'après ce peintre. Il serait cependant à souhaiter que Hollar eût imité avec un peu plus d'exactitude les originaux qu'il avait sous les yeux; qu'il les eût rendus trait pour trait et avec la même touche; qu'il n'y eût point ajouté un travail qui n'y met que de la propreté sans goût... Toutes ces planches de Hollar ne passent guère trois pouces de haut sur deux à cinq pouces de large. Elles sont distribuées en quatre ou cinq suites, à la tête desquelles sont autant de frontispices. Il y en a environ soixante-quinze qui ont été gravées à Anvers dans les années 1645 et suivantes. »

Ce n'est pas seulement en Angleterre que Hollar grava les tableaux de son protecteur; lorsque ce dernier fut obligé de quitter sa patrie, et qu'il se fut réfugié à Anvers, il put emporter avec lui ses plus belles peintures. Comme pour se consoler dans son exil, le comte voulut que Hollar continuât de graver ses planches. C'est à cette époque, qu'arrivé à toute la maturité de son talent, il reproduisit au burin le portrait d'Albert Durer, d'après celui peint par ce maître, en 1498, à l'âge de vingt-six ans. Cette gravure est un petit chef-d'œuvre, digne de rivaliser avec l'original, pour la beauté, l'expression, la *maestria*; elle porte la date de 1648.

Un autre portrait, non moins remarquable, gravé par Hollar, d'après un dessin *ad vivum*, c'est celui de Blaise de Manfre, Sicilien, faiseur de tours, prestidigitateur, le Robert-Houdin, le Hamilton, le Hume de cette époque. Il est représenté [1], dit la légende qui accompagne la gravure, *œtatis* 72, bien qu'il ne paraisse pas cet âge, qu'il se donnait peut-être pour se faire mieux valoir. Sur le premier plan à gauche, il est à mi-corps, vu de trois quarts, vêtu à l'espagnole, avec de longs cheveux ou une perruque, clignant de l'œil, une vraie figure de Scapin, la main droite posée sur une table, les épaules appuyées légèrement au fût d'une colonne ornée de draperies. Dans le fond, au troisième plan, on l'aperçoit debout sur un théâtre, les deux poings sur les hanches, faisant jaillir de sa poitrine et tomber au milieu d'un nombreux public, composé de cavaliers à chapeaux à plumes et à petits manteaux, placés au second plan, son jet intarissable. Près de lui, sur le bord du théâtre, on voit une quantité de fioles, de bouteilles, de paniers. Au-dessus de sa tête, plane une Renommée avec la devise *Fama volat*, et, dans le haut, un soleil, dans son plein, darde ses rayons, au-dessus desquels est écrit : *solus sicut sol ;* devise que les charlatans de nos jours n'ont pas encore osé adopter. La bouteille inépuisable de Robert-Houdin n'était que renouvelée du jet intarissable du sieur de Manfre. Mais que sont les liqueurs modernes à côté de ce que promet notre Sicilien, qui avait eu l'honneur d'exercer devant des

---

[1] Voy. l'œuvre de Hollar, t. II, au cabinet des estampes : ce portrait s'y trouve en deux états.

rois et devant l'Empereur. Lisez plutôt les vers qui sont peut-être de sa façon, et qui ne manquent ni d'esprit, ni d'à-propos pour les besoins de la cause. Ce n'est pas une des moindres singularités caractéristiques du dix-septième siècle de trouver un charlatan qui rédige son programme, s'annonce et se fait valoir en distiques latins, non moins élégants que les autres poëmes en latin moderne dus aux plus savants écrivains de son temps. Le latin était encore la langue universelle; de nos jours, cette érudition en plein vent aurait peu de succès. Peut-être ces distiques sont-ils de Hollar lui-même, qui avait reçu dans son enfance une éducation classique, et qui paraît avoir cultivé la poésie latine, si l'on en juge par les vers qu'il a inscrits quelquefois au-dessous de ses portraits. Quoi qu'il en soit, voici ceux qui accompagnent la gravure du Sicilien de Manfre.

Seu veterum similis non conscia sæcula facti,
  Seu tua te ratio credere tanta vetet,
Visa tamen mea gesta probant cum Cæsare reges,
  Myriadumque oculi, quos stupor attonuit.
Ille ego, purarum grandis potator aquarum,
  Qui prius undiferis vina refundo cadis,
Et quæcumque tibi, seu rubra aut candida poscas
  Veraque de largo gutture dona paro.
Quinetiam, si præ reliquis optaris ad haustum,
  Id tibi de sumpto gurgite munus erit :
Lac, oleum, lupuli potum florumque liquores,
  Insuper angelici poscar odoris opes;
Omnia miriparo salientia gutture promo,
  Ac demum altivolam jacto potenter aquam.
Ambigis? Aude, veni : volo sint tua lumina testes.
  Unde queas larga credere dona Dei.

« Bien que les siècles passés n'aient rien produit de pareil, et encore que votre raison vous défende de le croire, cependant il n'y a pas moyen d'en douter, puisque des rois, l'Empereur et des milliers de spectateurs ont vu de leurs yeux mes faits et gestes, à leur stupéfaction générale. C'est moi, Blaise de Manfre, grand buveur d'eau pure, qui, après avoir tiré du vin de tonneaux remplis d'eau, m'engage à faire couler de mon large gosier, à discrétion, tous les vins qu'on me demandera, soit rouges, soit blancs. Bien plus, si vous préférez autre chose, je vous promets de vous le distribuer de mon réservoir inépuisable : du lait, de l'huile, de la bière, des liqueurs faites avec des fleurs, particulièrement de l'eau parfumée d'angélique : car je puis tout tirer de mon merveilleux gosier. Enfin, je lance au loin dans l'air un puissant jet d'eau. En doutez-vous? N'ayez pas peur, approchez : je veux que vos yeux soient témoins de ce miracle, et que vous soyez convaincus que c'est un véritable don du ciel. »

Hollar a gravé beaucoup de portraits d'après Van Dyck : il nous a transmis, d'après ce maître, les traits de la comtesse d'Arundel, Anne-Alathea Talbot. C'est également d'après le même artiste qu'il a reproduit le portrait du comte, à cheval, en costume de grand maréchal d'Angleterre. Il l'a gravé, en outre, toujours d'après Van Dyck, à mi-corps, dans un médaillon. Enfin, il l'a représenté siégeant à sa place de grand maréchal dans la Chambre des lords, à la séance du 22 mars 1641, dans laquelle fut jugé et condamné le comte de Stafford. Cette dernière gravure, exécutée par Hollar d'après son propre dessin, est fort curieuse, en ce qu'elle donne la représentation exacte de ce grand drame, et qu'elle renferme les portraits des principaux hommes d'État de l'Angleterre à cette époque. Une autre planche de Hollar, mais moins bien réussie, montre l'exécution du malheureux comte, le 22 mai 1641, à Londres, au milieu d'une foule immense de spectateurs.

Nous avons dit que, vers 1642, le comte d'Arundel avait quitté l'Angleterre et s'était retiré à Anvers. Nous ne pouvons pas préciser la durée du séjour du noble lord dans cette ville; mais nous trouvons dans l'œuvre de Hollar, au cabinet des estampes, des portraits gravés par lui à Anvers, faisant partie de la collection d'Arundel, et portant la date de 1643. Ce serait donc à partir de cette année, jusque vers 1650, que l'artiste aurait continué de graver les tableaux de cette collection. Mais ce travail ne l'empêcha pas d'entreprendre d'autres planches. Il fut probablement réduit, pour vivre, à s'occuper d'œuvres bien au-dessous de son talent. Par exemple, il grava des jeux d'enfants, des oiseaux, des animaux, des instruments de pêche et de chasse, d'après Pierre Van-Avent et d'autres. Ce fut aussi vers cette époque qu'il grava, d'après le Titien, les portraits de Daniel Barbaro, Bindo-Altoviti et Johanna Veronese; d'après le Giorgione, un Allemand de la famille Fuscher; d'après Sebastiano del Piombo, Vittoria Colonna, et quelques autres portraits tirés de la collection de deux amateurs anversois, Jean et Jacob Van-Verle.

Hollar était très-lié avec Jérôme Laniere, Italien, qui paraît avoir été employé par le comte d'Arundel à l'achat de tableaux de peintres italiens [1]. Il lui a dédié la gravure de *la Vierge avec saint Joseph, l'Enfant-Jésus et le petit saint Jean*, d'après Perino del Vaga, et, dans cette dédicace, il le qualifie des titres de protecteur et grand admirateur des arts.

Il n'était pas moins attaché à Henri Van der Borcht, père, collectionneur de raretés, et, comme on disait alors, *omnium elegantiarum amator*. Il était né à Bruxelles en 1583 ; mais par suite des troubles qui désolaient les Pays-Bas, il fut emmené en Allemagne à l'âge de trois ans. Il y apprit la peinture chez Gilles de Walckenborgh, et voyagea ensuite en Italie. Revenu en Allemagne, il se fixa à Fanckendaël jusqu'en 1627, qu'il vint habiter Francfort-sur-le-Mein, où il se mit à former une collection de médailles, de peintures et de toutes sortes d'antiquités. C'est là que le comte d'Arundel le connut, en 1636, et lui acheta plusieurs pièces importantes. C'est également à son passage par cette ville que le comte attacha à son service Henri Van der Borcht, peintre et graveur, fils du précédent. Il l'envoya d'abord en Italie rejoindre Pettœus (M. Petty), qui était à la recherche de statues antiques et de tableaux pour son maître. Ils revinrent ensemble en Angleterre,

---

[1] Voy. *Anecdotes of painting*, the third ed. t. II, p. 125, ad notam.

et Van der Borcht y resta attaché au service du comte d'Arundel pendant quelques années. Une notice, mise au bas de son portrait gravé par Hollar en 1648, d'après Jean Meyssens, nous apprend, qu'à cette époque, il était serviteur, c'est-à-dire probablement, selon la coutume d'alors, peintre valet de chambre du prince de Galles. Hollar a gravé beaucoup de sujets d'après ce peintre, et ils paraissent avoir vécu et travaillé ensemble en la meilleure intelligence. Van der Borcht dessinait beaucoup. Un amateur français du dernier siècle, M. Quentin de Lorangère, avait réuni la suite de ses dessins, au nombre de 567 pièces. Ils furent vendus par Gersaint en 1744. — Henri Van der Borcht, après un long séjour à Londres, revint mourir à Anvers.

Après le rétablissement de Charles II, Hollar repassa en Angleterre, espérant y être bien accueilli par le nouveau monarque. Mais cet espoir fut à peu près déçu, et l'artiste, toujours poursuivi par la misère, se vit contraint de travailler à la merci des libraires et des marchands d'estampes. C'est alors qu'il exécuta un grand nombre de vues d'Angleterre, plus des marines, des naufrages, d'après John Overton et Peter Staat, et les *Amusements de la chasse* d'après François Barlow. Hollar fut aussi employé par William Dugdale à *illustrer* les *Antiquities of Warwickshire*[1]. Les gravures de Hollar, qui sont dans cet ouvrage, représentent des vues de villes et de

[1] London, 1656, in-f°.

châteaux ; mais la plus grande partie, des tombeaux, des vitraux et des armoiries servant à distinguer la noblesse de cette province. On y trouve aussi le portrait de Dugdale, le même qui est à la tête de la description, donnée par cet éditeur, de l'église de Saint-Paul de Londres, et plusieurs planches de costumes des ordres religieux [1]. — Ces différents travaux ne procurèrent au graveur aucune aisance, et il mourut à Londres, en 1667, dans un grand dénûment.

CHAPITRE XX

Dernières années du comte d'Arundel en Angleterre. — Il quitte sa patrie et se fixe à Padoue. — Il y meurt en 1646. — Sort de ses collections. — Renommée attachée à sa mémoire.

1637—1646

Pendant près de deux années après son retour d'Allemagne, le comte d'Arundel put jouir, dans la retraite, des belles choses qu'il s'était procurées avec tant de soins et de dépenses. Mais, dans le cours de 1638, il fut obligé de rentrer dans la vie publique, en prenant le commandement des troupes destinées à combattre les Écossais, révoltés contre le roi Charles Ier [1]. Après des alternatives de succès et de revers, il fut nommé, en 1640, capitaine général de l'armée royale. Dans le mois de mars

[1] Mariette, *abecedario*, V° Hollar, t. II, p. 373.
[2] Tierney, t. II, p. 474.

1641 commença le procès du malheureux comte de Stafford, et le comte d'Arundel, en sa qualité de grand dignitaire de la couronne, fut obligé de faire partie de la commission nommée par le roi, pour déclarer l'assentiment royal donné au bill d'*attainder*, décerné contre l'infortuné ministre. Nous avons vu que Hollar l'avait représenté siégeant à la Chambre des lords, à la place de lord Steward d'Angleterre. Mais le comte ne paraît pas avoir approuvé le tragique dénoûment de ce mémorable procès; car il se hâta de donner sa démission de toutes ses hautes fonctions, afin de pouvoir plus facilement quitter la Grande-Bretagne. Bientôt, en effet, vers la fin de février 1642, il adressa un dernier adieu à sa terre natale, et s'embarqua pour les Pays-Bas. Son historien, le révérend M. Tierney, dit qu'il y fut déterminé par l'état de sa santé qui allait sensiblement en déclinant [1]. Mais il est permis de croire que le comte entrevoyait clairement l'issue fatale de la lutte acharnée engagée entre le parlement et la royauté, et qu'il avait voulu se mettre à l'abri de l'orage.

Quoi qu'il en soit, après un court séjour dans les Pays-Bas, le comte alla s'établir à Padoue : il y mourut le 24 septembre 1646, dans sa soixante-deuxième année. Son corps fut rapporté en Angleterre, déposé dans la chapelle du château d'Arundel, et Junius composa son épitaphe; mais le monu-

---

[1] *His health was sensibly declining*, t. II, p. 478.

ment qu'il avait demandé par son testament n'a jamais été exécuté [1].

Après le départ du comte, les biens qu'il avait laissés en Angleterre furent mis sous le séquestre. Ses collections d'objets d'art ne furent point épargnées : ses marbres antiques restèrent longtemps abandonnés dans *Arundel-House*; quelques-uns furent enlevés furtivement, d'autres mutilés, d'autres employés à construire ou réparer des maisons. Cette perte serait moins à regretter, si la plus grande partie des inscriptions eût été publiée antérieurement; mais il n'y en avait eu qu'un fort petit nombre de donné par Selden, et moins encore par Priæus, qui voulut recommander son édition d'Apulée, en y insérant quelques fragments de ces anciennes inscriptions. A peine la moitié de ces marbres, c'est-à-dire cent trente inscriptions, survécurent à ces désastres.

Plus tard, en 1667, Henri Howard, neveu du comte d'Arundel, et bien digne d'un si grand nom, qui devint ensuite comte-maréchal d'Angleterre et duc de Norfolk, donna tous ces marbres à l'université d'Oxford, d'après le conseil de Jean Evelyn, auquel le sénat académique décerna des remerciments publics, pour le soin qu'il avait pris de les réunir et de les conserver. Transportés à Oxford, ils furent déposés au rez-de-chaussée du théâtre Sheldonien, ou attachés au mur qui l'entoure, et

---

[1] Tierney, *ibid.*, p. 481.

marqués de l'initiale du nom de Howard. Dans le même temps, on fit graver une inscription sur une table de marbre, relatant les titres et les services rendus par le duc de Norfolk. On voulait y faire également mention d'Evelyn ; mais l'envie s'y opposa. Le duc fut si sensible à ces éloges de l'académie, qu'il avait résolu de lui faire cadeau d'une belle statue antique de Pallas ; mais la mort vint le surprendre, et cette statue, ainsi que plusieurs monuments de l'art antique, passa en d'autres mains, toutefois pour revenir plus tard à l'académie, avec les antiques achetés des héritiers du comte d'Arundel, par Guillaume, baron de Lempster, et donnés, en 1753, à l'université d'Oxford, par Henriette-Louise, comtesse de Pomfret [1].

Vers 1678, on voulut ouvrir des rues sur l'emplacement de l'hôtel et des jardins du comte d'Arundel, et c'est alors qu'on prit le parti de faire une vente de ce qui restait de ses statues et de ses marbres. Le superbe bronze, représentant la tête d'Homère, que Van Dyck a placée dans l'un des portraits du comte, et que l'on croit provenir de Constantinople, passa dans les mains du docteur Mead, amateur distingué, médecin de Georges III, et fut achetée, à sa mort, par lord Exeter, qui en fit don au musée Britannique.

L'ouvrage du docteur Chandler, *Marmora oxoniensia*, contient la description de tous les marbres appar-

[1] Préface du docteur Chandler, *Marmora oxoniensia*.

tenant à l'université d'Oxford, et dont ceux provenant du comte d'Arundel ne forment qu'une partie. Ces derniers sont désignés, dans les tables des trois divisions de l'ouvrage, par la lettre A, placée dans le haut des gravures. Ces planches ont été dessinées et gravées par J. Miller, et l'on est forcé de convenir, en les examinant avec attention, que la pointe molle de cet artiste, son burin indécis, ses contours arrondis rendent assez mal la pureté de l'antique. Un grand nombre de statues ont été restaurées fort maladroitement, à en juger même par les gravures. Ces restaurations, faites sans aucun goût, défigurent les morceaux et leur enlèvent leur véritable caractère. Cependant, on remarque quelques belles statues qui paraissent intactes. La plus grande partie de la collection d'Arundel se compose de bas-reliefs, de bustes d'hommes et de femmes, de tombeaux, d'autels votifs, et surtout de nombreuses inscriptions, gravées sur des marbres recueillis dans la Grèce et dans l'Asie Mineure. — On voit que le savant Junius avait à sa disposition, par ces marbres, la base, l'élément (*cœleusina*) de son travail sur l'art dans l'antiquité. Car le mot *pictura* qu'il emploie dans le titre de son ouvrage doit s'appliquer, ainsi qu'il l'entendait lui-même, à tous les arts d'imitation chez les anciens. — S'il est vrai, comme il le dit dans sa dédicace à Charles Ier, que son traité *De pictura veterum* ait été composé pour obéir aux désirs de son noble patron, il faut convenir que le comte d'Arundel n'aimait pas moins à être instruit par l'histoire de l'art que récréé par la vue de ses œuvres les plus belles et les plus rares.

Les peintures du comte d'Arundel ne furent pas mieux respectées que ses marbres ; elles furent vendues en partie, et don Alonzo de Cardenas, ambassadeur d'Espagne près de Cromwell, obtint quelques tableaux, qu'il s'empressa d'envoyer à Madrid, avec les chefs-d'œuvre achetés pour Philippe IV à la vente aux enchères de la magnifique galerie de Charles Ier [1].

Les camées et les pierres gravées de la collection d'Arundel, parmi lesquels se trouvait le mariage de Cupidon et de Psyché, avaient été conservés par une duchesse de Norfolk ; plus tard, ils passèrent au duc de Marlborough, qui les a fait dessiner et graver par Cipriani et Bartolozzi.

Quant à ce qui restait de la bibliothèque du comte, M. Tierney nous apprend [2] qu'après l'incendie de Londres, en septembre 1666, il fut offert par le duc de Norfolk à la Société royale (des sciences), qui, obligée de cesser ses réunions dans le local de *Gresham-College*, avait accepté l'hospitalité dans les appartements d'*Arundel-House*.

Indépendamment de tous les objets que nous venons d'énumérer, et qui provenaient du premier lot attribué par le comte d'Arundel à son fils aîné, le second lot, par suite des vicissitudes trop ordinaires dans les choses de ce monde, fut vendu à

---

[1] Dallaway, t. Ier, p. 262.
[2] T. II, p. 526.

Londres en 1720 par les héritiers de son second fils, William Howard, l'infortuné comte de Stafford[1]. Dans son ouvrage sur les arts en Angleterre, M. Dallaway[2] donne le détail des objets vendus et leur prix, qui s'éleva au chiffre de 8,552 livres sterling (221,500 fr.). On peut juger par cette somme des dépenses énormes que le comte avait faites pour former sa collection d'antiques, de dessins, de tableaux, de médailles, de pierres gravées et de livres.

Bien qu'elle ait été dispersée, les objets qui la composaient sont restés, en grande partie, en Angleterre, où ils attestent encore aujourd'hui le goût éclairé, la munificence, les efforts constants, employés pendant plus de quarante années, par le premier Anglais qui ait voulu, selon l'expression de Peacham, « transporter l'ancienne Grèce dans la Grande-Bretagne. » Son exemple a produit dans ce pays, depuis deux siècles, de très-nombreux imitateurs. Mais parmi les grands seigneurs anglais qui ont rivalisé de faste pour acheter et réunir, à tout prix, les productions de l'art cherchées soit en Italie soit ailleurs, quel est celui qui peut être comparé au comte d'Arundel ? Lui seul jusqu'ici, entre tous, contrairement aux idées de ses compatriotes, a

---

[1] Décapité le 29 décembre 1680, comme complice de la conspiration des poudres, et qu'il ne faut pas confondre, bien que les deux condamnations soient également iniques, avec Thomas Wentworth, comte de Strafford, ministre de Charles Ier, qui subit le même sort le 21 mai 1644.

[2] T. Ier, p. 267, *ad notam*.

préféré l'art à la politique; aussi, son nom, indissolublement lié à ceux de Junius, de Hollar, de Vander Borcht, de Rubens, de Van Dyck et d'Inigo Jones, vit autant par les ouvrages de ces hommes illustres que par sa propre renommée.

AMATEURS FLAMANDS

NICOLAS ROCKOX ET GASPAR GEVAËRTS

1560-1666

CHAPITRE XXI

Célébrité acquise à la ville d'Anvers par ses artistes. — Réputation des peintres anversois du temps d'Albert Durer et de Hans Holbein. — Culture des sciences et des lettres à Anvers. — L'imprimeur Christophe Plantin. — Richesses et luxe des négociants d'Anvers. — Déclin de la prospérité d'Anvers sous Philippe II. — Gouvernement d'Albert et d'Isabelle.

1454—1598

« C'est un fait notoire qu'Anvers a vu naître ou fleurir, depuis un siècle, un plus grand nombre de peintres distingués par leur talent, que toute autre ville. Rome elle-même n'a pas brillé d'un semblable éclat et ne peut lui être comparée, puisqu'il est vrai que presque tous les peintres qui ont décoré de leurs œuvres cette ancienne capitale du monde, ont été des étrangers nés à Urbin, à Florence, à Venise et surtout à Bologne. Anvers peut donc lever la tête, et se glorifier de l'emporter, sous le rapport de l'art, sur toutes les autres villes. »

Telle est l'introduction que Sandrart a placée en

tête de sa vie de Pierre-Paul Rubens [1]. Sans aller aussi loin que l'auteur *de l'Académie du très-noble art de la peinture*, nous conviendrons volontiers qu'Anvers peut être comparée, dans une certaine mesure, à Venise, Bologne, Rome et Florence ; nous reconnaîtrons même que, du temps de Rubens, Anvers l'emportait de beaucoup, au point de vue de l'art, sur toutes les villes situées de ce côté des Alpes [2]. Paris ne pouvait pas encore se vanter d'avoir vu naître Eustache Lesueur et Charles Le Brun ; il n'était pas devenu, comme de nos jours, la capitale de l'art moderne en Europe, et le chef de l'école d'Anvers venait de laisser dans ses murs, en témoignage irrécusable de sa supériorité, les nombreuses et magnifiques toiles de la galerie de Marie de Médicis. Les choses ont bien changé depuis : Paris est devenu la cité la plus célèbre, comme le dit Sandrart : « *In proferendis enutriendisque pictoribus singulari artificio claris;* soit pour produire, soit pour attirer et nourrir les artistes les plus distingués. » Anvers, comme Venise, Rome, Florence et Bologne, est reléguée au second rang. Mais son histoire atteste que, pendant plus de deux siècles, elle a produit

---

[1] *Joachimi de Sandrart a Stockau*, etc., *Academia nobilissimæ artis pictoriæ*, etc., etc., etc. *Noribergæ*, 1683, in-f°, figures. — Bibliothèque impériale, V, 555 B., p. 282.

[2] Sandrart, dans son ouvrage, donne les biographies de cinquante-quatre peintres et de vingt graveurs anversois, parmi lesquels Quentin Matsys, Otto Venius, Rubens, Van Dyck, Gaspard de Crayer, E. Quellinus, Jordaens, Vorsterman, H. Bolswert, P. Pontius, Ægid. Sadeler, Pierre de Jode le jeune, etc.

un grand nombre de peintres le plus heureusement doués dans tous les genres. Son école de gravure, due, en grande partie, aux leçons et aux exemples de Rubens, n'a pas été moins brillante, et ses œuvres, répandues dans le monde entier, montrent encore aujourd'hui combien les arts du dessin ont été en honneur dans cette intelligente et riche cité.

Dès le milieu du quinzième siècle, les peintres anversois étaient réunis en corporation ou *gilde*, et leur *liggere*, ou registre des artistes inscrits depuis 1454 jusqu'en 1615, constate que l'admission dans cette académie était fort recherchée, non-seulement par les artistes nés ou fixés à Anvers, mais également par les étrangers [1].

Albert Durer, dans le journal écrit par lui-même de son voyage aux Pays-Bas, en 1520-1521, fait voir qu'il se plaisait beaucoup à Anvers, où il séjourna plus longtemps que dans les autres villes qu'il visita. Il y fut l'objet, aussitôt après son arrivée, d'une sorte d'ovation de la part des peintres et des amateurs, et voici en quels termes il raconte cette circonstance de son voyage :

« Le dimanche de Saint-Ossvald, les peintres m'ont invité à leur maison, avec ma femme et ma servante : ils avaient préparé un dîner excellent, avec de la vaisselle d'argent et d'autres ornements précieux. Leurs femmes aussi étaient toutes pré-

---

[1] Voy. le catalogue du musée d'Anvers, 2ᵉ édit. 1857, préface, p. XII, à la note.

sentes, et lorsqu'on me mena à table, les spectateurs se dressèrent de chaque côté, comme si l'on conduisait un grand seigneur. Il se trouvait parmi eux de hauts personnages, des hommes qui me saluèrent de la manière la plus humble, et se montrèrent très-bienveillants envers moi. Ils me dirent qu'ils voulaient tous faire leur possible pour me plaire en tout ce que je voudrais : et lorsque je fus assis, un messager de messieurs les conseillers d'Anvers arriva avec deux valets, et me fit cadeau, au nom des seigneurs d'Anvers, de quatre pots de vin, en me disant qu'ils voulaient m'honorer par-là et me témoigner leur bonne volonté. Je leur fis mes humbles remerciments et je leur offris mes services. Après, vint maître Pierre, le charpentier de la ville, qui me fit cadeau de deux pots de vin, avec l'offre de son service. Après avoir été joyeusement attablés ensemble jusque fort avant dans la nuit, ils nous reconduisirent avec des flambeaux, d'une manière très-honnête et polie, et me prièrent d'user de leur bonne volonté pour tout ce qui me ferait plaisir, me promettant de m'aider en tout. Je les remerciai et allai me coucher [1]. »

On voit avec quels honneurs Albert Durer fut reçu à Anvers ; on voit aussi que la *gilde* ou corporation des peintres anversois était alors très-considérée et très-riche, puisqu'elle possédait une mai-

---

[1] La traduction de ce passage du voyage d'Albert Durer dans les Pays-Bas est prise de celle publiée dans le t. 1er du *Cabinet de l'amateur et de l'antiquaire*. Paris, 1842, in-8°, p. 415 et suiv.

son, ou lieu de réunion, et qu'elle pouvait offrir à un confrère étranger un repas somptueux, servi en vaisselle d'argent et décoré d'autres ornements précieux.

Peu après, Durer va visiter les ateliers des peintres dans leur maison, où ils préparaient les cartons de l'entrée triomphale de l'empereur Charles-Quint, qui devait bientôt venir visiter Anvers. « Cet ouvrage, dit-il, est long de iiii cents feuilles, dont chacune a quarante pieds de long. Il sera déployé de chaque côté de la rue, bien arrangé avec deux gradins. Là-dessus, on fera les pièces. Le tout ensemble coûte, tant pour les peintres que pour les menuisiers, quatre mille florins. Toute cette chose est faite très-précieusement. » Durer n'oublie pas d'aller aussi dans la maison de « maître Quentin (Messis ou Matsys), » l'un des peintres d'Anvers les plus célèbres à cette époque [1].

Hans Holbein, cet autre grand artiste allemand, vint également visiter Anvers, lorsqu'il se rendit de Bâle en Angleterre. Nous avons rapporté [2] la lettre qu'Érasme lui avait donnée pour Petrus Ægidius, et dans laquelle il priait ce savant d'indiquer également à Holbein la maison de Quentin Matsys.

Ces faits prouvent quelle était, dès le commencement du seizième siècle, la réputation d'Anvers et de ses artistes.

Les sciences et les lettres n'y étaient pas moins

---

[1] Né à Anvers en 1450, mort en 1527.
[2] Dans la notice sur B. Pirckheimer, ci-après.

cultivées que la peinture et la gravure. Si la capitale du Brabant, moins heureuse que Florence, n'a donné naissance à aucun poëte illustre, elle peut revendiquer un grand nombre de commentateurs et d'antiquaires, de ces savants, communs à l'époque de la Renaissance, qui s'attachaient à l'étude de l'histoire et de l'archéologie chez les Grecs et chez les Romains. Parmi les plus célèbres, on doit citer particulièrement Hubert Goltzius et Juste Lipse, qui, bien qu'étrangers à Anvers, choisirent cette ville pour y publier une partie de leurs curieuses et doctes recherches sur l'histoire, les monuments et les usages de l'ancienne Rome [1].

Vers le milieu du seizième siècle, une circonstance heureuse attira les écrivains de tous les pays dans les murs d'Anvers. Un Français, Christophe Plantin, fuyant les troubles de sa patrie, était venu se fixer dans la capitale du Brabant, et y avait porté l'art de la typographie au plus haut degré de perfection. Ami de Juste Lipse et d'autres érudits, et possédant lui-même une instruction profonde, il fut bientôt cité, à l'égal de Robert Estienne, pour la correction et la beauté des livres sortis de ses presses. Il imprima les ouvrages les plus considérables par leur importance et leur étendue, tels que la Bible polyglotte, en huit volumes grand in-folio, qu'il publia sous les auspices du roi d'Espagne Phi-

---

[1] Voy. dans la *Biographie universelle* de Michaud, t. XVIII, p. 34, et tome XXIV, p. 554, les articles consacrés à ces deux savants explorateurs de l'antiquité.

lippe II, dont il était le premier imprimeur (*archi-typographus*). Mais il ne se bornait pas à la seule impression des livres : il faisait graver et tirer un grand nombre de planches, pour des ouvrages rares et curieux, par exemple, ceux du savant botaniste Lobel, et beaucoup d'autres.

Dans une ville riche, remplie de savants et d'artistes, il ne pouvait manquer de se trouver un grand nombre d'hommes prenant un intérêt aussi vif aux œuvres des différents arts du dessin qu'aux sciences et aux lettres. L'immense commerce maritime d'Anvers, avant la fermeture de l'Escaut, attirait dans cette industrieuse cité les principaux négociants de l'Europe. La douceur des mœurs flamandes, l'abondance et la facilité de la vie y entretenaient un luxe inconnu aux autres villes du Nord. Les richesses acquises dans le commerce par les intelligents bourgeois d'Anvers étaient souvent employées en constructions de vastes et magnifiques habitations, décorées avec le plus grand soin des chefs-d'œuvre de l'art et de l'industrie. Albert Durer[1] raconte qu'il visita la maison du bourgmestre d'Anvers : « Elle est vaste et bien ordonnée, dit-il, avec une infinité de grands et beaux salons, une cour richement ornée et des jardins fort étendus. En somme, c'est une demeure tellement magnifique, que je n'ai jamais rien vu de semblable en Allemagne. »

[1] Dans le journal de son voyage aux Pays-Bas, cité plus haut.

L'orfévrerie d'Anvers était en grande réputation, et l'art de tailler les diamants, importé de Bruges où il avait été découvert dans le seizième siècle, était devenu, pour cette ville et pour Anvers, une nouvelle source de richesses. Tous les corps d'état, orfévres, peintres, marchands de poissons, tonneliers, arquebusiers, y étaient, depuis le moyen âge, réunis en associations aussi riches que puissantes. Ils rivalisaient de luxe, et ne négligeaient aucune occasion de décorer de tableaux et de peintures leurs lieux de réunions, ainsi que les chapelles de leurs saints patrons. Albert Durer fut traité magnifiquement par les orfévres d'Anvers, au carnaval de 1521... « Les orfévres, dit-il, nous ont invités, ma femme et moi. Il y avait dans l'assemblée beaucoup de braves gens qui m'ont préparé un repas exquis, et m'ont fait beaucoup trop d'honneur. Le soir, le vieux bourgmestre de la ville m'a invité à un excellent repas, et m'a parfaitement accueilli. Il y avait là de drôles de masques.... Le lundi soir, on m'a invité au carnaval et au grand banquet, qui était délicieux. »

La prospérité de la ville d'Anvers semble avoir atteint son apogée, depuis le commencement jusque vers la moitié du seizième siècle. Mais, à partir de l'avénement de Philippe II, la guerre étrangère, les discordes civiles, les discussions religieuses, firent des pays-Bas, et d'Anvers en particulier,

---

[1] *Ut suprà*, p. 492.

l'arène ouverte, pendant plus d'un demi-siècle, aux plus mauvaises passions humaines. Le gouvernement paternel d'Albert et d'Isabelle, à qui Philippe II avait cédé les Pays-Bas, en 1598, essaya de guérir les blessures que ce malheureux pays avait reçues. Si ces princes ne réussirent pas à rétablir l'ancienne prospérité des provinces belgiques, l'histoire doit néanmoins leur tenir compte de leurs efforts et de leur bon vouloir.

Ils furent plus heureux ou mieux récompensés par les arts; c'est sous leur administration que la peinture flamande a brillé de son plus vif éclat, et il serait injuste de méconnaître la part qui revient à l'archiduc et à l'infante dans la brillante auréole qui entoure l'école d'Anvers. Le plus grand des peintres flamands, Rubens, dut à leur protection l'éclat qu'il répandit dans sa patrie à son retour d'Italie; en le retenant à Anvers, ils l'honorèrent d'une protection, ou plutôt d'une considération dont aucun artiste n'avait joui depuis le Titien; et lorsqu'ils le choisirent plus tard comme missionnaire de paix entre l'Espagne et l'Angleterre, ils firent servir son intelligence supérieure et sa renommée d'artiste au rétablissement du plus grand bien qu'il soit possible de faire aux hommes.

Anvers, depuis l'époque où Rubens revint s'y fixer jusqu'à sa mort, fut réellement la capitale de l'art en Europe. Aussi, était-elle alors remplie, non-seulement d'artistes distingués en tous genres, mais en outre de véritables amateurs.

Parmi ceux qui vécurent dans une étroite et constante intimité avec le grand maître anversois, il en est deux que l'histoire de Rubens et sa correspondance signalent comme méritant une notice particulière : nous voulons parler de Nicolas Rockox, bourgmestre, et de Gaspar Gevaërts, secrétaire de la ville d'Anvers.

Mais, avant d'expliquer leurs relations avec le chef de l'école flamande, il nous paraît nécessaire de rappeler, très-sommairement, les principales circonstances de la jeunesse du peintre, jusqu'à l'époque de son retour dans sa patrie.

CHAPITRE XXII

Naissance, éducation et commencements de Rubens. — Il part pour l'Italie. — Ses études à Venise, Mantoue, Bologne, Florence et Rome. — Son premier voyage en Espagne. — Il revient à Mantoue et retourne à Rome, où il trouve son frère Philippe, et travaille avec lui aux deux livres des *Electorum*. — Il visite Milan et Gênes.

1577 — 1608

On croit généralement que Rubens naquit le 29 juin 1577, à Cologne[1], où son père, Jean Rubens, l'un des conseillers du sénat d'Anvers, s'était ré-

---

[1] Cependant, d'après la Notice sur Rubens, insérée dans le Catalogue du musée d'Anvers, 2ᵉ édit, 1857, p. 190 et suiv., il paraîtrait résulter « de documents découverts par M. R.-C. Backhuizen van den Brinck, dans les archives de la maison d'Orange, et publiés par

fugié en 1568, selon les uns, à cause de ses opinions religieuses [1], selon d'autres, seulement pour fuir les troubles de sa patrie [2]. Jean Rubens était un savant jurisconsulte ; il avait fait de très-fortes études tant en Flandre qu'en Italie, où il avait passé sept années, et où il s'était fait recevoir docteur, *in utroque jure*, au collége de la Sapience, à Rome. Mais il ne put s'occuper longtemps de l'éducation de Pierre-Paul, son dernier fils, car il mourut à Cologne le 1er mars 1587, alors que cet enfant n'avait pas encore atteint sa dixième année. Rentrée à Anvers l'année suivante, Marie Pypeling, mère de Pierre-Paul, résolut de lui donner une éducation brillante. Elle le plaça au collége des Jésuites d'Anvers, établissement renommé pour la bonne direction et pour la force de ses études classiques. C'est aux leçons de ces Pères que Rubens puisa la connaissance approfondie de l'antiquité, aussi bien de la mythologie et de l'histoire que des langues grecque et latine, connaissance qui en fit un artiste à part entre les autres artistes. A sa sortie du collége, sa mère le fit entrer comme page dans la maison de Marguerite de Ligne, douairière de Philippe, comte de Lalaing. Mais cette vie d'oisiveté ne pouvait con-

---

lui en 1853, que Rubens a plus que probablement vu le jour à Siegen, dans le comté de Nassau. » — Que Rubens soit né à Cologne ou ailleurs, il n'en doit pas moins être considéré comme le plus illustre citoyen d'Anvers.

[1] M. Emile Gachet, *Lettres inédites de P.-P. Rubens*, Bruxelles, 1840, in-8°, introduction xi et la note.

[2] J.-F. Michel, *Histoire de la vie de P.-P. Rubens*, in-8°, Bruxelles, 1771, pag. 6 et suiv.

venir à l'imagination vive et brillante du jeune homme ; il se sentait attiré vers la peinture par un instinct naturel et invincible. Au moins, n'eut-il pas à lutter, comme tant d'autres, contre les obstacles apportés à sa vocation par la volonté de ses parents. Sa mère céda facilement à son désir d'entrer dans l'atelier d'un peintre, et elle choisit Adam Van Noort, pour donner les premiers enseignements à son fils. Les œuvres de cet artiste sont inconnues en France ; le catalogue du musée d'Anvers cite de lui [1] un tableau de *Saint Pierre présentant au Sauveur, à Capharnaüm, le poisson qui contient la pièce d'argent du tribut*, tableau qui se trouve dans l'église de Saint-Jacques de cette ville. Rubens resta quatre ans dans l'atelier de son premier maître ; il passa ensuite le même temps dans celui d'Otho Vœnius, qui était considéré alors comme le premier des peintres flamands. On ne voit pas néanmoins que cet artiste élégant, mais froid, ait exercé une influence sensible sur la manière de Rubens.

Après avoir achevé ses études, Pierre-Paul fut reçu, en 1598, à l'âge de vingt et un ans, franc-maître peintre de la corporation de Saint-Luc, d'Anvers, ainsi que le constate le *Liggere* de cette corporation, cité par le Catalogue du musée d'Anvers [2]. Du jour de sa réception jusqu'à l'époque de son départ pour l'Italie, Rubens continua d'habiter

[1] P. 191.
[2] P. 192.

Anvers. Selon Descamps [1], Rubens aurait peint, dans cet intervalle, l'*Adoration des rois,* petit tableau d'autel, sous le jubé de l'église des Carmes : « C'est Notre-Seigneur étendu mort sur les genoux de son père ; les anges y portent les instruments de la Passion. » Ce tableau se trouvait encore, en 1768, dans l'église des Carmes chaussés d'Anvers, et il a été gravé par S.-A. Bolswert [2].

Avant de partir, Rubens pria son maître de le présenter à l'archiduc Albert et à l'infante Isabelle. Otho Vœnius (Otho Van Veen), issu d'une famille noble, et doublement distingué par son talent comme peintre et par ses publications érudites et poétiques, était attaché au service de ces princes : il ne lui fut pas difficile d'obtenir de leur présenter son élève, dont l'air intelligent, la bonne mine et l'élégance, à en juger par ses portraits, devaient prévenir en sa faveur. Le jeune Pierre-Paul plut effectivement aux gouverneurs des Pays-Bas, et il en obtint des lettres de recommandation pour les principales cours d'Italie.

Rubens partit le 9 mai 1600, et se dirigea vers cette contrée en passant par la France : ce fut à Venise qu'il se rendit d'abord. Cette préférence s'explique naturellement par le goût du peintre anversois pour l'école coloriste. Il ne se borna pas à l'admirer ; il voulut s'initier par une étude appro-

---

[1] *Vies des peintres flamands*, t. 1, p. 323.
[2] *Histoire de P.-P. Rubens*, par M. André Van Hasselt, in-8º. Bruxelles, 1840, p. 15, à la note 2.

fondie aux secrets des maîtres de la couleur, et, pour y parvenir, il se mit à copier, avec autant de fougue que de bonheur, les principales œuvres de Titien, de Paul Véronèse et des autres artistes vénitiens.

On raconte, qu'au milieu de ses études, il fit la connaissance d'un gentilhomme de la cour du duc de Mantoue, Vincent de Gonzague, qui, ayant vu ses ouvrages, les vanta tellement, à son retour, que le duc invita le jeune Flamand à se rendre à sa cour. Rubens n'ignorait pas que Jules Romain avait décoré les palais de Mantoue de ses étonnantes peintures; il désirait les voir et les étudier; il s'empressa donc d'accepter l'offre qui lui était faite. Il fut parfaitement accueilli par Vincent de Gonzague, qui l'attacha bientôt à son service, lui donna toutes facilités pour travailler, et lui permit de faire des excursions tantôt à Venise, tantôt à Bologne, Florence et Rome, afin d'y étudier les œuvres des diverses écoles italiennes. Les biographes de Rubens ne sont pas d'accord sur les époques de ses visites dans ces différentes villes, non plus que sur l'itinéraire qu'il suivit dans ses courses en Italie. On sait seulement que, de juin 1600 au mois de novembre 1608, il séjourna plusieurs fois à Mantoue, à Rome et à Venise [1].

---

[1] Voy. Bellori, *Vita di P.-P. Rubens*; Baldinucci, *id.*, part. v, p. 281 et suiv.; et le Baglione, *id.*, p. 246. — Boschini, *Carta del navegar pittoresco*, p. 59 et 60, fait faire à Rubens un séjour de six ans et demi à Rome et de trois ans à Venise : mais il se trompe, puisque

Notre artiste était si avant dans la confiance du duc de Mantoue, que ce prince, en 1604, l'envoya en Espagne pour offrir, en son nom, un magnifique carrosse de cour et un attelage de sept chevaux napolitains au roi Philippe III, et d'autres présents d'un grand prix au duc de Lerme, son premier ministre, dont Vincent de Gonzague voulait se ménager l'appui [1]. On a raconté que, pendant ce premier séjour à Madrid, Rubens y aurait exécuté les portraits du roi et de plusieurs seigneurs de la cour, et qu'il y aurait même fait les copies si célèbres des trois tableaux de Titien : *Vénus et Adonis, Diane et Actéon*, et l'*Enlèvement d'Europe*. Mais cette assertion est complétement réfutée par Pacheco, le beau-père de Velasquez, qui prouve clairement, dans son traité *del Arte de la pintura* [2], que ces copies ont été faites par Rubens à l'époque de son second voyage à Madrid. Il ne paraît pas, d'ailleurs, que Rubens ait fait cette première fois un long séjour en Espagne : tout porte à croire qu'il se hâta de

---

Rubens ne passa que huit ans et demi en Italie, de la fin de mai 1600 jusqu'au milieu de novembre 1608.

[1] Ce premier voyage de Rubens à la cour de Madrid, que l'on a voulu révoquer en doute, est prouvé par une pièce de vers composée par Philippe Rubens, qui a pour titre *ad P.-P. Rubenium navigantem*, et dans le préambule de laquelle Philippe explique qu'il composa ces vers trois ans avant la publication de ses *Electorum libri II*, imprimés à Anvers en 1607, c'est-à-dire en 1604, alors que son frère *in Italiam ex Hispania trajiceret*. Ils se trouvent à la suite des *Electorum*, p. 121 à 124. — Bibliothèque impériale, Z, 422, in-4°.

[2] Voy. la notice sur le comte-duc d'Olivarès qui précède, p. 113.

revenir à Mantoue, sans doute pour rendre compte au duc de sa mission. Il obtint bientôt après la permission de retourner à Rome, en s'arrêtant à Florence, Bologne et Venise.

Dans la ville des Médicis, Rubens peignit pour le grand-duc *Hercule, placé entre Minerve et Vénus, et secouru par le Temps ;* les *Trois Grâces,* en grisaille, et un *Bacchus avec des Nymphes et des Satyres*[1]. A Bologne, il étudia les ouvrages des Carraches, et se sentant de nouveau attiré vers Venise par sa prédilection pour les grands coloristes, il se remit à faire, dans cette ville, les copies des tableaux qu'il préférait.

A peine âgé de vingt-sept ans, il était revenu à Rome avec une réputation déjà faite et méritée. Aussi le pape Clément VIII s'empressa-t-il de lui commander, pour l'oratoire de son palais de Monte-Cavallo, un tableau représentant la *Vierge et sainte Anne adorant l'enfant Jésus,* dont il se montra très-satisfait. Les cardinaux, les principaux personnages de la cour pontificale, ainsi que les connaisseurs de Rome, ne furent pas moins frappés du talent supérieur du jeune Flamand, et bientôt Rubens se vit surchargé de commandes. Travaillant avec une verve et une prestesse de main comparables aux Vénitiens ses modèles, il exécuta en peu de temps, pour la *Chiesa Nuova* des pères de l'Oratoire, trois tableaux d'autel ; pour le cardinal Chigi, le *Triom-*

---

[1] Van Hasselt, *Histoire de Rubens,* p. 21.

phe du Tibre; pour le cardinal Rospigliosi, les *Douze Apôtres*; pour le connétable Colonna, une *Orgie de soldats*; pour la princesse de Scalamare, *Protée et les Dieux marins à table, servis par trois Néréides*, et *Vertumne et Pomone*, tableaux dans lesquels les poissons, les fruits, les plantes, les animaux et le paysage sont dus au pinceau de Breughel de Velours [1].

Rubens était trop instruit, il aimait trop l'antiquité, pour laisser écouler le temps de son séjour dans l'ancienne capitale du monde sans étudier l'art et l'archéologie romaine. Il dessina un grand nombre de statues et de bas-reliefs, ainsi que les restes de plusieurs monuments d'architecture, et, grâce à la connaissance approfondie des langues grecque et latine, il pénétra dans ces recherches beaucoup plus avant qu'aucun artiste ne l'avait fait avant lui. Une circonstance particulière contribua probablement à l'attacher avec une plus grande ardeur à ces études. En arrivant à Rome, il y avait trouvé son frère Philippe, qui, après avoir visité cette ville une première fois avec le fils aîné du président Richardot dont il était secrétaire, y était revenu seul, *captus amore loci*, comme tant d'autres, pour s'y livrer, en toute liberté, à son goût pour l'étude des langues anciennes et de l'archéologie. Philippe, plus âgé que Pierre-Paul de quelques années [2], avait fait ses

[1] Van Hasselt, p. 22-23. — Bellori, Baldinucci et le Baglione, donnent une indication détaillée des peintures que Rubens exécuta tant à Rome qu'à Gênes.
[2] Il était né à Cologne en 1574.

études au gymnase d'Anvers, et suivi plus tard à Louvain, avec les fils du président Richardot, les leçons de Juste-Lipse. Chargé par le président de conduire en Italie son fils aîné Guillaume, qui devait terminer ses études à l'université de Padoue, Philippe Rubens partit de Louvain en octobre 1601, ainsi que le constate la lettre d'adieu de Juste-Lipse[1]. Pendant un séjour d'environ deux ans à Padoue, Philippe suivit, comme le jeune Guillaume, les leçons des professeurs les plus habiles. Il entretenait une correspondance latine avec Juste-Lipse, et lui adressa même plusieurs pièces de vers[2]. On voit par ses lettres, également en latin, à son frère Pierre-Paul, qu'il lui conseillait d'avoir le courage de quitter la cour de Mantoue, et de reprendre sa première et complète indépendance : « *Animum obfirma, et aliquando te in plenam, quæ ab aula fere exulat, assere libertatem*[3]. » Ces conseils ne furent probablement pas inutiles au peintre, et ils le déterminèrent sans doute à visiter les principales villes d'Italie, pour y étudier les maîtres en toute liberté. Pendant son premier voyage à Rome, en 1603, Philippe Rubens s'était fait recevoir docteur à l'université de la Sapience ; à peine de retour dans les Pays-Bas, il se hâta de remettre au président le précieux dépôt qu'il lui avait confié, et,

---

[1] Voy. à la suite des *Electorum* de Philippe Rubens, p. 96, Bibliothèque impériale, Z; 422, in-4°.
[2] *Id.*, *ibid.*, p. 97 et suivantes.
[3] Voy. ces lettres, *ibid.*, p. 245, 254 et 255.

faisant de nouveau ses adieux à Juste-Lipse, il revint à Rome, où le cardinal Ascagne Colonna le choisit pour bibliothécaire.

C'est à cette époque qu'il retrouva dans cette ville son frère Pierre-Paul, tout occupé de tableaux, et, dans ses moments de loisir, de recherches sur l'antiquité romaine. Les deux frères, unis d'une étroite amitié, possédant une égale instruction classique, ayant la même ardeur pour le travail, le même amour pour les monuments et l'histoire de la langue des anciens Romains, résolurent de consigner leurs recherches dans un ouvrage composé en commun, qui parut à Anvers, in-4°, en 1608, sous ce titre : *Electorum libri duo, in quibus antiqui ritus, emendationes censuræ*, et fut publié sous le nom de Philippe seul. Mais la part que prit Pierre-Paul à sa composition est rappelée par Philippe lui-même dans le préambule en prose de l'élégie *Ad P.-P. Rubenium navigantem*, dont nous avons parlé, où il déclare que Pierre-Paul ne l'a pas peu aidé : — « *Tum artifici manu, tum acri certoque judicio non parum in Electis me juvit.* » — Cet aveu n'étonnera aucun de ceux qui ont étudié avec attention la vie du savant artiste, lu sa correspondance et pu voir bon nombre de ses dessins ou de ses tableaux, composés d'après des sujets empruntés à l'histoire, à la religion et aux usages des anciens Romains. Il ne faudrait pas croire toutefois que les deux livres des *Electorum* de Philippe Rubens soient un commentaire suivi d'un auteur grec ou latin : loin de là. Ces deux livres ne se composent que d'explications de difficultés ou passages obscurs tirés de différents auteurs, de restitutions de textes que Philippe considérait comme falsifiés, et de dissertations sur certaines parties du vêtement des anciens Romains, telles que la tunique, les casques, etc. Pour rendre plus claires les explications de son frère, Pierre-Paul a dessiné des coureurs en char dans le cirque, des barques, des vases, des vêtements ou d'autres objets, d'après l'antique, et ces dessins ont été gravés dans le livre par Corneille Galle [1]. Cet ouvrage atteste une profonde connaissance des langues anciennes, et il est à la hauteur des dissertations ou gloses des érudits du dix-septième siècle ; mais, aujourd'hui, sa lecture ne peut exciter que la curiosité des bibliophiles [2].

Après un long séjour à Rome, notre peintre voulut visiter Milan et Gênes, les deux seules villes importantes d'Italie qu'il ne connût pas encore. Il se rendit d'abord à Milan, où il peignit plusieurs tableaux et où il dessina la fameuse *Cène* de Léonard de Vinci. Ce dessin a été gravé par Pierre Soutman ; à en juger par l'épreuve qui fait partie de l'œuvre de Rubens, au cabinet des estampes de la biblio-

[1] Voy. dans les *Electorum* ces planches, p. 21, 30, 67, 73, 74.
[2] Philippe Rubens fut rappelé de Rome en 1609 par le sénat d'Anvers, qui l'avait investi de la place de secrétaire d'État. Il mourut dans cette ville à l'âge de trente-huit ans, le 28 août 1611, laissant de vifs regrets, et fut inhumé dans l'église de Saint-Michel, où sa veuve lui fit élever un monument que Corn. Galle a gravé, et qui probablement a été dessiné par Rubens. Il se trouve dans l'œuvre de ce peintre, au Cabinet des estampes, in-f°, t. I.

thèque impériale [1], cette reproduction n'a rien gardé de la pureté du maître florentin. Nous ignorons s'il faut s'en prendre à Rubens ou à Soutman, d'avoir transformé les Apôtres en d'épais paysans flamands sans aucune expression ; mais cette gravure ne donne aucune idée de la beauté sublime de l'original.

Rubens quitta Milan pour Gênes, où il se fixa pendant quelques mois. Il y peignit un grand nombre d'ouvrages pour des couvents et des églises, et fit plusieurs portraits ; il trouva même le temps de dessiner les palais anciens et modernes qui décoraient alors cette belle ville. Leur architecture bizarre et tourmentée avait sans doute fait une forte impression sur son esprit, puisqu'il se décida, quatorze ans plus tard, en 1622, à publier ce travail à Anvers, sous ce titre : « *Palazzi antichi e moderni di Genova, raccolti et disegnati da P.-P. Rubens.* »

---

[1] Grand in-folio, n° 387-302, t. II.

CHAPITRE XXIII

Rubens revient à Anvers en apprenant la maladie de sa mère. — Il se fixe dans cette ville, y épouse Isabelle Brant et s'y bâtit une maison. — Origine de son tableau de la *Descente de croix* et part de Nicolas Bockox dans la commande de ce chef-d'œuvre — Notice sur cet ami de Rubens : tableaux que le peintre exécute pour lui. — Autres amateurs anversois pour lesquels Rubens a travaillé.

1608 — 1640

Pendant que Rubens s'occupait à Gênes de préparer les éléments de cet ouvrage, il y reçut la nouvelle de la maladie de sa mère. L'éloignement et une absence de plus de huit années n'avaient point affaibli la tendresse que le peintre portait à celle qui lui avait prodigué tant de soins, depuis son enfance jusqu'à son départ d'Anvers. Il se hâta donc de quitter Gênes au commencement de novembre 1608 ; mais quelque diligence qu'il fît, il arriva trop tard pour revoir cette mère chérie : il apprit en route qu'elle avait cessé de vivre le 14 du même mois. On raconte qu'à son arrivée à Anvers, Rubens fut tellement accablé de chagrin, qu'il se retira pendant quelque temps à l'abbaye de Saint-Michel, dans l'église de laquelle sa mère avait été enterrée. C'est là que, d'accord avec son frère Philippe, sa sœur Blandine et ses neveux, il lui fit élever un monument dont il composa lui-même en latin l'inscription funéraire [1].

Après les premiers moments donnés à sa douleur,

---

[1] Elle est rapportée par Michel dans son *Histoire de Rubens*, p. 41.

Rubens parut hésiter à se fixer dans sa patrie. Si, d'une part, il y avait retrouvé des parents et des amis d'enfance, de l'autre, le climat humide et froid d'Anvers et les brouillards de l'Escaut ne pouvaient lui faire oublier le ciel tiède et limpide de Rome, le soleil brillant et doux de Venise, la considération dont il avait été entouré dans les principales villes d'Italie, enfin l'affection que lui portait le duc de Mantoue. Mais la renommée qui l'avait précédé faisait désirer à ses compatriotes, non moins qu'à l'archiduc Albert et à l'infante Isabelle, de le retenir en Flandre. Informés de l'intention que l'artiste avait manifestée de retourner en Italie, ces princes le mandèrent à Bruxelles, où ils le reçurent avec la plus grande distinction, lui commandèrent leurs portraits, et l'attachèrent à leur service par une patente du 23 septembre 1609, par laquelle ils le nommèrent peintre de leur hôtel.

Le retour de Philippe Rubens, qui eut lieu en février de cette même année, circonstance trop peu remarquée par les biographes, contribua, peut-être autant que la faveur des archiducs, à retenir notre artiste à Anvers. Bientôt, vers le mois d'octobre ou de novembre, il épousa Isabelle Brant, fille de Jean Brant, secrétaire de la ville d'Anvers. A l'occasion de ce mariage, Philippe Rubens composa, en vers latins, un épithalame, dans lequel il adressa ses félicitations, *animo et stylo*, à son frère et à sa jeune épouse, louant les vertus et les charmes d'Isabelle, et vantant le talent de Pierre-Paul :

... Cui Phœbi cortina patet, cui carmine digno
Et vis ingenii miràbilis et polygnoti
Sive et Apelleæ manus æmula decantetur [1].

Par cette union, Pierre-Paul se trouva de nouveau attaché à Anvers par les liens les plus étroits, et il ne songea plus à le quitter.

Pour s'y installer selon ses goûts et d'une manière définitive, il résolut d'y bâtir, sur ses plans, une vaste maison, dont il voulait faire à la fois un atelier et un musée.

Pendant son long séjour en Italie, Rubens avait copié pour lui-même un grand nombre des plus belles toiles de Titien, Paul Veronèse, Tintoret, Jules Romain et autres maîtres. En outre, avec le produit de la vente de ses propres tableaux, il avait acheté des statues, des bustes, des bas-reliefs, des vases antiques, des médailles, des gravures et d'autres objets précieux. Il désirait vivre au milieu de ces belles choses qui lui rappelaient ses voyages, ses études archéologiques, et les œuvres qu'il préférait parmi celles dues à l'art moderne. Il fit donc construire, dans la rue qui porte aujourd'hui son nom, une belle maison; et dans l'espace compris entre le jardin et la cour, il éleva un bâtiment en rotonde, percé de grandes fenêtres cintrées, et éclairé par le haut d'une lanterne, qui, selon Michel[2], rappelait la disposition du Panthéon de Rome.

---

[1] Voyez cette pièce de vers à la suite des *Electorum* de Philippe Rubens, p. 118 à 120.

[2] *Histoire de P.-P. Rubens*, p. 46.

Ce fut là qu'il établit son atelier et qu'il disposa tous ses objets d'art.

Si l'on s'en rapportait au même biographe [1], la construction de ce bâtiment aurait occasionné l'exécution par Rubens de la fameuse *Descente de Croix*, de la cathédrale d'Anvers. D'après cet auteur, en creusant les fondations d'un mur de clôture, Rubens aurait anticipé sur le terrain du *serment* ou confrérie des arquebusiers, ses voisins. Ceux-ci, s'en étant aperçus, députèrent leurs principaux chefs à Rubens pour lui déclarer qu'il empiétait sur leur terrain. Mais le peintre, fort de son droit et de sa bonne foi, refusa d'accéder à la réclamation. « A la fin, continue Michel, le différend devint si sérieux, qu'il allait prendre le train de la procédure. Mais le bourgeois Rockox, chef du serment et grand ami de Rubens, rompit le coup, en lui faisant voir que sa prétention sur ce peu de terrain était mal fondée. Sur quoi Rubens demanda des moyens pour s'accommoder..... Le chef ayant fait rapport des intentions de Rubens, les confrères résolurent que leur chef retournerait, avec plein pouvoir de proposer et conclure un amiable accord, en vertu duquel le serment des arquebusiers céderait à Rubens le peu de terrain dont il s'était déjà emparé, à condition qu'il donnerait au serment une pièce d'autel et ses volets, travaillés de sa main, pour leur chapelle à la cathédrale d'Anvers, représentant quelque pas-

---

[1] *Id.*, p. 111 et suiv. — Il a été suivi par M. Emile Gachet, Introduction aux *Lettres inédites de Rubens*, p. xv et suiv.

sage de la vie de saint Christophe, patron du serment.

« Cette offre parut à M. Rubens trop flatteuse pour ne pas prendre M. Rockox au mot, promettant de satisfaire à cette amiable transaction au plus tôt possible. Entre-temps, le génie docte de Rubens ne fit que ruminer sur ce mot *christophorus* qui, selon son étymologie grecque, signifie *portant le Christ;* et dans cette spéculation, il recorda que l'Écriture sainte fait mention de plusieurs portant le Christ. C'est pourquoi il adopta, par de saintes allégories, l'exécution de son projet, en donnant, non-seulement aux arquebusiers un seul Christophe, mais plusieurs; ce qu'il établit de la manière suivante :

« Il représenta, dans le grand panneau, le Christ qu'on descend de la croix, plusieurs personnages qui, par le moyen des échelles, détachent le Christ du haut de la croix, employant un linceul pour mieux soutenir le poids du sacré corps; au bas, d'autres prêtent leurs épaules et leurs mains; ainsi tous ceux qui y sont en action sont autant de portant le Christ, ou christophes.

« En second lieu, il se servit du volet droit pour y placer une allégorie dans le même sens, par la sainte Vierge Marie, enceinte, rendant visite à sa cousine Élisabeth.

« Il plaça sur le volet gauche le prêtre Siméon, portant le jeune Christ sur ses bras, lorsqu'il fut présenté au temple par la sainte Vierge et saint Joseph; de manière que, par ces saintes allégories, il trouva de quoi former des *christophes*, et d'étaler ses ingénieuses idées et les fruits de ses études sur l'histoire sacrée.

« Quand ce grand ouvrage fut achevé, le peintre fit avertir les arquebusiers : mais à peine furent-ils entrés dans son laboratoire que..... n'y voyant pas leur *Christophe*, ils exprimèrent leur mécontentement, et déclarèrent qu'ils ne voulaient pas de ces prétendus *christophes*, mais leur véritable patron, à l'exemple des autres serments. Rubens.... proposa, pour les contenter, un surplus à son accord, qu'en fermant les volets, il planterait sur les revers leur véritable patron, en forme colossale, un ermite la lanterne à la main, et un hibou sur un arbre. »

Telle est l'anecdote que le naïf historien de Rubens raconte, dans un style un peu tudesque, pour expliquer la cause qui donna lieu à Rubens de peindre la *Descente de croix*, son chef-d'œuvre.

Michel avait sans doute suivi la tradition, en composant son récit. Il déclare, en effet, dans la dédicace de son livre, au duc Charles-Alexandre de Lorraine et de Bar : « qu'il a nouvellement découvert des anecdotes relatives à son sujet, dans le sein des cabinets de ceux de la famille du chevalier Rubens et d'autres curieux du pays. » On doit donc croire qu'il n'aura fait que reproduire des faits consignés dans des papiers de famille. Cependant, les rédacteurs du Catalogue du musée d'Anvers révoquent en doute le récit de Michel et le traitent de roman, « dans lequel Rockox joue son personnage. »

« L'estime particulière de Rockox pour les œuvres de Rubens, dit ce catalogue [1], prenait sa source dans l'amitié qui régnait entre eux, et dont notre bourgmestre put donner, en 1611, une nouvelle preuve à l'illustre maître. Rockox était, à cette époque, chef-homme (hoofdman) du serment des arquebusiers. Les confrères ayant résolu de remplacer, par une nouvelle production de l'art, le tableau de l'autel qu'ils possédaient dans la cathédrale, leur choix, auquel sans doute Rockox ne demeura pas étranger, tomba sur Rubens. L'adjudication du chef-d'œuvre du maître, car il ne s'agissait de rien moins que de la célèbre *Descente de croix*, eut lieu le 7 septembre de cette année, dans la chambre des arquebusiers, et en présence de leur chef-homme. L'année suivante vit l'achèvement d'une des merveilles de la peinture d'histoire, qui orna, dès 1614, le nouvel autel du serment. Rubens donna, le 13 février 1621, une quittance générale de ce qui lui revenait (2,400 florins, outre une paire de gants pour Isabelle Brant, sa femme). Toutes ces particularités sont authentiques et tirées du registre même des arquebusiers, où l'on ne trouve rien de l'histoire d'une parcelle de terre du serment dont Rubens se serait emparé de bonne foi, et en compensation de laquelle il aurait promis

---

[1] 2ᵉ édit. 1857, p. 202-203.

à Rockox de peindre, pour l'autel des confrères, la *Descente de croix* et ses volets. »

Quelle que soit la cause qui ait fourni l'occasion à Rubens de peindre la *Descente de croix,* toujours paraît-il certain que la commande de ce tableau peut être attribuée à Rockox : n'aurait-il que ce seul titre au souvenir de la postérité, cet ami de Rubens mériterait de vivre dans la mémoire de tous ceux qui s'intéressent aux merveilles de l'art. Mais d'autres documents démontrent que Rockox aimait passionnément le peintre et ses ouvrages. L'intimité qui les unissait était ancienne dans leurs familles. Le père de Nicolas Rockox avait été trois fois bourgmestre d'Anvers, alors que Jean Rubens, père de Pierre-Paul, remplissait les fonctions de premier conseiller de la même ville. Cette position devait d'autant plus les rapprocher, qu'ils paraissent avoir partagé les mêmes opinions religieuses, ayant été accusés l'un et l'autre [1] de s'être montrés favorables à la doctrine de Luther. Nicolas Rockox, né à Anvers le 14 décembre 1560, avait dix-sept ans de plus que Pierre-Paul. Il avait épousé, le 5 septembre 1589, Adrienne Perez, fille d'un grand d'Espagne. Il jouissait sans doute d'une belle fortune et d'une grande considération, puisqu'il fit partie de la magistrature de sa ville natale, en qualité d'échevin, dès 1588, et qu'il fut créé chevalier, le 8 décembre 1599, par les archi-

---

[1] A tort, selon Michel, *Histoire de Rubens*, p. 6 à 12.

ducs Albert et Isabelle, lors de leur joyeuse entrée à Anvers. Le catalogue du musée de cette ville, auquel nous empruntons[1] ces renseignements, ajoute qu'en 1603 il remplit les fonctions de premier bourgmestre, auxquelles il fut encore élevé huit fois depuis.

Rockox, comme Rubens, était très-attaché aux jésuites d'Anvers. Il voulut donner à l'église de leur maison professe un autel en marbre, et une *Sainte famille*, peinte par Rubens. Étant bourgmestre, en 1620, il dota l'église des Récollets d'un maître-autel en marbre et d'un *Christ en croix, agonisant entre les deux larrons*, de la main du même artiste[2]. Pour conserver le souvenir de ce don, les religieux avaient fait graver ces vers sous les colonnes qui soutenaient l'entablement de l'autel :

> Hanc Christo Domino posuit Rococcius aram ;
> Expressit tabulam Rubeniana manus.
> Dextram artificis, seu dantis pectora cernas,
> Nil genio potuit nobiliore dari.

La chapelle sépulcrale de la famille Rockox se trouvait dans l'église des Récollets. Ayant perdu sa femme, en 1629, Rockox fonda, dans cette église, la chapelle de l'Immaculée-Conception, et voulut que le tombeau de sa femme, qui devait être un jour le sien, y fût placé. Pour le mieux décorer, il pria son ami Rubens de l'orner de peintures. L'ar-

---

[1] P. 204.

[2] Ce tableau a été gravé par B.-A. Solswert ; on peut en voir une épreuve dans l'œuvre de Rubens au Cabinet des estampes.

tiste y peignit une composition en trois parties, ou triptyque, représentant l'*Incrédulité de saint Thomas, auquel Jésus-Christ apparaît après sa résurrection.* L'église des Récollets d'Anvers ayant été détruite après la révolution française, cette composition se trouve maintenant au musée de cette ville, et voici la description qu'en donne le catalogue :

« Le Christ a le torse et les bras nus ; le reste du corps est enveloppé d'une draperie rouge. Il occupe la moitié de droite du tableau, et montre ses plaies à saint Thomas, à saint Pierre et à saint Jean, debout du côté opposé. — Fond uni.

« Volet de droite. — Portrait du chevalier Nicolas Rockox, ami du peintre. Il est représenté la tête nue, les cheveux ras, la moustache légèrement retroussée et la barbe en pointe. Il est vêtu d'un justaucorps de velours noir, d'où se dégage la fraise, et que recouvre un manteau noir doublé de martre. Sa main droite repose sur sa poitrine ; de la gauche, il tient un petit livre d'heures. — Fond. Intérieur, partie d'un portique.

« Revers du volet précédent. — Les armoiries de N. Rockox ; plus bas, une tête d'ange en grisaille, surmontant un cartouche.

« Volet de gauche. — Portrait de la femme de Rockox. Adrienne Perez a les cheveux retroussés et maintenus par une coiffe de velours noir, se terminant en patte sur le front. Sa robe noire, d'où sort la fraise, est rehaussée par un collier de perles blanches. Elle tient des deux mains un chapelet de corail. — Fond orné d'une draperie pourpre, suspendue au-dessus du personnage.

« Revers du volet précédent. — Les armoiries de Rockox Perez; plus bas, une tête d'ange en grisaille, surmontant un cartouche [1]. »

Ces tableaux n'étaient pas les seuls que Rubens eût faits pour Rockox. D'après le témoignage de Mariette [2], le peintre avait composé pour son ami : « *Dalila faisant couper les cheveux de Samson qui s'est endormi sur ses genoux*, gravé au burin par Jacques Matham, et dédié par lui à Rockox, qui possédait le tableau. »

Rubens doit avoir fait plusieurs fois le portrait de Rockox, et il l'a sans doute fait figurer, sous le nom de quelque saint ou de personnages historiques, dans plusieurs de ses grands tableaux. Toutefois, avec le portrait dont nous venons de donner la description, d'après le catalogue du musée d'Anvers, on n'en cite qu'un autre de la main de Rubens : c'est celui qui se trouvait, en 1840, dans la collection de M. Schamp d'Aveschoot, à Gand [3]. Mais Van Dyck, qui était également lié avec notre bourgmestre, a fait aussi son portrait, qui a été gravé par Paul Pontius. Nicolas Rockox mourut sans enfants, le 12 décembre 1640, environ six mois après son ami Rubens.

---

[1] Catalogue du musée d'Anvers, nos 275 à 279. P. 200 à 205.
[2] *Abecedario*, v° P.-P. Rubens, p. 73.
[3] N° 244 du Catalogue, cité par M. Van Hasselt, dans son *Catalogue de l'œuvre de Rubens*, p. 344, n° 1153.

Parmi les amateurs anversois pour lesquels le peintre travailla, on doit mentionner : Gaspard Charles, pour lequel il fit le tableau de la *Communion de Saint-François d'Assise* [1]; l'abbé de Saint-Michel, nommé Van der Sterren, auquel il donna son portrait, et à la demande duquel il peignit une *Adoration des mages*, pour l'église de cette abbaye; les Pères Jésuites, les Capucins et les Augustins d'Anvers; le doyen des confrères de Saint-Roch, à Alost; les familles Plantin-Moretus, Alexandre Goubau et Michelsens, d'Anvers; son confesseur Ophovius, plus tard évêque de Bois-le-Duc; le président Richardot; le docteur Van Thulden; le bourgmestre Van Kessel, et beaucoup d'autres dont il fit les portraits [2].

CHAPITRE XXIV

Gaspar Gevaërts, ami intime de Rubens. — Sa naissance, sa famille, son éducation, son premier ouvrage. — Il sert d'intermédiaire aux relations de Peiresc avec Rubens.

1593 — 1620

Mais de tous ces personnages, aucun ne vivait avec Rubens dans une intimité comparable à celle qui l'unissait à Gaspar Gevaërts, secrétaire de la

---

[1] Placé autrefois dans l'église des Récollets, et maintenant au musée d'Anvers, sous le n° 273.
[2] Voy. Michel, *Histoire de Rubens*, p. 80, 83, 96, 103, 119 et 188.

ville d'Anvers. En parcourant la correspondance de ces deux hommes, on demeure convaincu qu'ils n'avaient point de secret l'un pour l'autre, et que, rapprochés par une conformité de goûts et de sentiments, une instruction classique également profonde, un amour aussi vif pour la vénérable antiquité, l'artiste et le philologue vivaient ensemble dans les plus affectueuses relations.

Jules Gaspar Gevaërts naquit à Anvers, en 1593. Son père, Jean Gevaërts, était un savant jurisconsulte, fort versé dans l'histoire de sa patrie, et qui fut employé par les gouverneurs des Pays-Bas dans plusieurs négociations importantes. L'épitaphe de son tombeau [1], dans la cathédrale d'Anvers, constate qu'il fut envoyé en Hollande par l'archiduc Albert et l'infante Isabelle, en 1607, pour y traiter de la paix avec les états généraux. S'il ne réussit pas complétement, il parvint au moins à conclure une trêve de douze années, bienfait immense après quarante ans d'une guerre acharnée. Ayant perdu sa femme, Cornélie Aertz, Jean Gevaërts se retira du monde, se fit admettre au nombre des chanoines de la cathédrale d'Anvers, et mourut dans cette ville en 1613, à l'âge de soixante-dix ans. Son épitaphe, composée sans doute par son fils Gaspar, en rappelant l'éclatant service rendu par le négocia-

---

[1] Ce monument a été gravé par Lommelin, et se trouve dans le t. Ier, in-fol. de l'Œuvre de Rubens, au Cabinet des estampes. C'est de l'inscription rapportée au bas de cette gravure que nous avons extrait les détails qui précèdent sur Jean Gevaërts.

teur à sa patrie, se termine par ces vers touchants, adressés au voyageur qui viendra visiter son tombeau :

> Huic cineri pacem, requiemque precare viator ;
> Qui jacet hic paci dulce paravit iter.

Jean Gevaërts fit faire à son fils Gaspar de très-fortes études, et il lui transmit l'amour des lettres et le goût des recherches sur l'antiquité ainsi que sur l'histoire des Pays-Bas. Après avoir étudié successivement chez les Jésuites d'Anvers, à Louvain et à Douai, le jeune homme se rendit à Paris, où il se lia particulièrement avec plusieurs magistrats aussi savants qu'intègres, tels que Peiresc, son frère, M. de Valavès, et Henri de Mesmes, qui devint plus tard conseiller d'État. C'est à ce dernier qu'il dédia ses trois livres d'*Electorum*, publiés à Paris, in-4°, chez Sébastien Cramoisy, en 1619[1]. Cet ouvrage, comme celui de Philippe Rubens, est un commentaire explicatif de plusieurs passages obscurs de différents auteurs grecs et latins. Gevaërts y montre une connaissance approfondie des textes et une grande science philologique, qualités fort appréciées par les érudits du dix-septième siècle. Revenu à Anvers, il fut nommé secrétaire de la ville, et quelques années après l'empereur Ferdinand III le créa conseiller d'État et le nomma son historiogra-

---

[1] L'exemplaire de la Bibliothèque impériale, Z, 423, est celui que Gevaërts avait offert à son ami Pierre Dupuy, et sur la feuille en regard du titre on lit la dédicace latine écrite de sa main.

phe. Retenu dans sa patrie par les fonctions qu'il remplissait auprès du conseil communal, Gevaërts n'en sortit plus, et il employa tout le temps dont sa charge lui permettait de disposer à écrire une histoire des ducs de Brabant, à publier une nouvelle édition des *Imperatorum romanorum icones* de Goltzius, à préparer un commentaire sur les Pensées de Marc-Aurèle, qu'il ne publia point, enfin à composer des poésies latines à l'occasion d'événements importants, de fêtes et d'autres circonstances [1].

Nous ignorons l'origine de sa liaison avec Rubens; mais il est probable qu'elle remontait à leur jeunesse, car une lettre de Peiresc à Gevaërts, du 25 octobre 1619 [2], montre que ce dernier avait fait des démarches au nom de Rubens, *son grand ami*, pour obtenir, par l'entremise de Peiresc, le privilége de vendre en France les estampes des *Palais de Gênes*, et les autres planches que Rubens publia plus tard.

C'est ainsi que Peiresc entra en relation avec Rubens, « dont il estimait grandement, écrit-il, l'éminente vertu. » Très-curieux des objets de l'art antique, il pria Gevaërts de lui donner la copie de l'inventaire des belles antiquités que possédait l'artiste. Gevaërts la lui ayant envoyée, Peiresc le

[1] Par exemple sur la statue de Henri IV, inaugurée à Paris, sur le Pont-Neuf, en 1614. — Voy. dans la *Biographie universelle* de Michaud, v° Gevartius, Gaspar, l'indication des ouvrages de ce philologue et la date de leur publication.

[2] Dans les *Lettres inédites de P.-P. Rubens*, publiées par M. Émile Gachet. Bruxelles, 1840, in-8°, après l'Introduction, p. 1re, n° 1.

chargea, par une lettre du 17 juin 1620[1], « de remercier Rubens de tant d'offres de son honnêteté, ne pouvant assez admirer la richesse de ses figures. « Je voudrais bien pouvoir, ajoute-t-il, faire un voyage en ce pays-là, pour en avoir la vue, et surtout de ces belles têtes de Cicéron, de Sénèque et de Chrysippus, dont je lui déroberais possible un petit griffonnement sur du papier, s'il me le permettait. » Bientôt Rubens, allant au-devant de ce désir, envoya en cadeau à Peiresc un exemplaire de ses gravures, et il lui promit de lui faire lui-même des dessins de ses bustes antiques. Peiresc se montra « fort glorieux de cette promesse; il n'appréhendait, si ce n'est que ce fût trop de besogne, et qu'il n'eût pas de quoi s'en revancher, quoiqu'il voulût bien en chercher tous les moyens à lui possibles à son endroit [2]. »

CHAPITRE XXV

Le baron de Vicq, l'abbé de Saint-Ambroise et la galerie de Marie de Médicis. — Rubens à Paris, se lie avec Peiresc, M. de Valavès et les frères Dupuy, et entretient avec eux une active correspondance.

1621—1627

Peu de temps après cette lettre, Peiresc trouva l'occasion qu'il cherchait depuis longtemps de voir

---

[1] *Id., ibid.*, p. 2, n° II.
[2] *Id., ibid.*, lettre à Gevaërts, du 3 octobre 1620, p. 3, n° III.

Rubens, et de lier avec lui connaissance autrement que par lettres. On sait qu'après avoir fait construire le palais du Luxembourg, sur le modèle du palais Pitti de Florence, la reine Marie de Médicis résolut, vers 1621, de le faire décorer de peintures représentant l'histoire de sa vie. Les archiducs Albert et Isabelle avaient alors pour ambassadeur à la cour de France le baron de Vicq, ami et grand admirateur de Rubens. Cet envoyé vanta le talent du peintre flamand, et l'éloge qu'il en fit fut chaudement appuyé par l'aumônier de la reine, Claude Maugis, abbé de Saint-Ambroise, grand amateur et collectionneur d'estampes, bon connaisseur en fait de peintures, et au demeurant homme de goût et de savoir, dont Philippe de Champaigne a fait le portrait, qui a été gravé par L. Vosterman [1]. La reine résolut donc de charger Rubens des peintures du Luxembourg, et elle pria le baron de Vicq de faire connaître son désir à l'artiste. Rubens s'empressa de répondre à cet appel, en se rendant à Paris au commencement de l'année suivante. Présenté à Marie de Médicis par l'ambassadeur flamand, il accepta le périlleux honneur de représenter, à l'aide de l'histoire et de l'allégorie, les principaux événements de la vie agitée de cette princesse. Pour la mettre à même d'apprécier son imagination et le style dans lequel il entendait exécuter son sujet, le

---

[1] L'abbé de Marolles, dans son *Livre des peintres et graveurs*, réimprimé par M. Janet, édit. elzévir., 1855, parle de l'abbé de Saint-Ambroise comme de *son sincère ami*, p. 19, XIVe quatrain.

peintre fit des esquisses ou cartons en grisaille, qu'il donna plus tard à l'abbé de Saint-Ambroise, chez lequel de Piles put les voir. Malheureusement, ces cartons ne sont pas restés en France : dix-huit d'entre eux sont aujourd'hui au musée de Munich, et on ignore ce que les trois autres sont devenus [1]. Dès qu'il fut de retour à Anvers, Rubens se mit à l'œuvre avec sa verve et son ardeur accoutumées; et quatre ans ne s'étaient pas écoulés, qu'il avait entièrement achevé les vingt et une compositions capitales qui font aujourd'hui l'un des principaux ornements de la grande galerie du Louvre. Vers le commencement de 1625, selon la correspondance de Rubens, ainsi que le démontre la notice sur cet artiste de M. Villot [2], elles étaient disposées dans la galerie du Luxembourg aux places qu'elles y ont conservées jusqu'à l'époque de notre première révolution.

L'exécution de ces grandes et brillantes toiles avait obligé Rubens à faire plusieurs voyages à Paris. C'est pendant l'un de ses premiers séjours dans cette ville, au commencement de 1622, qu'il y rencontra Peiresc, et qu'il acheva de resserrer avec lui des relations commencées par la correspondance du savant magistrat français avec Gevaërts. Peiresc fut tellement charmé de ses entretiens avec Rubens, qu'il ne put s'empêcher d'écrire à Gevaërts, de Paris, le 26 février 1622, la lettre suivante, qui

[1] Catalogue du Musée du Louvre, école flamande, édit. 1852, p. 231.
[2] Id., ibid., p. 230, n° 434.

peint bien son amour pour les lettres et les arts, et qui montre également quelle impression favorable Rubens laissait de sa personne, de son instruction et de son amabilité aux hommes les plus compétents pour le bien juger. — « Monsieur, la bienveillance de M. Rubens, que vous m'avez procurée, m'a comblé de tant de bonheur et de contentement, que je vous en devrai des remercîments tout le temps de ma vie, ne pouvant assez me louer de son honnêteté, ni célébrer assez dignement l'éminence de sa vertu et de ses grandes parties, tant en l'érudition profonde et connaissance merveilleuse de la bonne antiquité, qu'en la dextérité et rare conduite dans les affaires du monde, non plus que l'excellence de sa main, et la grande douceur de sa conversation, en laquelle j'ai eu le plus agréable entretien que j'eusse eu de fort longtemps, durant le peu de séjour qu'il a fait ici. Je vous porte une grande envie d'avoir la commodité que vous avez d'en jouir d'ordinaire comme vous pouvez, même à cette heure que vous avez acquis une charge nouvelle dans Anvers, laquelle vous en approchera davantage que vous n'espériez. Je vous félicite de bon cœur l'un et l'autre bien, et prie Dieu qu'il vous en fasse longuement jouir; vous suppliant de me continuer les mêmes bons offices en son endroit, et me conserver en l'honneur de ses bonnes grâces et des vôtres[1]. »

C'est pendant son séjour à Paris que Rubens

---

[1] Emile Gachet, *Lettres inédites de Rubens*, p. 5, n° v.

se lia également avec M. de Valavès, frère de Peiresc, ainsi qu'avec les deux frères Jacques et Pierre Dupuy, le premier, garde de la bibliothèque du roi, l'autre, conseiller du roi et ensuite garde de sa bibliothèque. Lorsqu'il fut revenu définitivement à Anvers, Rubens continua d'entretenir avec ces savants une active et très-intéressante correspondance, roulant sur des sujets d'érudition, d'histoire et de philologie, et plus souvent encore sur des monuments de l'antiquité, tels que médailles, camées et autres objets d'art, dont il faisait un échange avec Peiresc et son frère, ou encore sur des découvertes alors récentes faites à Rome [1]. Les lettres de l'artiste montrent la variété de ses connaissances et l'étonnante activité de son esprit. Après les avoir lues, il est permis d'affirmer que Rubens était un savant de premier ordre, capable de rivaliser avec les érudits de profession les plus remarquables de son siècle, et l'emportant même sur eux par la facilité avec laquelle il parlait et écrivait les principales langues modernes de l'Europe [2]. On peut dire que sa main savait se servir aussi bien de la plume que du pinceau, et que le temps qu'il donnait à l'art n'était pas perdu pour les lettres, puisque, tout en peignant, il se faisait lire les plus beaux passages des principaux écrivains de l'antiquité, spécialement d'Ho-

[1] Voy., entre autres, sa lettre à Peiresc du 10 mai 1628, en italien, sur la peinture antique des *noces aldobrandines*, découverte en 1606 sur le mont Esquilin.
[2] Le flamand, l'allemand, l'anglais, le français, l'espagnol et l'italien, qu'il préférait aux autres, et dont il faisait un fréquent usage.

mère, Virgile et Plutarque[1]. C'est donc avec raison que Peiresc félicitait Gevaërts de posséder un tel ami, et lui portait envie « d'avoir la commodité d'en jouir d'ordinaire. »

CHAPITRE XXVI

Second voyage de Rubens en Espagne. — Il fait, pour Gevaërts, des recherches dans les manuscrits grecs de Marc-Aurèle, à l'Escurial. Intelligence supérieure de Rubens. — Passages d'une de ses lettres à Gevaërts, où il lui recommande son fils Albert, après la mort d'Isabelle Brant.

1628—1629

On sait que Rubens, mêlé d'abord aux négociations qui se poursuivaient en Hollande entre l'Espagne, l'Angleterre et les Provinces-Unies, fut, en 1628, envoyé à Madrid auprès du roi Philippe IV, qui avait manifesté à l'infante Isabelle le désir de le voir. Gevaërts, qui préparait alors un commentaire sur les *Pensées de Marc-Aurèle*, voulut profiter du voyage de son ami pour s'assurer s'il ne pourrait pas trouver quelque texte inédit ou inconnu de cet auteur dans les manuscrits de la bibliothèque de l'Escurial ; il chargea donc Rubens de faire cette recherche, et de collectionner avec soin ces manuscrits. Bien que l'artiste fût très-préoccupé de sa mission politique, principal objet de son voyage, et que, d'un autre côté, il fût obligé, pour satisfaire le

[1] Michel, *Histoire de Rubens*, p. 252.

roi et les principaux seigneurs de sa cour, d'employer presque toutes ses journées à peindre soit des portraits, soit des tableaux de sa composition ; il sut néanmoins trouver le temps de rendre ce service à Gevaërts. Voici la lettre qu'il lui écrivait à ce sujet, le 29 décembre 1628, quelque temps après son arrivée à Madrid. On y voit qu'il avait été feuilleter les manuscrits grecs et les livres de la bibliothèque de *San-Lorenzo*, pour y trouver le texte complet des douze livres du traité de Marc-Aurèle Antonin.

« J'ai fait, lui écrit-il, quelque diligence pour savoir s'il serait possible de trouver dans les bibliothèques particulières quelque chose de plus que ce qui est connu jusqu'ici de votre Marcus, mais je n'ai encore rien obtenu. Il ne manque cependant pas de gens qui affirment avoir vu dans le célèbre trésor de Saint-Laurent deux manuscrits portant le titre du divin Marcus. Mais, d'après les circonstances, d'après le volume et l'apparence des manuscrits, car j'avais affaire à un homme qui ne savait pas un mot de grec, je n'en augure rien de nouveau ni d'important ; je pense même que le tout est connu et ne compose que les œuvres de Marcus depuis longtemps publiées. Il ne m'appartient pas de rechercher si l'on peut, en collationnant les textes, en tirer quelque lumière ou un déluge de gloses (*aut sordium eluvies*) ; le temps, mon genre de vie, mes études, m'enchaînent d'un autre côté, et, de plus, mon génie particulier m'éloigne de ce profond sanctuaire des Muses. . . . . . . Je voudrais voir le volume des inscriptions d'Afrique, non-seulement pour votre Marcus et dans le désir de vous rendre service (ce que d'autres peuvent faire et même avec plus d'exactitude), mais pour satisfaire à mes goûts particuliers[1]. » — Ainsi ce grand artiste était également un érudit de premier ordre, capable, comme Juste-Lipse, de discuter et commenter les textes les plus obscurs des manuscrits grecs ou latins. Nous ne croyons pas qu'il ait jamais existé un artiste aussi profondément, aussi universellement instruit que Rubens, ni mieux doué du côté de l'intelligence. Sous ce rapport, Léonard de Vinci et Michel-Ange peuvent seuls être mis en comparaison avec lui ; et si Michel-Ange est supérieur à tous, c'est parce qu'il était aussi grand poëte qu'artiste également éminent dans la statuaire, la peinture et l'architecture. Ce qu'il y a de remarquable, à l'éternel honneur de l'art, c'est que ces trois grands hommes d'un si prodigieux génie furent également au nombre des plus honnêtes de leur siècle, comme Raphaël, Corrége, Titien, Albert Durer, Poussin, Lesueur et tant d'autres. Preuve éclatante que l'amour et l'étude de l'art élèvent l'âme, la soutiennent, par l'idéal, à la source des sentiments vrais et désintéressés, loin des vils désirs que font naître l'ambition et l'amour des richesses, ces deux grands mobiles qui dirigent la

---

[1] Emile Gachet, *Lettres inédites de Rubens*, p. 224, n° LXI.

plupart des hommes. Si Rubens consentit à servir d'agent secret à l'archiduchesse Isabelle, au roi d'Espagne et au roi d'Angleterre pour nouer des négociations délicates, on ne doit pas oublier que le but de ces négociations était d'obtenir la fin de la guerre qui désolait depuis si longtemps une grande partie de l'Europe. En plaçant sa mission sous le patronage de sa réputation d'artiste, les rois honoraient son génie, et Rubens rendait à son pays et à l'humanité un service signalé, puisqu'il faisait servir l'art à rétablir la paix du monde, *pax optima rerum*.

Avant son départ pour l'Espagne, il avait perdu, le 29 septembre 1626 [1], sa première femme Isabelle Brant, dont la mort lui causa un très-vif chagrin. Il en avait eu deux enfants, Albert et Nicolas, ce dernier très-jeune encore au décès de sa mère. En quittant la ville d'Anvers, Rubens avait vivement recommandé ses enfants à son fidèle Gevaërts. Dans sa lettre du 29 décembre 1628, il lui dit : « Je vous supplie de prendre mon petit Albert, cet autre moi-même, non pas dans votre sanctuaire, mais dans votre musée. J'aime cet enfant, et c'est à vous, le meilleur de mes amis, à vous le pontife des Muses, que je le recommande vraiment, pour que vous en preniez soin, de concert avec mon beau-père et mon frère Brant, soit pendant ma vie, soit après ma mort. »

---

[1] Suivant Michel, *Histoire de Rubens*, p. 154, en juin ou juillet de la même année, selon M. Gachet, p. xxxvii et la note. L'opinion de M. Gachet me paraît d'accord avec l'épitaphe d'Isabelle Brant, composée par Rubens lui-même, et rapportée par Michel, p. 154.

CHAPITRE XXVII

De Madrid, Rubens revient à Anvers et repart pour l'Angleterre. — Impression que produit sur lui la vue de ce pays. — Lettre à Gevaërts à l'occasion de la mort de la femme de ce dernier. — Il déplore les lenteurs qui retardent la paix. — Ses relations avec les familles Van Halmale et Clarisse, d'Anvers.

1629—1630

Rubens quitta Madrid le 26 avril 1629, traversa Paris, sans s'y arrêter, le 12 mai, et quelques jours après il était à Bruxelles. Mais l'infante le fit repartir presque immédiatement pour l'Angleterre. Tout en y poursuivant la conclusion de la paix, notre peintre fit plusieurs portraits, et composa, pour le comte d'Arundel [1] et d'autres grands seigneurs, quelques grands tableaux qui excitèrent l'admiration des connaisseurs, alors peu nombreux dans ce pays. Mais ce n'est point pendant son séjour à Londres, comme on l'a cru longtemps, que Rubens exécuta les fameuses peintures du plafond de White-Hall. Il résulte de documents authentiques, publiés récemment par M. Carpenter [2], que ces toiles furent peintes par Rubens à Anvers, et terminées en 1637; il reçut trois mille livres sterling pour ces compositions, et le roi d'Angleterre lui donna en outre une chaîne et une médaille en or.

---

[1] Voy. la notice qui précède sur cet amateur.
[2] *Mémoires et documents sur Ant. Van Dyck et P.-P. Rubens, traduits par L. Hymans.* Anvers, 1845, gr. in-8°, p. 206 et suiv.

La vue de l'Angleterre produisit sur Rubens une impression profonde, si l'on en juge par ce passage d'une de ses lettres adressée à Pierre Dupuy, de Londres, le 8 août 1629 :

« Si j'avais, dans ma jeunesse, visité en si peu de temps des contrées et des cours si différentes, cela m'aurait été alors bien plus utile qu'à l'âge où je suis. Mon corps serait un peu plus robuste pour endurer les incommodités de la poste, et mon esprit, par l'expérience et la connaissance des peuples les plus divers, aurait pu se rendre capable de plus grandes choses dans l'avenir. Au lieu que mon corps consume aujourd'hui ce qui lui reste de forces, et que je n'aurai plus le temps de jouir du fruit de tant de fatigues. Je n'y aurai gagné que de pouvoir mourir plus savant. — Pourtant, je me console en songeant avec délices à toutes les belles choses que j'ai rencontrées sur ma route. Cette île, par exemple, me paraît un théâtre tout à fait digne de la curiosité d'un homme de goût, non-seulement à cause de l'agrément du pays et de la beauté de la nation, non-seulement à cause de l'apparence extérieure, qui m'a paru d'une recherche extrême, et qui annonce un peuple riche et heureux au sein de la paix ; mais encore par la quantité incroyable d'excellents tableaux, de statues et d'inscriptions antiques qui se trouvent dans cette cour [1]. »

Rubens fit à Londres un assez long séjour. De-

---

[1] Emile Gachet, p. 230, n° LXXII.

puis son départ d'Anvers, Gevaërts avait perdu sa femme ; précédemment, la mort lui avait enlevé, à l'âge de douze ans, le fils unique issu de ce mariage : « *Eximiæ spei puer*, dit son épitaphe [1], *qui parenti luctum et desiderium incomparabile reliquit.* » C'était sans doute pour combattre cette douleur inguérissable, que Gevaërts avait entrepris d'étudier et de méditer les œuvres de Marc-Aurèle. Mais Rubens, qui connaissait bien le cœur humain, ne paraît pas convaincu que les préceptes du prince philosophe auront le pouvoir de consoler son ami. — « Je crains, lui écrit-il de Londres le 15 septembre 1629 [2], de vous rappeler la perte de votre chère compagne ; j'aurais dû le faire immédiatement ; et maintenant, ce ne sera plus autre chose qu'un devoir d'obligation très-intempestif, et un renouvellement importun de votre douleur, puisqu'il vaut mieux engager à oublier qu'à rappeler sans cesse le passé. Si l'on doit espérer de la philosophie quelque consolation, il vous en reste une source abondante dans votre intérieur. Je vous renvoie au riche trésor de votre *Antoninus*, où vous avez, en conservateur libéral, de quoi distribuer même à vos amis. Je n'ajouterai plus que ce pauvre genre de consolation, c'est que nous sommes à une époque où la vie n'est possible qu'en se débarrassant de tout ce qui accable, ainsi que fait le marin lorsqu'il navigue

---

[1] Au-dessous du tombeau de Jean Gevaërts, et gravée, avec ce monument, dans l'Œuvre de Rubens du Cabinet des estampes.

[2] Emile Gachet, p. 241.

au milieu des tempêtes [1]. » Au commencement de cette lettre, il s'excuse d'avoir tardé à lui écrire depuis son arrivée à Londres : — « Vous avez l'habitude de me prévenir toujours et de me surpasser en courtoisie, sans vouloir faire attention à mes fautes, ni au peu d'empressement que je mets à vous honorer et à vous servir comme je le devrais. Dieu sait pourtant que je manque seulement à votre égard dans les démonstrations extérieures, et que j'ai toujours pour vous la même estime et la même affection cordiale, ainsi que je vous le prouverai par des faits dès que vous me procurerez pour vous servir une occasion que j'attends avec impatience. J'espère au moins que mon fils, qui a eu aussi une grande part à vos faveurs, et qui doit à la bonne instruction que vous lui avez donnée la meilleure partie de lui-même, sera mon héritier et s'acquittera de toutes mes obligations envers vous. J'aurai pour lui d'autant plus d'estime que vous lui en montrerez davantage, car votre jugement a plus de poids en cela que le mien. Pourtant, j'ai toujours trouvé en lui de la bonne volonté. Il m'est très-agréable d'apprendre que, grâce à Dieu, il est maintenant rétabli, et je vous remercie infiniment de cette bonne nouvelle, ainsi que de l'honneur et de la consolation que vous lui avez apportée en le visitant pendant sa maladie. Il est jeune, et si la nature suit son cours, il ne mourra pas avant nous.

---

[1] Ce passage et les phrases précédentes sont en latin dans la lettre de Rubens, écrite pour le surplus en flamand

Dieu veuille lui accorder de vivre honorablement! car, comme dit la fable, il n'importe pas de vivre longtemps, mais de bien vivre : « *Neque enim quamdiu, sed quam bene agatur fabula refert.* »

Dans une autre lettre à Gevaërts, de Londres, le 23 novembre 1629, Rubens laisse voir tout son chagrin des lenteurs qui retardaient les négociations relatives à la paix entre l'Angleterre et l'Espagne. — « Nous aspirons maintenant après l'arrivée de don Carlos Coloma (l'ambassadeur d'Espagne), qui s'est fait précéder de ses bagages à Dunkerque, et nous n'attendons que l'avis du départ de l'ambassadeur d'Angleterre pour l'Espagne; il a maintenant reçu l'ordre de se mettre en route. J'espère donc que nous pourrons bientôt venir en personne vous servir, vous et nos autres amis. . . . . . On parle ici beaucoup de la trêve, et les avis de Hollande donnent presque tous l'espoir du succès. Malgré le plaisir que me fait éprouver la naissance de notre prince d'Espagne [1], je dois avouer que la nouvelle de notre paix ou trêve m'en ferait éprouver beaucoup plus que toutes les autres affaires du monde. Mon retour ne m'en serait que plus agréable, et je resterais désormais dans ma maison. » Il termine en priant Gevaërts « de vouloir bien faire ses humbles et sincères salutations à M. Rockox, ainsi qu'à MM. Halmale et Clarisse, en leur témoignant toute son affection [2]. »

[1] Fils de Philippe IV.
[2] Emile Gachet, p. 245.

Hendrick Van Halmale, échevin d'Anvers [1], était sans doute parent de Paul Halmale, sénateur d'Anvers, que Théodore Galle appelle : *Artis scultoriæ cultor et patronus*, et auquel il a dédié sa gravure de l'*Ecce homo*, d'après Rubens [2]. Quant à la famille Clarisse, elle était très-liée avec celle du peintre. Philippe Rubens a célébré dans une ode le mariage de Marie Clarisse avec Jean Wover [3]. La famille Clarisse se composait de Louis Clarisse, sénateur d'Anvers, et de Marie Nerot, sa femme; de Roger Clarisse, *urbis ab elemosynis*, ou, comme on dirait aujourd'hui, membre du bureau de bienfaisance d'Anvers, et de Madeleine Schotte, sa femme. C'est du moins ce que l'on peut inférer de la gravure de Lucas Vorsterman, qui leur est dédiée, et qui reproduit le *Nolite timere*, ou l'apparition de Jésus-Christ aux saintes femmes, d'après Rubens. Le peintre aura sans doute représenté dans ce tableau les deux dames Clarisse. L'une d'elles, sur le premier plan, cherche à s'envelopper dans un voile, pour éviter les rayons lumineux qui s'échappent du corps de Jésus-Christ; elles sont suivies d'autres femmes. On retrouve ici au naturel les traits doux et agréables des Flamandes, que Rubens prenait constamment pour types de la beauté féminine, mais qui n'ont rien de l'idéal de Raphaël, ou de la grâce vénitienne du Titien.

[1] *Id., ibid.*, à la note.
[2] Voy. l'œuvre du maître au Cabinet des estampes, t. II.
[3] Voy. cette pièce de vers à la suite des *Electorum*, p. 116 à 118.

CHAPITRE XXVIII

Retour de Rubens à Anvers. — Son second mariage avec Héléna Forment. — Il s'éloigne des affaires publiques, et consacre tout son temps au travail et à ses amis. — Ses sentiments intimes exposés dans ses lettres à Peiresc.

1630—1636

Rubens était de retour à Anvers avant le mois d'août 1630, ainsi qu'on le voit par une lettre du 8 de ce mois, écrite par lui de cette ville à Peiresc. La paix entre l'Espagne et l'Angleterre n'était pas encore signée, mais les bases en avaient été arrêtées de telle sorte, que sa conclusion n'était plus douteuse. Elle fut proclamée le 5 décembre 1630, et définitivement signée ou ratifiée le 17 du même mois. A cette occasion, le roi Charles Ier, d'Angleterre, bien digne d'apprécier le génie et le caractère de l'envoyé d'Isabelle, le créa chevalier [1], et lui donna en même temps la magnifique épée dont il s'était servi pour sa réception.

Ainsi comblé d'honneurs et satisfait du succès de sa mission, Rubens, aspirant à jouir dans sa patrie de la considération qu'il s'était acquise par tant de travaux, résolut de se donner une seconde compagne. Bien qu'âgé de cinquante-trois ans, séduit, en véritable artiste, par la beauté remarquable d'une de ses compatriotes, il épousa, le 6 décembre

---

[1] Le roi d'Espagne, Philippe IV, lui accorda la même distinction.

1630, la jeune Hélène Forment, qui atteignait à peine sa seizième année, et dont il a immortalisé les traits dans un grand nombre de toiles.

Depuis cette époque, Rubens s'éloigna peu à peu des affaires publiques. A part une mission qu'il avait acceptée de l'infante, en 1633, pour négocier de la paix en Hollande, mission arrêtée par les états avant même l'entrée de Rubens dans les Provinces-Unies, l'artiste vécut, soit à Anvers, soit à sa terre de Steen, près de Malines, occupé, autant que la goutte dont il souffrait depuis longtemps le lui permettait, de ses peintures et de ses études sur l'antiquité; jouissant de la société de ses amis, et avant tout de l'intimité de Rockox et de Gevaërts. Il continuait également d'entretenir sa correspondance avec Peiresc et Pierre Dupuy, et à éclaircir avec eux les doutes qu'il avait sur certains objets dont les anciens faisaient usage, tels que trépieds, chaudrons, tables, candélabres, etc., etc. Il passait en revue les nouvelles découvertes d'antiquités, encourageait les dessins du jeune graveur Mellan, et, fidèle à son amour pour la paix, n'oubliait pas d'exprimer ses regrets sur le sac de Mantoue, prise le 22 juillet 1630, par les Impériaux, qui avaient mis à mort la plus grande partie des habitants : « Ce qui m'afflige infiniment, dit Rubens, ayant servi bien des années la maison de Gonzague, et joui dans ma jeunesse du séjour délicieux de ce pays; *sic erat in fatis* [1]. »

[1] Lettre à Peiresc, d'août 1630; Émile Gachet, p. 251, n° LXXVII.

Dans une autre lettre du 16 août 1635, écrite en italien, Rubens, après avoir entretenu Peiresc d'un procès qu'il était forcé de soutenir à Paris, à l'occasion du privilége de la vente en France de ses gravures, lui fait connaître qu'il espère arriver à un arrangement avec son adversaire, et il ajoute : — « Je suis homme de paix, et j'abhorre comme la peste la chicane et toute autre espèce de discussions, et j'estime que le vœu de tout honnête homme doit être de pouvoir vivre avec tranquillité d'esprit, aussi bien en public que chez soi, de rendre service le plus possible et de ne faire tort à personne. Je regrette que les rois et les princes ne soient point de cette humeur; *nam :*

Quidquid illi delirant plectuntur Achivi [1].

Dans la dernière lettre que Rubens écrivit à Peiresc, de Steen, le 4 septembre 1636, l'artiste se montre très-reconnaissant de l'envoi que Peiresc lui avait fait d'un dessin colorié des *Noces Aldobrandines,* « peinture antique qui fut trouvée à Rome dans ma jeunesse, dit Rubens, et admirée, adorée même comme unique, par tous les amis de l'art et de l'antiquité. » — Il informe Peiresc qu'il a vu à Anvers un très-fort volume intitulé : *Roma sotterranea* [2], « lequel lui a paru être un grand ouvrage extrêmement religieux, car il représente la simplicité de la religion primitive, qui, si elle a surpassé

---

[1] *Ibid.,* p. 259, n° LXXVI.

[2] *Di Antonio Bosio,* grand in-fol. *Roma,* 1632. — Se trouve au Cabinet des estampes de Paris.

le reste du monde par sa piété et la vérité de sa religion, le cède au paganisme antique, dont elle est à une distance infinie, sous le rapport de la grâce et de l'élégance. J'ai vu aussi des lettres de Rome qui annoncent la publication de la galerie *Giustiniana*[1], aux frais du marquis *Giustiniano*. On en parle comme d'un très-bel ouvrage.... Mais je ne doute pas que chaque fait nouveau n'arrive à votre musée dans toute sa fraîcheur. C'est pourquoi, ne trouvant pas à vous entretenir d'autre sujet, je vous baise humblement les mains, priant le ciel de vous accorder longue vie et santé, avec toutes sortes de prospérité et de contentement. » — Ces vœux ne devaient point être exaucés : Peiresc mourut à Aix, le 24 juin 1637, dans les bras de Gassendi, et Rubens ne fut pas le dernier à regretter la perte de cet illustre magistrat, *omnium elegantiarum amator*.

CHAPITRE XXIX

Monuments décoratifs, peintures et cartons exécutés par Rubens pour l'entrée à Anvers de l'archiduc Ferdinand. — Inscriptions et vers latins composés par Gevaërts pour cette circonstance. — Description de quelques-unes des inventions exécutées par Rubens, ou sous sa direction. — Le prince Ferdinand va visiter Rubens malade de la goutte.

1635

Deux années avant la mort de Peiresc, Rubens avait été obligé, sans s'éloigner d'Anvers, de se re-

---

[1] *Roma*, 1640, 2 vol. in-fol. — Voy. au Cabinet des estampes.

mettre à faire de la peinture politique. L'infante Isabelle étant morte à Bruxelles, le 1er décembre 1633, le roi d'Espagne Philippe IV rentra en possession des Pays-Bas, que son aïeul Philippe II n'avait cédés à l'archiduc Albert et à sa femme que sous la réserve de retour à la couronne d'Espagne, dans le cas où ils ne laisseraient pas de postérité. Par suite de cette reprise de possession, Philippe IV, au commencement de 1634, avait donné le gouvernement général de ces provinces à son frère unique, le prince Ferdinand, jeune homme d'une grande espérance, qui était cardinal, et que, pour ce motif, on appelait le cardinal-infant. On était alors au plus fort de la guerre de Trente ans; les Suédois avaient envahi l'Allemagne, et ils luttaient avec avantage contre l'armée impériale. Le roi d'Espagne résolut d'envoyer l'infant au secours de son beau-frère, Ferdinand III, roi des Romains et de Hongrie, fils de l'empereur Ferdinand II, et qui commandait l'armée impériale. Les troupes espagnoles, ayant opéré leur jonction avec les impériaux, et occupé une forte position près de la ville de Nordlingen, y furent attaquées, le 5 septembre 1634, par les Suédois, sous la conduite de Gustave Horn, leur général en chef. Mais après un grand nombre d'attaques infructueuses, les Suédois furent mis dans une déroute complète. On attribua, en grande partie, le succès de cette journée aux dispositions prises par l'infant Ferdinand. Aussi, lorsqu'à la fin de l'année 1634 il vint à Bruxelles prendre possession de son gouvernement des Pays-Bas, cette capitale lui fit le plus brillant accueil.

Averti que ce prince se rendrait à Anvers au commencement du mois de mai 1635, le conseil communal de cette ville résolut de recevoir le vainqueur de Nordligen avec le plus grand éclat, et de faire dresser des portiques et des arcs de triomphe dans les principales rues et places par lesquelles ce prince devait passer. Pour être certain de réussir, le sénat chargea Rubens de faire les plans de ces monuments décoratifs, d'en surveiller la construction et d'en décorer les diverses parties [1]. On ignore s'il reçut un programme, ou si le sénat voulut s'en rapporter à son imagination si féconde. Ce qu'il y a de certain, c'est qu'il représenta d'une manière remarquable, à l'aide de l'histoire et de l'allégorie, les principaux événements contemporains, qu'il sut rendre hommage aux vertus qu'on se plaisait à attribuer au jeune prince, et qu'il eut l'art de lui exposer avec son pinceau les vœux et les espérances de la ville d'Anvers. Aucun artiste, en Europe, ne pouvait être comparé à Rubens pour la composition de ces grandes machines, qui demandent une imagination pleine de ressources et une main qui exécute sans hésitation, et cependant d'une manière qui plaise à l'œil. Le chef de l'école d'Anvers possé-

---

[1] Mariette, *Abecedario*, v° P.-P. Rubens, p. 142, prétend que cette fête coûta plus de deux cent mille écus à la ville d'Anvers, qu'elle fut obligée d'emprunter, et dont elle faisait encore la rente de son temps (1760).

dait à un suprême degré ces deux éminentes qualités : jamais l'invention ne lui avait manqué; jamais l'exécution ne lui avait fait défaut. La galerie de Médicis, à Paris, les cartons de l'église de Loëches, près de Madrid, le plafond de White-Hall, à Londres, et cent autres grandes toiles, attestaient sa verve et son génie. Le choix du sénat d'Anvers était donc très-heureux.

Les gravures de Théodore de Tulden nous ont conservé la représentation de l'entrée solennelle de l'infant Ferdinand à Anvers, le 15 de mai 1635 [1]. A juger les compositions de Rubens par les estampes, le maître dut justifier le choix de ses concitoyens, et déployer un talent aussi remarquable que varié. Il fit élever de nombreux monuments décoratifs dont il donna les plans, et il dessina ou peignit tous les ornements dont sa fantaisie se plut à les embellir.

A cette époque, le goût des inscriptions et des devises en vers latins était dans toute sa force. La ville d'Anvers aurait donc cru manquer au respect qu'elle devait au gouverneur général des Pays-Bas, au vainqueur de Nordlingen, si elle n'avait pas fait

---

[1] Voici le titre de cet ouvrage : *Pompa introitus Honori Ser. Princ. Ferdinandi Aust., Hisp. infantis, a s. p. q. antwerp. decreta et adornata... Arcus, pegmata, iconesque a Pet. Paulo Rubenio equite inventas et delineatas, inscriptionibus et elogiis ornabat Gasperius Gevartius, i. c. (jurisconsultus); ... Antwerpiæ, apud Theod. a Tulden, qui iconum tabulas ex archetypis Rubenianis delineavit et sculpsit*, 1642, in-f°. — Cet ouvrage se trouve dans l'œuvre de Rubens qui est au Cabinet des estampes, t. III, avant les gravures de la galerie de Médicis.

célébrer ses vertus et ses exploits, ainsi que les hauts faits du roi son frère, par un de ses poëtes. A Gevaërts, en sa double qualité de secrétaire de la ville et d'historiographe du roi, échut le soin de composer cette poésie lapidaire. Nul ne pouvait mieux que lui entrer dans les pensées du peintre, faire comprendre ses allégories, et exprimer en même temps les vœux et les espérances légitimes de la reine de l'Escaut. Gevaërts était d'ailleurs un latiniste de première force, très-capable de composer, dans la langue d'Ovide, d'Horace et de Virgile, les hexamètres et les distiques destinés à être inscrits à côté des dessins, cartons ou peintures de son ami.

Michel, dans son *Histoire de Rubens* [1], a donné « la description des tableaux allégoriques appliqués aux arcs, temples et portiques triomphaux inventés et peints par l'artiste, » en citant un grand nombre de vers latins composés à cette occasion par Gevaërts. On jugera de l'importance de ces monuments éphémères, élevés en l'honneur de l'entrée du prince Ferdinand, par ce fait que, dans l'espace de quelques mois seulement, Rubens avait fait élever, sur ses plans, sept arcs et quatre portiques triomphaux, qu'il avait décorés de peintures, de statues, de bas-reliefs, de dorures et autres ornements, et dont quelques-uns présentaient un développement de quatre-vingts pieds de haut sur soixante-dix-huit de large. Tous les amis de l'art

---

[1] P. 208 et suivantes.

doivent profondément regretter que les tableaux ou cartons, soit en grisaille, soit autrement, peints par Rubens à cette occasion, n'aient pas été conservés ; ou, s'ils existent encore à Anvers, qu'ils ne soient pas exposés avec les autres œuvres du maître. Nous croyons ne pas nous tromper en avançant que ces compositions ne devaient pas être inférieures, dans leur genre, aux magnifiques allégories de l'histoire de la vie de Marie de Médicis. Naturellement, les événements les plus mémorables du règne de Philippe IV, la victoire de Nordlingen, l'union de la maison d'Autriche à celle de Bourgogne, l'histoire des empereurs d'Allemagne et des rois d'Espagne, le triomphe de la religion catholique, ou, comme on disait alors, l'extirpation de l'hérésie, avaient fourni à Rubens l'inspiration de ses principaux sujets. Toutefois, nous en remarquons plusieurs qui sortaient de ce programme. D'abord, c'est l'*Arcus monetalis*, arc de triomphe à deux faces, dressé près de l'hôtel royal de la monnaie d'Anvers, haut de soixante pieds sur quarante de large. Rubens y avait fait allusion aux richesses métalliques que l'Espagne tirait alors des mines du Pérou. La partie supérieure représentait les montagnes du Potosi, sur lesquelles on voyait l'arbre au fruit d'or du jardin des Hespérides, avec cette inscription :

Prætium non vile laborum.

A droite et à gauche, les colonnes d'Hercule,

surmontées des disques de la lune et du soleil, avec cette allusion à l'immense étendue de la monarchie espagnole :

> Ultrà anni solisque vias,
> Oceanumque ultrà.

A gauche, le principal fleuve du Pérou ; à droite, le Rio de la Plata.

De l'autre côté de l'arc, Hercule terrassant l'hydre, et l'Espagne cueillant le fruit de l'arbre des Hespérides, avec le vers de Virgile :

> ... Uno avulso non deficit alter
> Aureus.

Au-dessous, de chaque côté, des ouvriers occupés à travailler aux mines, et Vulcain préparant les métaux ; au milieu, une suite de monnaies espagnoles, et un médaillon avec ces mots :

> Auro, argento, æri.

L'idée de l'*Arcus monetalis* convenait bien à la riche cité d'Anvers, que son commerce avait mise en possession d'une partie des richesses métalliques exportées par l'Espagne de ses possessions d'Amérique. Mais Rubens fit élever un autre monument, qui répondait mieux aux espérances et aux vœux de ses concitoyens. On sait que, pendant les longues guerres qui désolèrent les Pays-Bas, les Hollandais, maîtres de la mer et jaloux de la prospérité d'Anvers, avaient fermé l'Escaut à l'entrée comme à la sortie des navires. Cette ville, qui avait été pendant plus d'un siècle le centre d'un commerce maritime beaucoup plus important que celui d'Amsterdam, se vit bientôt languir, tandis que sa rivale, grâce à la liberté des mers, prenait un immense développement. Le sénat d'Anvers ne pouvait pas rester indifférent à la décadence de la cité : il voulut sans doute que Rubens exprimât les plaintes de ses habitants au prince-gouverneur des Pays-Bas, dans une composition digne d'attirer son attention d'une manière toute particulière. Que Rubens se soit inspiré des vœux de ses compatriotes, ou que son imagination ait été au-devant de leurs désirs, toujours est-il qu'il fit élever, au pont Saint-Jean, un arc de triomphe d'ordre rustique, de soixante pieds de haut sur soixante-dix de large, représentant, selon les expressions de Michel [1] « une machine marine, par la quantité de cascades paraissant découler des superficies et extrémités du bâtiment. » Au milieu de cet arc, un magnifique tableau ou carton du peintre montrait Mercure, ce dieu du négoce, posé sur un piédestal, à la manière de la statue de Jean de Bologne, avec cette variante plus bourgeoise que poétique, que si, d'une main, il tenait son caducée, de l'autre il tendait une bourse vide à la ville d'Anvers, personnifiée à genoux aux pieds du prince Ferdinand, auquel elle paraissait adresser ces vers de Gevaërts :

[1] *Histoire de Rubens*, p. 234.

> Ne, precor, hinc volucres flectat Cyllenius alas,
> O princeps, cultamque sibi ne deserat urbem
> Et fugitiva meo redeant commercia Scaldi.

A la droite de la ville d'Anvers paraît un matelot oisif, endormi sur son ancre et sa barque renversée; à gauche, on voit l'Escaut, sous la figure d'un vieillard, les cheveux négligés, la tête couverte de roseaux, assis sur des filets et dormant sur son bras soutenu par une urne, pendant qu'un génie défait les chaînes dont ses jambes sont entravées, et qu'un navire se dispose à appareiller. Les autres parties de l'arc sont occupées par des divinités marines, des génies ailés, la Pauvreté et la Richesse, le tout avec ces vers de Gevaërts, qui exprimaient bien les sentiments des armateurs et des négociants d'Anvers :

> Scaldim cum pedibus princeps dabit ire solutis,
> Desuetas iterum pontum decurrere puppes;
> Pauperies procul et pallens abscedit Egestas,
> Nec durum ulterius tractabit nauta ligonem.
> Aurea securis revocabit secula Belgis
> Fernandus, priscumque decus, ditesque resumet,
> Mercibus omnigenis, florens Antverpia cultus,
> Largaque succedet fœcundo copia cornu...

Ce monument, élevé à l'Escaut, source de la richesse d'Anvers, eut un grand succès, et les riches négociants durent remercier leur illustre compatriote, ainsi que son élégant traducteur latin, d'avoir si bien défendu leurs intérêts les plus chers.

Mais aux yeux de la postérité, la plus remarquable des inventions exécutées par le peintre, dans cette circonstance, est certainement celle qui représente le Temple de Janus. Rubens, on le sait, était l'homme de la paix; il travailla toute sa vie à la rendre à sa patrie, et s'il ne fut pas assez heureux pour réussir complétement à éloigner la guerre des Pays-Bas, il fit de constants efforts pour atteindre ce but aussi utile que glorieux. La supériorité de son génie d'artiste, qui le fit choisir plusieurs fois comme négociateur entre les puissances belligérantes, sut admirablement profiter de l'entrée du prince Ferdinand, pour exprimer sur la toile ses vœux pour la paix, qu'il considérait, avec Gevaërts comme le plus grand des biens [1].

Rubens fit donc élever, sous le nom de *Temple de Janus*, un portique d'ordre dorique, surmonté d'un dôme, avec le buste à double visage de ce dieu. De l'intérieur de l'édifice, Mars, sous la figure d'un soldat demi-nu, un bandeau sur les yeux, un glaive dans sa main droite, une torche allumée dans sa main gauche, pousse avec violence en dehors les portes du temple, que, d'un côté, Tisiphone, Mégère et une Harpie s'efforcent d'ouvrir avec lui; tandis que, de l'autre, la Paix, la Religion et l'Abondance, aidées par l'Amour, font de vains efforts pour les tenir fermées. Entre les colonnes, le peintre a représenté, avec un admirable contraste, à

---

[1] Voy. le titre-frontispice des gravures de Théodore de Tulden.

droite, les malheurs et les cruautés inséparables de la guerre ; à gauche, la prospérité publique que donne la paix. D'un côté, c'est un soldat qui traîne par les cheveux une femme dont l'enfant est étendu à ses pieds ; il est suivi de la Pauvreté, de la Discorde, de la Fureur et du Deuil ; de l'autre, on voit les biens de la paix, l'Abondance, la Richesse et la Félicité publique. Les contrastes entre ces différentes figures sont réellement admirables, et bien qu'on ne puisse en juger qu'imparfaitement par les gravures de Théodore de Tulden, il est permis d'affirmer que Rubens y brille d'un génie d'autant plus grand que sa main n'a fait que rendre fidèlement les sentiments les plus intimes et les plus vrais de son âme.

Toute cette composition est accompagnée, comme les précédentes, des vers de Gevaërts. Le docte commentateur des pensées de Marc-Aurèle partageait assurément l'opinion de Rubens sur la barbarie de la guerre : aussi, ses vers expriment avec bonheur les vœux que toute la ville d'Anvers adressait au prince-gouverneur pour la fermeture du Temple de Janus.

> O utinam, partis terraque marique triumphis
> Belligeri claudas, Princeps, penetralia Jani !
> Marsque ferus, septem jam pene decennia Belgas
> Qui premit, Harpyæque truces, Luctusque Furorque
> Hinc procul ad Thraces abeant, Scythosque recessus,
> Paxque optata diu populos atque arva revisat.

« Plût à Dieu, Prince, que, grâce aux victoires

par vous remportées sur terre et sur mer, vous puissiez fermer les portes du temple de Janus; que le cruel dieu de la guerre, qui depuis près de soixante-dix ans opprime la malheureuse Belgique, avec les Harpies féroces, le Deuil et la Fureur, soit enfin obligé de fuir chez les Thraces et dans les antres de la Scythie, et qu'à sa place, la Paix, appelée depuis si longtemps par nos vœux, revienne consoler les peuples et présider aux travaux des champs. »

Malheureusement, ces vœux ne furent pas exaucés de longtemps. La guerre et son cortége ordinaire d'injustices, de violences et d'atrocités, désola pendant un grand nombre d'années encore les Pays-Bas espagnols; et lorsque la paix de Westphalie fut signée à Munster, en 1648, elle stipula, au profit des Provinces-Unies, la fermeture de l'Escaut, et acheva de ruiner le commerce maritime d'Anvers.

Le prince Ferdinand se montra très-satisfait des inventions de Rubens. On raconte que l'artiste ne put assister à son entrée triomphale, parce qu'alors il se trouvait atteint d'une douloureuse attaque de goutte. L'infant, qui avait connu le peintre à Madrid, ayant appris la cause qui le retenait chez lui, s'empressa d'aller le visiter dans sa maison, et prit un grand plaisir à causer avec lui et à examiner ce que Rubens appelait son Panthéon, c'est-à-dire sa collection de tableaux, statues, médailles, pierres gravées, estampes et autres objets d'art et de curiosité[1]. Ce n'était pas la première visite que Rubens eût reçue d'un prince : en juin 1625, l'archiduchesse Isabelle, accompagnée de son premier ministre et généralissime, le marquis Spinola, et du prince Sigismond de Pologne, avait honoré Rubens de sa présence, alors qu'elle revenait victorieuse de Bréda, qu'elle avait réduite à se rendre après un siége opiniâtre de plus de dix mois. On sait aussi que la reine Marie de Médicis, passant par Anvers en 1631, s'empressa de venir voir le peintre dont le pinceau avait si brillamment retracé les principaux événements de sa vie.

CHAPITRE XXX

Dernières années de Rubens : il travaille tant que la goutte le lui permet. — Il s'occupe de la gravure de ses œuvres : sa manière de diriger ses élèves graveurs. — Portrait de Gevaërts peint par Rubens et gravé par Paul Pontius. — Mort de Rubens. — Son épitaphe par Gevaërts. — Règle de conduite observée par Rubens. — Rockox et Gevaërts. — Génie de Rubens : accord du bon et du beau.

1635—1640

Dans les années qui s'écoulèrent depuis le 15 mai 1635 jusqu'au 30 mai 1640, époque de sa mort, Rubens fut souvent atteint de la goutte et privé de la satisfaction de pouvoir travailler. Mais dès que

---

[1] Michel, *Histoire de Rubens*, p. 247.

la maladie lui laissait quelque répit, il ressaisissait ses pinceaux avec bonheur et se remettait à peindre avec son entrain habituel. La maladie contre laquelle il luttait ne paraît pas avoir affaibli son génie; car il a exécuté, dans cette dernière période de sa vie, des tableaux tout aussi remarquables que dans sa jeunesse. On cite, entre autres, le célèbre tableau du *Martyre de saint Pierre*, que Geldorp lui commanda pour Jabach, et qui fut donné par ce dernier à l'église des Saints-Apôtres de Cologne. On voit, par les lettres de Geldorp [1], que Rubens termina cette toile dans le courant de 1638, et c'est un de ses plus beaux ouvrages. Ces mêmes lettres montrent qu'il était toujours accablé de commandes, auxquelles il avait peine à satisfaire. Aussi Sandrart a-t-il raison de dire, en terminant sa biographie de Rubens [2] : « On n'en finirait pas, s'il fallait énumérer tous les ouvrages de ce très-ingénieux artiste, puisque, indépendamment de la fécondité de son esprit, il était également doué d'une habileté de main telle, qu'il avait achevé un tableau en moins de temps qu'un autre aurait mis à l'ébaucher. Il travailla de cette sorte jusqu'à ce que la goutte étant venue l'affliger, il se vit contraint de renoncer aux grandes toiles; alors il se mit à peindre des sujets profanes, sacrés et champêtres sur des toiles d'une dimension médiocre et même petite. »

Selon Michel et les autres biographes, Rubens,

---

[1] Rapportées par M. Emile Gachet, p. 276 et suivantes.
[2] *Acad. pict. nob.*, etc., p. 285, 1re colonne au bas de la page.

pendant ses dernières années, se tint complétement à l'écart de la politique, bornant ses distractions, lorsque la goutte lui en laissait la possibilité, à faire, après avoir travaillé cinq ou six heures de suite, quelques promenades, soit à cheval, soit à pied, dans les faubourgs et sur les remparts d'Anvers, à recevoir à souper, dans la soirée, ses amis les plus intimes, parmi lesquels Rockox et Gevaërts n'étaient pas les derniers, et à passer la belle saison à sa terre de Steen, près de Malines. Jusqu'à ses derniers moments, Rubens cultiva les lettres : tout en travaillant, il se faisait lire les historiens, les poëtes et les moralistes grecs et latins, et principalement Plutarque et Sénèque, si l'on en croit son neveu Philippe [1], de telle sorte qu'en maniant le pinceau, il trouvait encore moyen d'enrichir son esprit. Sa correspondance atteste, autant que ses tableaux, que la mythologie et l'histoire ancienne lui étaient aussi familières que la connaissance des événements contemporains et des principales langues modernes. On pourra se faire une idée de l'étonnante fécondité d'invention et d'exécution de Rubens par ce fait, que le catalogue de son œuvre [2] énumère *quatorze cent soixante et une compositions* peintes par cet artiste infatigable; et encore faudrait-il, pour

---

[1] Dans sa *Vie de P.-P. Rubens*, publiée par le baron de Reiffenberg, p. 10. — « *Applicabat se operi assidente semper lectore, qui librum, Plutarchum vel Senecam prælegeret, ita ut lectioni et picturæ suæ simul intentus esset.* »

[2] Donné par M. Van Hasselt, après son *Histoire de Rubens*, de la p. 227 à la fin du volume.

compléter ce chiffre formidable, ajouter ses dessins et les planches auxquelles il a travaillé.

On croit que Rubens s'occupa beaucoup de la gravure de ses œuvres pendant les dernières années de sa vie. Il avait créé à Anvers depuis longtemps une école de graveurs, qui ne le cédaient en rien à Érasme Quellinus et Van Dyck, ses meilleurs élèves en peinture. Il suffit de rapporter les noms de Lucas Vorsterman, Schelte et Boèce de Bolswert, Paul Pontius, Cornelius Galle, Pierre de Jode, Ægidius Sadler, François Van Vyngaerde, Hans Witdoueck, Guillaume Panneels, Pierre Soutman, Cornelius Wischer, Nicolas Lawers, Adrien Lommelin et Théodore de Tulden, pour montrer quelle activité régnait dans cette école. Tous les genres de gravure, au burin, à l'eau forte, sur bois, y étaient cultivés et y brillaient d'un vif éclat, grâce à la direction donnée par le maître et à l'aptitude supérieure des élèves. — « Comme Rubens s'était fait d'excellentes règles de clair-obscur, dit Mariette [1], ses tableaux réussissaient parfaitement bien en gravure. Mais lorsqu'il se donnait la peine de conduire les graveurs, comme il l'a presque toujours fait, ses estampes ne le cédaient point à ses tableaux pour l'accord des ombres et de la lumière, surtout quand elles ont été exécutées par d'excellents graveurs, tels que Vorsterman, Bolswert et d'autres..... Aucune des belles estampes de Ru-

---

[1] *Abecedario*, v° P.-P. Rubens, p. 74, 69, 68.

bens, qui ont été gravées de son vivant, ne l'ont été d'après ses tableaux, mais d'après des dessins très-terminés, ou d'après des grisailles peintes à l'huile en blanc et noir, qu'il avait l'art de préparer et d'amener à l'effet de clair-obscur que devait produire la gravure, qui ne tire de l'effet que de l'opposition du blanc et du noir. . . . . Bellori a écrit, dans sa vie de Van Dyck, que Rubens s'était souvent servi de cet élève pour lui préparer ces dessins et ces grisailles, et je suis fort porté à le croire : son pinceau délicat et facile y était tout à fait propre. . . . . Le beau génie de Rubens et sa parfaite intelligence, se manifestent pour le moins autant dans ses dessins que dans ses tableaux. Dans les plus légères esquisses, ce grand maître met une âme et un esprit qui dénotent la rapidité avec laquelle il concevait et exécutait ses pensées. Mais, lorsqu'il les met au net, alors, sans rien perdre de cet esprit, il y ajoute tout ce qu'un homme qui possédait, dans un éminent degré, les différentes parties de la peinture, et singulièrement celle du clair-obscur, était capable d'imaginer pour en faire des ouvrages accomplis. » — C'est dans cette manière qu'il composa, entre autres, le magnifique dessin gravé par Cornelius Galle, du titre ou frontispice de la seconde édition, publiée après sa mort par Gevaërts, des *Icones imperatorum romanorum*, de Goltzius. Rubens y a représenté, assis dans une espèce de portique, les pieds appuyés sur un autel votif, Jules César fondateur de l'empire romain, tenant dans sa main droite une Victoire, dans la gauche le globe du monde. D'un côté, plus bas, Constantin, portant l'étendard du Christ, de l'autre l'empereur Rodolphe, chef de la maison de Hapsbourg; au-dessous, des armes, des faisceaux, des rames, un gouvernail, et le serpent mordant sa queue et entourant un globe couronné, symbole de l'immortalité.

Vers 1630, Rubens avait fait le portrait de Gevaërts, qui a été gravé au burin par Paul Pontius. Le peintre a représenté son ami assis et travaillant dans son cabinet : de la main gauche, appuyée sur une table recouverte d'un tapis, il tient plusieurs feuillets d'un manuscrit, probablement celui de son commentaire sur Marc-Aurèle, dont le buste est placé sur la même table; il a sa plume dans la main droite. Au fond de la pièce, on aperçoit des livres sur une tablette : à droite, l'écusson de ses armoiries, au-dessous duquel est écrit en grec : « εἰς εαντον συνειλου. » Il a la tête nue et porte des moustaches ; son cou est entouré d'une énorme fraise, et il est vêtu d'une robe très-ample, qui laisse voir sur sa poitrine une chaîne et un médaillon. Sa figure est calme, réfléchie, pleine d'expression et de mélancolie, comme il convient à un homme que la perte de ses affections les plus chères avait obligé à chercher des consolations dans l'étude de la philosophie stoïcienne [1].

---

[1] Ce portrait, d'après le Catalogue de l'œuvre de Rubens, par

Après la mort de Rubens, arrivée le 30 mai 1640, ce fut Gevaërts, son ami de cœur, comme l'appelle Michel [1], qui composa l'inscription destinée à son tombeau. Mais, par suite de circonstances sur lesquelles ce biographe ne s'explique pas, cette inscription resta dans l'oubli jusqu'en 1755, époque où elle fut placée, par le chanoine Van Parys, petit-neveu de Rubens par sa mère, sur le monument élevé à l'artiste dans une des chapelles de l'église de Saint-Jacques d'Anvers. A la différence d'un grand nombre d'autres épitaphes, qui attribuent aux morts des vertus et des qualités qu'ils n'ont jamais eues de leur vivant, celle de Rubens [2] n'est que rigoureusement vraie lorsqu'elle dit de cet homme illustre :

> ... Qui, inter cæteras, quibus ad miraculum
> Excelluit, doctrinæ, historiæ priscæ,
> Omniumque bonarum artium
> Et elegantiarum dotes,
> Non sui tantum seculi, sed et omnis ævi
> Apelles dici meruit.
> . . . .
> Pacis inter principes mox initæ
> Fundamenta feliciter posuit...

On a vu que Nicolas Rockox ne survécut que quelques mois à Rubens, étant mort à Anvers le 12 décembre 1640. Quant à Gevaërts, le plus jeune des trois, il prolongea sa carrière jusqu'en 1666, et

M. A. Van Hasselt, se trouvait en 1830 dans la collection du baron Roose à Bruxelles. — On peut voir la belle gravure de P. Pontius dans le tome Ier, in-folio, de l'Œuvre de Rubens, au Cabinet des estampes.

[1] *Histoire de Rubens*, p. 269.
[2] Elle est rapportée en entier par Michel, p. 270.

s'éteignit à Anvers en cultivant les lettres, à l'âge de soixante-treize ans.

On peut dire de Rockox et de Gevaërts que pendant tout le cours de leur existence ils s'appliquèrent constamment à mettre en pratique cette règle de conduite, que Rubens s'était imposée à lui-même [1] :

Publice et privatim, et prodesse multis, nocere nemini.

Pour être juste envers l'illustre chef de l'école flamande, la postérité doit ajouter qu'il ne s'est pas borné à rendre service, autant qu'il a pu, sans jamais faire tort à personne, mais que, par les qualités de son cœur et de son esprit, aussi bien que par les œuvres dues à son génie d'artiste, il a su de son temps, comme de nos jours, plaire à tous ceux qui aiment à rencontrer chez le même homme le rare et merveilleux accord du bon et du beau.

[1] Voy., dans les lettres publiées par M. E. Gachet, celle de Rubens à Peiresc, d'Anvers, le 16 août 1635, p. 258-9, n° LXXVI.

AMATEURS HOLLANDAIS

CONSTANTIN HUYGENS,
UTENBOGARD[1], LE BOURGMESTRE JEAN SIX

1596-1700

CHAPITRE XXXI

Originalité du génie de Rembrandt. — Accusations dirigées contre sa vie et son caractère, réfutées par ses liaisons avec les hommes les plus honorables de son temps. — Constantin Huygens, ses portraits par Van Dyck et Mireveldt. — Jean de Bisschop lui dédie la première partie de ses gravures de statues antiques. — Relations de Rembrandt avec C. Huygens; tableaux pour le stathouder Frédéric Henri. — Rembrandt donne un tableau à Huygens. — — Le receveur Utenbogard, ami de Rembrandt et de Jean de Bisschop.

1596—1700

Si l'originalité dans les arts était à elle seule la marque la plus certaine du génie, aucun peintre ne pourrait être comparé à Rembrandt. Tandis que les maîtres les plus éminents des autres écoles, Léonard de Vinci, Michel-Ange, Raphaël, le Corrége, le Titien, Rubens, le Poussin, Lesueur, Velazquez et Murillo, laissent apercevoir, même dans

---

[1] En Hollandais *Wttenboogaert*.

leurs chefs-d'œuvre, l'influence, soit de l'antique, soit de leurs premières leçons, Rembrandt seul, sans aucun modèle antérieur, inaugure une manière à part, entièrement due à sa forte personnalité. L'idéal, tel que l'ont conçu les grands peintres italiens, lui manque absolument ; il copie et rend la nature comme il la voit, sans se préoccuper de la beauté des formes, et ses figures peintes et gravées offrent de nombreux types, dans lesquels le laid, et même le difforme, ne craignent pas de se montrer. Toutefois, on ne saurait lui refuser une poésie qui lui est propre, et telle est la puissance magique de son génie, qu'elle force d'admirer tout ce que son pinceau a touché, tout ce que la fantaisie de sa pointe a produit. Pour les effets tirés de l'opposition de la lumière et des ombres, et pour l'emploi du clair-obscur, il n'a pas d'égal, et son coloris, d'un ton chaud et vigoureux, attire l'œil et lui plaît. Original dans le portrait, dans le paysage, dans la composition et l'exécution des scènes les plus opposées, telles que : la *Leçon d'anatomie,* la *Garde de nuit,* la *Descente de croix* ou le *Bon samaritain ;* aussi étonnant dans ses gravures que dans ses tableaux, Rembrandt sera toujours considéré, tant que vivront ses ouvrages, comme un des chefs de la peinture et de la gravure. Ses œuvres, si éloignées du style des Italiens, attestent l'immense domaine de l'art, sa variété, sous la main et l'imagination de l'homme, sa beauté dans tous les genres. Sa manière plaît surtout à notre époque, peu portée à la recherche du beau idéal, et peut-être trop disposée en toutes choses au réalisme.

Les biographes contemporains de Rembrandt, Sandrart [1], Houbraken [2], et d'autres, tout en faisant l'éloge de son talent, ont beaucoup rabaissé son caractère. Copiées par leurs successeurs [3], sans aucun examen, ainsi qu'il arrive presque toujours, ces assertions malintentionnées ont présenté l'artiste hollandais comme un homme plus que bizarre, irritable, avare à l'excès, menteur, et presque faussaire, pour mieux vendre ses ouvrages; maniaque, alchimiste jusqu'à la folie. Ces accusations nous ont toujours paru très-extraordinaires; nous ne pouvons mieux les comparer qu'aux anecdotes inventées à plaisir pour faire un roman de la vie de notre Lesueur. Si Rembrandt n'a pas été exempt de quelques-uns des défauts qu'on lui reproche, nous croyons qu'ils ont été singulièrement exagérés par l'envie et la haine, ces deux harpies qui s'attachent toujours à faire expier au génie sa supériorité. Grâce aux recherches de quelques amis des arts et de la vérité, qui ont remonté jusqu'aux sources les plus authentiques, la lumière commence à se faire sur la vie et le caractère de Rembrandt. De notre côté, nous oserons avancer que les investigations auxquelles nous nous sommes livré, nous permettent

---

[1] *Academia nob. art. pictoriæ*, v° Rembrandt.
[2] T. 1er, p. 254 et suiv.
[3] Entre autres, par Descamps, la *Vie des peintres flamands et hollandais*, t. 1er, p. 299 et suiv., édit. de Marseille, 1840, in-8°.

de réfuter, en grande partie, les tristes calomnies qui ont poursuivi la mémoire de l'artiste jusqu'à nos jours. Elles nous ont montré Rembrandt lié, jusqu'à l'intimité, avec les hommes les plus considérés et les plus recommandables de son temps, et jouissant lui-même de toute leur estime et de toute leur affection. Sans doute, on ne peut nier ni sa bizarrerie ni ses malheurs, dont la véritable cause ne nous paraît pas jusqu'ici avoir été expliquée d'une manière satisfaisante; mais ce n'est pas une raison suffisante pour faire de Rembrandt une sorte de personnage fantastique, ressemblant à son docteur Faust. Nous nous estimerions donc heureux si nous pouvions contribuer, pour notre faible part, à réhabiliter la mémoire, trop longtemps calomniée, de ce grand artiste.

Parmi les personnages dont les noms sont cités par les biographes de Rembrandt, nous en avons distingué trois, qui ont vécu avec lui sur le pied des sentiments les plus affectueux et des relations les plus honorables.

Le premier est Constantin Huygens, chevalier, seigneur de Zuylichem, le père de l'illustre physicien, et que la célébrité de son fils a un peu trop fait oublier. Il était cependant par lui-même remarquable à plus d'un titre : homme d'État distingué, il cultivait les lettres latines et hollandaises [1], et il

---

[1] Ses œuvres latines ont été publiées en 1644 par les Elzevirs, à Leyde, in-8°; et à la Haye en 1655, in-12. — Bibliothèque impériale, Y, 3239.

réunissait l'expérience des affaires au savoir et au goût des belles choses. Attaché, comme secrétaire et conseiller intime, aux stathouders Frédéric-Henri, Guillaume II et Guillaume III, il les servit avec dévouement, mais aussi, dit-on, sans flatterie.

Constantin Huygens aimait beaucoup les arts, et entretenait des relations avec les principaux maîtres de son temps. Van Dyck a fait son portrait, qui est gravé dans ceux de ses hommes illustres, et Huygens a célébré cette gracieuseté du peintre par le distique suivant :

> Hugenium illustres inter mirare? Paranda
> His umbris lucem quæ daret umbra fuit.

« Pourquoi vous étonner de trouver Huygens au milieu de ces hommes illustres ? Ne fallait-il pas trouver une ombre qui fît mieux ressortir ces lumières ? » Il a aussi célébré le génie de Van Dyck et son livre des portraits par deux autres distiques insérés dans ses œuvres latines [1].

On trouve, dans le même ouvrage, l'épitaphe du peintre Mireveldt, dont il vante le talent, et qui, déjà mourant, avait peint son portrait, ainsi qu'il l'explique par un distique latin [2].

On voit, en outre, qu'il était lié avec le peintre jésuite Daniel Seghers [3], et qu'il professait la plus vive admiration pour les gravures sur cuivre et sur

---

[1] Édit. de la Haye, 1655, in-12, p. 76-77.
[2] Id., ibid., p. 159.
[3] Id., ibid., p. 344.

bois d'Albert Durer, qu'il a célébrées dans trois petites pièces latines [1].

Constantin Huygens n'était pas moins sincère admirateur des ouvrages de l'antiquité que des tableaux de l'École hollandaise : c'est à lui que Jean de Bisschop (*Episcopius*) a dédié la première partie de son recueil de gravures de statues antiques [2].

Dans cette dédicace, l'auteur considère Constantin Huygens comme un grand amateur d'art, et il l'appelle : *Picturæ studiosus*. Partisan de l'étude de l'antiquité, qu'il préfère à celle de la nature, Jean de Bisschop s'efforce de démontrer, en s'appuyant sur l'exemple de Michel-Ange, de Raphaël et du Poussin, que l'antiquité, ayant fait choix, dans la nature humaine, de tous les modèles les plus beaux, doit être considérée comme le fil d'Ariadne, qui peut seul guider les artistes.

La première partie de l'ouvrage se compose de cinquante planches gravées par lui-même, mais dessinées par différents artistes d'après les plus belles statues antiques, telles que : le Faune aux cymbales, l'Apollon du belvédère, le Laocoon, deux des fils de Niobé, l'Antinoüs, etc. Ces gravures ne sont accompagnées d'aucun texte explicatif, sauf la dédicace, en latin et en hollandais, qui expose le but que se proposait l'auteur. Il voulait initier ses compatriotes à la connaissance et à l'étude des plus

---

[1] *Id., ibid.*, p. 352,

[2] *Signorum veterum icones*, in-4°. — Cabinet des estampes, n° 790-158.

beaux modèles que l'antiquité nous a laissés. Mais il est à regretter que Bisschop n'ait pas mieux rendu, avec son burin, la pureté des contours des statues qu'il copiait. Ses gravures sont molles et ne reproduisent pas bien l'effet de la sculpture antique, quoique, sous le rapport du dessin et de l'expression, elles ne manquent pas d'un certain mérite. — La dédicace d'un pareil ouvrage à Constantin Huygens prouve qu'il connaissait bien les œuvres de l'art antique, et qu'il était capable d'en apprécier la beauté.

D'un autre côté, ses relations avec Rembrandt montrent qu'il avait dignement apprécié le génie du peintre hollandais.

On sait que les princes de la maison d'Orange ont, de tout temps, recherché les œuvres de l'art. S'il entrait dans leur politique d'encourager celles écloses dans le pays qu'ils dirigeaient, on peut dire que leur inclination personnelle les y portait également. Placés à la tête du gouvernement d'une nation qui a vu naître et fleurir un si grand nombre de peintres remarquables, comment les stathouders auraient-ils pu ne pas partager le goût de leurs concitoyens pour les œuvres si variées, si naturelles et si brillantes de l'école hollandaise? Aussi s'appliquèrent-ils à réunir des tableaux des principaux maîtres. Rembrandt était trop connu, lorsqu'il vint s'établir à Amsterdam, en 1630, pour ne pas être signalé à l'attention des princes de Nassau. Ce fut, à ce qu'il paraît, Constantin Huygens, conseiller intime et secrétaire du stathouder Frédéric-Henri, qui servit d'intermédiaire entre le prince et l'artiste. On a publié, dans ces dernières années [1], les lettres de Rembrandt adressées à Huygens, et relatives à deux des cinq tableaux que Rembrandt avait exécutés pour le stathouder.

Ces tableaux représentent une suite de sujets tirés de la Passion de Jésus-Christ; savoir : la *Mise en croix*, la *Descente de croix*, l'*Ensevelissement*, la *Résurrection* et l'*Ascension*. Les lettres de Rembrandt à Constantin Huygens n'ont rapport qu'à l'*Ensevelissement* et à la *Résurrection*, et ne parlent que de leur prix : on voit par la première que Rembrandt espérait obtenir de Son Altesse pas moins de mille florins, pour chacune de ces toiles; — « mais que si Son Altesse pense qu'elles ne méritent pas tant, elle lui en donnera moins, suivant son bon plaisir; se fiant au goût et à la discrétion de Son Altesse, il se contentera de cela avec reconnaissance. »

Le prix demandé par le peintre fut réduit à six cents florins, pour chaque tableau, et la seconde lettre à Huygens, écrite, dit Rembrandt, sur l'encouragement du receveur Utenbogard, dont nous allons bientôt parler, apprend que tout en acceptant

---

[1] M. Six, descendant du bourgmestre. Communication faite aux quatre classes de l'institut royal néerlandais, en 1843; rapport, p. 142. — Ces lettres ont été reproduites par M. le docteur P. Scheltema, archiviste d'Amsterdam et de la Hollande septentrionale, dans son discours : *Rembrandt, sa vie et son génie*, traduit par A. M. Willems, revu et annoté par W. Burger, et extrait de la *Revue universelle des arts*. Bruxelles, F. Claassen, 1859, p. 67 et suiv.

ce prix, Rembrandt réclamait les intérêts, par la raison qu'on les avait payés à d'autres.

Enfin, dans la troisième lettre, la seule dont la date soit rapportée, et qui est écrite de la Haye, le 27 janvier 1639, Rembrandt dit à Huygens : « Monsieur le receveur Utenbogard est venu chez moi, comme j'étais occupé à emballer les deux tableaux. Il voulait d'abord les voir encore une fois. Il me dit que, s'il plaisait à Son Altesse, il voulait bien me faire le paiement en question sur sa recette. Ainsi, je vous prierais, monsieur, de faire en sorte que Son Altesse me paye ces deux tableaux, et que j'en reçoive l'argent au plus tôt, vu qu'il me serait extrêmement utile en ce moment. »

Ces lettres montrent, il est vrai, le désir trèsvif qu'avait Rembrandt d'être payé promptement ; mais il y a loin de là au reproche mérité d'avarice et de cupidité. Au contraire, on voit qu'il accepte la réduction du prix qu'il avait fixé, et qu'il ne réclame point contre le refus des intérêts.

Constantin Huygens, ou, comme on l'appelait à la cour, M. de Zuylichem, s'empressa de faire donner satisfaction au peintre. Dès le 17 février 1639, et sur son attestation, il lui fit délivrer, au nom du prince, une ordonnance de paiement de 1244[1] florins, « pour les deux tableaux représen-

---

[1] Les quarante-quatre florins sont, suivant Rembrandt lui-même, le remboursement de ce qu'il avait dépensé pour les cadres et la caisse d'emballage. — *Scheltema*, p. 67.

tant, l'un l'*Ensevelissement*, l'autre la *Résurrection* de N.-S. Jésus-Christ, exécutés par lui et livrés à Son Altesse. » Ainsi, les intérêts ne furent point alloués.

Ces deux tableaux, avec les trois autres, après avoir fait partie pendant longtemps de la galerie de Dusseldorf, sont maintenant, avec un sixième du même maître, l'*Adoration des bergers*, à la Pinacothèque de Munich [1].

Pour témoigner sans doute sa reconnaissance à M. de Zuylichem, Rembrandt voulut lui faire un tableau qu'il lui donna, ainsi qu'il résulte du commencement de sa lettre de la Haye, du 27 janvier 1639, ainsi conçue :

« Monsieur, — c'est avec un plaisir particulier que j'ai lu votre agréable missive du 14 de ce mois; j'y trouve votre bienveillance et votre affection, de sorte qu'avec l'affection cordiale que je vous porte de mon côté, je me trouve obligé de vous rendre service et amitié. C'est par suite de cette affection que, malgré vos réserves, je vous envoie la toile ci-jointe, espérant que vous ne la refuserez pas, car c'est le premier souvenir que je vous donne. » Cette lettre suffirait à elle seule pour réfuter le reproche d'avarice poussée à l'extrême que l'on a souvent adressé au peintre; car un avare ne donne point ce dont il espère tirer un profit. Bien qu'il fût lié avec M. de Zuylichem, auquel il devait plus d'un service,

[1] *Ibid.*

si ce que ses anciens biographes ont raconté de sa cupidité eût été vrai, Rembrandt n'aurait certainement pas fait, même à un ami, le cadeau d'une toile qu'il pouvait vendre très-cher. — On ignore également et le sujet de ce tableau et ce qu'il est devenu ; mais les lettres que nous venons de citer prouvent l'affection cordiale que l'artiste portait à Constantin Huygens, et les bons offices que le grand seigneur s'efforçait de rendre au peintre.

Indépendamment des tableaux dont nous venons de parler, Rembrandt avait gravé un charmant portrait du prince Frédéric-Henri, alors qu'il n'était encore qu'enfant. On croit qu'il l'exécuta par l'entremise du poëte de Cats, précepteur du jeune prince, avec lequel il était lié, et dont il a également gravé un fort beau portrait [1].

Le receveur Utenbogard, dont Rembrandt, dans ses lettres, invoque l'opinion à l'appui de sa réclamation des intérêts du prix de ses tableaux, et qu'il montre disposé à le payer sur sa recette, était un des amis de l'artiste, et n'estimait pas moins ses œuvres que M. de Zuylichem. Trésorier des états de Hollande pour le territoire d'Amsterdam, il employait une grande partie de sa fortune à réunir des objets rares et précieux, et principalement des gravures et des dessins. C'est à lui que Jean de Bisschop a dédié la seconde partie de ses *Signorum veterum icones*, et voici les deux raisons qu'il donne

[1] Ces deux portraits sont au Cabinet des estampes, dans l'œuvre de Rembrandt.

de cette courtoisie. La première, c'est parce que Utenbogard a mis à sa disposition, avec la plus grande bienveillance, toutes les belles choses qu'il possède : c'est donc un devoir pour lui de faire connaître au public où il a trouvé ce trésor. La seconde raison, c'est afin d'attester à tous que Utenbogard connaît parfaitement la valeur de toutes ces raretés (*elegantiarum*), et qu'il est doué d'un goût sûr, joint au désir de laisser voir ses collections à tous les amis de l'art. — Bisschop s'élève avec force contre ces collectionneurs soupçonneux et jaloux, qui, loin de communiquer aux autres ce qu'ils possèdent, en réservent la jouissance pour eux seuls. — « Quelle chose odieuse, quel aveuglement, s'écrie-t-il, n'est-ce point de moins estimer ce que l'on possède, par cela seul qu'un autre aura la même chose ! Jouiriez-vous mieux de la chaleur du soleil, de la lumière du jour, de la douceur de l'air, de la fraîcheur d'une source, de l'usage d'une voie publique, parce que vous seriez appelé seul à en jouir ? »

Rembrandt était aussi attaché au trésorier des états de Hollande qu'au conseiller intime du stathouder : il a fait son portrait, exécuté une belle gravure de sa maison de campagne, ce qui fait supposer que Utenbogard devait l'y recevoir, et il l'a représenté une seconde fois dans ses fonctions de receveur, dans le portrait appelé le *Peseur d'or* [1].

---

[1] M. Scheltema, p. 71. — Voy. aussi l'*Abecedario* de Mariette, v° Rembrandt, t. IV, p. 358-9.

CHAPITRE XXXII

Gloire de la Hollande après la paix de Munster. — L'hôtel de ville d'Amsterdam, bâti par Van Campen. — Jean Six, sa famille, son éducation. — Le poëte Vondel. — Le *Mariage de Jason et de Creuse*, tragédie de Six, avec une eau-forte de Rembrandt. — Portrait du bourgmestre. — Paysages de Rembrandt. — Le docteur Tulp, beau-père de Six, et la *Leçon d'anatomie*. — Gravures de tableaux modernes dédiées à Six par J. de Bisschop. — Obscurité des dernières années de Rembrandt. — Mort de Six.

1648—1700

C'était alors l'époque la plus glorieuse des annales de la Hollande : après une lutte acharnée de près d'un siècle, dans toutes les parties du monde, ce peuple, petit par le nombre, mais grand par l'amour de la patrie et de la liberté, venait de forcer le faible et incapable descendant de Charles-Quint à signer une paix humiliante, dans laquelle, en dépit de l'inquisition espagnole, il avait été obligé d'admettre la liberté de conscience, la liberté du commerce maritime et l'indépendance absolue des Provinces-Unies. La raison, la justice et la liberté, pour lesquelles cette poignée d'hommes indomptables avait combattu et souffert avec tant de persévérance, triomphaient enfin du despotisme uni à l'intolérance. Les états généraux de Hollande avaient ainsi réalisé le vœu de leur devise nationale : *Concordia res parvæ crescunt*.

La ville d'Amsterdam, en particulier, obtenait, par le traité de Munster, tous les avantages que ses hardis armateurs avaient souhaités le plus ardemment. Tandis qu'un des articles de la paix stipulait la fermeture de l'Escaut, et privait Anvers de son entrepôt maritime et de ses richesses, la cité d'Amsterdam voyait toutes les mers s'ouvrir à son commerce, d'autant plus florissant qu'il était devenu plus sûr par suite de l'abaissement de la puissance espagnole.

Aussi, presqu'au moment même où fut signée la célèbre paix de Westphalie, le conseil des bourgmestres d'Amsterdam résolut de faire construire un nouvel hôtel de ville, dont la fondation rappelât cet événement mémorable. Il voulut que sa grandeur et sa beauté fussent dignes d'une cité qui était alors considérée par toutes les autres, sans même en excepter Londres, comme la capitale maritime du monde entier. Le corps de ville d'Amsterdam s'était toujours distingué par son patriotisme. A la tête, pendant la guerre, du mouvement de résistance dirigé contre la tyrannie espagnole, il voulut, au jour du triomphe, honorer la mémoire des anciens magistrats municipaux qui, les premiers, avaient donné le signal de la résistance à l'oppression étrangère. Le conseil de ville fit donc graver sur la première pierre de l'édifice l'inscription suivante : « Le IV des calendes de novembre de l'an 1648, jour auquel fut terminée la guerre qui durait depuis plus de quatre-vingts ans, tant par terre que par mer, dans presque toutes les parties du monde, entre les peuples des Pays-Bas et les trois puissants rois Philippe d'Espagne; et après que la liberté de la patrie et la religion eurent été affermies sous les auspices des seigneurs bourgmestres Gerb. Pancras, Jacq. de Graef, Sib. Valckenier, Pierre Schaep, cette pierre fut posée par les fils et descendants desdits seigneurs bourgmestres, comme premier fondement de cet édifice [1]. »

Le conseil fit choix de l'architecte van Campen pour en diriger la construction. On sait que cet artiste s'est illustré par ce monument, dont la masse imposante donne une haute idée de la richesse et de l'importance de la ville d'Amsterdam. Sa distribution et sa décoration intérieures répondent à sa façade principale, et il a été orné de peintures et de sculptures par les artistes hollandais les plus renommés de cette époque.

Jean Six n'était encore que secrétaire de la ville d'Amsterdam, lorsque fut commencée l'érection du nouveau palais municipal. Mais il paraît certain qu'il fut chargé avec ses collègues de veiller à l'exécution des travaux.

Il était né à Amsterdam en 1648. Son père avait fondé ou augmenté le patrimoine de la famille par d'heureuses spéculations commerciales, et il transmit à son fils une grande fortune, jointe à une considération méritée. Le jeune homme voulut se

[1] *Architecture, peinture et sculpture de la maison de ville d'Amsterdam.* — Grand in-f°, planche XXIV. Amsterdam, Mortier, 1719, avec texte en français; les gravures sont de Hubert Quellinus. — Cabinet des estampes, n° 847-158. — Il existe au même cabinet un autre ouvrage en hollandais sur le même sujet; n° 2828-32.

montrer digne de jouir de ces avantages, et de prendre part à l'administration des affaires de sa ville natale. Il fit d'excellentes études, et comme la nature l'avait doué pour la poésie et les lettres d'une aptitude toute particulière, il fut bientôt cité parmi ses condisciples comme donnant les plus belles espérances. Il les réalisa pendant sa longue carrière, en cultivant les lettres, en vivant avec les artistes et en recherchant leurs œuvres.

Parmi les poëtes qu'il compta au nombre de ses amis, on cite l'illustre Vondel, le véritable créateur de la tragédie hollandaise, qui a également laissé dans d'autres genres des œuvres très-remarquables. La fermentation politique et religieuse qui agitait depuis longtemps les pays-Bas avait fait naître, comme il arrive presque toujours en pareille circonstance, des écrivains et des poëtes qui marchaient à la tête du mouvement national. Il ne nous appartient pas d'apprécier leur talent, encore moins de juger leur style, ne connaissant pas la langue hollandaise. Nous nous permettrons seulement de faire remarquer qu'un pays qui comptait à la fois au nombre de ses concitoyens Grotius, le fondateur du droit des gens européens, l'éloquent défenseur de la liberté des mers; Vondel, le poëte inspiré de tant de tragédies, d'odes et de satires; Christian Huygens, l'émule de Descartes et de Newton, et Rembrandt, l'incomparable maître du clair-obscur, un tel pays, disons-nous, n'avait rien à envier à aucun autre.

Le succès des tragédies de Vondel détermina sans doute Jean Six à composer sa pièce de *Médée* [1]; nous ignorons si elle fut représentée sur le théâtre construit par Van Campen, et dont l'inauguration avait eu lieu en 1637 par le *Gisbert d'Amstel*, le chef-d'œuvre le plus populaire de Vondel, dédié par lui à Grotius. Les critiques s'accordent à louer la pureté de style et la beauté des vers de Jean Six; quant à l'intérêt dramatique, basé sur l'amour dédaigné, la jalousie et la vengeance de Médée, il était en rapport avec les idées des amateurs de tragédie, vers le milieu du dix-septième siècle.

Ce qui, à notre point de vue, recommande mieux le souvenir de la tragédie de Six, c'est la part que prit Rembrandt à sa publication. Il composa, pour être mise en tête de cette pièce, une eau-forte, reproduisant à sa manière le sujet de la pièce. « Elle représente, dit M. Charles Blanc [2], l'intérieur d'un temple orné de colonnes et rempli de figures, parmi lesquelles on distingue un groupe de musiciens. Sur la droite, entre deux colonnes, paraît la statue de Junon, au-devant de laquelle est un autel, où s'élève la fumée d'un sacrifice que le pontife du temple va faire à la déesse. Aux pieds du

---

[1] *Medee Treuspel, Twede Druk, te Amsterdam*, 1679. Mais il doit y avoir une édition antérieure. M. Charles Blanc dans son *OEuvre de Rembrandt reproduit par la photographie*, 6e livraison, a le premier fait connaître la tragédie de *Médée*, dont il donne l'analyse d'après la traduction due au savoir et à l'obligeance de M. Koloff, employé au Cabinet des estampes.

[2] *Ut suprà*, p. 64.

prêtre sont deux figures à genoux, celles de Créuse et de Jason, dont on célèbre le mariage. On remarque sur le premier plan, qui est presque tout entier dans l'ombre, un escalier à double rampe, vers lequel s'avance une figure qui paraît être celle de Médée. Elle est suivie d'un serviteur. Ce morceau, fini avec soin, est d'une belle ordonnance et d'un grand effet. On lit au bas, dans une petite marge, quatre vers hollandais qui commencent par ces mots : *Creus en Jason hier...*, etc.; et vers la droite : *Rembrandt F. 1648.* »

Cette gravure est bien dans la manière du maître; mais les costumes et l'architecture du lieu de la scène ne laisseraient guère deviner, si on ne le savait d'avance, qu'il s'agit de la représentation d'un sujet tiré de l'histoire des temps fabuleux de la Grèce. Les personnages sont coiffés de cet énorme turban que l'artiste affectionnait tant, nous ne savons pourquoi, mais qu'il copiait sans doute sur ceux des juifs d'Amsterdam. Les colonnes du temple sont gothiques, avec des arceaux comme au moyen âge; un dais est suspendu au-dessus de la tête des époux; dans le fond à droite, deux fenêtres vitrées éclairent ce singulier spectacle, tandis que, sur le devant, deux rideaux, attachés à une tringle et presque entièrement ouverts, laissent voir toute cette cérémonie. Il paraît que Rembrandt composa cette gravure de pure fantaisie, et sans vouloir représenter une des scènes de la pièce de Six, dans laquelle, dit M. Ch. Blanc, le mariage de Jason avec Créuse n'est pas célébré sous les yeux des spectateurs. — Après tout, cette estampe, comme un certain nombre d'autres du maître, nous paraît plus curieuse que belle ; mais elle prouve l'amitié que l'artiste portait à notre bourgmestre.

Une autre gravure, bien plus connue, attestera cette liaison tant que subsistera la planche : nous voulons parler du fameux portrait de Jean Six, une des plus étonnantes œuvres du maître, et dont les meilleures épreuves, déjà très-recherchées du temps de Mariette [1], sont portées aujourd'hui dans les ventes à des prix fabuleux. Le bourgmestre, vêtu comme les Hollandais de son temps, avec un pourpoint, des culottes et des bas de soie noirs, est debout, tête nue, appuyé sur le soubassement d'une fenêtre gothique, ouverte derrière lui, de manière à présenter en avant ses pieds un peu écartés, tandis que son corps penché, ses épaules et sa tête entrent dans l'épaisseur de l'embrasure. Il tient dans ses deux mains un livre ou manuscrit, qu'il paraît lire avec la plus grande attention. Sur une table, à droite, on voit son manteau, son épée et son baudrier, et sur une chaise, en face de lui, des papiers entassés. Un tableau, caché à moitié par un rideau entr'ouvert, et dont il est difficile de distinguer le sujet, est appendu à la muraille, au-dessus de la table. Un épais rideau, à sa gauche, est tiré pour laisser pénétrer dans la chambre, par l'ouver-

---

[1] Voy. *Abecedario*, v° Rembrandt, t. IV, p. 357.

ture de la croisée, la vive lumière du jour. Les cheveux, la figure, le col de toile et ses glands, une partie du bras et du poignet gauche, se détachent en clair sur tout le reste de la personne et de l'appartement, qui sont entièrement dans l'ombre, à l'exception des papiers sur la chaise et du parquet. On lit cette inscription au bas de la planche : *Jean Six, æt. 29, Rembrandt,* 1647.

Ce n'est pas la seule fois que, dans ses gravures ou dans ses tableaux, Rembrandt ait représenté des personnages lisant, éclairés par la lumière qui entre dans une chambre par une ouverture placée derrière eux. On voit dans son œuvre, au Cabinet des estampes, un certain nombre de portraits exécutés de cette manière, tandis que les *Deux philosophes en méditation,* du musée du Louvre [1], nous montrent la lumière éclairant l'un des tableaux directement en face, tandis que dans l'autre elle pénètre par derrière. Entrant ainsi dans la pièce où l'artiste plaçait ses personnages, la lumière, sous son pinceau comme sous sa pointe, produit ces merveilleux effets de clair-obscur, ces oppositions saisissantes d'ombre et de jour, qu'aucun autre n'est parvenu à égaler, et qui sont le cachet de son génie.

Nous ignorons à quelle circonstance est dû le portrait de Jean Six ; la planche en fut-elle payée au graveur, ou celui-ci voulut-il laisser à son ami ce témoignage de son affection, comme nous l'avons

---

[1] Nos 408, 409 du catalogue des écoles allemande, flamande et hollandaise, édition de 1852.

vu donner un tableau à Constantin Huygens ? Les renseignements manquent sur ce point. Mais il est certain qu'une étroite intimité unissait l'artiste et le bourgmestre. M. Scheltema [1] cite, comme preuve de cette intimité, un album de Six, qui contient deux pages avec des esquisses de Rembrandt. Ce fait confirme toute la familiarité de leurs relations.

Dans le catalogue de l'œuvre de Rembrandt, « Gersaint [2] raconte qu'un jour, Rembrandt étant à la campagne du bourgmestre, un valet vint les avertir que le dîner était prêt. Au moment où ils allaient se mettre à table, ils s'aperçurent qu'il n'y avait point de moutarde. Le bourgmestre ordonne au valet d'aller en chercher promptement dans le village. Rembrandt, qui connaissait la lenteur ordinaire de ce valet, et qui avait, lui, le caractère vif, paria avec son ami Six qu'il graverait une planche avant que ce domestique fût revenu. La gageure fut acceptée, et comme Rembrandt avait toujours des planches toutes prêtes au vernis, il en prit aussitôt une, et grava dessus le paysage qui se voyait du dedans de la salle où ils étaient. En effet, la planche fut achevée avant le retour du valet ; Rembrandt gagna son pari. » Nous ignorons où Gersaint a pris cette anecdote ; toujours est-il que parmi les

---

[1] P. 20. Il ne dit pas ce que représentent ces esquisses.
[2] Cité par M. Ch. Blanc, dans son *Histoire des peintres de toutes les écoles, Vie de Rembrandt*, 3ᵉ, 4ᵉ et 5ᵉ livraisons, p. 18. — Librairie Renouard, in-4°.

paysages gravés par Rembrandt, il en est un qui porte le nom de *Pont de Six.*

On a dit [1] que ce furent les petits voyages que faisait Rembrandt, de la ville d'Amsterdam à la campagne du bourgmestre Six, qui inspirèrent à ce grand peintre l'amour du paysage. Mais il visitait également le receveur Utenbogard à sa maison de campagne, dont il a laissé une vue gravée. On peut admettre aussi que Constantin Huygens l'aura reçu dans son habitation des champs, située au bord du canal, entre La Haye et Leyde, et qu'il a célébrée dans son poëme en hollandais, sous le nom de *Hofwyck,* c'est-à-dire *fuite de la cour.*

Rembrandt ne se montre pas moins surprenant dans le paysage que dans ses autres tableaux. Nous avons admiré, à l'exposition de Manchester, la vue d'une campagne au bord de la mer, dont l'aspect était saisissant de tristesse et de vérité. Mais ses paysages sont plus rares que ses autres œuvres.

Les lettres de l'artiste à Constantin Huygens, ses relations avec le receveur Utenbogard et le bourgmestre Six, l'anecdote racontée par Gersaint, tout réfute de la manière la plus péremptoire ce que dit Descamps [2] du maître hollandais, avec une légèreté d'appréciation qui prouve bien qu'il ne comprenait pas le véritable génie de Rembrandt : — « Si ce peintre, dit-il, avait vécu avec des gens d'esprit,

---

[1] M. Ch. Blanc, *ibid.*

[2] *La vie des peintres flamands, allemands et hollandais,* notice sur Rembrandt, t. 1er, p. 302, édition de Marseille.

quelle différence n'aurions-nous pas trouvée dans ses ouvrages ! Il aurait fait un plus beau choix de sujets, il y aurait mis plus de noblesse, il aurait perfectionné ce goût naturel, ce génie de peintre, dont chaque touche de pinceau et de pointe décèle en lui le caractère. Le bourgmestre Six a essayé, plus d'une fois, de mener Rembrandt dans le monde, sans pouvoir jamais l'obtenir ; cet illustre ami avait eu la complaisance de se plier au caractère du peintre, pour acquérir sa confiance et le tirer de la mauvaise compagnie ; mais Rembrandt ne changea point : il n'aimait que la liberté, la peinture et l'argent. » — Rembrandt ne *changea point*, et il eut grand'raison : s'il se fût mis à vouloir peindre *avec plus de noblesse*, dans la manière si vantée au siècle dernier et si fade des Lemoyne et des de Troy, ses œuvres seraient aujourd'hui reléguées aux derniers rangs, tandis que, grâce à la liberté qu'il a aimée, à la fantaisie qui a dirigé son pinceau et sa pointe, il est resté le chef de l'école hollandaise, et l'un des plus grands maîtres de l'art.

On a supposé [1] que Rembrandt avait fait pour Jean Six son tableau de *Siméon au temple,* qui passe pour sa première grande peinture ; mais la date de cet ouvrage, qui est de 1631, rapprochée de celle de la naissance de Jean Six, en 1618, réfute cette hypothèse.

Le Catalogue du musée du Louvre [2] indique l'ad-

---

[1] M. Scheltema, *ut suprà*, p. 75.
[2] Ecoles flamande, hollandaise et allemande, édition de 1852,

mirable tableau des *Pèlerins d'Emmaüs*, comme provenant du cabinet du bourgmestre W. Six, dont la collection fut vendue en 1734. Il est probable que cet ouvrage avait été fait par Rembrandt pour son ami Jean ; mais rien ne justifie cette supposition.

Ce qu'il y a de certain, c'est que Rembrandt a composé sa célèbre *Leçon d'anatomie* pour le professeur Nicolas Tulp, beau-père de notre bourgmestre, mais longtemps avant le mariage de Six avec la fille de Tulp, puisque ce tableau porte la date de 1632, et que Six n'avait que quatorze ans à cette époque. — « Ce chef-d'œuvre, dit la description en français qui accompagne les principaux tableaux gravés au trait, du musée royal de La Haye [1], représente la *Leçon d'anatomie* du professeur Tulp à Amsterdam. Il est assis, la tête couverte d'un large chapeau et tenant à la main un instrument de chirurgie ; il enseigne cette science à ses amis et élèves, au nombre de sept. Il donne sa leçon sur un cadavre gisant sur une table devant lui. Le maintien du professeur indique qu'il instruit ses élèves, qui l'écoutent avec la plus grande attention. Ce tableau, peint par Rembrandt, à l'âge de trente ans, pour le professeur Tulp, qui était son protecteur, fait voir qu'il a voulu y consacrer tout son talent. La disposition des têtes, l'expression caractéristique de

---

p. 214, n° 407. Voy. aussi le n° 411 et la note qui l'accompagne, p. 216.

[1] De l'imprimerie du gouvernement, à La Haye, 1826, in-8°, p. 31, n° 100.

chaque personnage, qui tous fixent leur attention sur le même objet, le calme du maître, la préoccupation des élèves, tout est historique dans cette collection de portraits. La belle exécution du clair-obscur, dont Rembrandt connaissait si bien la magique puissance, la manière de grouper les figures, leur gradation par rapport aux distances, la belle carnation des figures vivantes, et la teinte livide du cadavre, le style tout à la fois large et fini, le dessin correct du cadavre, vu en raccourci du côté droit du tableau, tout enfin fait de cette production le chef-d'œuvre de Rembrandt. Ce tableau, donné par Tulp à la corporation des chirurgiens d'Amsterdam, était autrefois placé au théâtre anatomique de cette ville, et appartenait au fonds des veuves des chirurgiens, dont l'administration désira s'en défaire en 1828. Le gouvernement l'acheta au prix de 32,000 florins, et le fit placer au cabinet royal de La Haye, dont il est un des principaux ornements. »

Si, à La Haye, on considère la *Leçon d'anatomie* comme le chef-d'œuvre de Rembrandt, on pourrait bien, à Amsterdam, lui préférer la *Ronde* ou *Garde de nuit*, cette scène où la vie éclate avec autant d'entrain, de mouvement et de vérité, que la mort fait sentir son calme et sa gravité dans la démonstration anatomique. Heureux temps, heureuse ville, où le même maître pouvait exécuter, dans des styles entièrement opposés, deux chefs-d'œuvre inimitables : l'un, pour un professeur de chirurgie;

l'autre, pour une compagnie de garde bourgeoise.

C'est au docteur Tulp que Rembrandt aura dû, selon toute apparence, de se lier avec Jean Six : ce bon office n'est pas le moindre que le beau-père aura pu rendre à la mémoire de son gendre.

A la suite de notre bourgmestre, nous retrouvons encore Jean de Bisschop. Après avoir publié ses planches des plus belles statues antiques, ce graveur voulut également faire connaître à ses concitoyens les ouvrages des principaux peintres modernes. Il publia donc à La Haye, en 1671[1], un recueil de cinquante-sept gravures, d'après différents maîtres, et il en offrit la dédicace à Jean Six, alors bourgmestre d'Amsterdam, en faisant précéder ce recueil du portrait de notre amateur. Il parait que le graveur vivait dans la familiarité de Jean Six, s'entretenait souvent d'art avec lui, et que ce dernier lui donnait d'excellents conseils. Voici, en effet, le commencement de sa dédicace : — « De tout ce que nous avons dit, en discourant ensemble sur la peinture, j'ai retenu pour toujours et j'entends encore vibrer à mon oreille cette recommandation que vous m'avez faite, de toujours chercher, autant qu'on le peut, à rendre le beau. » — Partant de ce point, Bisschop explique à sa manière ce que c'est que la beauté du corps humain, dans son ensemble et dans ses différentes parties. S'appuyant

---

[1] Sous ce titre : *Paradigmata graphica variorum artificum.* Cabinet des estampes, à la suite des *Signorum veterum icones,* dans le même volume.

sur l'exemple des grands maîtres, tels que Michel-Ange, Raphaël et le Poussin qui ont le mieux réussi à l'exprimer, il conclut qu'il est utile d'offrir au public des modèles tirés de leurs ouvrages. Dans un passage, qu'on dirait dirigé contre Rembrandt, il blâme énergiquement les artistes, qui, copiant servilement la nature, osent reproduire le laid et le difforme, dans toute leur triste réalité. Il croit que cette mode passera. « Ce genre, dit-il, est aujourd'hui en vogue, comme on aime des fleurs nouvelles; mais la vérité, fille du temps, finit toujours par triompher. » En passant, le graveur fait l'éloge de Van Campen, dans des termes tels, qu'on peut en inférer que l'illustre architecte était lié avec Six, et que celui-ci avait contribué à l'érection du nouvel hôtel de ville d'Amsterdam.

Les dernières années de la vie de Rembrandt sont enveloppées d'une obscurité qui n'a pas encore été éclaircie. Les uns attribuent les malheurs qui vinrent l'accabler à des expériences d'alchimie, dans lesquelles il aurait englouti toute sa fortune; d'autres mettent sur le compte des difficultés du temps la diminution de ses ressources; il en est, enfin, qui inclinent à croire que la manie qu'il avait d'acheter à tout prix des objets rares et précieux, a été la seule et véritable cause de sa ruine. Cette dernière supposition nous paraît la plus vraisemblable, si l'on considère l'état de son mobilier, vendu aux enchères par la chambre des insolvables d'Amsterdam, en 1656 [1]. Quoi qu'il en soit, on a accusé les amis de Rembrandt de l'avoir abandonné complétement, en laissant vendre tout ce qu'il possédait. Rien ne prouve cette allégation : en ce qui concerne Six, son caractère, sa bienveillance, sa conduite dans la vie privée, tout doit faire supposer, au contraire, qu'il aura fait d'inutiles efforts pour sauver du naufrage son fantasque et malheureux ami. *Nemini invito beneficium datur :* on n'oblige que ceux qui consentent à recevoir un service, et Rembrandt était de ces natures à part, poussant l'amour de l'indépendance jusqu'à refuser même les bons offices d'un ami. M. Scheltema [2] fait remarquer avec justesse, qu'après la vente de tout ce qu'il possédait, Rembrandt, aigri par le malheur, se retira dans l'isolement. Il ne se laissa cependant point abattre : telle est la puissance salutaire de l'art ; ainsi que la science, il est un ornement dans la prospérité, un refuge et une consolation dans l'infortune. L'artiste se remit donc au travail avec une ardeur nouvelle ; mais il s'éloigna tellement du monde, qu'on fut longtemps dans une complète incertitude sur l'époque et le lieu de sa mort. Elle eut lieu, le 8 octobre 1669, à Amsterdam, qu'il n'avait pas quittée [3].

Lorsque l'on considère que ce fut Jean Six qui, pour honorer la mémoire de Vondel, fit graver sur

---

[1] Scheltema, p. 54 et suiv., nos 18 et suiv.
[2] *Ut suprà*, p. 18-24.
[3] *Ibid.*, p. 63.

son tombeau : « *Vir Phœbo et Musis gratus, Vondelius hic est ;* — cet homme cher à Phœbus et aux Muses, Vondel est là, » il nous est impossible d'admettre qu'il ait abandonné Rembrandt.

Jean Six mourut à Amsterdam en 1700, plus de trente années après le peintre.

L'impartiale postérité est venue depuis longtemps pour l'artiste et pour l'amateur : du bourgmestre Six, elle conserve et transmet le souvenir, grâce surtout à son portrait gravé ; de Rembrandt, elle ne se lasse point d'admirer le génie, par lequel il revit dans ses œuvres : la mort a emporté et fait oublier tout le reste.

AMATEURS ALLEMANDS

BILIBALDE PIRCKHEIMER [1]

1470—1530

CHAPITRE XXXIII

Illustration ancienne à Nuremberg de la famille Pirckheimer. — Éducation de Bilibalde, terminée en Italie. — Son retour et son mariage. — Il commande le contingent nurembergeois à l'armée de l'empereur Maximilien. — Sa relation de la guerre contre les Suisses.

1470—1499

Lorsqu'en parcourant l'œuvre d'Albert Durer on rencontre le portrait de Bilibalde Pirckheimer, il est difficile de supposer, ne connaissant pas ce personnage, que cette tête vulgaire, ces traits gros et communs, cette physionomie inculte représentent un des hommes les plus distingués du seizième siècle, un négociateur habile, un jurisconsulte éclairé, un savant d'une instruction profonde, un amateur délicat des beautés de l'art. Le nom du sénateur de Nuremberg, conseiller du saint-empire, est à peu près inconnu en France ; ses œuvres latines, relé-

---

[1] On trouve également écrit Pirckeimer : j'ai adopté la première orthographe, qui est celle d'Érasme.

guées sur les rayons de quelques bibliothèques publiques, ne s'y lisent plus ; la part qu'il a prise aux événements dont sa patrie a été le théâtre à l'époque de Luther et de la réforme, son influence sur les lettres et sur les arts en Allemagne, enfin tout ce qui constitue le souvenir de son existence, est depuis longtemps éteint et effacé de ce côté-ci du Rhin. Il n'en est pas de même en Allemagne, et particulièrement à Nuremberg : la mémoire de Bilibalde Pirckheimer y brille encore de l'éclat qui s'attache aux illustres renommées ; et si l'on ne s'occupe plus de sa carrière politique, son souvenir, associé à celui d'Albert Durer, vit inséparable de celui du grand artiste, dont il a été le Mécène et l'ami. A Nuremberg et dans tout le reste de l'Allemagne on répète encore cette phrase d'Érasme :

« *England hat seine Morien ; Deutschland seine Pirckheimerinnen* [1]. » — « L'Angleterre a ses Morus, l'Allemagne ses Pirckheimer. »

Bilibalde Pirckheimer naquit à Nuremberg en 1470 [2] ; il descendait d'une des plus anciennes, des plus riches et des plus illustres familles patriciennes

---

[1] Cette phrase sert d'épigraphe à l'ouvrage publié en 1826 à Nuremberg sous ce titre : *Charitas Pirckheimer ibre schwœtern und Dichten*.

[2] Les détails qui suivent sont extraits de la vie de B. Pirckheimer (*de vita Pirckheimeri commentarius*), par Conrad Rittershusius, en tête des œuvres de Pirckheimer, *cum Alberti Dureri, civis norimbergensis, vulgo Apellis germanici dicti, figuris œneis, adjectis opusculis Pirckheimeri auspicio concinnatis*, etc. — *Franco furti, excudebat Joh. Bringerus, impensis Jacobi Fuscheri, MDCX.* — Petit in-folio ; Bibliothèque impériale, H, 751.

de cette ville. Un de ses aïeux, Jean, avait été, dans le treizième siècle, premier sénateur de cette république ; il surpassait en richesse tous ses concitoyens, et ne se distinguait pas moins par son instruction, dans un siècle où toutes les connaissances étaient, à très-peu d'exceptions près, concentrées entre les mains du clergé. Conrad Pirckheimer, bisaïeul de Bilibalde, Jean, son aïeul, et Jean, son père, ne se firent pas moins remarquer par leur amour pour les lettres que par leurs immenses richesses, acquises ou augmentées dans le commerce. Les relations très-étendues de leurs affaires avaient attiré depuis plusieurs siècles les Pirckheimer en Italie ; ils y avaient suivi dans leur jeunesse les cours des plus célèbres universités, et nous trouvons dans les œuvres de Bilibalde[1] le diplôme de docteur en droit civil et canonique, délivré par l'université de Padoue, le 2 août 1465, à Jean Pirckheimer, son père. Ces fortes études valurent à Jean Pirckheimer la faveur de l'évêque d'Egstadt, qui l'admit au nombre de ses conseillers et l'employa dans plusieurs négociations importantes. Sa réputation de sagesse étant parvenue jusqu'au duc Albert de Bavière, ce prince voulut également l'attacher à ses conseils, et bientôt l'archiduc Sigismond d'Autriche ne se montra pas moins empressé à le consulter. Pour donner une égale satisfaction à ces deux princes, Jean Pirckheimer passait six mois à la cour de Munich

[1] P. 40.

et six mois à celle d'Inspruck. Le jeune Bilibalde accompagnait son père à ces deux cours, tout en étudiant les langues anciennes, les mathématiques et la musique, art pour lequel, selon son biographe, il montrait des dispositions toutes particulières.

Lorsqu'il eut atteint sa vingtième année, son père résolut de l'envoyer en Italie terminer ses études, commencées en Allemagne ; il partit donc pour cette belle contrée, qui attirait alors de toutes les parties de l'Europe les jeunes gens désireux de puiser les sciences à leurs sources les plus pures. Bilibalde, guidé par les traditions de sa famille, se rendit d'abord à Padoue. Là, attentif aux leçons d'un Grec, nommé Creticus, il se sentit entraîné vers l'étude presque exclusive de la langue d'Homère, jusqu'à ce point de négliger le droit civil et le droit canonique, que son père, en homme positif, considérait comme plus utiles à la future carrière qu'il devait parcourir. Il lui ordonna donc de quitter Padoue, et d'aller continuer ses études à l'université de Pavie [1], où florissaient alors les jurisconsultes les plus célèbres : Jason Magnus, Jean-Paul Lancelot et Philippe Decius. Bilibalde suivit les cours de ces savants professeurs, tout en se perfectionnant dans la langue italienne, qui lui devint bientôt aussi familière que sa langue maternelle. Il se livra, en outre, à l'étude de la théologie, des mathématiques,

---

[1] *Ad Ticinum*, dit le texte. M. Weiss, dans l'article Pirckheimer de la *Biographie universelle* de Michaud, traduit *Pise :* mais l'indication des professeurs montre que c'est Pavie.

de l'astronomie, de la géographie, de l'histoire, et même de la médecine.

Après sept années entièrement consacrées à ces travaux, Bilibalde fut rappelé par son père en Allemagne. Il le trouva, retiré à Nuremberg, ayant abandonné ses fonctions publiques, pour se livrer entièrement à l'administration de son immense fortune. Quant à lui, après avoir eu l'idée de s'attacher à la cour de Maximilien Ier, empereur d'Allemagne, pour y faire valoir les connaissances qu'il avait acquises, réfléchissant que les richesses de son père devaient lui assurer un opulent héritage, il renonça bientôt à ce projet et résolut de rester dans sa ville natale, de s'y marier et de consacrer son temps aux soins que réclamait la conservation et l'augmentation de son patrimoine. Il épousa une jeune fille, nommée Crescentia, non moins distinguée par ses vertus que par sa beauté. Aussitôt après son mariage, Bilibalde fut admis au sénat de Nuremberg, dont les portes étaient fermées aux célibataires, d'après les lois de la ville, et il commença ainsi à prendre part au gouvernement de sa patrie, sans cesser de cultiver les lettres.

Il jouissait de ce repos honorable, le vœu du sage, *otium cum dignitate*, lorsqu'une circonstance imprévue vint l'arracher à ce calme philosophique, en lui faisant courir les chances et les dangers de la vie des camps.

L'empereur Maximilien Ier, héritier des prétentions et des rancunes du duc de Bourgogne, croyait avoir à se plaindre des Suisses; il résolut de leur déclarer la guerre et d'envahir leur territoire. Vers le commencement du printemps de l'année 1499, il rassembla une armée sur les bords du lac de Constance, et fit appel à toutes les villes soumises à la suzeraineté de l'empereur d'Allemagne, pour qu'elles eussent à lui fournir leur contingent militaire. Nuremberg ne fut pas la dernière à répondre à cet ordre; elle s'empressa de lever et d'équiper quatre cents fantassins et soixante cavaliers, avec huit coulevrines et un plus gros canon, et huit chars ou équipages, pour porter les provisions et les bagages. Mais il fallait un chef à ce petit corps d'armée : le sénat nurembergeois fit choix de Bilibalde, que ses antécédents ne semblaient pas désigner pour ce commandement. Il l'accepta sans l'avoir brigué, et montra, dans toute la suite de cette guerre, un grand courage, uni à une prudence non moins digne d'éloges. Mais, ce qui est à noter, c'est qu'il écrivit en latin la relation détaillée de cette guerre [1], dont l'issue ne fut pas favorable aux armes de Maximilien. On trouve dans le récit du chef nurembergeois des renseignements curieux sur la composition des deux armées, sur leurs mouvements, sur le défaut d'ordre et de discipline des troupes impériales, sur la pénurie des vivres, manquant par la faute de leurs chefs. On y voit aussi qu'alors, comme de notre temps, la Confédération suisse, soutenue par

---

[2] Sous ce titre : *Historia belli Suitensis, sive Helvetici duobus libris descripta,* p. 60 et suiv. de ses œuvres.

le patriotisme de ses enfants, savait repousser, grâce à ses montagnes, à ses défilés, à ses lacs et à ses rivières, les attaques d'ennemis beaucoup plus nombreux que ses défenseurs.

Pirckheimer rapporte un fait qui donne l'idée de l'acharnement avec lequel on combattait, non moins que du patriotisme qui animait jusqu'aux jeunes filles de l'Helvétie. Comme on n'employait plus ni hérauts d'armes, ni parlementaires pour établir des communications entre les deux armées, on se servait de vieilles femmes ou de très-jeunes filles pour échanger des messages. Il arriva donc qu'une jeune fille suisse fut chargée par ses compatriotes de porter une lettre à Maximilien. Pendant que l'empereur examinait la dépêche, la jeune messagère était restée au milieu du camp, entourée de soldats allemands, qui lui adressèrent diverses questions. Les uns lui demandèrent ce que faisaient les Suisses dans leur camp? « Ils attendent que vous osiez les attaquer, » répondit-elle. — A un autre qui voulait savoir le nombre de leurs soldats : « Ils sont, dit-elle, assez pour vous résister et vous repousser. » Comme ils insistaient de nouveau pour connaître leur nombre : « Vous avez pu les compter, reprit-elle, lorsque, non loin de Constance, ils vous ont si bien mis en fuite; à moins, ajouta-t-elle, que votre fuite précipitée ne vous ait obscurci les yeux. » Un des soldats l'ayant menacée de la tuer, et tirant son épée pour la frapper : « Tu es un homme bien brave, un grand héros, dit-elle sans s'émouvoir, toi qui menaces de mort une jeune fille sans défense. Mais puisque tu as une si grande envie de combattre, que ne sors-tu de ce camp? Tu trouverais facilement qui pourrait répondre à ton appel et rabattre ta férocité [1]. »

La relation de Pirckheimer, écrite chaque jour de son camp, donne une triste idée de la cruauté de cette guerre, des représailles exercées par les deux partis, en un mot, de la misère dans laquelle l'abus de la force et l'instinct sanguinaire des soldats laissa quelques contrées des cantons suisses et de l'Allemagne. On doit considérer le récit du sénateur de Nuremberg comme le plus authentique sur cette expédition. En outre, on y rencontre, dans plus d'un passage, l'expression de sentiments d'humanité, encore bien rares, chez un chef militaire, à cette époque [2].

---

[1] *Bellum Helveticum*, lib. II.
[2] Voyez, entre autres, le passage rapporté page 10 de sa vie, où il déplore le sort des populations ruinées et manquant de tout, par suite de la guerre.

CHAPITRE XXXIV

Pirckheimer, à la paix, rentre à Nuremberg et s'éloigne des affaires publiques. — Ses études : il recherche les livres et les manuscrits. — Ses traductions et ses publications — Il se lie avec un grand nombre de savants, particulièrement avec Érasme. — Son intimité avec Albert Durer. — Tableau de l'artiste représentant les derniers moments de la femme de son ami.

1500—1505

La paix conclue, Pirckheimer ramena à Nuremberg les débris de son contingent, et reçut les félicitations du sénat pour sa conduite pendant la guerre. Maximilien lui avait déjà conféré le titre de conseiller impérial, comme un témoignage de satisfaction de ses bons services, et ce titre fut plus tard confirmé par Charles-Quint. Mais l'envie, qui n'est pas moins vivace dans les petits États que dans les grands empires, s'attacha bientôt à dénigrer la conduite de Bilibalde et à lui susciter des ennemis. Il était jeune encore, il venait d'ajouter la gloire militaire à sa réputation de savant et de jurisconsulte, il avait conquis la faveur du puissant empereur d'Allemagne, il jouissait d'une grande fortune, et se trouvait heureux dans sa famille, en fallait-il davantage pour exciter contre lui les récriminations d'une partie de ses concitoyens ? Nous ignorons au juste ce qu'on pouvait plus spécialement lui reprocher ; son biographe ne l'a pas spécifié : toutefois, on peut supposer, sans grande crainte de se tromper, qu'il devait s'agir d'influence dans le gouvernement de la république de Nuremberg. Bilibalde, à ce qu'il paraît, ne tenait pas beaucoup aux emplois publics. Il venait de perdre son père; cette circonstance le détermina, contrairement à l'opinion de ses amis, à donner sa démission des fonctions de sénateur, et à abandonner le maniement des affaires publiques, pour s'occuper uniquement de l'administration de sa fortune et de la culture des lettres. « *Cogitare cœpit de vita tranquilla et privata instituenda,* » dit simplement son biographe [1].

Délivré du soin des affaires publiques, Bilibalde se retira de nouveau dans sa bibliothèque, comme dans un lieu de refuge, et rentrant en grâce avec les Muses, il se remit surtout à l'étude de la langue grecque. Il recherchait avec le plus grand empressement tous les ouvrages qui paraissaient imprimés dans cette langue, qu'ils sortissent des presses de Rome, Venise, Mantoue, Milan, ou autres villes : il ne négligeait ni soins ni dépenses pour se les procurer. Ces ouvrages étaient extrêmement chers, particulièrement ceux publiés par Alde Manuce le Romain, considéré alors comme l'honneur et le chef de l'art de l'imprimerie. Bilibalde acheta ainsi un très-grand nombre de beaux et précieux livres; non par ostentation et pour faire parade de ses connaissances, mais pour les parcourir la nuit

---

[1] *De vita Pirckhemeri commentarius,* p. 13.

comme le jour. Il ne se borna pas à faire l'acquisition de livres; il chercha, avec non moins d'ardeur, à se procurer des manuscrits, beaucoup plus chers que les imprimés, et qui entraient très-rarement dans la composition de la bibliothèque des simples particuliers. Il parvint ainsi à réunir les manuscrits grecs de saint Basile le Grand et de saint Grégoire de Naziance, avec les livres gnostiques de Nilus, quelques traités de Jean Damascène et de Maxime le Confesseur. Ces manuscrits furent imprimés et publiés aux frais de Pirckheimer, ainsi que les dix livres des vies manuscrites de Diogènes de Laërce, l'Euclide complet, et les huit livres de la géographie de Ptolomée. Bilibalde traduisit lui-même ce dernier ouvrage en latin, avec des notes et de savants commentaires, et il traduisit également, pour la première fois, dans la même langue, les œuvres de saint Grégoire de Naziance, à l'exception de ses poëmes. Mais cette traduction, bien que terminée en partie du vivant de Pirckheimer, ne parut qu'après sa mort, avec une préface d'Érasme, dans laquelle il vante les vertus et les connaissances étendues du savant Nurembergeois. On lui doit aussi la première traduction latine des sept livres de l'histoire grecque de Xénophon.

Ces travaux, ces recherches, ces publications avaient fait connaître Bilibalde du monde lettré : aussi, entretenait-il une nombreuse correspondance latine avec les principaux savants, non-seulement de l'Allemagne, mais de toutes les parties de l'Europe. Parmi ces doctes admirateurs des lettres grecques et latines, nous trouvons Thomas Venatorius, Conrad Celtes, Protucius, Jean Reuchlin, Ulrich de Hutten, Mélanchton, Pic de la Mirandole, OEcolampade, Joachim Camerarius, et le plus illustre de tous, l'oracle de ce siècle, Érasme de Rotterdam.

Nous n'avons point à analyser la correspondance de ces hommes, célèbres à divers titres, avec Pirckheimer : l'objet que nous nous sommes proposé dans cette notice nous éloigne de ce travail. Il nous suffira de dire que les lettres de Bilibalde, ainsi que celles de ses amis, roulent, le plus souvent, sur la découverte et la publication d'auteurs grecs et latins, ou sur la traduction des premiers dans la langue latine. On y voit quel intérêt excitait dans l'Europe savante l'apparition de ces ouvrages. On trouve aussi dans ces lettres des détails très-intéressants sur l'état des esprits au commencement du seizième siècle, alors que les opinions de Luther et des autres réformateurs ébranlaient, non-seulement le pouvoir de la cour de Rome, mais la conscience de chaque croyant. Pirckheimer, ami de Mélanchton et d'Érasme, paraît s'être tenu dans une ligne de modération qui ne lui a évité ni les inimitiés passionnées ni les calomnies, mais qui, néanmoins, l'a préservé des catastrophes fatales auxquelles plusieurs de ses amis ne purent échapper.

La correspondance de Bilibalde et d'Érasme révèle les faits les plus curieux sur l'agitation qui s'était emparée de tous les esprits en Allemagne, et sur les violences qui s'y commettaient, soit au nom des réformateurs, soit sous l'autorité du clergé catholique. Érasme lui écrivait, le 30 mars 1522 [1], de Bâle, où il était occupé à surveiller l'impression de ses œuvres chez Froben, son ami : — « *Videmus hoc sæculum prodigiosum, adeo ut nesciam cui parti me addicam, nisi quod conscientia mea satis confidit apud judicem Jesum.* » — « Nous voyons ce siècle prodigieux, tellement que je ne sais à quel parti m'attacher, si ce n'est que ma conscience s'en remet entièrement à Jésus-Christ, notre souverain juge. » — Il ajoutait, le 28 août 1525 [2], en parlant des troubles et de l'effervescence populaire : — « *Res eo progressa est, ut solus Deus, tempestatem rerum humanarum in tranquillitatem possit vertere : nusquam non pervagatur fatale malum... Quod populari tumultu geritur, infelicem habet exitum.* » — « Les choses en sont venues à ce point, que Dieu seul peut transformer en tranquillité la tempête qui agite le monde. Il n'y a pas un pays qui soit à l'abri de ce mal fatal... Ce qui est fait par un tumulte populaire a toujours une malheureuse fin. »

Pirckheimer, de son côté, se préoccupait également des maux qui affligeaient l'Allemagne ; mais n'étant pas monté sur la brèche, comme Érasme,

---

[1] *Desideri Erasmi epistolæ*, dans le t. III, p. 708, n° DCXVIII, de ses œuvres complètes, édition de Leclerc, à Leyde, 1703, in-folio ; Bibliothèque impériale, Z, 1978.
[2] *Ibid.*, p. 885, n° DCCLVII.

il se trouvait moins exposé aux attaques des fanatiques des deux partis. Pour se consoler du spectacle des maux dont il était entouré, le Nurembergeois se réfugiait, avec une ardeur encore plus vive, au milieu de ses livres et de ses manuscrits, et, comme consolation la plus puissante, il appelait à son secours l'art allemand, parvenu, grâce au génie d'Albert Durer, à sa plus haute expression de force et de beauté.

Ils étaient à peu près de même âge [1], nés dans la même ville et amis dès l'enfance. Si la Providence avait bien voulu combler le descendant des Pirckheimer de tous les dons de l'intelligence et du cœur, en ajoutant aussi les avantages de la fortune, elle avait accordé à Durer le feu sacré du génie; un esprit vaste, disposé à tout apprendre et à tout savoir; une imagination ardente, souple et féconde, servie par une main aussi sûre que délicate. Les premiers essais du grand artiste allemand furent encouragés par Bilibalde, qui, en apprenant le grec à Padoue, et en suivant les cours de droit de l'Université de Pavie, avait été séduit par l'art des vieux maîtres italiens. Il n'avait pu voir aucun tableau de Raphaël; mais il avait admiré les œuvres du vieux Bellini, celles des premiers Florentins, et tant d'autres pages ravissantes de l'art antérieur au Sanzio. Il avait sans doute rapporté à Nuremberg une impression profonde de ces mer-

[1] Pirckheimer était né le 5 décembre 1470, Albert Durer, le 20 mai 1471.

veilles. Aussi, s'empressa-t-il de se lier avec l'artiste éminent que ses compatriotes avaient surnommé l'*Apelles germanique*, et qui, en effet, ne le cédait à aucun autre maître de son siècle, sans excepter Raphaël et Michel-Ange. L'amitié d'Albert Durer et de Bilibalde Pirckheimer devint telle, qu'ils passaient leurs journées ensemble, et que le riche nurembergeois mit sa fortune à la disposition de son ami, afin qu'il pût cultiver son art plus commodément, et le porter jusqu'au plus haut degré de perfection. Bilibalde dut nécessairement suivre l'artiste dans ses essais de gravure et de peinture, aussi bien que dans tous ses autres travaux, et peut-être même lui donna-t-il, plus d'une fois, des sujets pour ses compositions si nombreuses et si variées. Malheureusement, le biographe de Pirckheimer ne nous a transmis aucun renseignement sur ce point. Ce silence est d'autant plus regrettable, que la vie d'Albert Durer, dans ses détails, est encore entourée de nuages, et que les admirateurs de son génie en sont réduits à des conjectures sur beaucoup de faits que l'histoire de l'art aurait intérêt à bien connaître [1]. — A défaut de détails écrits, nous serons donc obligé

---

[1] Voici le texte du passage de Rittershusius, *de vita Pirckheimeri commentarius*, p. 16, où il rapporte les relations de Bilibalde avec Durer : — « Pulcherrimam quoque et liberalibus artibus proximam pingendi artem magno in pretio habuit. Ex quo factum est, ut cum Apelle Germanico, omniumque pictorum velut parente ac magistro supremo, Alberto, inquam, Durero, intimam coluerit amicitiam, et penè quotidianam vitæ consuetudinem habuerit : quem etiam omnibus modis adjuvit ac promovit, quò melius atque commodius artem suam excolere et ad tantum fastigium perducere posset. »

de chercher dans les œuvres de l'artiste quelles purent être ses relations avec Pirckheimer, et quelle influence ce dernier exerça, peut-être, sur ses compositions.

Nous avons dit, qu'éloigné de la politique et des querelles religieuses, Bilibalde vivait partagé entre l'étude et l'art. Heureux de sa vie de famille, il s'occupait de recherches tantôt sur un sujet, tantôt sur un autre, obéissant à sa fantaisie : il venait de terminer en latin un traité sur les anciennes monnaies de Nuremberg, et sur leur valeur comparée à celles de son temps [1], lorsqu'un affreux malheur vint le frapper. En juin 1504, il perdit sa chère Crescentia, avec laquelle il était marié depuis environ sept années, et qui lui avait donné cinq filles et un fils qui mourut avec sa mère. La douleur de Bilibalde fut extrême, et ce coup de la mort pesa sur lui tant qu'il vécut; car, quoique jeune encore et jouissant d'une fortune énorme, il ne consentit jamais à contracter un second mariage. Il voulut, pour adoucir sa douleur, que le pinceau de son ami conservât les traits de Crescentia et les transmît à la postérité. Dans un tableau sur bois, Albert Durer l'a représentée gisant dans son lit, attendant avec foi l'affranchissement de son âme, par sa séparation d'avec le corps. Debout au chevet du lit, Bilibalde, les yeux remplis de larmes, cherche à cacher son visage à sa compagne chérie, et s'efforce de maî-

---

[1] Il ne parut qu'après sa mort. Il a été ensuite publié de nouveau avec ses autres œuvres, *ut suprà*, p. 223.

triser l'émotion et la douleur qui l'accablent. Des hommes et des femmes semblent aller et venir autour de la malade, tandis qu'à côté d'elle, des prêtres, récitant les prières des agonisants, se préparent à lui administrer le saint viatique. Au-dessous de cette peinture est l'éloge de la défunte, composé par Bilibalde lui-même, en ces termes qui rappellent les épitaphes des premières matrones chrétiennes :

> Mulieri incomparabili conjugique
> Carissimæ Crescentiæ, mest.
> Bilibaldus Pirckheimer maritus,
> Quem numquam nisi morte sua turbavit
> Monum posuit. Migravit ex ærumnis
> In Domino XVI Kl. Junii, anno
> Salutis nostræ MDIIII.

Nous ignorons si ce tableau fut exécuté par Durer l'année même de la mort de Crescentia; et nous ne savons pas davantage où il se trouve aujourd'hui et s'il existe encore. Du temps du biographe de Pirckheimer, il se voyait, à Nuremberg, chez Jean Imhof, petit-fils de Pirckheimer [1].

---

[1] *De vita Pirckheimeri commentarius*, p. 16.

CHAPITRE XXXV

Voyage de Durer à Venise. — Ses lettres à Pirckheimer. — Portraits de Bilibalde dans plusieurs tableaux de Durer et séparément. — Confiance de l'artiste dans le goût de son ami. — Pirckheimer traduit du grec en latin les *Caractères de Théophraste*, et les dédie à Durer.

1506 — 1527

Deux ans après la mort de Crescentia, Durer résolut de se rendre à Venise, pour perfectionner son style, et s'inspirer des plus beaux modèles de l'art italien. On a pieusement recueilli et conservé les lettres écrites, de cette ville, par l'artiste à son ami et protecteur[1]. Elles renferment, dans leur naïveté, des détails aussi intéressants que curieux sur la vie d'Albert, à Venise, sur ses relations et ses études.

On y voit d'abord, que Bilibalde avait prêté de l'argent à son ami pour l'aider à faire ce voyage, et qu'Albert s'efforçait de le lui rembourser, soit en économisant sur ce qu'il gagnait par son travail, soit en achetant, pour Pirckheimer, des bagues et des pierres précieuses, dont il paraît qu'il était fort amateur. Les sentiments de Durer pour Bilibalde étaient ceux d'un ami reconnaissant et dévoué. « Je n'ai d'autre ami sur la terre que vous, lui dit-il dans

---

[2] Elles ont été traduites et publiées dans le *Cabinet de l'amateur et de l'antiquaire*, t. Ier, p. 306 et suiv., 1842.

sa seconde lettre;... vous avez été toujours, à mon égard, comme un père. » L'artiste allemand se félicitait de son séjour à Venise où il avait, disait-il, beaucoup d'amis qui l'avaient averti de ne pas manger ni boire avec leurs peintres, parmi lesquels il avait beaucoup d'ennemis. « Ils contrefont mes ouvrages, ajoute-t-il, dans les églises et partout où ils peuvent les voir; après, ils les ravalent et disent que cela n'est pas selon les anciens, et ne vaut rien. Mais Gian. Bellini m'a loué en présence de beaucoup de gentilshommes : il voudrait bien avoir quelque chose de moi; il est venu lui-même chez moi et m'a prié de lui faire quelque chose; il veut bien le payer. Tout le monde me dit combien c'est un homme pieux, de sorte que je suis plein d'affection pour lui. Il est très-vieux et est encore le meilleur dans la peinture. » Il paraîtrait, qu'à cette époque, l'exercice de l'art de la peinture n'était pas libre à Venise, puisqu'il se plaint d'avoir été obligé, par les peintres, de paraître trois fois devant les magistrats, et de payer *quatre florins à l'école.* Il exécuta un grand tableau pour les Allemands, probablement pour la corporation du *Fonsaco dei Tedeschi*, et apprend à Bilibalde, par une lettre datée du jour de Notre-Dame de septembre 1506, que ce tableau a bien réussi. « Je donnerais un ducat, lui écrit-il, pour que vous le voyiez, si bon et de belle couleur comme il est. J'en ai recueilli beaucoup d'honneur, mais peu de profit. J'aurais bien pu gagner, pendant le temps, deux cents ducats. J'ai refusé de grands travaux pour pouvoir retourner. J'ai aussi fermé la bouche à tous les peintres qui disaient : Il est bon graveur ; mais quant à la peinture, il ne sait pas manier les couleurs. A présent, tout le monde dit qu'ils n'en ont jamais vu de plus belles... Le doge et le patriarche ont aussi vu mon tableau. »

La correspondance de Durer entre plusieurs fois dans des détails intimes sur la vie que son ami menait à Nuremberg. Quelques lettres sont accompagnées de dessins à la plume, en forme de caricatures [1]. Dans la dernière, datée de quatorze jours environ après la Saint-Michel 1506, il déplore la nécessité qui l'obligeait à quitter Venise : « Oh ! que je regretterai le soleil de Venise, dit-il à Pirckheimer : ici, je suis un seigneur ; chez moi, je ne suis plus qu'un parasite. »

Rentré à Nuremberg à la fin de 1506, Durer, se laissant diriger par la fécondité de son imagination et la facilité de sa main, se mit à cultiver à la fois la peinture, l'architecture et surtout la gravure dans tous ses genres, c'est-à-dire au burin sur cuivre, et sur bois. Au milieu de tant de travaux, il n'eut garde d'oublier son cher Bilibalde, et il s'attacha à le représenter dans plusieurs de ses compositions. Nous le trouvons d'abord dans le tableau du *Crucifiement*, qui est à la galerie impériale de Vienne. Le portrait de Bilibalde y est placé à côté de celui du

---

[1] Voy. p. 314-320.

peintre, qui s'y est représenté sous la figure du porte-enseigne. On le voit encore dans un *Portement de croix,* que le sénat de Nuremberg donna à l'empereur, et dans lequel Albert a peint les portraits des conseillers ou sénateurs de cette ville impériale. Bilibalde a également été placé par Durer dans le tableau de *Jésus-Christ sur la croix,* peint en 1511, et qui est considéré comme son chef-d'œuvre. Là, encore, le portrait de l'artiste accompagne celui de son ami. Enfin, le burin de l'illustre graveur a reproduit le portrait de l'amateur nurembergeois, que Durer avait peint en 1524, et qu'il avait donné à son ami. Ce portrait est actuellement au musée d'Amsterdam (voir le Catalogue de 1858, page 193, supplément A), et voici la description qu'en donne le Catalogue : « Portrait de Bilibalde Pirckheimer : hauteur 17 cent., largeur 12 cent., sur bois; tête, hauteur 8 cent. Buste, en justaucorps de damas de velours d'où sort le bord plissé de la chemise; manteau garni de fourrure brune; ses longs cheveux grisonnants tombent en boucles sur ses épaules. Le fond est d'un vert tendre uni, et porte l'inscription et le monogramme suivants :

BEL-BALDI
MD-X-X-IV
/D\

Les traits de Bilibalde, vus de trois quarts, de gauche à droite, quoique manquant, ainsi que nous l'avons dit, de beauté régulière, annoncent l'intelligence et la résolution : les yeux, grands ouverts, paraissent attentifs, et la bouche fermée révèle également la réflexion. Toute cette physionomie est d'une expression saisissante. Les tailles du burin sont fines et traitées délicatement, quoique avec fermeté, à la manière du maître. Les boucles de cheveux qui couvrent le front et l'oreille gauche sont particulièrement remarquables par leur finesse et leur légèreté. Au bas de la gravure, qui est d'environ dix centimètres de hauteur, on lit :

> Bilibaldi Pirkeymeri effigies,
> Ætatis suæ anno LIII.
> Vivitur ingenio, cœtera mortis erunt.
> MDXXIV.
> /D\

Ce n'est pas la seule fois que le burin de Durer ait reproduit les traits de son ami. On trouve la figure de Bilibalde dans plusieurs de ses gravures, notamment dans celle qui veut représenter la *Destruction du monde*. Le *Temps*, à cheval et armé de son trident, accompagné de trois cavaliers, dont un tenant une balance, un soldat brandissant son glaive, et un archer lançant ses flèches, pousse et détruit les hommes et les femmes renversés devant lui. Dans le ciel, un ange assiste et préside, comme dans l'Apocalypse, à cette scène de désolation, qui paraît annoncer la fin du monde. On reconnaît les traits de Pirckheimer dans ceux du cavalier qui tient la balance, comme si Durer l'avait jugé digne de peser les actions des hommes [1]. On les revoit

---

[1] Voy. cette gravure dans l'œuvre d'Albert Durer, *bois*, Cabinet des estampes, in-folio, n° 154.

aussi dans l'*Offrande de l'agneau au grand prêtre, par la Vierge et saint Joseph*. Bilibalde est placé debout, à côté de l'enfant Jésus, et tient un agneau dans ses bras.

Il paraît que Durer avait grande confiance dans le goût de son ami, et qu'il se soumettait volontiers à ses critiques. On sait qu'il a peint, et ensuite gravé saint Eustache, agenouillé devant un cerf, qui porte un crucifix entre ses cornes, et est entouré de chiens, disposés en différentes attitudes, et tels, suivant Vasari [1], qu'il serait impossible d'en trouver de plus beaux. A côté du saint, on voit son cheval de chasse, tout harnaché, d'une exécution véritablement merveilleuse. A l'occasion de ce cheval, Bayle [2] rapporte ce qui suit : « Jean Valentin André, docteur en théologie au duché de Wirtemberg, écrivant à un prince de la maison de Brunswick, dit : « Je me rappelle avoir lu que Bilibalde Pirckheimer, noble triumvir de la république de Nuremberg, protecteur, Mécène et soutien presque unique d'Albert Durer, n'avait rien trouvé à reprendre dans le tableau de Saint Eustache, si ce n'est que les étriers étaient trop courts pour qu'Eustache pût commodément monter à cheval. Ayant indiqué à l'artiste comment il fallait faire, pour peindre un cheval équipé à l'usage d'un cavalier, Albert l'exécuta merveilleusement, et j'ai souvent

[1] *Parte III*, p. 303, édition originale.
[2] Dans son *Dictionnaire*, v° Durer, Albert, p. 1042, note D, édition in-folio.

contemplé son œuvre avec le plus grand plaisir. »

De son côté, Pirckheimer ne faisait pas moins de cas du jugement et de l'intelligence, que du pinceau et du burin de l'artiste. Il avait reçu, en septembre 1515 [1], du fameux Pic de la Mirandole, avec lequel il était en correspondance, le volume grec des *Caractères* de Théophraste, que ce savant venait de publier. A l'instigation d'Albert Durer, qui ne savait pas le grec, mais qui connaissait bien la langue latine, Pirckheimer traduisit cet ouvrage dans ce dernier idiome, et envoya cette traduction à son ami, avec la dédicace suivante, également écrite en latin [2] :

« Cet aimable petit livre, qui m'a été donné par un aimable ami, j'ai résolu de te l'offrir, mon très-aimable Albert, non-seulement à cause de notre mutuelle amitié, mais parce que tu excelles tellement dans l'art de peindre, que tu pourras voir facilement avec quelle habileté le vieux et sage Théophraste savait peindre les passions humaines. Elles sont ordinairement dissimulées, et cependant, elles se laissent voir quelquefois ; il ne leur faut qu'une occasion pour s'échapper des plus secrètes profondeurs de l'âme. Alors, dès qu'elles se sont montrées, et qu'elles ne sont plus retenues par la crainte des lois [3], elles brisent tout frein, et osent

---

[1] La lettre d'envoi de Pic de la Mirandole porte la date du 8 septembre 1515. Voyez les œuvres de Pirckheimer, p. 212.

[2] *Ibid.*, p. 212, 213.

[3] Le texte dit : *Legalis illius pedagogi timore.*

se découvrir ouvertement aux yeux de tous. Cette vérité, observée dans tous les siècles, se fait encore plus remarquer dans le nôtre, où la trop grande liberté engendre un trop grand mépris. C'est ainsi que, bien que l'on prêche partout la vérité, on ne fait cependant rien moins que ce qu'elle exige; comme si le règne de Dieu consistait plutôt en de simples préceptes que dans l'accomplissement des œuvres. C'est pourquoi, comme nous sommes tous faibles, à ce point que personne n'oserait se reprendre de ses propres vices, je ne connais rien de plus utile que de relire ces petits livres, dans lesquels chacun de nous peut contempler, comme dans un miroir, les habitudes de son propre esprit, et, en les contemplant ainsi, peut les amender. Parmi ces livres, je considère celui-ci comme le meilleur, et comme assaisonné d'un sel piquant, qui le fait pénétrer très-agréablement jusqu'au fond de notre cœur. Je l'ai reçu jadis en grec, de très-docte et très-aimable prince, Jean-François Pic de la Mirandole, comte et seigneur de Concordia. Aujourd'hui, je te le dédie, à toi, mon très-excellent ami, en grec et en latin, afin que ceux qui désirent s'instruire aient également un sujet d'étude et de récréation dans ces deux langues. Bien que, dans un grand nombre de passages, le texte ait été altéré, soit par l'incurie du copiste, soit, peut-être, par trop de recherche, je me suis efforcé de l'amender, autant que je l'ai pu, en attendant qu'on en publie un exemplaire plus correct. J'aurais pu le traduire en style plus élégant, mais je n'ai pas voulu m'éloigner du texte grec, bien que ma traduction puisse paraître, pour ce motif, quelquefois obscure. En rapprochant la version grecque de la traduction latine, il sera facile d'éclaircir ces passages...

« Quant à toi, mon cher Albert, accepte avec bienveillance cette peinture, écrite par Théophraste, et si tu ne veux pas l'imiter avec ton pinceau, médite-la au moins avec attention, car elle te sera non-seulement très-utile, en te faisant rire plus d'une fois, mais elle aura pour toi d'autres avantages. — Porte-toi bien. De notre maison, Calendes de septembre, l'an du salut 1527. »

Nous ignorons si l'artiste aura suivi le conseil de son ami : on doit le croire, car il était fort capable d'apprécier toute la vérité des peintures du satirique grec. Mais on voit, par ce qui précède, que l'instruction classique de Durer était à la hauteur de son génie, et ses gravures si nombreuses et si variées, soit sur cuivre, soit sur bois, prouvent que son imagination était égale à son savoir.

CHAPITRE XXXVI

Relations d'Érasme avec Pirckheimer et Durer. — Voyage d'Albert dans les Pays-Bas. — Portraits d'Érasme par Durer et Holbein. — Amour d'Érasme pour l'indépendance.

1518—1526

Nous avons dit que Pirckheimer était en correspondance suivie avec Érasme. Dans ces lettres, il est plus souvent question des ouvrages publiés par l'un et par l'autre, et de l'agitation religieuse et politique de l'Allemagne, que de tout autre sujet. Cependant, on y rencontre quelques passages qui montrent qu'Érasme n'était pas plus insensible que son ami aux œuvres du pinceau ou du burin du grand artiste de Nuremberg. Dans une lettre écrite de Bâle, le 19 juillet 1522 [1], Érasme lui dit : — « Je fais, de cœur, mes compliments à notre Durer : c'est un digne artiste (*artifex*) qui ne mourra jamais. Il avait commencé à me peindre à Bruxelles ; plût à Dieu qu'il eût achevé ! Nous avons eu, lui et moi, le même sort ; étant aussi maltraités l'un que l'autre par la naissance et la fortune. »

On sait qu'Albert Durer fit un voyage aux Pays-Bas, dans les années 1520-1521 : il avait entrepris cette excursion, principalement dans le but

---

[1] *Epistolæ Erasmi* dans ses œuvres complètes, édition de Leclerc, Leyde, 1703, in-f°, t. III, p. 721, n° DCXXXI.

de tirer parti de ses gravures, qu'il cherchait à vendre. Après un assez long séjour à Anvers, où il avait été fêté par tous les artistes, il visita Bruxelles, où il fut reçu par l'infante Marguerite, dont il fit le portrait. Quelques mois plus tard, il y vit l'entrée de Charles-Quint, qu'il peignit également, ainsi que le roi de Danemark, Christian II, qui le fit dîner avec lui. Durer a écrit le journal de son voyage [1], dans lequel il note exactement toutes ses dépenses, sans doute pour se conformer aux désirs de sa femme, qu'il avait emmenée avec lui, et qu'il appelle, dans une de ses lettres écrites de Venise à Pirckheimer, « *son maître de calcul.* » Ce journal est surtout intéressant par les détails qu'il donne sur les ouvrages, portraits, tableaux, dessins, que Durer exécuta dans les Pays-Bas. On y voit que sa réputation était très-répandue, et qu'il jouissait d'une très-haute considération.

C'est en 1520, pendant son séjour à Bruxelles, qu'Albert avait commencé le portrait d'Érasme. On verra que, s'il ne l'avait pas terminé alors, l'esquisse qu'il avait faite lui servit plus tard pour l'achever, à la demande d'Érasme lui-même. Mais il paraît que vers la fin de 1522 Durer, dont le génie était universel, avait résolu de fondre un buste ou médaillon d'Érasme [2], au revers duquel devait se trouver une figure de Terme antique, probable-

---

[1] Il a été traduit en français et publié dans le *Cabinet de l'amateur et de l'antiquaire*, t. Ier, p. 415 et suiv., 1842. Voy. p. 265 et suiv., ci-dessus.

[2] Le texte dit dans plusieurs passages : *Fusilis Erasmus.*

ment tel que celui dont Érasme se servait pour cachet[1] : c'est, du moins, ce qui semble résulter de plusieurs lettres d'Érasme à Pirckheimer. — Dans celle datée de Bâle, le 9 janvier 1523, après s'être plaint de la gravelle dont il souffrait depuis longtemps, il ajoute : — « *De fusili Erasmo rectè conjecturas : felicius provenire solet ex materia cupro stannoque temperata ; et Terminus, qui a tergo est, obstat quòminus facies feliciter exprimatur.* » — « Vos conjectures sont justes, à l'égard du portrait d'Érasme qu'on veut fondre : un mélange de cuivre et d'étain réussit ordinairement mieux que tout autre, et le Terme qui est par derrière s'oppose à ce qu'on puisse rendre heureusement l'expression de la figure[2]. » — Il termine en le chargeant de tous ses compliments pour Durer, et en se réjouissant de ce que l'artiste ait trouvé *sutorem suum*, faisant sans doute allusion à des critiques que Pirckheimer avait faites de ses œuvres, et auxquelles l'artiste s'était probablement soumis.

En novembre 1523, Érasme avait reçu un essai en plomb de son portrait ; il l'avait envoyé à un ami, sans doute pour le consulter, et le 21 du même mois, en priant Pirckheimer de saluer de nouveau leur Apelles (*Resaluta nostrum Apellem*),

---

[1] Il est gravé en tête de la vie d'Érasme par Charles Patin, avant l'*Encomium Moriæ*, édition de 1676, à Bâle, in-8°. Ce cachet se voyait alors à la bibliothèque de cette ville ; l'épigraphe dont il est entouré dans le champ est : *Cedo nulli*, et au-dessous de la tête, sur le socle, est écrit : *Terminus*.

[2] *Erasmi epistolæ, ibid.*, p. 743, n° DCXLVI.

il lui demandait ce que cet essai était devenu[1].

Le 8 février 1524[2], il revient sur la fonte de son buste ou médaillon : — « Je vous avais écrit relativement à l'image d'Érasme que l'on devait peindre; mais, à ce que je vois, mes lettres ne vous sont pas parvenues. Si l'artiste voulait faire un modèle en plomb, en retouchant les angles, la fonte réussirait mieux. Toutefois, un mélange de cuivre et d'étain rend mieux la figure. Enfin, si la figure d'Érasme était fondue seule, sans le Terme, je pense que l'entreprise réussirait mieux, car l'épaisseur de la pierre et de la masse, qui est par derrière, s'oppose à ce que le visage et le cou soient bien rendus. On pourra essayer des deux manières : s'il réussit, qu'il fonde et vende à son profit : s'il veut m'envoyer quelques-unes des meilleures épreuves, afin que j'en fasse cadeau à mes amis, je lui compterai ce qu'il voudra. »

Il paraît que la fonte réussit; car Érasme annonce à Pirckheimer, le 8 janvier 1525[3], qu'il a reçu « la première épreuve de son portrait fondu, avec un médaillon peint par Apelles. » Il ajoute : — « Je désirerais être peint par Durer : pourquoi pas, par un si grand artiste ? mais le pourra-t-il ? il avait commencé à Bruxelles à tracer mes traits au charbon; mais cette esquisse doit être, je le crois, depuis longtemps détruite. S'il peut quelque

[1] *Ibid.*, p. 773, n° DCLIX.
[2] *Ibid.*, p. 782, n° DCLXIX.
[3] *Ibid.*, p. 847, n° DCCXXVII.

chose, d'après mon médaillon fondu et de mémoire, qu'il fasse pour moi ce qu'il a fait pour vous, bien qu'il vous ait donné un peu trop d'embonpoint. »

Bientôt Érasme reçut le portrait fondu de Bilibalde, avec un médaillon peint également de la main d'Albert Durer[1]. — « Je les ai placés, écrivait-il le 5 février 1525, sur les deux murailles de ma chambre à coucher, afin que, de quelque côté que je me tourne, Bilibalde se présente à ma vue. »

On apprend par une lettre du 28 août suivant[2] combien les procédés les plus ordinaires aujourd'hui, pour le moulage, étaient peu répandus à cette époque. Pirckheimer avait voulu faire reproduire en plâtre le buste ou médaillon d'Érasme et le sien; mais Érasme lui répond : — « Je ne trouve ici (à Bâle) personne qui sache mouler en plâtre des figures; aussi aurais-je préféré que le modèle fût resté entre vos mains. Saluez Durer, prince de l'art d'Apelles. »

L'année suivante, l'artiste combla les vœux d'Érasme, en exécutant son portrait de mémoire et avec le secours de son buste ou médaillon. Érasme avait reçu ce portrait à Bâle dans le courant de juin 1526, et il écrivait à Pirckheimer[3] : — « Je songe à ce que je pourrais faire pour Albert Durer; il est digne d'une éternelle mémoire. Si mon por-

---

[1] *Ibid.*, p. 848, n° DCCXXIX.
[2] *Ibid.*, p. 885, n° DCCLVII.
[3] *Ibid.*, p. 944, n° DCCCXXVII.

trait n'est pas très-ressemblant, il n'y a pas lieu de s'en étonner, car je ne suis plus tel que j'étais il y a plus de cinq années. Travaillé par la fièvre depuis deux ans, j'ai tellement souffert de la gravelle, que mon pauvre petit corps a toujours été en s'amoindrissant, comme il arrive après les maladies. »

D'après la gravure de ce portrait, exécutée sur cuivre par Durer lui-même[1], Érasme est représenté debout à mi-corps, écrivant sur un pupitre placé sur une table, et tenant son écritoire dans la main gauche. Il est coiffé d'un bonnet qui lui enveloppe toute la tête, ses yeux sont baissés et semblent suivre ce que sa main droite écrit. Une ample robe de docteur l'enveloppe. A l'angle de la table on voit un vase rempli de fleurs. Des livres, dont un tout grand ouvert, se trouvent sur une planche un peu au-dessous de la table. Dans le haut on lit l'inscription suivante :

Imago Erasmi Rotterodami
Ab Alberto Durero ad
Vivam effigiem delineata.
Τὴν κρειττω τα συγγαμματα
δειξει. MDXXVI.
/D\

Dans cette gravure, le visage d'Érasme est moins maigre que dans les portraits de Holbein. La lettre d'Érasme explique bien ce qui pouvait manquer à la fidèle ressemblance. Néanmoins, satis-

[1] Cabinet des estampes, œuvre de Durer, n° 154 du catalogue, volume des *cuivres*, in-folio.

fait de l'œuvre du maître nurembergeois, Érasme avait voulu célébrer son génie dans un petit traité spécialement composé en son honneur; mais nous n'avons pas trouvé cet éloge parmi ses œuvres, et tout porte à croire qu'il n'aura pas été publié.

Quoi qu'il en soit, Érasme aura eu la gloire d'être peint par les deux plus grands artistes allemands de son siècle : Albert Durer et Hans Holbein. Le premier n'a représenté qu'une fois sa physionomie, tandis que le peintre de Bâle l'a souvent reproduite. Holbein devait à Érasme ces nombreux témoignages de sa reconnaissance, car ce fut Érasme qui, en 1526, lui ayant fait faire son portrait, l'engagea à se rendre en Angleterre et à se présenter, avec ce portrait et une lettre de recommandation, au chancelier Thomas Morus [1]. Nous n'avons pas trouvé cette lettre dans la correspondance imprimée d'Érasme, qui contient cependant plus de *treize cents lettres* de cet infatigable écrivain. On peut supposer qu'elle devait être conçue dans le même sens que celle qu'Érasme avait donnée à Holbein pour le savant Pierre Ægidius d'Anvers : — « Celui qui vous remettra cette lettre est celui qui m'a peint. Je ne vous ennuierai point d'une longue recommandation, puisque c'est un artiste remarquable. S'il désire voir Quentin (Matzis), vous pourrez lui indiquer sa maison. Ici (à Bâle) les arts meurent de froid (*frigent*); il se rend

---

[1] Voy. la notice sur le comte d'Arundel, p. 166.

en Angleterre pour ramasser quelques angelots (monnaie d'or anglaise de ce temps) [1]. » — On sait que, parvenu à Londres, Holbein fut accueilli par Thomas Morus, grâce au portrait et à la lettre d'Érasme, son ami, avec le plus grand empressement : logé dans le palais du chancelier, il y passa près de deux années, occupé à l'orner des peintures les plus remarquables. Il n'oublia pas de faire plusieurs répétitions du portrait de son protecteur de Bâle. Érasme y est ordinairement représenté à mi-corps, la tête couverte d'une sorte de bonnet de velours, et vêtu d'une robe de professeur, les mains placées l'une dans l'autre, à moitié cachées par la bordure. La figure de l'auteur de l'Eloge de la Folie, anguleuse et maigre comme celle de Voltaire, est vue de trois quarts ; ses yeux expriment la finesse, la vivacité, l'intelligence, et toute sa physionomie respire le calme et la douceur.

Presque tous les portraits d'Érasme par Holbein sont restés en Angleterre ; on peut les y admirer aujourd'hui, soit dans les palais de la reine, soit dans les principales collections particulières. Mais nous ignorons ce qu'est devenu le portrait d'Érasme peint et gravé par Durer. — L'illustre écrivain de Rotterdam, méritait bien d'exercer le pinceau des deux principaux maîtres de l'école allemande. Indépendamment de sa science presque universelle, de son érudition profonde, qui n'avait pas étouffé son

---

[1] *Vita Johannis Holbenii*, par Charles Patin, dans son édition, publiée à Bâle en 1676, de l'*Encomium Moriæ*.

imagination, de l'esprit qu'il déploya dans son *Encomium Moriæ*, en osant railler publiquement les passions, les vices et les folies des hommes de toutes les conditions, sans excepter les rois et les papes, son caractère n'était pas moins recommandable que son talent. Il voulut rester modéré dans un temps de luttes violentes, s'exposant aux calomnies de tous les partis, pour demeurer fidèle aux grands principes de la tolérance et de la charité chrétienne. Il donna l'exemple du désintéressement et de l'indépendance, bien qu'il fût sollicité par les plus puissants princes de l'Europe de mettre sa plume au service de leur cause. — « Je ferais facilement ma fortune auprès des princes, écrivait-il de Bâle en 1518[1] à Pirckheimer; mais pour moi la liberté est la chose la plus précieuse qu'il y ait au monde : tout ce qui s'achète à ses dépens m'a toujours paru acheté trop cher. »

[1] *Ibid.*, p. 384, n° CCCLXXIV.

CHAPITRE XXXVII

Missions que remplit Pirckheimer dans l'intérêt de sa patrie. — Sa retraite définitive des affaires publiques. — *Le char triomphal de l'empereur Maximilien*, dessiné et gravé par Durer, et décrit par Pirckheimer. — Agitation de l'Allemagne, chagrins de Bilibalde.

1512—1527

Pirckheimer, jouissant d'une immense fortune et souvent atteint de la goutte, paraît avoir fait assez peu de cas des succès de l'ambition satisfaite. Après la mort de sa femme, ses amis l'avaient poussé de nouveau, pour le distraire, à rentrer au sénat de Nuremberg. Il y fut chargé de plusieurs missions importantes. En 1512, envoyé à Cologne pour réclamer de l'empereur le rétablissement et le maintien des priviléges de sa patrie, il fut assez heureux pour réussir à faire agréer sa requête. Dans la suite, il représenta plusieurs fois la ville de Nuremberg aux diètes allemandes et dans d'autres assemblées, et s'y fit constamment remarquer par son éloquence et sa fermeté [1]. Ces succès excitèrent de nouveau contre lui l'envie et le ressentiment de ses anciens ennemis. Bilibalde, dégoûté de la politique, résolut de se retirer définitivement des fonctions publiques. Indépendamment des calomnies auxquelles il se voyait exposé, il avait une autre raison, malheureu-

---

[1] On peut lire dans ses œuvres, p. 197 à 199, les deux discours latins qu'en sa qualité de lieutenant général de la république de Nuremberg il adressa à Charles-Quint, contre les ennemis de cette république.

sement trop réelle, pour désirer le repos. La goutte, à laquelle il était sujet depuis sa jeunesse, lui laissait peu de moments sans douleurs. Il demanda donc au sénat de le dispenser de prendre part plus longtemps au gouvernement de sa patrie. Mais cette assemblée refusa de faire droit à ce désir. Elle connaissait le zèle, l'intégrité de Pirckheimer ; elle n'ignorait pas que son caractère et son talent étaient fort appréciés à la cour impériale, et que son influence était puissante auprès de Charles-Quint, successeur de Maximilien. Le sénat répondit donc qu'il ne pouvait consentir à ce que Bilibalde privât sa ville natale de son savoir, de sa longue expérience des affaires et de son crédit : seulement, il fut décidé qu'en considération de ses infirmités, il serait dispensé d'aller en mission. Pirckheimer se soumit à cette décision, et continua, un peu malgré lui, à prendre part aux délibérations du conseil nurembergeois. Mais, dans l'emploi de son temps, la politique n'occupa plus qu'une petite place : l'art et l'étude des lettres absorbèrent presque tous ses moments. Sa maison devint le rendez-vous des savants, et, selon l'expression de son biographe, elle était considérée comme l'asile des érudits : *Hospitium, seu diversorium eruditorum;* les affreuses douleurs dont il souffrait ne l'empêchaient pas de se livrer à ses études favorites [1]. Il entretenait également un commerce fort actif de lettres avec les amis qu'il

---

[1] Voyez son apologie ou *Laus Podagræ*, dans ses œuvres, p. 204. Il composa aussi, vers le même temps, une dissertation singulière :

avait, non-seulement en Allemagne, mais en Italie, en Espagne, en Suisse et dans les Pays-Bas.

C'est à cette époque, que, de concert avec Albert Durer, il composa *le char triomphal de l'empereur Maximilien*, emblème allégorique des vertus et du gouvernement de ce prince, et dont les gravures passent pour des chefs-d'œuvre. Ce char ne consiste qu'en huit morceaux joints en largeur; ils ont été gravés sur bois. On a souvent confondu cet ouvrage avec *l'arc triomphal* du même empereur, grand in-folio gravé sur bois également, sous la direction de Durer; mais l'exécution du *char* est beaucoup mieux réussie, et sa composition n'est pas moins remarquable. Pirckheimer en fit une élégante description en latin, et la dédia, en son nom et au nom d'Albert, à l'empereur Maximilien, qui le remercia et le félicita dans une lettre latine, écrite d'Inspruck le 29 mars 1518 [1].

Ce prince aimait les arts, et se délassait des plus importantes affaires d'État en cultivant la gravure sur bois : on lui a même attribué celles qui accompagnent le Theuerdank [2]. Il était donc fort capable d'apprécier le génie de Durer; mais il est probable que, dans

---

De Maria Magdalena, quod falso a quibusdam habeatur pro illa peccatrice, seu πιρυη; p. 220 et suiv.

[1] Œuvres de Pirckheimer, p. 172-3.

[2] Voy. *Disquisitio de libro poetico Theuerdank*, par Henri Théophile Titius, *Altdorfii*, 1714, pet. in-12, large, de 50 pages avec le portrait de Pfinczig. C'est une thèse soutenue en latin sur le Theüerdank. Voy. aussi ce que nous avons dit de cet ouvrage dans le volume de *Mariette*, p. 198.

cette circonstance, il fut surtout flatté de voir son nom loué comme le modèle de toutes les vertus nécessaires à un grand prince. La composition de Durer est conçue dans un style qui rappelle les errements de l'ancien art germanique. Cependant, elle présente, dans quelques-unes de ses parties, des réminiscences des bas-reliefs de la colonne Trajane, ou des arcs de Titus et de Constantin, à Rome. L'ensemble de cette œuvre révèle une perfection à laquelle la gravure sur bois n'est pas encore revenue, et le dessin du maître s'y montre véritablement supérieur [1].

La part que Bilibalde prit à cet ouvrage, dont il fournit le sujet à Durer, fit diversion à ses douleurs physiques et à ses inquiétudes d'homme d'État. L'agitation religieuse redoublait en Allemagne, et elle s'étendait même aux pays limitrophes. La ville de Nuremberg, comme celle de Bâle, était troublée par les doctrines nouvelles de Luther et de ses adhérents ou imitateurs. Au milieu des discussions religieuses, qui allaient bientôt dégénérer en de sanglants combats, les partisans de la modération et de la tolérance, tels qu'Érasme et Pirckheimer, se trouvaient exposés aux récriminations et aux calomnies des deux partis. Érasme lui écrivait de Bâle le 19 octobre 1527 [2] : « *Perit concordia, chari-*

---

[1] Voy. au cabinet des estampes. Le *Char triomphal* se trouve au milieu du volume in-f°, provenant de l'abbé de Marolles, *œuvres sur bois d'Albert Durer*, n° 154 du catalogue ; on le voit aussi dans les œuvres de Pirckheimer.

[2] *Epist. ut suprà*, p. 1027. n° DCCCCV.

tas, fides, disciplina, mores, civilitas : quid superest? »
« La concorde, la charité, la foi, la discipline, les mœurs, la civilité périt : que reste-t-il ? » Pirckheimer ne se plaignait pas moins amèrement. « *Vide, mi Erasme, quid iniquitas non audeat, præcipuè illorum hominum qui populi devorant peccata, cœlique claudendi et reserandi se jus habere existimant.* » « Vois, mon cher Érasme, ce qu'ose l'iniquité, principalement de ces hommes qui dévorent les péchés du peuple, et prétendent avoir seuls le droit d'ouvrir et de fermer les portes du paradis [1]. »

Comme il arrive presque toujours aux époques de querelles religieuses, la diversité des opinions pénétra dans les familles, et celle de Pirckheimer, jusqu'alors parfaitement unie, fut bientôt troublée. Bilibalde avait deux sœurs, l'une, nommée *Charitas*, était abbesse du couvent de Sainte-Claire de Nuremberg, dans lequel l'autre vivait simple religieuse, avec une des filles de son frère. Agité par les doctrines des réformateurs, le couvent n'était plus la maison de l'obéissance et de la prière. Bilibalde avait fait l'éducation de ses sœurs, il leur avait appris le latin, qu'elles écrivaient fort correctement et même avec élégance, et il entretenait avec elles une correspondance qui a été publiée dans ses œuvres [2]. Les lettres de Cha-

---

[1] *Ibid.*, p. 218, n° CCXXVI.
[2] P. 339 et suivantes. Cette correspondance écrite partie en latin partie en allemand, a été de nouveau publiée dans cette dernière langue, à Nuremberg, en 1826, en un petit volume in-12.

ritas donnent une haute idée de son instruction, et montrent qu'elle avait un goût très-vif pour les ouvrages de l'antiquité grecque ou latine, particulièrement pour les traités de Plutarque, que son frère traduisait en latin pour elle. Néanmoins, tout en lisant les auteurs profanes, elle restait scrupuleusement soumise à la règle de son ordre. Bilibalde aimait tendrement ses sœurs; il voulut tenter de ramener la paix dans leur communauté, et plus encore dans leur conscience. Il leur députa donc son ami, Philippe Mélanchthon, dont la modération, la douceur, la charité étaient appréciées des sectes les plus violentes et les plus opposées. Nous ignorons le résultat de cette conférence. Ce qui parait certain, c'est qu'en voulant garder un milieu entre des doctrines, ou plutôt des passions irréconciliables, Pirckheimer se vit exposé aux attaques des fanatiques de toutes les opinions. Loin de répondre, il n'opposa que le silence et la résignation aux invectives de ses ennemis, et s'éloigna de plus en plus des affaires publiques.

CHAPITRE XXXVIII

Mort d'Albert Durer, regrets de Pirckheimer, sentiments d'Érasme. — Épitaphe de Durer. — Dernières années de Bilibalde. — Gravure faisant allusion à ses chagrins. — Mort de Pirckheimer.

1528—1530

Au milieu de ces chagrins, Pirckheimer éprouva bientôt une douleur beaucoup plus vive par la mort de son cher Durer; il le perdit à Nuremberg, le 6 avril 1528, dans toute la force de son génie, et alors qu'il était parvenu à l'apogée de sa gloire. Il s'empressa de faire part de ce triste événement à leurs amis communs, et voici ce qu'il écrivait à Udalric ou Ulrich Hutten[1] : « Bien que, mon cher Udalric, une longue vie soit au nombre des plus chers désirs des hommes, je pense néanmoins qu'on ne peut rien imaginer de plus intolérable qu'une existence qui se prolonge longtemps. J'en fais moi-même la triste expérience tous les jours : car, pour ne rien dire des maux qu'amène la vieillesse, et du cortége obligé de tant de maladies qu'elle traîne avec elle, que peut-il arriver de plus triste à un homme, que d'avoir à déplorer chaque jour, non-seulement la perte de ses enfants et de ses proches, mais encore celle de ses amis les plus chers ? Quoique j'aie été déjà bien souvent éprouvé par la mort inévitable d'un grand nombre des miens, je crois

---

[1] *Bilib. Pirckheimeri opera*, p. 399, à l'appendice.

cependant n'avoir jamais ressenti jusqu'à ce jour une douleur aussi vive que celle que m'a causée la perte subite de notre excellent ami Albert Durer. Et ce n'est point à tort, puisque, de tous les hommes qui ne m'étaient point attachés par les liens du sang, il n'en est aucun que j'aie plus aimé, ni que j'aie autant estimé, à cause de ses innombrables vertus et de sa probité. Aussi, mon cher Udalric, n'ignorant pas que tu partages cette douleur avec moi, je n'ai pas craint de me laisser aller, en ta présence, à toute l'effusion de mes regrets, afin que nous puissions ensemble payer à cet ami si cher le juste tribut de nos larmes. Il est mort, notre Albert, mon très-cher Udalric ; déplorons, hélas ! l'ordre inexorable de la destinée, la misérable condition des hommes, et l'insensible dureté de la mort. Un tel homme, si supérieur, nous est enlevé, alors que tant d'autres, inutiles et sans aucune valeur, jouissent constamment d'une heureuse chance, et prolongent leur vie au delà des limites assignées à la plupart des hommes... »

Nous n'avons pas la réponse de Hutten, mais nous trouvons celle d'Érasme, datée de Bâle, le 24 avril 1528 [1] ; elle est laconique et sèche, et l'expression de ses regrets, confondue au milieu d'une foule de nouvelles qui semblent l'intéresser davantage, est formulée à l'aide d'un lieu commun, digne plutôt d'un sophiste grec que d'un philosophe

---

[1] Epist. *ut suprà*, p. 1075, n° DCCCCLVII.

chrétien. « *Quid attinet*, dit-il, *Dureri mortem deplorare, quum simus mortales omnes? Epitaphium illi paratum est in libello meo.* » « A quoi sert de déplorer la mort de Durer, puisque nous sommes tous mortels? Je lui ai préparé une épitaphe dans mon petit livre. » (Celui dont nous avons parlé plus haut, et qu'Érasme devait composer pour faire l'éloge d'Albert). — Voilà tout ce qu'Érasme trouve à dire sur la mort d'un artiste qu'il comparait à Apelles.

Pirckheimer se montra beaucoup plus sensible à la mort de son ami; il lui fit ériger, à ses frais, un tombeau dans le cimetière Saint-Jean, de Nuremberg, et, sur une table d'airain fixée à ce monument, il fit graver l'épitaphe suivante [1] :

>Me (Memoriæ) Alb. Dur.
>Quidquid Alberti Dureri mortale fuit,
>Sub hoc conditur tumulo.
>Emigravit VIII idus aprilis, MDXXVIII.

Plus tard, il déplora sa perte dans une élégie en distiques latins, et, peu satisfait de la promesse d'Érasme, il lui composa dans la même langue, et en vers, trois épitaphes [2]. L'élégie peint bien les

---

[1] *Pirckheimeri opera*, p. 44.
[2] Œuvres de Pirckkeimer, p. 26. Voici le texte latin de l'élégie :

>Qui mihi tam multis fueras junctissimus annis,
> Alberte, atque meæ maxima pars animæ :
>Quo cum sermones poteram conferre suaves,
> Tutus et in fidum spargere verba sinum :
>Cur subito infelix mærentem linquis amicum,
> Et celeri properas non redeunte pede?
>Non caput optatum licuit, non tangere dextram,

sentiments les plus intimes de son âme et sa profonde douleur :

« Toi qui m'étais si attaché depuis tant d'années, Albert, la plus grande part de mon âme, dont la conversation m'était si agréable, et dans le sein duquel je pouvais verser en sûreté mes plus secrètes pensées, pourquoi abandonnes-tu si vite ton malheureux ami, et te hâtes-tu de t'éloigner pour ne jamais revenir? Il ne m'a pas été permis de soulever ta tête, de toucher ta main, ni de t'adresser mes tristes et derniers adieux ; car, à peine la maladie t'avait-elle obligé à te mettre au lit, que la mort,

>Ultima nec tristi dicere verba vale.
Sed vix tradideras languentia membra grabato,
>Quum mors accelerans te subito eripuit.
Eheu, spes vanas! heu mens ignara malorum!
>Quam lapsu celeri cuncta repente cadunt!
Omnia pro merito dederat fortuna secunda,
>Ingenium, formam, cum probitate fidem.
Omnia sed rursus celeri mors abstulit ausa :
>Tollere sed laudes improba non potuit.
Virtus namque manet Dureri, atque inclyta fama,
>Splendebunt donec sidera clara polo.
I decus, i nostræ non ultima gloria gentis,
>Ductore et Christo cælica regna pete.
Illic non vano gaudebis semper honore,
>Pro meritis felix, præmia digna ferens :
Dum nos hic fragiles erramus mortis in umbra,
>Et cymba instabili labimur in pelago.
Tamdem quum annuerit clementis gratia Christi
>Nos quoque idem te post ingrediemur iter.
Interea mœsti lachrymas fundamus amico,
>Nil quibus afflictis dulcius esse potest ;
Accedantque preces, summum placare tonantem
>Quæ possint, quidquam si pia vota valent.
Et ne quid tumulo desit, spargamus odores,
>Narcissum, violas, lilia, serta, rosas.
Felix interea somno requiesce beato,
>Dormit enim in Christo vir bonus, haud moritur.

accourant, s'est emparée de ta personne. Hélas ! espérances vaines ! Combien notre esprit est impuissant à prévoir les maux qui nous menacent et qui tombent sur nous à l'improviste ! La Fortune, prodigue à ton égard, t'avait tout donné, comme tu le méritais : l'intelligence, la beauté, la bonne foi unie à la probité. La mort s'est hâtée de tout te ravir. Toutefois, la cruelle n'a pu t'enlever ta renommée ; car le génie de Durer et son illustre nom brilleront tant que les astres éclaireront cette planète. O toi, l'honneur et l'une des gloires les plus pures de notre nation, va, monte au ciel sous la conduite du Christ. Là, tu jouiras à toujours de la récompense due à ton mérite ; tandis que nous, ici-bas, nous errons à l'ombre de la mort, prêts à être engloutis, sur notre barque fragile, dans l'océan des âges. Enfin, lorsque Christ voudra bien nous accorder cette grâce, nous pénétrerons après toi dans le même chemin. En attendant, versons sur le sort de notre ami des larmes amères, la plus douce consolation des affligés. Joignons-y des prières pour apaiser le Tout-Puissant, s'il daigne accueillir nos vœux. Et pour que rien ne manque au tombeau d'Albert, répandons-y des fleurs, des narcisses, des violettes, des lis, des guirlandes de roses. — Dors, ami, du sommeil des bienheureux, car l'homme de bien ne meurt pas, il repose dans le sein du Christ. »

La mort de l'artiste éminent avec lequel il passait la plus grande partie de sa vie dans une douce intimité, et le renouvellement des attaques et des calomnies auxquelles il se voyait depuis longtemps exposé, répandirent sur les dernières années de Pirckheimer un voile de sombre tristesse. S'il dédaigna de répondre par des discours ou des écrits aux attaques de ses envieux et de ses ennemis, il voulut néanmoins laisser à la postérité un témoignage irrécusable de leur acharnement et de sa résignation. Vers la fin de 1528, faisant un effort sur lui-même, et luttant contre la cruelle maladie qui l'accablait, il composa le sujet d'un emblème, ou allégorie, faisant allusion à sa vie et aux traverses auxquelles elle avait été exposée. Une colonne, d'ordre composite, surmontée d'une corbeille de fruits et de fleurs, soutient par deux liens, comme on suspend un cadre, un tableau de forme carrée, décoré d'ornements, sculptés dans le sens de sa hauteur. Dans le champ de ce tableau, arrondi par une guirlande de feuilles de myrthe, on voit une enclume, sur la base de laquelle est représenté un bouleau, antique emblème de la maison Pirckheimer. Sous l'enclume, une femme gît étendue, soutenant sa tête avec sa main droite, et endurant avec calme, sans aucun signe d'impatience ou de douleur, les coups violents et répétés qui sont frappés sur l'enclume pesant sur son corps. Son nom, écrit à côté, indique, alors même que son attitude ne le ferait pas reconnaître, que cette femme est la *Tolérance*. A l'un des côtés de l'enclume, une autre femme se tient debout : c'est l'*Envie*, qui saisit et enserre dans des tenailles un cœur d'homme, qu'elle place et tient au milieu des flammes qui brûlent sur l'enclume. En face, une troisième femme, la *Tribulation*, tenant à deux mains un triple marteau, frappe, de toute la force de ses bras, sur le cœur que l'*Envie* présente à ses coups redoublés. Entre ces deux femmes, qu'on prendrait pour des Furies, est placée une quatrième femme, portant sur son visage l'expression de la résignation et de la sérénité; les yeux tournés vers le ciel, comme pour y puiser sa force et sa consolation, elle élève également la main droite : c'est l'*Espérance*. A sa prière, on voit descendre d'en haut comme une rosée céleste, qui, tombant goutte à goutte, vient rafraîchir, au milieu des flammes, le pauvre cœur tenaillé par l'*Envie* et frappé par la *Tribulation*. Au bas du fût de la colonne, et appuyés sur sa base, deux petits génies ailés, tenant à la main une trompette recourbée, complètent cette composition, qui se distingue par une grande originalité [1]. « Bilibalde, ajoute son biographe Rittershusius [2], voulut sans doute démontrer par cette allégorie quelle était sa tolérance et sa résignation, ayant mis son unique espoir en Dieu, duquel seul il attendait son secours et sa délivrance, disant avec David : « *Auxilium meum a Domino, qui fecit cœlum et terram.* » Mon

---

[1] Dans le bas, au milieu, est le chiffre I. B., que l'on croit être celui du graveur, et la date de l'année 1529. Voy. Bartsch, t. VIII, p. 308-309, n° 30.
[2] P. 19. *De vita Pirckheimeri commentarius.*

secours est dans le Seigneur, qui a fait le ciel et la terre. »

Pirckheimer fit graver sur cuivre cet emblème, par un artiste habile, probablement par un des meilleurs élèves de son ami Durer ; il en fit tirer un grand nombre d'épreuves, et les plaça, comme ses armoiries, au frontispice de ses livres. Le comte d'Arundel retrouva cette gravure, comme un certificat de propriété, lorsque, cent ans plus tard, il acheta en partie la bibliothèque du sénateur de Nuremberg [1].

Si la composition de cette allégorie est remarquable au point de vue religieux et philosophique, son exécution, comme œuvre d'art, n'est pas moins curieuse à étudier. Sans présenter la sûreté de traits, la fermeté, la netteté, la délicatesse de dessin d'Albert Durer, elle a été évidemment inspirée par sa manière. Sous le rapport de l'idéal, la figure de l'*Espérance* laisse beaucoup à désirer ; mais l'*Envie* est d'un style plus pur, tandis que l'expression de la *Tolérance* est bien dans son rôle de patience et de résignation. Nous regrettons de ne pas connaître le nom de l'artiste qui a gravé cette composition : son talent n'était certainement pas indigne du grand maître qui lui avait enseigné l'art de manier le burin. Cette invention de Bilibalde et le soin qu'il prit à en surveiller l'exé-

---

[1] Voy. la notice sur le comte d'Arundel, p. 243-244. On trouve l'emblème de Pirckheimer dans ses œuvres, avant sa vie par Rittersbusius ; hauteur 16 centimètres sur 12 de largeur environ.

cution prouvent qu'il aimait la gravure, cet art dans lequel Durer s'est montré si supérieur et si fécond.

Nous trouvons dans l'œuvre sur bois de Durer[1] une composition qui paraît avoir été exécutée pour être placée sur les livres de Bilibalde. — On y voit les armes de Pirckheimer, à droite le bouleau, à gauche un écusson représentant une Syrène couronnée, tenant dans chacune de ses mains ses deux queues de poisson ; le tout soutenu par deux Génies, au milieu desquels est un buste en manière de Terme, avec un trident au-dessus de la tête ; dans le haut, l'inscription suivante :

Sibi et amicis
Liber Bilibaldi Pirckheimer.

On remarque dans le même œuvre une autre composition d'Albert dont l'entourage seul est terminé, tandis que le milieu est resté blanc. Cet espace était probablement destiné à une gravure emblématique des armoiries des Pickheimer ; car, en bas, des Génies soutiennent l'écusson sur lequel est le bouleau, tandis que des colonnes, des ornements, un Satyre et une cigogne entourent le cadre resté en blanc.

On doit croire, d'après l'intimité qui régnait entre l'artiste et Bilibalde, que ce dernier possédait

---

[1] Cabinet des estampes. Bibl. imp. n° 154 du catalogue, vol. *des bois*, grand in-folio.

l'œuvre des estampes du maître et de ses élèves, et qu'il devait avoir également quelques-unes de ses peintures ; mais son biographe ne nous apprend absolument rien à ce sujet.

Une année à peine après avoir composé et fait graver son emblème, Bilibalde succomba sous les étreintes de la cruelle maladie dont il souffrait depuis longtemps. Il mourut le 21 décembre 1530, et son corps fut déposé dans le cimetière Saint-Jean de Nuremberg, à côté de son cher Durer. On lisait sur son tombeau l'inscription suivante, gravée sur une table d'airain scellée sur la pierre sépulcrale :

Bilibaldo Pirckheimero patritio
Ac senatori Nurimberg. Divorum
Maximil. et Caroli V, Augg. Consiliario,
Viro utique in præclaris rebus
Obeundis prudentiss. Græcè
Juxta ac latinè Doctiss.
Cognati tanquam stirpis Pirckeimeriæ
Ultimo, Dolenter hoc s. p.
Vixit ann. LX.D.XVI. Obiit Die
XXII Mens. Decemb. an christianæ
Salutis MDXXX.
Virtus interire nescit[1].

La mort de Pirckheimer excita de vifs regrets parmi les savants : Érasme, dans une lettre au duc Georges de Saxe, écrite de Fribourg en mai 1531 [2], fait un pompeux éloge du sénateur de Nuremberg, et rappelle les services qu'il rendit aux lettres, en

[1] *Pirckeimeri opera*, p. 44
[2] *Ibid.*, p. 43.

publiant, pour la première fois, ainsi que nous l'avons rapporté, un grand nombre d'auteurs grecs et latins. Mais encore que son épitaphe ait raison de dire que « la vertu ne périt pas avec la mort, » qui se rappellerait aujourd'hui le nom du dernier des Pirckheimer, si l'art de Durer, son ami, ne s'était chargé de le faire revivre ?

JEAN WINCKELMANN

1717-1768

CHAPITRE XXXIX

Naissance de Winckelmann. — Pauvreté de ses parents. — Ses études à Steindall. — Le recteur Toppert. — Voyage à Berlin et retour à Steindall. — Il devient précepteur. — Il veut se rendre en France. — Il est admis co-recteur à Seehausen.

1717—1748

Winckelmann est un exemple frappant de ce que peut le travail opiniâtre mis au service d'une idée persévérante. Sorti des rangs les plus obscurs de la société, pauvre, sans protecteurs, ne pouvant compter que sur lui-même, il sut trouver dans la force de son caractère les ressources qui lui manquaient et surmonter tous les obstacles. Soutenu par l'étude, il traversa, sans se laisser abattre, les plus belles années de sa jeunesse dans une condition inférieure et tout à fait indigne de son génie. Il fut récompensé de tant d'efforts dans son âge mûr, et les douze dernières années de son existence s'écoulèrent au milieu des jouissances les plus pures que lui procurèrent l'amour du beau et l'admiration la mieux sentie des œuvres de la statuaire antique. Cette dernière partie de sa vie passée à Rome fut si bien remplie, qu'il a pu dire dans une lettre à un de ses amis : « Je crois être du petit nombre des personnes qui sont parfaitement satisfaites, et à qui il ne reste rien à désirer : qu'on trouve un autre homme qui puisse dire cela avec vérité[1] ! »

Winckelmann naquit, le 9 décembre 1717[2], à Steindall, petite ville de la vieille marche de Brandebourg. Il y fut baptisé le 12 du même mois, et reçut, ainsi qu'on a pu le constater par son acte de baptême retrouvé dans ses papiers après sa mort, les prénoms de *Jean-Joachim*. Mais, dans la suite, il supprima ce dernier prénom, soit, comme on l'a dit, qu'il le trouvât peu harmonieux, soit qu'un seul lui parût suffisant[3].

Il était fils d'un cordonnier que sa pauvreté condamnait à un travail sans relâche pour vivre et pour soutenir sa famille. En attendant que son enfant fût en âge de l'aider, le père l'envoya suivre les leçons

---

[1] *Lettres familières de M. Winckelmann avec les ouvrages de M. le chevalier Mengs*; Yverdon, 1784, 3 vol. petit in-18, t. Ier, lettre du 8 décembre 1762, p. 160.

[2] Ou 1718, selon quelques biographes. Voy. sa vie par Hubert, celle des éditeurs viennois de son histoire de l'art, et la traduction italienne de C. Fea; la notice de Jansen; son éloge, par Heine; l'art. de la *Biographie universelle* de Michaud, v° Winckelmann, et beaucoup d'autres. — Mais la véritable histoire de notre amateur est écrite par lui-même dans ses lettres à ses amis, et c'est dans sa correspondance que nous l'avons surtout étudiée.

[3] Voy. la notice sur Winckelmann, traduite de l'allemand en italien, par Carlo Fea; *Storia delle arti del disegno, etc., Roma, Pagliarini*, 1783, 3 vol. in-4°, t. Ier, XL.

de l'école primaire de Steindall, s'imposant les plus grands sacrifices, dans l'espérance qu'il parviendrait peut-être plus tard à obtenir la place de diacre ou de pasteur d'une petite cure dans les environs. L'enfant fit des progrès rapides sous la direction du recteur de Steindall, nommé Toppert. Mais l'âge et les infirmités ayant obligé son père à cesser tout travail, pour entrer dans une maison de charité où il devait passer le reste de ses jours, le jeune écolier se trouva complétement isolé, sans aucune ressource, à un âge qui ne lui permettait pas encore de gagner sa vie. La Providence, en le soumettant à cette rude épreuve, ne l'abandonna point : elle toucha le cœur du recteur Toppert, et lui inspira la pensée de prendre soin de son élève. Frappé des dispositions de l'enfant, de sa facilité pour apprendre et retenir, de sa supériorité sur ses condisciples et de la douceur de son caractère, le recteur se chargea de pourvoir à son éducation. Il lui accorda une des places de choristes de la cure, et l'autorisa, quoique bien jeune, à donner des leçons ou répétitions de lecture à ses petits camarades et à en percevoir la rétribution. Avec ces ressources si minimes et si précaires, le sous-maître de douze ans pouvait vivre tant bien que mal, en continuant ses études, et il trouvait moyen de mettre de côté quelques petites économies pour adoucir le sort de son malheureux père.

Bientôt, par un retour commun aux choses d'ici-bas, le recteur eut besoin des services de son élève :

Toppert devint aveugle, et il n'hésita pas à faire appel aux sentiments généreux de Winckelmann, le priant de lui servir de guide et d'appui. L'élève s'empressa d'aller au-devant du désir de son bienfaiteur, et il fut bientôt admis dans la maison du recteur comme un ami et presque comme un fils.

Toppert aimait les lettres et possédait une bibliothèque assez bien garnie de livres classiques, parmi lesquels on voyait de bonnes éditions des principaux auteurs grecs et latins. Ne pouvant plus parcourir leurs ouvrages avec ses propres yeux, le recteur empruntait ceux de Winckelmann, auquel il faisait faire de fréquentes lectures, à haute voix, des poëtes, des historiens, des orateurs et des philosophes de l'antiquité. Ces lectures, accompagnées des remarques du maître, formaient le goût de l'élève, et le préparaient à pousser plus avant l'étude et l'analyse des langues grecque et latine.

Dès cette époque, Winckelmann révélait son goût d'antiquaire : on raconte qu'à ses heures de loisir, ses récréations consistaient à explorer les collines sablonneuses de Steindall, pour y chercher des vases antiques d'origine romaine. On dit même qu'on peut voir encore aujourd'hui, à la bibliothèque de Seehausen, deux urnes qu'il aurait trouvées dans une de ces fouilles.

En 1733, à l'âge de seize ans, il obtint de son bienfaiteur la permission d'aller à Berlin, pour commencer, ce qu'on appelle en Allemagne, les cours académiques. Adressé, avec une lettre de recommandation du bon Toppert, au recteur d'un établissement d'instruction appelé le gymnase de Kolln, il y fut admis comme sous-maître ou surveillant, fonctions correspondantes à celles, si décriées par les écoliers, de maître d'étude dans nos colléges. Il sortit bientôt de ce gymnase pour entrer dans un autre nommé Baaken, où le recteur lui offrit la table et le logement, ce qui lui permettait de faire passer quelques secours à son père.

Il y avait alors à Berlin, et peut-être cet usage s'y est-il conservé, des associations d'étudiants nommées *chœurs*, qui, après les heures des classes, se répandaient par bandes dans la ville, en chantant aux portes, dans les rues, sur les places et au milieu des promenades, des morceaux d'opéras ou de musique d'église. Après l'exécution, ils faisaient une collecte parmi les auditeurs, comme nos chanteurs des rues. On raconte que notre savant en herbe, le futur président des antiquités à Rome, prit part à ces concerts en plein vent, et trouva, dans leurs recettes provenant de la générosité du public, un soulagement à sa gêne, bien voisine de la misère.

Après un séjour d'une année à Berlin, Winckelmann fut rappelé à Steindall par Toppert, qui lui fit donner la place de chef des choristes, emploi qui consistait à diriger une bande de jeunes chanteurs donnant des concerts dans les lieux publics. Quatre années se passèrent ainsi, sans qu'aucun changement de quelque importance vînt améliorer la position du jeune homme.

Mais si la fortune échappait constamment à ses efforts, il trouvait une ample compensation dans les trésors de science et d'érudition qu'il commençait à entasser dans son esprit et dans sa prodigieuse mémoire. Il avait épuisé, par ses continuelles lectures, tous les livres appartenant aux bibliothèques de la petite ville de Steindall. Pressé par le désir d'augmenter ses connaissances, désir qui ne l'abandonna jamais, il résolut de se rendre à l'université de Halle, l'une des premières de l'Allemagne, afin d'y compléter ses études, et aussi dans l'espoir d'y trouver une occupation moins précaire et plus lucrative que celle qu'il remplissait à Steindall. Mais, après deux années d'un travail assidu, il se trouva déçu de cet espoir. Ses amis s'efforcèrent vainement de lui procurer un emploi; et sa position était devenue tellement malheureuse, pendant son séjour à Halle, qu'il fut réduit souvent à ne vivre que de pain et d'eau, et encore le pain lui était-il fourni par ses camarades. Cependant, cette cruelle situation ne l'empêcha pas d'aller visiter, pour la première fois, la ville de Dresde et son musée, et de conserver, de la vue des chefs-d'œuvre qu'il y admira, une impression ineffaçable.

Il fallait vivre, et Winckelmann, perdant l'espérance d'être admis comme professeur dans un établissement public, s'estima heureux d'être accueilli comme précepteur chez un magistrat du pays d'Halberstadt : il y passa quelque temps; mais cet emploi allait mal à l'esprit d'indépendance et à l'imagination exaltée, quoique couverte sous une apparence de froideur, de notre jeune érudit. En étudiant les auteurs grecs et latins, il se transportait avec eux par la pensée dans les pays qu'ils décrivent, et son plus vif désir était de suivre leurs relations sur les lieux mêmes où se sont passés les faits qu'ils racontent. C'est ainsi que la lecture approfondie des commentaires de César lui inspira une telle envie de se rendre en France, que, sans argent, sans aucune lettre de recommandation et, qui plus est, sans savoir un mot de français, il se dirigea, dans le cours de 1741, vers les frontières de ce pays. Mais la guerre, qui venait d'éclater, l'empêcha de mettre son projet à exécution ; il revint donc sur ses pas, à son grand regret, et se trouva trop heureux d'être admis de nouveau comme précepteur, d'abord chez un capitaine de cavalerie en garnison à Osterbourg, ensuite chez le grand bailli, à Heimersleben. C'est dans cette dernière maison qu'il fit la connaissance du co-recteur de Seehausen. Ce fonctionnaire, nommé Buysen, ayant apprécié l'instruction aussi variée que solide du jeune précepteur, le prit en amitié, et en quittant son co-rectorat de Seehausen pour un poste plus avantageux, il l'y fit admettre à sa place.

Winckelmann faisait son entrée dans la carrière publique de l'enseignemennt par un emploi bien modeste et fort au-dessous de son mérite. Son devoir consistait à donner aux enfants les premières leçons des langues grecque et latine, et à leur enseigner les principes de la religion luthérienne. Une trop grande instruction nuit quelquefois à l'enseignement élémentaire, et il est rare qu'un professeur qui possède une vaste érudition et qui voit les choses de haut, sache assujettir son esprit à montrer les premiers éléments de la grammaire, et à corriger les règles du *liber Petri* ou du *que retranché*[1].

Dans les commencements, Winckelmann ne réussit donc que médiocrement à satisfaire ses élèves et surtout leurs parents. Mais sincèrement résolu à remplir ses fonctions en conscience, il fit bientôt deux parts de son temps. Dans la journée, c'est-à-dire depuis six heures du matin jusqu'à neuf du soir, tout entier à ses devoirs de co-recteur et armé d'une patience inaltérable, il expliquait à ses jeunes élèves les éléments du latin et du grec, corrigeait leurs compositions et savait exciter leurs progrès, en encourageant leur émulation pour le travail. La fin de la classe venue, Winckelmann sans prendre la moindre récréation, consacrait la plus grande partie de la nuit à l'avancement de sa propre instruction. — « Il reprenait ses lectures favorites, méditait, écrivait, faisait des extraits; à minuit il s'endormait; réveillé à quatre heures, il rallumait sa lampe et se remettait au

---

[1] Cette dernière règle, enseignée par Lhomond et les anciens latinistes, a été effacée des grammaires modernes : *Grammatici certant*.

travail jusqu'à six heures, instant auquel il retournait près de ses disciples. Décidé quelquefois à abréger encore le temps de son sommeil, il ne fermait les yeux qu'après s'être attaché au pied une sonnette dont le moindre mouvement l'éveillait[1]. » Comme son désir de voyager ne l'avait pas abandonné, il apprit à fond, pendant ses longues veilles, les langues italienne, française et anglaise, qu'il avait commencé à étudier précédemment.

Tel fut l'emploi du temps de Winckelmann pendant les cinq années et demie[2] qu'il passa dans le co-rectorat de Seehausen. Quels trésors d'érudition et de linguistique ne dut-il pas amasser dans ces études opiniâtres et sans relâche, et où trouver alors en Europe un autre savant aussi entièrement absorbé par le travail ? — Néanmoins, sur la fin de son séjour à Seehausen, le découragement commençait à s'emparer de cette âme si forte et si désintéressée. Se trouvant toujours aux prises avec la gêne, malgré ses efforts pour améliorer sa position, n'entrevoyant dans l'avenir aucun avancement, aucune indépendance, dégoûté de répéter tous les jours les mêmes leçons à des enfants presqu'en bas âge, il résolut de chercher à sortir d'une situation à la fois précaire et décourageante.

[1] Article de Winckelmann, dans la *Biographie universelle* de Michaud, t. LI, p. 8.
[2] C'est Winckelmann lui-même qui indique le temps passé à Seehausen, dans une lettre au comte de Bunau, du 23 juillet 1748. Voy. ses lettres, édition d'Yverdon, t. Ier, p. 44.

CHAPITRE XL

Le comte de Bunau et son Histoire de l'Empire. — Winckelmann demande à être attaché à son service. — Il est admis à travailler dans sa bibliothèque à Nöthenitz. — Son collaborateur Franken. — Travaux à Nöthenitz. — Voyages à Dresde. — Le nonce Archinto. — Conversion de Winckelmann au catholicisme.

1748—1754

La Saxe possédait alors dans le comte Henri de Bunau un grand seigneur ami des lettres, qui, après avoir rempli avec distinction plusieurs fonctions publiques très-importantes, s'était retiré dans une de ses terres, pour consacrer sa vie à écrire l'histoire de l'empire d'Allemagne. D'abord conseiller intime de l'empereur Charles VII, à l'élection duquel il avait contribué, le comte, après la mort de ce prince, était rentré au service d'Auguste III, électeur de Saxe, roi de Pologne, qui l'avait également admis dans ses conseils. Mais la politique et l'ambition n'absorbaient pas tout son temps : amateur passionné de l'étude, il vivait souvent retiré dans son château de Nöthenitz, situé à peu de distance et au midi de Dresde. C'est là, de 1725 à 1743, qu'il composa l'*Histoire des Empereurs et de l'Empire d'Allemagne, tirée des meilleurs historiens et des archives, et accompagnée d'appendices destinés à éclaircir le droit public de l'Allemagne et la généalogie des maisons souveraines.* Cet ouvrage, publié en quatre parties in-4°, est malheureusement incomplet, car il ne s'étend que jusqu'au règne de Conrad Ier (918) inclusivement. Nous ne nous permettrons pas de juger cette vaste composition, ne l'ayant pas lue; mais on s'accorde à faire l'éloge du choix des documents qu'elle renferme, de l'ordre et de la critique éclairée avec lesquels les faits sont présentés et appréciés, et les écrivains allemands ont vivement regretté qu'elle soit restée inachevée. Pour écrire et coordonner ce grand ouvrage, l'auteur avait fait d'immenses recherches ; et comme il aimait les livres, et surtout les éditions rares et précieuses, il avait consacré des sommes très-considérables à l'acquisition d'un grand nombre de traités, écrits non-seulement dans les langues anciennes, mais encore dans tous les idiomes modernes. Il avait aussi réuni une collection d'estampes, principalement de celles qui se rapportaient à l'Allemagne, à ses annales, à ses familles souveraines et féodales. Pour mettre et maintenir l'ordre dans les livres comme dans les gravures, le comte de Bunau avait établi un bibliothécaire à Nöthenitz, et il y occupait plusieurs jeunes gens à des recherches relatives à son Histoire de l'Empire. Indépendamment de son amour pour les lettres, le comte était doué d'une bienveillance naturelle, dont la renommée était répandue dans toute la Saxe. On l'a surnommé le Peiresc allemand [1], et sa conduite à l'égard de Winckelmann montre

---

[1] Préface des éditeurs viennois de l'*Histoire de l'art*, traduite en italien par Fea, t. Ier, XLIV.

que cette comparaison avec l'illustre conseiller au parlement d'Aix était méritée.

Le 18 juin 1748, notre co-recteur de Seehausen, poussé à bout de patience par ses fastidieuses fonctions, se déterminait à envoyer au comte une sorte de supplique, écrite péniblement en un français barbare[1], et dans laquelle il le priait « de le placer dans un coin de sa bibliothèque, pour copier de rares anecdotes qui seront publiées dans l'Histoire de l'Empire. »

Le comte de Bunau accueillit avec bienveillance la demande du co-recteur; mais, avant de l'admettre, il voulut savoir quelles études il avait suivies, afin de s'assurer s'il était capable de faire convenablement les recherches historiques dont il avait besoin. Winckelmann, au comble de la joie, s'empressa de répondre au comte le 10 juillet 1748, en lui donnant les explications les plus précises sur sa vie et sur ses études. Mais cette fois, il écrivit en latin élégant, sans doute pour prouver sa connaissance de cette langue.

Après avoir rappelé ses études à Berlin, à Halle et même à Iéna, où il avait voulu apprendre la médecine et la géométrie, il indique plus particulièrement les cours d'histoire et de droit public qu'il

---

[1] Voici une des phrases de cette lettre : « Je ne trouve ressource qu'à avoir recours à la grâce d'un des plus grands hommes du siècle, dont l'humanité, qu'il fait éclater de tous les traits de ses écrits immortels, nous inspire une si haute idée qu'on ne se peut dispenser d'en espérer bien. » Lettres, *ut suprà*, t. Ier, p. 33 à 36.

a suivis depuis son séjour à Seehausen. Sous la direction d'un comte Louis de Hanses, autrefois secrétaire de l'ambassadeur du roi de Danemark à Paris, d'où il avait rapporté une collection très-considérable des meilleurs historiens français, il s'est lancé dans le champ des annales de ce pays. Il a lu deux fois le Dictionnaire de Bayle, et a recueilli, en le parcourant, un énorme volume de mélanges. Sans négliger les auteurs grecs, et spécialement Sophocle, qu'il a toujours entre les mains, il a lu avec attention les historiens modernes les mieux notés, tels que l'*Abrégé de l'Histoire de France* du père Daniel ; l'*Abrégé de l'Histoire d'Angleterre* de Rapin Thoyras ; les *Annales* de de Thou et *celles* de Grotius ; le *Code diplomatique* de Leibnitz ; le *Traité de la paix et de la guerre* de Grotius, avec les *Commentaires* de Gronovius et de Barbeyrac. Il insiste particulièrement sur les recherches qu'il a faites sur l'histoire de l'Allemagne, de ses familles princières, et de ses principaux événements, jusqu'à la paix d'Utrecht. Il termine en disant qu'il vient d'accomplir sa trentième année, et il entre, sur sa personne et même sur sa manière de se vêtir, dans des détails qui montrent combien il craignait de ne pas être admis chez le comte de Bunau [1].

[1] « *Trigesimum annum nunc primum complevi. Mundus corporis, quantum fieri potuit, genio sœculi accommodatus est... Lipsiœ, quo iter facere quotannis consuevi, consarcinare curavi vestimenta modeste tincta, ut non pudeat elegantium hominum ora subire.* » Lettres, t. Ier, p. 43.

Le savant historien de l'Empire accueillit favorablement les explications de Winckelmann, et il lui fit savoir qu'il l'admettait à travailler, dans sa bibliothèque, aux recherches qu'il lui indiquerait, aussi bien qu'à une partie du catalogue. Notre corecteur, au comble de la joie, après avoir justifié de son instruction, voulut également convaincre son protecteur de sa bonne conduite : il lui envoya donc, par une lettre du 28 juillet 1748, trois certificats : l'un du surintendant général de la province de l'ancienne marche de Brandebourg, l'autre de l'inspecteur de Seehausen, et le troisième du conseil de cette ville. « Rien ne m'oblige, ajoutait-il, à partir d'ici, où je jouis d'un honnête nécessaire et de la table de quelques bons amis. Mais le désir inexprimable de m'attacher à un ministre aussi respectable et aussi éclairé que Votre Excellence, et mon ardent amour pour les sciences et les beaux-arts l'emportent sur la considération de tous les agréments que j'ai [1]. » C'est la première fois qu'on entend Winckelmann parler de *son ardent amour pour les beaux-arts*. D'où lui venait ce goût, quelle circonstance en avait développé le germe dans son esprit? On l'ignore; mais on doit être près de la vérité en supposant que la lecture assidue des grands poëtes de l'antiquité, tels qu'Homère et Virgile, avait fait naître en lui des aspirations vers le beau, et entretenu le désir de contempler les monuments de l'art antique, dont

---

[1] Lettres, t. 1er, p. 45-46.

il est souvent question chez les principaux auteurs grecs et romains.

Quoi qu'il en soit, Winckelmann quitta Seehausen vers la fin d'août 1748, et vint s'installer à Nöthenitz dans les premiers jours de septembre. Il y prit possession de son emploi, qui consistait à faire des recherches et des extraits pour l'histoire de l'Empire, et fut bientôt en faveur auprès du comte de Bunau, fort en état d'apprécier la profonde érudition de ce collaborateur.

Winckelmann avait trouvé à Nöthenitz un savant modeste, Jean-Michel Franken, bibliothécaire du comte, chargé spécialement de dresser le catalogue de cette immense collection; il venait de publier le *specimen* de ce travail [1]. Quoique, dans la suite, Winckelmann et Franken aient échangé de nombreuses lettres, dans lesquelles on trouve toute l'effusion d'une amitié aussi tendre que sincère, ils vécurent à Nöthenitz avec assez de froideur. Franken convient [2] qu'ils ne se connaissaient alors pas assez, et n'avaient pas su se comprendre. Accoutumé à vivre dans une solitude presque continuelle, Winckelmann avait contracté des habitudes singulières : pendant longtemps, il ne voulut se nourrir que de légumes et de fruits, et il fuyait la table de Franken, qui lui avait offert de vivre en commun. Bien qu'une

[1] *Specimen catalogi bibliothecæ Bunarianæ*, Leipzig, in-4°, 1748. Le catalogue a été publié dans la même ville, de 1750 à 1756, 3 tomes en 7 vol., in-4°, mais il n'a pas été terminé.

[2] Dans une note qui accompagne la lettre à lui adressée par Winckelmann, le 28 janvier 1764, t. Ier, p. 150-155-157.

froide circonspection régnât entre eux, ils s'entretenaient tous les jours de littérature, et vivaient ensemble, sinon dans la confiance et l'intimité, au moins dans un échange convenable d'égards et de politesses.

Pendant six années, du mois de septembre 1748 jusqu'à la fin du même mois 1754, Winckelmann fut occupé à Nöthenitz, soit à faire des recherches pour le comte, soit à rédiger le catalogue des ouvrages se rapportant à l'histoire de l'Allemagne [1]. Dans les intervalles de repos que lui laissait ce travail monotone, son imagination reprenait le dessus, et il étudiait la collection de gravures anciennes que possédait le comte de Bunau. Quelquefois aussi, s'échappant de Nöthenitz, il se rendait à Dresde, non-seulement pour y voir les tableaux de l'électeur de Saxe, roi de Pologne, mais pour y examiner attentivement les statues antiques et les nombreuses reproductions en plâtre des chefs-d'œuvre de Rome et de Florence. La vue de ces copies redoublait son désir de se rendre en Italie, afin de pouvoir y jouir de toute la beauté des originaux.

Le nonce du saint-siége près de la cour de Pologne et de Saxe était alors le prélat Archinto, d'une noble famille milanaise, prêtre d'un grand mérite, qui devint plus tard cardinal ; il était lié avec le comte, quoique ce ministre fût luthérien, et il allait quelquefois visiter sa bibliothèque à Nöthenitz. Dans une de ses excursions, il y avait rencontré Winc-

---

[1] Lettre au comte de Bunau, du 22 janvier 1754, t. Ier, p. 46.

kelmann, et facilement deviné que sa véritable vocation était de vivre à Rome. Allant au-devant des désirs les plus ardents de notre antiquaire, il lui proposa de lui faciliter les moyens de se rendre et de se fixer dans cette ville. Mais préalablement, il fallait que Winckelmann se décidât à abjurer le luthéranisme, pour entrer dans le sein de la religion catholique. Notre savant hésita pendant quelque temps, et finit par s'y déterminer. Loin de nous la pensée de mettre en doute la sincérité de ses convictions nouvelles, et de vouloir scruter au fond de sa conscience les véritables motifs de son changement de religion. Mais, sans faire injure à sa mémoire, il est permis de croire que le désir de voir Rome et ses monuments ne fut pas étranger à cette grave détermination. La lettre qu'il écrivit, le 17 septembre 1754, au comte de Bunau, pour lui apprendre sa résolution, loin de respirer la foi vive d'un néophyte, renferme des explications assez singulières sur son changement. D'abord, le soin de sa santé demande qu'il quitte pour quelque temps le travail et les livres, et qu'il cherche à se dissiper davantage. Ensuite, l'amitié qu'il a contractée avec une personne qu'il ne nomme pas, « non l'amitié que doivent pratiquer les chrétiens, mais celle dont l'antiquité nous a fourni quelques exemples aussi rares qu'ils seront immortels, » l'a déterminé à son changement. « D'ailleurs, la brièveté de la vie, et les bornes étroites de nos connaissances, sont deux motifs puissants pour un homme qui, comme lui, a passé sa jeunesse dans la pauvreté.... et ce serait une puérilité punissable que d'occuper, jusque dans la vieillesse, l'esprit qui nous a été donné pour un objet plus élevé à des choses qui ne peuvent servir qu'à exercer notre mémoire. » Il fait donc appel au cœur plein de bonté de son protecteur, et prie « le Dieu de tous les hommes, de toutes les nations et de toutes les sectes, de faire miséricorde à son maître. » Il termine en priant le comte de le juger avec sa bienveillance ordinaire. « Quel est l'homme, ajoute-t-il, qui agit toujours avec sagesse? Les dieux, dit Homère, n'accordent aux hommes qu'une certaine portion de raison par jour. »

Telles sont les raisons que donne Winckelmann de son changement de religion ; et l'on voit qu'il est tellement pénétré des maximes de l'antiquité, qu'il ne peut s'empêcher, même dans une question de controverse, de s'appuyer sur l'opinion que le vieil Homère prête aux dieux de l'Olympe.

Le comte de Bunau, tout en regrettant de perdre un si précieux collaborateur, non-seulement ne lui adressa aucune observation, mais lui conserva, comme par le passé, sa confiance et son amitié. Winckelmann, de son côté, garda le plus affectueux souvenir des bontés de son premier protecteur.

CHAPITRE XLI

Winckelmann à Dresde. — Le peintre OEser, l'antiquaire Lippert. — M. de Hagedorn. — Chrétien Gotlob Heyne. — Le comte de Brühl, Auguste III, M. de Heinecken. — Le musée de Dresde. — Acquisitions faites en Italie et ailleurs. — État des tableaux pendant un siècle, leurs restaurations.

1754—1755

Winckelmann quitta Nöthenitz au commencement de novembre 1754, pour venir s'établir à Dresde. Il paraît que le nonce Archinto, d'accord avec le père Rauch, confesseur du roi de Pologne, lui avait assuré une pension modique, et l'avait engagé à passer quelque temps dans cette ville avant de se rendre en Italie.

A Dresde, Winckelmann vint loger chez le peintre OEser, établi dans cette ville depuis 1739. Cet artiste, originaire de Presbourg, avait suivi pendant sept ans les cours de peinture à l'Académie de Vienne, où il remporta le prix étant encore jeune. Plus tard, il avait étudié pendant deux années chez Raphaël Donner, célèbre sculpteur viennois, pour allier au talent de la peinture celui de bien modeler, ainsi que l'étude du costume et de l'antique [1]. OEser jouissait à Dresde d'une grande réputation, passait pour un homme fort instruit, et avait peint plusieurs tableaux d'autel qui se trouvaient alors à la

---

[1] Lettres de Winckelmann, t. Ier, p. 59, *ad notam*.

nouvelle église catholique, et qui étaient estimés des connaisseurs [1].

Sous la direction d'Œser, Winckelmann commença réellement ses études sur l'art, études qu'il ne devait plus interrompre jusqu'à la fin de sa vie. Mais comme son goût et ses travaux antérieurs le ramenaient constamment vers les œuvres de l'antiquité, il se lia également avec un homme qui, dans un autre genre, partageait son admiration pour les anciens : c'était Lippert, grand amateur d'empreintes ou reproductions de pierres gravées antiques. Issu de parents pauvres, comme Winckelmann, Lippert, après avoir été obligé, pour vivre, d'exercer le métier de vitrier, s'était élevé, à force de travail et d'intelligence, jusqu'à la connaissance approfondie du grec et du latin ; il apprit également le dessin et la peinture, et parvint à se faire nommer professeur de dessin des pages de l'électeur de Saxe, roi de Pologne. Il avait une véritable passion pour les pierres gravées, dont il possédait une assez belle collection. Mais ses ressources ne lui permettant pas de l'augmenter au gré de ses désirs, il se

---

[1] M. de Hagedorn, dans ses *Réflexions sur la peinture*, traduction de Hubert, fait le plus grand éloge d'un tableau d'Œser, représentant Saül et la Pythonisse d'Endor, évoquant l'ombre de Samuel. — Œser exécuta plus tard à Leipzig plusieurs morceaux de sculpture, entre autres la statue de l'électeur, sur l'esplanade de la porte de Saint-Pierre, et le petit monument élevé à la mémoire du poëte Gellert. — Sur Raphaël Donner et ses œuvres, voyez les *Éclaircissements historiques* attribués à M. de Hagedorn, à la suite de la *Lettre d'un amateur de peinture*; Dresde, 1755, in-18, p. 330 et suivantes.

mit à reproduire, à l'aide d'une pâte blanche et brillante, de sa composition, les empreintes des plus belles pierres qu'il pût se procurer, à Dresde et ailleurs, par l'entremise de ses amis et de ses protecteurs. Avant l'arrivée de Winckelmann à Dresde, il venait de publier un millier de ces empreintes, qu'il offrait aux amateurs sous le titre de : — « *Gemmarum anaglyphicarum et diaglyphicarum ex præcipuis Europæ museis selectarum Ectypa, M. ex vitro obsidiano et massa quædam, studio Philippi Danielis Lippert, fusa et effecta ; Dresde,* 1753, *in-*4°. » — Il augmenta dans la suite cette collection, et en publia les catalogues en 1755, 1767 et 1776. — La première publication de Lippert ouvrait à Winckelmann un nouveau champ d'études : il s'empressa de le parcourir avec la sagacité qu'il apportait à tous ses travaux. Profitant des explications de Lippert lui-même, il ne tarda pas à acquérir, dans la glyptique, des connaissances précieuses, qu'il étendit plus tard à Florence, en rédigeant le catalogue des pierres gravées du baron de Stosch, et qui lui furent très-utiles pour expliquer, dans son *Histoire de l'art,* plus d'un monument de la sculpture antique.

A côté d'OEser et de Lippert, un autre personnage paraît avoir exercé alors une assez grande influence sur les idées de Winckelmann : nous voulons parler de Chrétien Louis de Hagedorn, frère du poëte allemand de ce nom. Porté par son goût vers les beaux-arts, il leur donna toujours la préférence sur les fonctions publiques qui lui furent conférées par l'électeur de Saxe, roi de Pologne. Bien que secrétaire de légation dans différentes cours, depuis 1737, et en dernier lieu résident de la Saxe près de l'électeur de Cologne, M. de Hagedorn passait une grande partie de son temps à Dresde, où il s'occupait de ses recherches favorites sur les artistes et leurs ouvrages. En 1755, il avait publié en français dans cette ville : « *Sa lettre à un amateur de la peinture, avec les éclaircissements historiques sur un cabinet* (le sien) *et les auteurs des tableaux qui le composent, ouvrage entremêlé de digressions sur la vie de plusieurs peintres modernes.* » — Cet ouvrage est surtout curieux, aujourd'hui, par les notices qu'il contient sur les artistes contemporains de l'auteur. Il n'était que le prélude de son ouvrage principal, intitulé : « *Réflexions sur la peinture*, qu'il publia en 1762 [1], et qui lui valut l'année suivante la place de directeur des Académies des Beaux-Arts de Dresde et Leipzig. » — Les *Réflexions sur la peinture* sont coordonnées avec méthode, et elles renferment d'excellents conseils, appuyés sur l'exemple des maîtres. On y voit que l'auteur connaissait à fond l'histoire de la peinture dans ses différentes écoles : il donne aux peintres d'histoire des préceptes qui méritent d'être médités. « Mais son goût particulier pour le paysage perce dans tout le cours de l'ouvrage, et

---

[1] En allemand; il a été traduit en français par Hubert, Leipzig, 1765, 2 vol. in-8°.

ce genre y est traité avec prédilection. A l'article des *tableaux de conversation*, il ouvre une nouvelle carrière aux spéculations de l'observateur et aux conceptions du peintre ; il tâche d'élever ce genre à un plus haut degré de perfection [1]. »

Les *Réflexions sur la peinture* de M. de Hagedorn exercèrent longtemps, en Allemagne, une grande influence sur l'esthétique de l'art. Bien qu'elles n'eussent pas encore été publiées lorsque Winckelmann vint à Dresde se lier avec leur auteur, il suffit de parcourir plusieurs chapitres de ce livre, notamment celui des *Limites de l'Imitation* et celui de l'*Allégorie* [2], et de les rapprocher de quelques théories de l'historien de l'art chez les anciens, pour comprendre l'influence que M. de Hagedorn a exercée sur ses appréciations et sur ses idées. L'auteur des *Réflexions sur la peinture* ne se bornait pas à écrire sur les arts ; il les cultivait avec un certain talent, et il a publié, sous le modeste titre d'*Essai* (Versuch), une suite de têtes et de paysages gravés par lui à l'eau-forte, mais sans révéler quel avait été son maître.

Tout en visitant le musée de Dresde, Winckelmann continuait avec ardeur la lecture et l'étude des auteurs anciens, tels que Pausanias et Pline, chez lesquels il cherchait les inspirations du premier ouvrage qu'il était en train de composer. C'est

---

[1] Appréciation de Moses Mendelssohn, citée dans l'avertissement de Hubert, en tête de sa traduction, VI.

[2] T. 1ᵉʳ, p. 84 et suiv.; 439 à 478.

dans la bibliothèque du comte de Brühl[1], ouverte au public, qu'il allait souvent faire ses recherches. Il ne tarda pas à s'y lier avec un jeune homme doué également des dispositions les plus heureuses, et que le sort n'avait pas mieux traité du côté de la fortune, Chrétien Gotlob Heyne. Il était né en 1729, à Chemnitz, en Saxe, où son père était tisserand. Un de ses parrains, qui était ecclésiastique, s'étant chargé de son éducation, il avait fait des progrès remarquables; mais sa jeunesse se passait, comme celle de Winckelmann, à lutter contre la misère. Il était alors en qualité de copiste, avec cent écus de traitement, attaché à la bibliothèque du comte de Brühl, de même que Winckelmann avait été attaché à celle du comte de Bunau. La conformité de positions et de travaux rapprocha sans doute ces deux hommes, dont l'un devait bientôt être considéré comme l'oracle du goût, et comme le révélateur le plus instruit et le plus sûr des beautés de l'art chez les anciens; tandis que l'autre, suivant une route analogue, allait s'élever au premier rang parmi les doctes professeurs des universités allemandes, et placer sous l'autorité de son nom les meilleures éditions des auteurs classiques.

Le comte de Brühl, au service duquel le jeune Heyne était attaché, exerçait, depuis 1733, les fonctions de premier ministre d'Auguste III, roi de Pologne et électeur de Saxe. Nous n'avons point à

---

[1] Elle fut achetée plus tard par l'électeur de Saxe, pour être réunie à celle de Dresde.

tracer le portrait de ce favori, non plus que celui de son maître. L'histoire a peut-être le droit de les juger sévèrement, au point de vue de la politique et de l'administration : elle doit blâmer leur imprévoyance, leur légèreté, leur orgueil, leurs fautes, qui exposèrent la Saxe aux plus grands désastres et la mirent à deux doigts de sa perte. Mais ayant voué nos recherches à l'histoire de l'art exclusivement, il serait injuste de notre part de ne pas reconnaître l'amour du roi et de son favori pour les belles choses, et les services qu'ils ont rendus à la Saxe, en y introduisant les chefs-d'œuvre de l'art moderne. Nous nous associerons donc volontiers au jugement que porte, du prince et de son ministre, l'auteur du Catalogue de la galerie royale de Dresde [1] : « Si c'est à l'histoire, dit-il, qu'appartient le droit de juger les princes, et leurs vertus comme leurs faiblesses, l'historiographe du musée a l'avantage de n'avoir à parler que des qualités les plus brillantes d'Auguste III. Il en est de même du célèbre comte de Brühl, son conseiller dévoué, l'exécuteur de sa volonté royale : il apparaît dans cette sphère d'activité comme un homme qui, dès qu'il s'agit de poursuivre une noble tendance, s'applique avec un zèle non moins remarquable, et souvent de son

[1] *Par M. Jules Hübner; traduit de l'allemand par M. Louis Grangier; Dresde, imprimerie de Blochmann et fils, in-18; introduction,* p. 8. Ce catalogue, dressé avec beaucoup d'ordre et de méthode, est précédé d'une introduction historique, qui renferme des détails pleins d'intérêt sur l'origine et l'accroissement de cette admirable collection.

propre mouvement, à accomplir d'une manière grandiose les vœux de son royal maître. »

Mais si le ministre servit et encouragea l'amour du roi pour les beaux-arts, on ne doit pas oublier la part que prit à cette noble entreprise un véritable amateur, aussi distingué par son savoir que par son goût délicat, Charles-Henri de Heinecken, conseiller intime de Saxe et de Pologne, secrétaire de confiance du comte de Brühl, et son ami le plus fidèle. Il est certain que M. de Heinecken dirigea souvent les préférences du roi et de son ministre, et les détermina, plus d'une fois, à faire des acquisitions de tableaux et d'autres objets précieux. Il était merveilleusement propre à remplir ce rôle d'appréciateur, s'étant occupé toute sa vie, nonobstant ses emplois à la cour, de l'art, des artistes et de leurs œuvres. En 1755, il commençait à publier son « *Recueil d'estampes, d'après les plus célèbres tableaux de la galerie royale de Dresde* [1]. » Il composa par la suite plusieurs autres ouvrages sur les arts, dont le plus estimé est celui qui a pour titre : *Idée générale d'une collection complète d'estampes, avec une Dissertation sur l'origine de la gravure et sur les premiers livres d'images* [2]. M. de Heinecken avait réuni un très-beau cabinet de tableaux, gravures et médailles. Le Catalogue du musée de Dresde cite une acquisition de cent trente-deux tableaux, la plupart de Cranach et d'autres peintres de l'ancienne école

---

[1] En français, 2 vol. in-f°, fig. Dresde, 1755-1757.
[2] Également en français, Leipzig et Vienne, 1770, in-8°.

allemande, qu'il fit, le 21 juin 1769, de l'électeur de Saxe, fils du roi Auguste III, pour le prix de sept mille neuf cents écus, payés d'avance[1]. Mais les dépenses énormes qu'il avait été obligé de faire pour la gravure des planches de la galerie de Dresde l'obligèrent, sur la fin de sa vie[2], à céder ces planches et son riche cabinet à l'électeur, moyennant une pension viagère, et aujourd'hui les tableaux qui lui ont appartenu se trouvent, en partie, réunis au musée de Dresde.

C'est sous le règne d'Auguste III (1733 à 1763) que se sont faites les plus nombreuses et les plus belles acquisitions de cette galerie. On peut dire, avec une entière vérité, que cette collection doit au roi et à son ministre la haute réputation dont elle jouit en Europe, et l'éclat qui la rend l'égale de celles de Rome, Florence, Paris et Madrid. Sans entrer dans les détails, et pour ne citer que des chefs-d'œuvre, il suffira de dire que ce fut pendant cette période, malgré les embarras d'argent et les revers d'une guerre désastreuse, que furent achetés, à Modène, la *Madeleine* et la *Nuit*, du Corrége; le *Christ à la Monnaie*, du Titien; à Venise, la célèbre *Vierge*, de Hans Holbein; à Plaisance, la *Madone de Saint-Sixte*, de Raphaël[3].

---

[1] Introduction au Catalogue du musée de Dresde, p. 51.
[2] M. de Heinecken mourut le 5 décembre 1792.
[3] Voy., dans l'introduction du catalogue de la galerie de Dresde, des détails pleins d'intérêt sur ces acquisitions et sur beaucoup d'autres; de la p. 8 à la p. 49.

Une tradition, très-honorable pour la mémoire du roi Auguste III, se rattache à l'arrivée de ce dernier tableau à Dresde. Ce prince, qui avait beaucoup admiré ce chef-d'œuvre en passant par Plaisance, en 1733, était impatient de le revoir. « Il avait ordonné qu'il fût immédiatement déballé et exposé au château. Lorsqu'on l'eut porté à la salle du trône, comme on tardait quelque peu à le placer à son jour le plus favorable, c'est-à-dire à la place même où se trouvait le trône royal, le roi éloigna précipitamment le siége de sa propre main, en disant : *Place au grand Raphaël*[1] ! »

Pour conduire à bonne fin des négociations aussi délicates que celles qui devaient aboutir à la cession de ces tableaux et de bien d'autres dans toutes les parties de l'Europe, le comte de Brühl se servait d'intermédiaires d'un esprit fin et délié, vrais diplomates de l'art, sachant tenter la cupidité des possesseurs par l'appât de prix très-élevés et par d'autres avantages. Parmi ceux que cite l'introduction du catalogue de Dresde, nous regrettons de retrouver nos anciennes connaissances [2], le vieux Zanetti de Venise, le chanoine Louis Crespi de Bologne, et le cosmopolite Algarotti, qui aimait l'art, mais plus encore l'argent. Les détails révélés par l'auteur du catalogue donnent une triste idée de la facilité avec laquelle ces intermédiaires se mettaient à la dispo-

[1] *Ibid.*, p. 31-32.
[2] Voy. l'*Histoire des plus célèbres amateurs français*, t. II, Mariette.

sition du roi de Pologne pour dépouiller l'Italie, leur propre patrie, de ses chefs-d'œuvre.

Mais si Modène, Plaisance, Bologne et Venise perdaient à cet échange de vieilles toiles et de panneaux de bois, chargés de couleurs, livrés contre les florins ou les thalers du roi-électeur, Dresde pouvait s'enorgueillir à bon droit de la munificence de son prince, et de l'ardeur de son ministre à exciter et servir la passion de son maître pour les plus belles choses. « Des dépenses qui, à cette époque, ont peut-être été taxées de prodigalité, par cela même qu'elles n'avaient pour but que de satisfaire le goût si noble et si élevé du roi, devinrent avec le temps, dit M. Hübner, une mesure de finance très-heureuse ; car les sommes très-considérables qui furent dépensées alors pour l'acquisition de ces chefs-d'œuvre de l'art (outre que le capital s'en est trouvé décuplé) portent encore aujourd'hui les plus hauts intérêts, si l'on considère les avantages pécuniaires résultant pour le pays de l'affluence d'étrangers qu'y attire chaque année la célébrité de notre galerie. » Ces réflexions de l'auteur du catalogue de Dresde [1] sont pleines de justesse : elles prouvent que, même dans l'ordre économique, les œuvres d'art ont une valeur bien supérieure à leur prix intrinsèque, valeur qui s'accroît de siècle en siècle, et qui devient, pour ainsi dire, inappréciable, en attirant de toutes les parties du monde

[1] Introduction, p. 9.

civilisé les hommes qui ont le sentiment du beau.

Mais tout en félicitant la Saxe, et Dresde en particulier, de posséder un des premiers musées de l'Europe, nous devons dire que, jusqu'à ces derniers temps, les tableaux eux-mêmes avaient eu beaucoup à souffrir de l'abandon dans lequel on les avait laissés, et du local où ils restèrent confinés pendant plus d'un siècle. Ces tableaux, avant l'heureuse construction du musée actuel [1], étaient exposés à des alternatives de chaud, de froid et d'humidité, qui exerçaient tour à tour, sur les toiles les plus solidement peintes et sur les panneaux de bois les mieux empâtés, leur influence destructive. « Ajoutons à cela une calamité, particulière surtout à Dresde : nous voulons parler du chauffage à la houille, qui devenait malheureusement toujours plus général et remplissait l'atmosphère d'un épais nuage de suie, pénétrant par les fenêtres les mieux fermées dans l'intérieur de tout bâtiment [2]. »

Le triste état de la plupart des tableaux appela leur restauration. En général, c'est une opération très-délicate, dangereuse même, et que les vrais amis de l'art n'admettent qu'à la dernière extrémité car qui peut se flatter de restaurer, c'est-à-dire de

---

[1] Il a été ouvert le 25 septembre 1855. On commença de bâtir en 1847, d'après les plans de M. G. Semper, alors professeur et directeur de l'école d'architecture de Dresde, et l'on continua ces travaux, depuis 1849, sous la direction des architectes Haüel et Krüger, puissamment secondés par M. de Benchelt. — Catalogue de Dresde, introduction, p. 67-70.

[2] *Ibid.*, p. 64.

refaire Raphaël, Titien, Corrège, Rubens et les autres maîtres? Cependant, presque tous les chefs-d'œuvre qu'on admire à Dresde durent passer par les mains des rentoileurs et restaurateurs; et M. Hübner nous révèle un fait des plus tristes, mais en même temps des plus curieux : c'est que « la restauration de la célèbre *Nuit* a plus rapporté à Palmaroli, que l'original n'avait valu au pauvre Correggio [1]. » Aujourd'hui, grâce au nouveau local dans lequel les tableaux ont été installés, grâce surtout aux soins tout particuliers dont ils sont l'objet, les amateurs doivent espérer que de semblables nécessités ne se renouvelleront plus de longtemps.

CHAPITRE XLII

Artistes attachés à la cour d'Auguste III. — Premier ouvrage de Winckelmann : *Réflexions sur l'imitation des artistes grecs dans la peinture et la sculpture.*

1755

Ce n'est pas seulement par l'acquisition d'un grand nombre de tableaux que la mémoire du roi Auguste III doit se recommander à la postérité : on sait que pendant le long règne de ce prince l'art brilla d'un vif éclat à sa cour, et qu'on y vit les artistes les plus en vogue appelés de toutes les parties de l'Europe, pour concourir à l'embellissement

---

[1] *Ibid.*, p. 63, ad notam.

de la capitale de la Saxe. Tandis que Dieterich, attaché au service du comte Brühl depuis l'âge de dix-huit ans, s'efforçait, comme un nouveau Protée, de donner à ses compositions les apparences les plus disparates, imitant tour à tour Salvator Rosa, Berghem, Watteau et Rembrandt, et peignant même des sujets de miniatures pour la célèbre manufacture de porcelaine de Meissen, dont il fut directeur, on voyait Raphaël Mengs s'élever dans une voie plus sérieuse, avec la prétention avouée de remettre en honneur les vrais principes; la Rosalba décorer de ses délicieux pastels plusieurs salles du palais du roi; le Belotto, dit Canaletto, reproduire avec un grand charme les vues de Dresde et des plus beaux sites de la Saxe; Louis de Silvestre, premier peintre du roi-électeur, peindre soit à fresque, soit à l'huile, tantôt à Varsovie, tantôt à Dresde, de grandes compositions historiques ou mythologiques, exécutées avec facilité, ainsi que les portraits des principaux personnages de la cour[1]; Charles Hutin diriger l'école de sculpture de Dresde, et Wille, Moitte et Balechou graver les tableaux du roi et de son ministre[2].

[1] Louis de Silvestre, né à Paris le 23 juin 1675, fut appelé en Saxe en 1716 par Auguste II, en qualité de son premier peintre; il fut nommé en 1726 directeur de l'Académie de peinture de Dresde; et décoré, en 1741, par Auguste III, de lettres de noblesse. Il rentra en France en 1748, fut élu le 7 juin de la même année recteur de l'Académie royale de peinture de Paris, où il est mort le 12 avril 1760. — Voy. *Abecedario* de Mariette, v° Silvestre, p. 217-219.

[2] Voy. le *Recueil d'estampes gravées d'après les tableaux de la*

Vivant au milieu d'une cour où l'art tenait une si grande place, Winckelmann, pour se conformer au désir du nonce Archinto, s'était efforcé de jeter sur le papier les réflexions que la vue de tant de belles choses avait fait naître dans son esprit. Mais, conséquent avec ses études antérieures, tout en admirant les modernes, c'était sur les anciens qu'il avait concentré ses méditations. Il se décida, vers le milieu de 1755, à les publier à Dresde, sous le titre de *Réflexions sur l'imitation des artistes grecs dans la peinture et la sculpture*. Mais il nous apprend, dans une lettre au comte de Bunau[1], du 5 juin 1755, auquel il envoyait quelques feuilles de son travail en communication, qu'elles n'étaient pas destinées pour cet ouvrage, « et je puis dire avec vérité, ajoute-t-il, qu'on me les a, pour ainsi dire, arrachées des mains. »

Les *Réflexions* de Winckelmann contiennent en germe une partie des idées qu'il développa plus tard dans son grand ouvrage sur l'histoire de l'art. On y voit qu'il fait de l'étude et de l'imitation des ouvrages de la statuaire antique une règle bien pré-

---

galerie et du cabinet du comte de Brühl, 1re partie, Dresde, 1754, 1 vol. in-f°; il existe au Cabinet des estampes de la Bibliothèque impériale. — Ce recueil est composé de cinquante estampes, presque toutes gravées par des Français et surtout par Moitte. — Le portrait du comte, d'après Louis de Silvestre, figure en tête de ce recueil; il a été gravé en 1750, par Balechou; il est fort remarquable par le rendu de la physionomie, la délicatesse du burin et le fini des accessoires.

[1] *Lettres de Winckelmann*, t. 1er, p. 58.

férable à l'étude de la nature, qui, selon lui, ne doit venir qu'après celle des modèles laissés par l'antiquité. Il expose, à sa manière, les causes de la supériorité des artistes grecs, à rendre la beauté des formes du corps humain, et loue ces maîtres d'avoir trouvé une beauté supérieure, en général, à celle que présentent les types les plus remarquables de l'espèce humaine. Il essaye de donner l'explication de la manière, adoptée par les anciens, pour dégrossir et travailler leurs marbres; il la compare aux méthodes modernes, particulièrement à celle de Michel-Ange, qu'il s'efforce d'expliquer d'après Vasari. Il fait un magnifique éloge « de ces grands traits, de cette noble simplicité, de cette grandeur tranquille » qui caractérisent les statues grecques, et il loue, avec raison, Raphaël d'avoir imprimé à ses figures de vierges, particulièrement à la Madone de Saint-Sixte, « un mélange merveilleux de douce innocence et de majesté céleste. » Il cite la statue du *Laocoon* comme le modèle de l'art, et, avec Pline, celle du *Gladiateur mourant* comme « le chef-d'œuvre de l'antiquité le plus étonnant pour l'expression. » Il fait une excursion dans le champ de la peinture moderne, et dit « qu'on y trouve bien rarement les embellissements d'une imagination poétique, ou les traits expressifs d'une représentation allégorique. » Après avoir vanté, sans les connaître, les compositions de Rubens au Luxembourg, la coupole de la bibliothèque impériale à Vienne, peinte par Grau et gravée par

Sedelmeyer, et critiqué, également sans l'avoir vue, l'Apothéose d'Hercule, peinte par Lemoine à Versailles, il termine par les phrases suivantes : — « Le pinceau du peintre, comme la plume du philosophe, doit toujours être dirigé par la raison et le bon sens. Il doit présenter à l'esprit des spectateurs quelque chose de plus que ce qui s'offre à leurs yeux, et il atteindra ce but, s'il connaît bien l'usage de l'allégorie et s'il sait l'employer comme un voile transparent qui couvre ses idées sans les cacher. A-t-il choisi un sujet susceptible d'imagination poétique, s'il a du génie, son art l'inspirera et allumera dans son âme le feu divin que Prométhée alla, dit-on, dérober aux régions célestes. Alors, le connaisseur trouvera dans les ouvrages d'un pareil artiste de quoi exercer son esprit, et le simple amateur y apprendra à réfléchir. »

Ce premier ouvrage lui attira plusieurs critiques, dont la principale fut publiée sous le titre de lettre écrite par un de ses amis. Notre auteur crut devoir y répondre; mais plus tard, mieux instruit par l'étude des monuments antiques de Rome, il reconnut que ses *Réflexions* renfermaient des erreurs, et portaient des jugements qu'il n'aurait pas voulu confirmer.

Néanmoins, ce premier travail lui fit beaucoup d'honneur. Le roi-électeur lui permit de lui en adresser l'épître dédicatoire, et cette publication contribua le plus à faciliter les arrangements de son voyage d'Italie, « qu'il devait faire aux frais du roi, avec une pension très-modique, mais suffisante à ses besoins pour deux ans à Rome, avec l'assurance de l'employer à Dresde, à son retour [1]. »

CHAPITRE XLIII

Départ de Winckelmann pour l'Italie. — Il visite Venise et Bologne, et descend à Rome chez Raphaël Mengs. — Emploi de son temps dans cette ville. — Il fait la connaissance du cardinal Passionei et visite les galeries. — Le sculpteur Cavaceppi. — La statue de la villa Ludovisi. — Sentiments patriotiques de Winckelmann, en apprenant les malheurs de la Saxe. — Ses études. — Première idée de son *Histoire de l'art*. — Sa vie, ses amis à Rome.

1755 — 1758

Vers le milieu de septembre 1755, Winckelmann quitta Dresde pour se rendre à Rome. Il suivit la route du Tyrol, et se dirigea par Trente sur Venise. L'aspect de cette ville ne lui plut pas : « Venise, écrivait-il à son ancien collaborateur de Nöthenitz, en lui faisant la relation de son voyage [2], est une ville dont la vue étonne au premier abord, mais cette surprise cesse bientôt. » Il aurait voulu visiter la bibliothèque de Saint-Marc; mais, en l'absence de Zanetti, conservateur de cette précieuse collection, notre voyageur dut renoncer à ce projet, et repartit

---

[1] Lettre au comte de Bunau, *ibid.*, t. Ier, p. 59.
[2] Lettre à Franken, de Rome, le 7 décembre 1755; *ut suprà* t. Ier, p. 85 à 94.

presque immédiatement. Il resta cinq jours à Bologne dans la maison du signor Bianconi, médecin et physicien distingué [1], attaché comme conseiller à la cour de Saxe, qu'il représenta plus tard à Rome, et pour lequel il avait des lettres de recommandation. Il vit deux belles bibliothèques, celle de San Salvador, trésor d'anciens manuscrits, et celle du couvent des Franciscains, qui ne consistait qu'en livres imprimés. De Bologne, prenant par Ancône et Lorette, il mit, pour arriver à Rome, onze jours, « que j'ai passés, dit-il [2], avec beaucoup d'agrément. » Mais on ne devinerait guère, si Winckelmann ne nous l'apprenait lui-même, quelles étaient les distractions du grave antiquaire pendant ce voyage. « Les derniers jours, raconte-t-il à son ami Franken, nous marchâmes presque toujours cinq voitures de compagnie, de sorte que nous nous trouvions le soir quatorze personnes à table. Il y avait dans la compagnie un carme de Bohême, qui jouait fort bien du violon, de sorte que nous dansions, quand le vin était bon [3]. » Notre Saxon ne haïssait pas le jus de la treille, et on retrouve fréquemment, dans sa correspondance avec Franken, des passages où il se vante de boire sec, sans eau, à la manière de la vieille Allemagne [4]. »

---

[1] Ses œuvres ont été publiées à Milan parmi les classiques italiens, en 4 vol. in-8°, 1802.
[2] *Ibid.*, p. 88.
[3] *Ibid., id.*
[4] *Ibid.*, p. 96, 115, 121, 132, 133, 152, 254.

Arrivé à la porte du Peuple, à Rome, le 18 novembre 1755, on lui prit ses livres, qu'on lui rendit quelques jours après, à l'exception des œuvres de Voltaire, singulier bréviaire pour un nouveau converti. Il descendit chez Raphaël Mengs, pour lequel il avait une lettre; cet artiste lui rendit tous les services d'un véritable ami, et Winckelmann déclare qu'il n'était nulle part plus content que chez lui. La joie de notre admirateur de l'antiquité éclate en se voyant à Rome, le rêve de sa vie entière, le but constant de ses études. « Je me vois libre jusqu'à présent, écrit-il à Franken, et j'espère de rester libre... Je vis en artiste; je passe même pour tel dans les endroits où l'on permet aux jeunes artistes d'étudier, tels que le Capitole, où est le vrai trésor des antiquités de Rome en sarcophages, bustes, inscriptions, etc. [1], et l'on peut y passer en toute liberté la journée; on va partout à Rome, sans cérémonie, car c'est la mode. Je ne dîne qu'avec des artistes français et allemands... Quoique je ne fasse que parcourir Rome depuis quinze jours que j'y suis, je n'ai pas encore vu la moitié de ce qu'il y a à voir, et entre autres aucune bibliothèque. » Il termine sa lettre par une réflexion, qu'ont pu faire comme lui tous ceux qui se sont mêlés d'écrire

---

[1] A l'époque où Winckelmann écrivait cette lettre (7 décembre 1755), le Vatican n'avait pas encore reçu les agrandissements connus sous le nom de *Museo Pio-Clementino*, qui font tant d'honneur à Clément XIV et à Pie VI, et qui renferment une collection d'antiquités aussi remarquable que celle du Capitole.

sur les arts et l'antiquité avant d'avoir vu Rome. « L'expérience m'a appris qu'on ne raisonne que fort mal des ouvrages des anciens d'après les livres, et je me suis déjà aperçu de plusieurs erreurs que j'ai commises. » Il signe sa lettre : « Winckelmann, *pittore sassone di nazione*, comme il est dit dans la permission que j'ai obtenue pour voir le Capitole. »

Au commencement de 1756, il reçut une lettre du père Rauch, confesseur du roi de Pologne, laquelle, en lui confirmant la promesse d'une pension de cent écus, le rassurait sur son avenir. Il reprit alors ses recherches dans les auteurs classiques, et se mit à fréquenter la bibliothèque Corsini, rassemblée dans le palais de ce nom à la *Lungara*, dans le *Trastevere*, par le pape Benoît XIII, et libéralement ouverte au public. Mais, comme il habitait vis-à-vis de Raphaël Mengs, *alla trinità dei monti*, où de sa chambre et de toute la maison il pouvait voir la ville entière, il avait trois quarts de lieue à faire pour aller à la bibliothèque Corsini, et autant pour revenir, ce qui le gênait fort. Ayant été reçu en audience par le pape Benoît XIV, qui lui promit de favoriser ses recherches, il espérait obtenir bientôt l'accès de la bibliothèque des manuscrits du Vatican, lorsqu'une personne, qu'il ne nomme pas, le présenta au cardinal Passionei.

Ce prélat, l'un des plus honnêtes, des plus instruits et des plus aimables de la cour de Rome, jouissait comme savant d'une réputation européenne. Il était en correspondance avec les écrivains les plus distingués, et l'on sait que Voltaire lui ayant adressé une lettre en italien, le cardinal lui répondit en français pour le complimenter sur la manière dont il écrivait dans une langue étrangère [1]. Il venait de succéder au docte Quirini [2], dans la place de conservateur en chef de la bibliothèque du Vatican. La connaissance du cardinal Passionei ne pouvait qu'être très-utile à un étranger, qui désirait se faire ouvrir les armoires les plus secrètes de ce grand dépôt sacré, politique et littéraire. Le cardinal, savant amateur de livres, surtout des meilleures éditions et des plus belles reliures, possédait lui-même une bibliothèque aussi précieuse et aussi considérable que celle du comte de Bunau. Bon juge du mérite de ses interlocuteurs, le prélat comprit, à la première entrevue, la haute intelligence, le savoir profond de l'ancien co-recteur de Seehausen. Il le conduisit lui-même dans sa bibliothèque, « et comme un abbé qui y écrivait voulait ôter son chapeau, et que le cardinal refusa de s'avancer avant qu'il ne se fût couvert, Son Excellence me dit qu'on devait bannir tous compliments de la république des lettres; et pour mieux me prouver cette liberté, il parla longtemps avec le jeune homme, sans que celui-ci osât toucher à son chapeau. Il m'a accordé pleine

---

[1] Voy. dans les *Œuvres de Voltaire*, édition Lequien, 1823, in-8°, t. LVIII, n° 857, p. 357.

[2] Auquel Voltaire avait écrit plusieurs fois en italien, notamment en lui envoyant son poëme de la *Bataille de Fontenoy*. — *Ibid.*, p. 330, 353, 364.

liberté dans sa bibliothèque, où rien n'est fermé, et où je suis autant à mon aise qu'à Nöthenitz même [1]. »

Ainsi accueilli par le cardinal *custode* de la bibliothèque du Vatican, Winckelmann espérait obtenir bientôt l'accès de ses trésors; mais il n'avait pas encore le temps d'en jouir. Satisfait du succès de ses *Réflexions* sur les artistes grecs, et de la traduction qu'en avait publié le graveur Wille, il voulait faire de ce genre d'étude son objet principal. Il venait d'arrêter, avec Mengs, le plan d'un grand ouvrage sur le *goût des artistes grecs*, de sorte qu'il se considérait comme obligé de relire quelques écrivains grecs, tels que Pausanias et Strabon [2]. Il ne prenait que le dimanche pour voir Rome, dans la compagnie de quelques artistes français et allemands, avec lesquels il visitait presque toujours deux galeries. Il passait, pour ainsi dire, toute la journée chez Raphaël Mengs, dînait chez lui tous les jours maigres, ne prenait le café que dans sa maison, et avait même ses livres et ses ouvrages dans sa chambre [3].

Il paraît qu'il y a cent ans, c'était à Rome comme de nos jours : pour voir les galeries publiques ou particulières, il fallait payer à la porte. Plein de l'idée de son grand ouvrage, Winckelmann voulut avoir ses entrées libres au Vatican. « J'ai payé,

---

[1] Lettre à Franken, du 29 janvier 1756, *ibid.*, p. 91-96.
[2] Lettre au comte de Bunau, du 29 janvier 1756. — *Ibid.*, p. 60-62.
[3] *Ibid.*, p. 94-95.

comme il est d'usage, dit-il [1], une certaine somme d'argent, pour voir, quand je le voudrais, l'*Apollon*, le *Laocoon*, etc., afin de donner plus d'essor à mon esprit par la vue de ces ouvrages....... Les occupations que je me suis données sont cause que je passe de nouveau mon temps dans des méditations solitaires, et que je dois me priver de toute société. La description de l'*Apollon* demande le style le plus sublime, et une élévation d'esprit au-dessus de tout ce qui tient à l'homme. Il est impossible de vous dire quelle sensation produit la vue de cet ouvrage [2]...,. Je vois bien, avoue-t-il à Franken dans sa lettre du 5 mai 1756 [3], qu'on ne peut écrire sur les ouvrages des anciens sans avoir été à Rome, et sans avoir l'esprit libre de tout autre objet. »

Mais l'admiration la plus enthousiaste et la mieux sentie des plus belles statues antiques ne le détournait pas de celle de la nature, qui, au conmencement du printemps, brille à Rome d'un éclat inconnu aux pays du Nord. « Nous sommes maintenant dans la saison d'aller voir les jardins de Rome et des environs. Mon ami, dit-il à Franken dans la même lettre, je ne puis vous exprimer combien la nature est belle ici. On s'y promène à l'ombre des forêts de lauriers, dans des allées de grands cyprès et sous des berceaux d'orangers, qui ont plus d'un quart de

---

[1] *Ibid.*, p. 97.
[2] Voy. la description de cette statue dans l'*Histoire de l'art*, t. Ier, p. 294, édition italienne de C. Fea.
[3] *Ibid.*, p. 99.

lieue de long dans quelques *villas*, particulièrement dans la *villa Borghèse*. Plus on apprend à connaître Rome, plus on y trouve de beautés. Je ne cesse de faire des vœux de pouvoir finir mes jours ici ; mais il faudrait, en même temps, que j'y trouvasse un sort assuré, ou que je pusse rester toujours libre [1]. » Il pensait dès lors à faire un voyage à Naples ; mais il ne voulait pas y aller seul, et il espérait avoir Mengs pour compagnon : il devenait de jour en jour plus intimement lié avec ce peintre, et il n'hésite pas à déclarer à Franken « que le plus grand bonheur dont il jouisse à Rome, c'est d'avoir fait la connaissance de M. Mengs [2]. »

Le baron de Stosch, qui habitait Florence, où il possédait une magnifique collection de pierres gravées, lui avait écrit pour l'engager à venir en faire le catalogue ; mais Winckelmann, bien qu'impatient de voir la ville des Médicis, avait ajourné cette excursion après celle de Naples.

En attendant, il venait de commencer un petit ouvrage sur *la Restauration des statues antiques;* et pour apprendre en même temps la pratique et la théorie de cet art, il avait fait la connaissance d'un sculpteur romain fort habile, qui se livrait avec beaucoup de succès à ce genre de travail, et faisait un commerce considérable de statues, de bustes et de bas-reliefs antiques, revus, corrigés et augmentés de sa main. Le signor Cavaceppi fut employé

[1] *Ibid.*, p. 100-101.
[2] *Ibid., id.*

souvent à la restauration des statues du Capitole et du Vatican, et il réussissait si bien à refaire l'antique ou à l'imiter, qu'aujourd'hui les artistes et les amateurs considèrent souvent comme intacts des morceaux qui sont dus en grande partie à ses restitutions. Tel est, entre autres, le fameux Bige, dont il a refait un cheval tout entier, après avoir réparé plusieurs parties de l'autre cheval et du char antique. Cavaceppi était un praticien fort au courant des procédés employés par les anciens sculpteurs. Il devint bientôt l'ami de Winckelmann, qui le consultait dans ses appréciations, et qui voulut l'emmener avec lui dans son malheureux voyage en Allemagne, si fatalement terminé à Trieste. Cavaceppi publia, quelques années après, sur ses travaux de restauration [1], un magnifique ouvrage fort utile à consulter par les praticiens qui entreprennent la restitution des œuvres de la sculpture antique.

Winckelmann se défiait du jugement porté par les artistes sur les œuvres des anciens : « Il ne faut pas vous imaginer, dit-il à Franken [2], que les artistes voient toujours bien les choses; il y en a quelques-uns qui ont la vue bonne; les autres sont aveugles comme des taupes. » Aussi voulait-il examiner par lui-même avant de formuler aucune opinion. Ayant obtenu du prince Ludovisi la permission de visiter

---

[1] *Raccolta d'antiche statue, busti, bassi-rilievi, ed altre sculture restaurate da Bartolomeo Cavaceppi, scultore romano; in Roma, vol. I, 1768; vol. II, 1769: in-f°, con figure.*

[2] *Lettres*, p. 104.

sa *villa,* dans son ardeur pour bien voir une statue, il monta sur le piédestal, pour vérifier de plus près le travail de la tête, croyant que cette statue était retenue par des scellements en fer, comme cela se pratique ordinairement. En descendant, la statue, remuée sans doute par quelque choc, tomba par terre et se brisa, et peu s'en fallut qu'il ne fût écrasé sous sa masse. Notre antiquaire fut alors pris d'une cruelle inquiétude : il ne lui était pas possible de s'en aller tout de suite, parce qu'il avait dit au gardien qu'en revenant il verrait la galerie, et que cet employé avait eu soin de tout ouvrir. Il fut donc obligé de chercher à fermer la bouche de cet homme, en lui donnant quelques ducats. « Jamais, ajoute-t-il, je n'ai été dans de pareilles transes. Par bonheur pour moi, cette affaire n'a pas eu de suites [1]. »

Au milieu de cette vie calme, entièrement vouée à l'étude, au culte du beau et véritablement philosophique, la nouvelle des malheurs de la Saxe, si tristement engagée dans la guerre de Sept ans, vint reporter ses pensées vers sa patrie absente. « Si, comme le prétendent les nouveaux faiseurs de contes, les hommes peuvent être visibles en deux endroits à la fois, écrivait-il à Franken, ma figure doit certainement être présente à vos yeux. Au milieu des ruines des temples et du palais des Césars, je m'oublie moi-même quand je pense à Nöthenitz; et, dans le Vatican même, je désire d'être

[1] *Ibid.,* p. 107.

avec vous. Tu partagerais à présent, me dis-je, les malheurs de ta véritable patrie, de tes compatriotes plaints du monde entier, et chez qui tu as goûté le bonheur [1]. »

Il travaillait alors à une description des statues du Belvédère, qu'il n'avait fait qu'ébaucher. Il avait réfléchi plus de trois mois à la description poétique du *Torse d'Apollonius*. Il avait aussi rassemblé beaucoup de matériaux sur les villas et les galeries de Rome, de manière à pouvoir, dans la suite, donner une description de cette ville, en forme de lettres. Tout ce travail allait néanmoins fort lentement, parce qu'il perdait beaucoup de temps par les visites qu'il faisait pour s'instruire dans la compagnie des savants, mais surtout parce qu'il avait voulu relire tous les anciens auteurs grecs et latins.

Il s'était imposé ce travail, non-seulement pour les ouvrages qu'il avait commencés, mais, comme il l'explique à Franken, par une lettre de mars 1757, en vue d'un autre plus considérable, savoir une *Histoire de l'Art jusqu'aux temps modernes exclusivement* [2]. Ainsi, c'est à partir de 1757 que l'idée de ce grand ouvrage lui était venue. Il se proposait, en relisant les auteurs classiques, de faire des remarques sur les langues anciennes, parce qu'il se préparait à publier, avec une traduction, les discours de Libanius, qui n'avaient pas encore été imprimés. Peu à peu, il voulait comparer les passages relatifs

[1] *Ibid.*, p. 108.
[2] *Ibid.*, p. 110.

aux arts avec les manuscrits du Vatican, et il devait commencer son travail en collationnant Pausanias.

Il était alors logé au palais de la chancellerie, où le cardinal Archinto lui avait donné un appartement. Mais il n'avait voulu accepter que les quatre murs, les meubles étant à lui, afin de rester libre. « Il avait pour cela, dit-il, quelque soin des livres du cardinal. »

Comme il lui paraissait absolument nécessaire de connaître à fond les meilleurs auteurs italiens, il se faisait lire et expliquer le Dante par monseigneur Giacomelli, « le plus profond savant qu'il y eût à Rome, chanoine de Saint-Pierre et chapelain particulier du pape, grand mathématicien, physicien, poëte et grec, et auquel il devait céder le pas dans cette partie. » Pour consulter sur les antiquités, il avait deux autres personnes : un père franciscain, vicaire de son ordre, nommé Pierre Bianchi, lequel possédait un grand médaillier rassemblé principalement en Égypte et en Asie ; et le prélat Baldani, « un de ces génies.... qui n'ont aucune démangeaison d'écrire, étant satisfait qu'on sût qu'il était en état de faire de grandes choses [1]. » — Dès cette époque (1758), le cardinal Albani voulait beaucoup de bien à notre savant, qui lui avait été recommandé par le baron Stosch de Florence : mais il ne l'avait pas encore attaché à son service.

Comme Winckelmann cherchait son bonheur dans la tranquillité et dans l'étude, il devait se

[1] *Ibid.*, p. 114.

croire heureux, puisqu'il jouissait du repos et de toutes les occasions que peut avoir, à Rome, un étranger pour s'instruire. Il était installé dans le palais de la chancellerie, comme à la campagne; car ce bâtiment est si vaste qu'il n'y entendait rien du bruit de la ville. Tous les trésors de la littérature et du savoir lui étaient ouverts, à l'exception de la bibliothèque du Vatican, où il n'avait pu obtenir qu'on le laissât faire lui-même des recherches dans les manuscrits. Avec la bibliothèque du cardinal Passionei, il avait à sa disposition celle des pères jésuites, très-nombreuse, et où le père gardien lui avait confié la clef des manuscrits. Il s'était lié avec le père Contucci, directeur du *Museum antiquitatum curiosarum artificialium*, et homme d'un grand savoir [1]. Il avait commencé à étudier les médailles, principalement dans la vue de s'en servir pour connaître le style de l'art de la gravure à chaque époque, et il se proposait, après son retour de Naples, d'envoyer des empreintes de pierres gravées à son ami Lippert. Bien qu'il dînât souvent en ville, une fois par semaine chez le cardinal Archinto, et deux fois chez le cardinal Passionei, il se retirait et se couchait de bonne heure, ne voyant ni comédie, ni opéra, quoique, se trouvant attaché à la cour, on lui envoyât régulièrement des billets [2].

[1] Véritable auteur, selon Winckelmann, *Monumenti inediti*, t. II, p. 50, de l'ouvrage intitulé : *Maschere sceniche e figure comiche de' antichi Romani*, publié sous le pseudonyme de *Franc. de' Ficoroni*, Roma, 1736, in-4°; et Latinè, ibid., 1750, in-4°.

[2] *Ibid.*, p. 116 à 127.

CHAPITRE XLIV

Voyage à Naples. — Le marquis Tanucci, le comte de Firmian. — Retour à Rome et voyage à Florence. — Le baron de Stosch et ses collections. — Winckelmann rédige en français le catalogue de ses pierres gravées.

1758—1759

Winckelmann partit pour Naples au commencement du printemps 1758, afin de continuer dans cette ville ses études et ses recherches favorites. Son premier soin fut de visiter Herculanum et Portici, et de se mettre en rapport avec les savants soit napolitains, soit étrangers, fixés dans ce pays. Parmi ces derniers, il cite le marquis Tanucci, ministre et secrétaire d'État, ci-devant professeur à Pise, comme « n'ayant pas son pareil dans le monde, et étant l'homme que cherchait Diogène [1]. » Mais s'étant permis de critiquer l'ouvrage des peintures antiques de Portici, dont le premier volume venait de paraître, et de faire d'autres remarques peu favorables aux savants napolitains, il eut, dans la suite, à se repentir de cette franchise, et, à ses autres voyages, il se vit exposé à des tracasseries.

A Naples, Winckelmann fut accueilli avec la plus grande bienveillance par le comte de Firmian, ministre et envoyé de l'empereur, qui fut nommé

[1] *Ibid.*, p. 126.

l'année suivante grand chancelier du duché de Milan et gouverneur du duché de Mantoue. Notre antiquaire était chez ce ministre comme à Rome chez le cardinal Passionei : il y dînait souvent, et vivait dans son intimité. Il considérait le comte comme un des plus grands, des plus sages, des plus humains et des plus savants hommes qu'il connût. Il lui avait communiqué par écrit les meilleurs passages de son manuscrit de l'*Histoire de l'art*, et il avait une telle confiance dans son amitié, qu'il avait formé le projet, dans le cas où la résidence de Rome pourrait un jour lui déplaire, ce que néanmoins il ne prévoyait pas, d'établir sa retraite auprès de lui [1].

Il revint à Rome au commencement de l'été (1758), mais pour se rendre bientôt à Florence, où l'appelait depuis longtemps le baron de Stosch. Il voulait faire ce voyage « en partie pour se dissiper, en partie pour s'instruire. » Il se proposait de parcourir toute la Toscane et d'y examiner les antiquités Étrusques. Parti de Rome, le 2 septembre 1758, il ne trouva plus à Florence le baron de Stosch, qui était mort quelque temps avant son arrivée. Reçu par son neveu, chez lequel il descendit, on mit à sa disposition les trésors de glyptique, de numismatique, de cartes et de dessins du vieux baron, qui, dans ses derniers moments, avait exprimé le désir que Winckelmann rédigeât un cata-

---

[1] *Ibid.*, p. 129, 131, 132.

logue raisonné de ses pierres gravées. Il se mit donc à l'œuvre, en français, et fut obligé de s'exercer dans cette langue. — Le baron de Stosch, pendant le cours de ses fonctions publiques, un peu équivoques [1], avait profité de son séjour dans plusieurs pays, et particulièrement en Italie, pour réunir des collections de pierres gravées, de camées, de médailles, de cartes géographiques et de dessins. Il y avait là un vaste champ à exploiter, et en dressant le catalogue des pierres gravées, Winckelmann ne pouvait pas manquer d'acquérir de nouvelles connaissances, qu'il faisait servir à son Histoire de l'art. C'est ainsi qu'il trouva, sur deux pierres de ce cabinet, l'explication de la manière employée par les cavaliers des anciens, pour monter à cheval. On supposait généralement qu'il y avait, pour cet usage, des pierres placées sur les grands chemins. Mais notre antiquaire fait observer que ces pierres n'auraient pas été assez hautes pour servir à cette destination; comme on peut le voir, entre autres, par celles qui sont sur la route de Terracine à Capoue. Et comment, d'ailleurs, les cavaliers s'y seraient-ils pris en plein champ et pendant une bataille ? — A leur javelot, il y avait un crampon qui leur servait à monter à cheval, et cela ne se faisait pas comme chez nous, par le côté gauche du cheval, mais par le côté droit. C'est ce dont il put s'assurer par deux différentes pierres du cabinet Stosch. —

[1] Il fut chargé par le gouvernement anglais de surveiller les derniers Stuarts à Rome, et fut obligé de quitter cette ville.

« Ne savons-nous pas beaucoup, conclut-il, en étant instruit de ces choses-là [1] ? »

Cette étude constante des mœurs et des usages antiques ne l'empêchait cependant pas de se donner quelques distractions. Après avoir travaillé toute la journée au catalogue, le soir venu, il allait à l'opéra. Il croyait se retrouver à Dresde, car Pilaja chantait, et Lenzi et sa femme dansaient à Florence; il considérait cette ville comme la plus belle qu'il eût vue, et lui donnait, à tous égards, la préférence sur Naples; il se trouvait heureux et récupérait le temps perdu. — « J'avais aussi le droit de le réclamer du ciel, écrivait-il à Franken [2], car ma jeunesse s'est passée trop tristement, et je n'oublierai de la vie ma situation au collége. » Il avait projeté, pour le mois de mars 1759, un voyage en Sicile et en Calabre, dans la compagnie d'un jeune peintre écossais, qui possédait bien le grec : de cette vie errante et vagabonde, il concluait qu'il était libre.

Cependant cette dernière assertion n'est pas complétement exacte : ayant perdu pour toujours « *les secours qu'il recevait de Sion,* » c'est-à-dire la pension que lui faisait le père Rauch avec l'argent du roi Auguste, il s'était de nouveau engagé et avait accepté la place de bibliothécaire du cardinal Albani, et celle de directeur de son cabinet de des-

---

[1] Le catalogue ou description des pierres gravées composant le cabinet du baron de Stosch ne fut publié en français, à Florence, qu'en 1760.

[2] *Ibid.*, p. 127 à 130.

sins et d'antiquités. Mais « comme le cardinal voulait qu'il fût avec lui sur le pied d'ami, cela ne devait le gêner en rien[1]. »

CHAPITRE XLV

Winckelmann attaché au cardinal Albani. — Notice sur ce prélat, sur sa villa et ses collections d'antiquités. — Le plafond de Raphaël Mengs ; portraits de Winckelmann.

1759—1762

Winckelmann revint à Rome vers le commencement du printemps 1759, et il prit alors possession de son emploi auprès du cardinal Albani. Comme ce prélat fut le plus zélé protecteur de l'historien de l'art, auquel il rendit les plus grands services, nous croyons devoir entrer dans quelques détails, puisés à des sources authentiques[2], sur sa vie et sur les encouragements qu'il ne cessa, pendant sa longue carrière, d'accorder aux savants et aux artistes.

La famille Albani, originaire de l'Épire, fut obligée de quitter ce pays dans le seizième siècle,

---

[1] *Ibid.*, p. 133, 134.
[2] *De vita Alexandri Albani, cardinalis; Romœ, in typographeo Paleariano*, 1790, petit in-8° de 52 pages, avec dédicace au cardinal Giov. Franc. Albani, évêque d'Ostie et de Velletri, par Dionysius Strocchius (Strocchi). — Je dois la communication de cette notice biographique, devenue rare, à l'obligeance de M. Le Go, secrétaire de l'Académie de France à Rome, qui possède une très-précieuse bibliothèque sur les arts.

par suite des avanies intolérables que les Turcs faisaient subir aux chrétiens. Elle vint se fixer en Italie, et choisit Urbin pour sa résidence. Alexandre Albani naquit dans cette ville le 13 novembre 1692; à l'âge de huit ans, il suivit ses parents, qui s'établirent à Rome à l'époque où le cardinal Jean-François Albani fut élevé à la papauté, sous le nom de Clément XI. Protégé par ce pontife, il fit de brillantes études de belles-lettres et de jurisprudence; à seize ans, nommé commandant de la cavalerie légère, il fut envoyé par le pape, son oncle, pour surveiller les troupes autrichiennes de Joseph Ier, qui s'étaient emparées de Comacchio. Rentré à Rome, il reprit ses études, et les termina bientôt avec une grande distinction. Dès cette fleur de jeunesse, il avait le goût des arts et de l'antiquité, et il commençait à réunir des statues et des bas-reliefs, encouragé par Clément XI lui-même, qui subvenait généreusement aux dépenses occasionnées par ces recherches. Quoique très-jeune encore, sa réputation s'étendait même au delà des Alpes : son biographe prétend que le père Montfaucon manifesta le désir de lui dédier son grand ouvrage; ce qui peut s'expliquer, non-seulement par le savoir reconnu du jeune Alexandre, mais surtout à cause de la parenté, qui le rendait cher au souverain pontife et lui donnait beaucoup de crédit. Après avoir rempli avec succès plusieurs missions importantes en Italie et en Allemagne, il fut fait cardinal, à l'âge de vingt-huit ans, par Innocent XIII, sans être encore prêtre. C'est à partir de cette époque (1721) qu'il reprit à Rome ses études sur l'antiquité, et qu'il ne discontinua pas, jusqu'à la fin de sa longue carrière[1], d'accroître la somme de ses connaissances archéologiques et d'épurer son goût, afin d'acquérir ce jugement fin et délicat que les anciens exigeaient d'un amateur de l'art :

Judicium subtile videndis artibus illud.

Le cardinal avait une véritable passion pour les vénérables restes de l'antiquité : il les interrogeait, cherchant à expliquer leur signification ; les relevait et s'efforçait de faire opérer leur restitution. Par exemple, ayant trouvé dans des fouilles faites sur l'Aventin une reproduction du célèbre Apollon Sauroctone, il le fit transporter et restaurer à ses frais avec le plus grand soin. Il réunit bientôt la plus belle collection d'antiques qu'il y eût à Rome. On demeurera facilement convaincu de cette assertion si l'on réfléchit que la plus grande partie des statues, bustes, bas-reliefs et inscriptions du musée du Capitole provient des dons que fit ce cardinal. Il s'appliqua également à l'étude de la numismatique et des inscriptions (*lapides litterati*), et rassembla un grand nombre de médailles et de pierres ou marbres écrits, tant grecs que latins, et aussi bien païens que chrétiens. Il les offrit au pape Clément XII, qui les acheta moyennant soixante-

---

[1] Il mourut en 1779.

douze mille écus romains (385,200 fr.) et les fit placer au Vatican et au Capitole.

Après cette cession, le cardinal recommença ses recherches, et eut bientôt recueilli une nouvelle collection d'inscriptions grecques et latines, avec une immense quantité de statues, bas-reliefs, sarcophages, vases, colonnes et autres objets antiques rares et précieux. Il rassembla également un grand nombre de livres et de manuscrits, dont il faisait les honneurs avec beaucoup de bonne grâce aux érudits et aux étrangers qui venaient le visiter[1].

C'est alors que, ne pouvant plus placer tous ces trésors dans son palais, *alle quattro Fontane,* le cardinal prit la résolution de construire, à un demi-mille de la porte *Salara,* cette villa fameuse, restée encore aujourd'hui, en dépit des pertes qu'elle a subies, un musée antique plus précieux que la plupart des collections du nord de l'Europe. Il donna lui-même le plan des bâtiments, modèles de bon goût et d'élégance, que l'architecte Carlo Marchionni éleva sous sa direction. Mais ce qui ajoute un prix infini à tous les objets qui ornent cette villa, c'est la participation prise par Winckelmann à leur placement, et la description qu'il a donnée d'un grand

---

[1] En 1850-51, j'ai été admis à faire des recherches à la bibliothèque Albani, qui, bien que déchue, existait encore en grande partie au palais de ce nom, *alle quattro Fontane.* (Voy. l'*Histoire des plus célèbres amateurs italiens,* p. 336, à la note.) Elle a été vendue et dispersée en 1858, après prélèvement fait des manuscrits et des ouvrages les plus précieux, qui ont été réunis à la bibliothèque du Vatican.

nombre d'entre eux dans son *Histoire de l'art* et dans ses *Monumenti inediti*. Nous n'entreprendrons pas de décrire après lui ces précieux restes de l'art, échappés à la barbarie des hommes plus encore qu'à la destruction du temps : il nous suffira de renvoyer, soit aux ouvrages de notre antiquaire, soit aux notices spéciales qui ont été publiées sur cette célèbre villa [1].

Elle fut commencée vers 1756, et elle était terminée au commencement de 1758 ; ce qui paraîtrait peu croyable, vu la grandeur et le soin de la construction, si Winckelmann ne l'attestait dans ses lettres [2]. C'est dans son enceinte, au milieu de ses statues, sous ses portiques, à côté de ses bassins et de ses fontaines, et à l'ombre de ses beaux arbres, que notre antiquaire passa, de 1758 à 1768, ses heures les plus heureuses et les mieux remplies. « Que ne pouvez-vous la voir? écrivait-il à Franken : elle paraît à tous les yeux un chef-d'œuvre de l'art. Le cardinal est le plus grand antiquaire qu'il y ait au monde ; il produit au jour ce qui était enseveli dans les ténèbres, et le paye avec une générosité digne d'un roi..... Le palais de cette villa est garni d'une si grande quantité de colonnes de porphyre, de granit et d'albâtre oriental, qu'elles formaient une espèce de forêt avant qu'elles ne fussent en

---

[1] Voy. entre autres : *indicazione antiquaria per la villa suburbana dell' ex. casa Albani*; Roma, 1803, in-8° de 200 pages. — Et dans *la Roma nell' anno* MDCCCXXXVIII, par Ant. Nibby, la description de cette villa, p. 882 et suiv., t. II, *parte moderna*.
[2] P. 115-123.

place ; car j'ai vu jeter les fondations de ce palais. On s'y rend vers le soir, et l'on s'y promène avec le cardinal comme avec le moindre particulier [1]. »

Le traitement du bibliothécaire, directeur des antiquités du cardinal, était de cent soixante écus romains (856 fr.) par an ; somme fort modique, et néanmoins suffisante alors à Rome pour assurer une complète indépendance. « J'élève tous les matins les mains vers celui qui m'a fait échapper au malheur, et qui m'a conduit dans ce pays, où je jouis nonseulement de la tranquillité, mais encore de moi-même, et où je puis vivre et agir selon ma volonté. Je n'ai rien à faire, si ce n'est d'aller tous les après-dîners avec le cardinal à sa magnifique villa, qui surpasse tout ce qui a été fait dans les temps modernes, même par les plus grands rois. Là, je laisse Son Éminence aux personnes qui viennent la voir, pour aller lire et réfléchir [2]. » Ces lectures, ces méditations dans ce beau lieu, ont inspiré plus d'un passage de l'*Histoire de l'art*. Souvent aussi, Winckelmann retrouvait à la *villa* les savants qu'il affectionnait le plus, et avec lesquels il prenait plaisir à éclaircir, par la vue des monuments, des points obscurs de l'archéologie grecque ou romaine. C'étaient Bianchi, Giacomelli, Baldani, Bottari, Fantoni, et Zaccharia, tous admis dans l'intimité du cardinal, tous plus ou moins antiquaires, et, comme lui, voués au culte du beau.

[1] *Ibid.*, id.
[2] *Ibid.*, p. 135.

Il eut également la satisfaction d'y voir son fidèle Mengs travailler à la composition dont il décora le plafond du cabinet du cardinal. Cet artiste était alors dans toute la force de son talent, et sa réputation, répandue en Allemagne et en Espagne aussi bien qu'en Italie, le faisait considérer comme le premier peintre de l'époque. On voyait en lui un restaurateur du goût et des belles formes ; on trouvait ses inventions philosophiques, et son exécution était comparée à celle des plus grands maîtres du seizième siècle. Winckelmann et le cavalier d'Azzara, ambassadeur d'Espagne à Rome, n'avaient pas peu contribué à élever Mengs au-dessus de sa véritable valeur. Mais il faut leur rendre cette justice, que si leurs éloges dépassaient le but, ils avaient néanmoins raison de préférer les ouvrages de Mengs aux compositions fades, maniérées et sans aucun caractère, des autres artistes alors en vogue. Winckelmann exerçait une assez grande influence sur les opinions de l'artiste saxon : il est facile de s'en convaincre en lisant *les Pensées sur la beauté et sur le goût dans la peinture*, que Mengs avait dédiées à son ami, et qu'il publia chez Fuesli, à Zurich, en 1762. Selon Winckelmann [1], « on trouve dans ce traité des choses qui n'ont encore été ni pensées, ni dites. »

Raphaël Mengs peignit, à la villa du cardinal, *Apollon sur le Parnasse, entouré des neuf Muses;* ce plafond passe pour son chef-d'œuvre, et il réunit

---

[1] *Lettres*, t. I*er*, p. 141.

en effet au mérite du dessin une très-grande habileté dans la pratique de la fresque, une ordonnance disposée savamment selon les données de la mythologie, qualité archéologique, qui en doublait le prix aux yeux de Winckelmann et de son patron. Ce qui manque à cette œuvre, c'est l'inspiration et la chaleur : elle est compassée et froide, comme si le dieu du jour et les Muses eussent été dans le climat glacé des contrées du Nord.

Avant cette époque, le peintre saxon avait fait le portrait de son ami ; mais nous ignorons la date précise de cet ouvrage. Quelques années plus tard, en 1764, le portrait de Winckelmann fut de nouveau peint à l'huile pour un étranger, probablement le cavalier d'Azzara, par Angelica Kauffmann, dont nous avons parlé ailleurs [1]. Il est représenté à mi-corps et assis : Angelica le grava elle-même à l'eau-forte ; un autre artiste le reproduisit à la manière noire, et lui fit présent de la planche. Winckelmann, touché de cet acte de déférence, vante la beauté de la jeune Allemande, et compare son talent à celui des premiers maîtres de ce temps [2]. Mais comme elle ne fit pas alors un long séjour à Rome, il n'en reparle plus dans sa correspondance.

[1] Voy. l'*Histoire des plus célèbres amateurs français*, t. III.
[2] *Lettres*, t. Ier, p. 166.

CHAPITRE XLVI

Nouveaux voyages à Naples. — Sir W. Hamilton, d'Hancarville, le baron de Riedesel. — Excursion au Vésuve. — Opuscules composés à Rome. — Winckelmann sert de *cicerone* aux étrangers de distinction. — Son opinion sur les Anglais, les Allemands et les Français. — Sa correspondance. — Ses regrets, en apprenant la mort du comte de Bunau.

1762

En acceptant l'emploi de bibliothécaire et de directeur des antiquités du cardinal Albani, Winckelmann n'avait pas entendu aliéner la liberté de voyager, qui était, après sa passion pour l'étude et pour l'antiquité, son goût le plus dominant. Il fit encore deux excursions à Naples, l'une dans le carnaval de 1762, avec l'un des fils du comte de Brühl; l'autre, deux années plus tard. Il profita de ces voyages pour visiter de nouveau les restes d'Herculanum et des monuments antiques des environs de Naples. Mais étant naturellement enclin à la critique, et à trouver que les autres antiquaires ne savaient rien à côté de lui, il se fit à Naples de puissants ennemis, en publiant à Dresde, en 1762, ses *Lettres au comte de Brühl sur Herculanum*. En 1764, il y ajouta une *Relation des nouvelles découvertes faites dans cette ville antique*, avec *seize lettres* [1] écrites à Bianconi sur le même sujet.

[1] Ces différentes publications ont été réunies, traduites en français et imprimées à Paris, chez Barrois l'aîné, 1784, in-8°.

Il s'était lié à Naples avec l'ambassadeur d'Angleterre, sir William Hamilton, qui publiait, en compagnie de d'Hancarville, sous le titre de *Antiquités étrusques, grecques et romaines*, la description des vases et autres objets composant son cabinet. En 1767, accompagné du baron de Riedesel, auteur d'un voyage en Sicile et dans la grande Grèce, il entreprit l'ascension du Vésuve, pendant une éruption terrible qui faisait fuir les habitants de Portici. Ils passèrent une nuit sur cette montagne, firent rôtir des pigeons sur les bords d'un fleuve de feu, et Winckelmann y soupa nu comme un cyclope [1]. Il aurait voulu visiter la Calabre, la Sicile et la Grèce; mais sur la fin de sa carrière il renonça complétement à ce projet.

Le catalogue des pierres gravées composant le cabinet du baron Stosch, imprimé en français à Florence, en 1760, avait été le premier ouvrage publié par Winckelmann depuis son arrivée en Italie. En 1761, il fit paraître à Leipzig ses *Remarques sur l'architecture des anciens;* quelque temps après, ses *Réflexions sur le sentiment du beau dans les ouvrages d'art, et sur les moyens de l'acquérir;* et ensuite, *De la grâce dans les ouvrages d'art* [2].

Mais ces opuscules n'étaient que le prélude de son *Histoire de l'art*, à laquelle il ne cessait de travail-

---

[1] Lettre à Franken du 5 décembre 1767, p. 181.
[2] Ces deux dernières productions ont été traduites en français et publiées par Barrois l'aîné, à la suite des *Réflexions sur l'imitation des artistes grecs*, sous le titre de : *Recueil de différentes pièces sur les arts*, par M. Winckelmann; Paris, 1786, in-8°.

ler. Malheureusement, il portait alors le poids de sa réputation, qui lui attirait plus d'un dérangement désagréable. Aucun étranger de distinction ne pouvait passer par Rome sans avoir vu Winckelmann; et, si c'était quelque souverain, prince ou grand seigneur, sans s'être fait guider par le savant antiquaire, transformé en véritable *cicerone*. Pour perdre le moins de temps à ces promenades sans cesse renaissantes, il avait rédigé en italien une courte notice *de ce qu'il y a de plus intéressant à voir à Rome* [1]. Il était quelquefois l'homme le plus tourmenté qu'il y eût dans cette ville : par exemple, le prince de Mecklembourg ne voulait pas sortir sans lui ; il devait rester deux heures à table, tandis que quinze minutes lui suffisaient pour dîner. Le prince régnant d'Anhalt-Dessau voulait qu'il sortît au moins deux fois par semaine avec lui [2]. Il accompagna de cette manière le duc d'York, le duc de Brunswick, le grand-duc de Toscane, et beaucoup d'autres. En général, il préfère les voyageurs anglais. « Le croiriez-vous, écrit-il à Franken [3], c'est la seule nation qui soit sage ; quels pauvres et tristes personnages ne sont pas, en général, nos seigneurs allemands qui voyagent, en comparaison des Anglais ! » Cependant, il en cite dans le nombre dont il fut fort mécontent. « J'ai servi pendant quelques

---

[1] Elle est imprimée à la suite de ses lettres, t. II, p. 250 ; édition d'Yverdon.
[2] *Lettres*, t. Ier, p. 170-171.
[3] *Id., ibid.*, p. 142.

semaines de *cicerone* à un certain milord Baltimore, qui est bien l'Anglais le plus singulier que j'aie vu. Tout l'ennuie et il n'y a eu que l'église de Saint-Pierre et l'Apollon du Vatican qui lui aient fait quelque plaisir. Il veut aller à Constantinople, et cela par désespoir. Il m'était devenu tellement à charge, que j'ai été obligé de lui déclarer nettement ma pensée, et de ne plus retourner chez lui. Il a trente mille livres sterling à dépenser par an (750,000 fr.), dont il ne sait pas jouir. L'année dernière, nous avons eu ici le duc de Roxborough, qui était un homme de la même trempe [1]. » Il dit ailleurs [2], en parlant du cabinet du baron de Stosch, marchandé par des Anglais : « Ces barbares d'Anglais achètent tout, et, dans leur pays, personne ne peut parvenir à voir ces trésors. »

Quant aux Français, son opinion ne leur fut presque jamais favorable. « Cette nation, disait-il [3], n'était pas du tout faite pour s'appliquer au solide. » Il refusait même de reconnaître le mérite des savants français les plus éminents. Ainsi, en parlant du père Montfaucon, il lui reproche d'avoir tout parcouru à la hâte, comme un vrai Français, tant à Rome qu'ailleurs. Il ajoute que son *Antiquité expliquée* fourmille d'erreurs grossières [4]. Néanmoins, il se radoucit à l'égard du duc de La Rochefoucauld,

[1] *Ibid.*, p. 143-144.
[2] *Ibid.*, p. 134.
[3] *Ibid.*, p. 104-105.
[4] *Ibid.*, p. 111.

qui visitait Rome en compagnie du célèbre physicien Desmarets, et convient que « c'est le voyageur le plus instruit qu'il connaisse [1]. »

Les nombreuses et brillantes relations que sa réputation lui avait attirées, obligeaient Winckelmann à entretenir une correspondance active, non-seulement avec ses compatriotes, mais encore avec une foule de savants et de personnages distingués d'autres pays. Il était continuellement consulté sur des questions d'archéologie, et la nécessité de répondre à tant de lettres absorbait, à son grand regret, une partie de son temps. Ses lettres ont été précieusement recueillies et publiées après sa mort; elles forment plusieurs volumes, et sont en général remplies d'intérêt. On y trouve souvent des explications savantes sur des questions qui se rattachent, soit à l'histoire de l'art, soit à des découvertes nouvelles de fragments de statues et d'autres monuments antiques. Mais ce qui en fait le plus grand charme, c'est la simplicité, la candeur avec laquelle ses sentiments les plus intimes sont exposés au grand jour. On y voit la pureté de son âme, son désintéressement, son amour pour l'indépendance, et ce culte de l'étude et du beau, qui s'alliait si bien en lui avec les pensées les plus élevées. Parmi ses correspondants habituels, nous retrouvons Franken, Heyne, le comte de Bunau, le conseiller de Munchausen, le baron de Riedesel, Gessner, Fuesli, le duc

---

[1] *Ibid.*, p. 212.

de La Rochefoucauld et d'autres. Winckelmann avait inspiré à tous ces hommes, si différents par les idées et la condition sociale, une estime profonde pour son caractère, et une admiration sincère pour son goût et son érudition.

Il apprit, en mai 1762, la mort de son ancien maître le comte de Bunau : « Je vous plains, mon ami, écrit-il à Franken, du fond de mon âme, d'avoir fait cette perte, laquelle vous sera toujours sensible. Moi-même, je perds la douce satisfaction que je goûtais déjà en quelque sorte d'avance, de renouveler de vive voix à cet homme rare et précieux, le fauteur de tout mon bonheur, les sentiments de ma sincère et vive reconnaissance. Je me représentais la visite imprévue que je me proposais de lui faire dans sa retraite; maintenant toutes ces illusions sont évanouies, et qui sait si je pourrai même vous embrasser un jour? Je songe à lui laisser un monument public de ma reconnaissance éternelle; mais le temps s'avance, et peut-être que mon âme sera réunie à la sienne avant que je puisse remplir ce projet [1]. »

Ces tristes prévisions devaient malheureusement se réaliser.

[1] *Ibid.*, p. 139-140.

CHAPITRE XLVII

Winckelmann nommé Président des antiquités de Rome, et plus tard *scrittore greco*, à la bibliothèque du Vatican. — Il publie son *Histoire de l'art*. — Critiques que lui attire cet ouvrage. — Mystification à laquelle il se trouve exposé. — Autres ouvrages de Winckelmann.

1763 — 1767

Le 11 avril 1763, Winckelmann fut nommé à la place de Président des antiquités de Rome, devenue vacante par suite de la mort de l'abbé Venuti. « Cette place, qui ne demande aucun travail, est honorable et rapporte cent soixante écus par an; de sorte que j'ai ici mon existence assurée pour le reste de ma vie; car, avec le double, je ne pourrais pas faire à Dresde ce que je fais ici avec cette somme. Le cardinal m'en donne autant, sans compter les autres agréments dont je jouis. Et si, par la suite, je puis parvenir à un emploi de *scrittore* du Vatican, je ne changerais pas mon sort contre celui d'un conseiller intime en Allemagne; car je jouis ici d'une liberté entière, et personne ne s'ingère à me demander ce que je fais [1]. »

L'emploi de *Scrittore greco*, qui rapportait dix-sept écus par mois, lui fut donné le 3 septembre 1765, à la recommandation de son excellent protecteur le cardinal Albani, qui était devenu biblio-

---

[1] *Ibid.* p, 145.

thécaire du Vatican, après la mort du cardinal Passionei.

Avant de prendre possession de ce dernier emploi, Winckelmann avait fait paraître en allemand, à Dresde, à la fin de 1763 et au commencement de 1764, son *Histoire de l'art.* Cette publication, en mettant le sceau à sa réputation, souleva, comme il arrive toujours, plus d'une critique. Notre auteur était de la race irritable des poëtes et des artistes; il fut donc vivement blessé de quelques observations dont la justesse ne pouvait lui échapper. Ces remarques lui étaient d'autant plus sensibles, qu'elles émanaient de ses compatriotes Lessing et Klotz, et qu'elles avaient été publiées par eux, en latin, dans les *Acta litteraria*, recueil fort répandu alors à Rome[1]. Il se mit incontinent à revoir et améliorer son œuvre. Mais il était toujours en crainte : « Que d'erreurs, que de contre-sens n'aura-t-on pas tirés de mon *Histoire de l'art*, écrivait-il à Franken, à la fin de décembre 1763[2]. » Peu à peu, il ajouta des passages considérables à cette histoire, et les publia, également en allemand et à Dresde, en 1767, en attendant qu'il fît paraître une seconde édition de ce grand ouvrage, à laquelle il ne cessait de travailler. Il reconnaissait avec modestie « qu'il n'était pas encore en état d'écrire, lorsqu'il avait commencé ce travail : ses idées n'y étaient pas assez liées; il man-

---

[1] Fea, *prefazione Liij*.
[2] *Ibid.*, p. 149.

quait souvent les transitions nécessaires de l'une à l'autre, ce qui fait la partie essentielle de l'art d'écrire. Les preuves n'avaient pas toujours toute la force qu'elles auraient pu avoir, et il aurait pu s'exprimer quelquefois avec plus de chaleur. Son grand ouvrage italien (*I Monumenti inediti*) l'avait instruit de ces défauts, et le Tout-Puissant avait répandu sur lui ses bénédictions et ses faveurs [1]. »

Mais les corrections et améliorations qu'il introduisit dans son *Histoire de l'art* ne purent lui faire oublier la mystification que lui avait infligée un artiste, qu'il avait considéré longtemps comme son ami. Dès son arrivée à Rome, notre Saxon avait rencontré, dans l'atelier de Raphaël Mengs, un jeune homme nommé Jean Casanova [2], peintre médiocre d'histoire et de portraits, mais dessinateur assez habile, et s'occupant volontiers de recherches archéologiques. Winckelmann lui avait confié l'exécution de plusieurs dessins de monuments antiques, destinés à être gravés dans son *Histoire de l'art*. Mais, soit qu'ils différassent d'opinion sur certains points, soit que Casanova ait cru avoir à se plaindre de notre antiquaire, toujours est-il qu'il résolut de s'en venger, en l'exposant à la risée des savants de tous les pays, charmés de pouvoir trouver à gloser sur

---

[1] *Ibid.*, p. 188.

[2] Il était frère puîné de François Casanova, peintre, dont plusieurs tableaux de batailles sont exposés au Louvre. (Voy. le catalogue de ce musée, école française, p. 55 à 58, édition de 1855.) Il avait également pour frère Casanova de Steingalt, qui a laissé de si curieux mémoires sur sa vie.

le Président des antiquités de Rome. Il l'attaqua donc par son côté sensible, en rendant suspecte cette finesse de tact dont Winckelmann était si fier. Pour y parvenir sûrement, Casanova composa en secret plusieurs tableaux, dans lesquels il imita, de manière à s'y méprendre, les peintures d'Herculanum. On informa sous main Winckelmann que de nouvelles et importantes découvertes venaient d'être faites. Sa curiosité étant ainsi excitée, on l'amena avec mystère à venir les voir, et on les lui vanta comme de véritables chefs-d'œuvre. On lui en raconta l'origine, en lui disant qu'elles venaient d'être découvertes près de Rome par un gentilhomme français, le chevalier Diel, né à Marsilly, en Normandie, et premier lieutenant aux grenadiers des gardes du roi de France. Winckelmann, qui désirait avoir des renseignements plus précis et plus authentiques, chercha à s'aboucher avec l'heureux possesseur de ces peintures. Mais on lui fit savoir, avec les mêmes précautions, que le chevalier Diel était mort à Rome subitement, dans le mois d'août 1761, sans avoir laissé aucune explication sur sa précieuse trouvaille. Il fut ainsi amené à donner dans le panneau, et fit de ces peintures une description emphatique, qu'il inséra dans son *Histoire de l'art*. A peine cet ouvrage eut-il paru, que Casanova s'empressa de se déclarer l'auteur des peintures, et de réclamer tout l'honneur de leur invention et de leur exécution. On conçoit facilement la douleur de notre savant et la joie de ses émules, parmi lesquels le comte de Caylus ne fut pas le dernier à rendre à l'antiquaire saxon les railleries que celui-ci ne lui avait pas épargnées, à l'occasion de ses ouvrages sur l'archéologie, et particulièrement de sa publication des peintures antiques [1]. Cependant, quelque douleur que dût ressentir notre savant ainsi mystifié, il n'hésita pas à reconnaître publiquement son erreur. Dans une lettre, du 4 janvier 1765, adressée à son ami Heyne, il le pria de rendre publique la déclaration qu'il faisait, d'avoir été la dupe d'un homme qu'il avait considéré jusque-là comme un ami [2].

Tout en corrigeant son *Histoire de l'Art*, Winckelmann songeait à donner au public un autre ouvrage, dont le projet roulait depuis longtemps dans son esprit, savoir : un *Traité sur la dépravation du goût dans les arts et les sciences* [3]. Mais il ne mit pas ce projet à exécution, et, à sa place, il publia son *Essai d'une allégorie pour l'art*, œuvre qui lui coûta beaucoup de travail, mais qui ne fut pas aussi bien accueillie que l'*Histoire des arts du dessin*. Ce livre doit être considéré, néanmoins, comme un trésor d'érudition ; il renferme d'heureuses idées, et sa lecture, nécessaire à l'archéologue, serait très-utile aux artistes.

---

[1] Voy. l'*Histoire des plus célèbres amateurs français*, Mariette, t. II.
[2] *Prefazione degli editori Viennesi alla storia delle arti del disegno*, trad. par Fea ; Liij, note A, t. 1er.
[3] *Lettres*, p. 158.

Winckelmann poussait sa passion pour l'antiquité, jusqu'à vouloir faire connaître tous ses monuments qui, jusqu'alors, n'avaient pas encore été décrits. Il se mit donc à publier, sous le titre de : *Monumenti antichi inediti*[1], en deux volumes grand in-folio, deux cent vingt-six gravures, représentant des statues, des bas-reliefs et d'autres objets, qui avaient été passés sous silence par Montfaucon et les autres révélateurs des antiquités grecques et romaines. Il se proposait de compléter cet ouvrage en y ajoutant une troisième partie, mais on ignore ce que cette suite est devenue.

Il composa encore un livre sur l'*État actuel des arts et des sciences en Italie*, et fit beaucoup d'additions au traité *De Pictura veterum*, de F. Junius, dans l'intention d'en donner une nouvelle édition ; mais il n'eut probablement pas le temps de publier ces ouvrages.

[1] Cet ouvrage fut publié à Rome, en italien, grand in-f°.

CHAPITRE XLVIII

Bonheur et liberté dont Winckelmann jouissait à Rome. — Ses *villégiatures* à Castel-Gandolfo et Porto-d'Anzio. — Son admiration passionnée de la nature. — Le roi de Prusse essaye de l'attirer à Berlin. Son désir de revoir l'Allemagne. — Il se met en route pour ce pays. — Sa tristesse en s'éloignant de Rome. — Il abrége son voyage et revient de Vienne à Trieste. — Il est assassiné dans cette ville par un repris de justice. — Ses dispositions testamentaires. — Monument qui lui est érigé à Rome. — Appréciation de son influence.

1767 — 1768

Il fallait à Winckelmann une prodigieuse activité d'esprit pour suffire à tant de travaux. La vie qu'il menait à Rome, il est vrai, lui laissait une entière liberté pour l'étude, car sa place de président des antiquités ne lui prenait pas « six heures de son temps par année, » par la raison qu'il se reposait sur ses deux assesseurs [1]. Son travail *de Scrittore Greco*, au Vatican, ne l'occupait pas davantage. — « Le cardinal Albani, disait-il à Franken, m'en dispensera, et, après tout, ce n'est pas le travail qu'on exige. Nous sommes ici dans un pays d'humanité, où chacun fait ce que bon lui semble, pourvu qu'on n'aille pas crier dans les rues que le Pape est l'antechrist [2]. » Il pouvait donc se livrer en toute sécurité à ses études et à ses recherches favorites, sans trop se préoccuper de ses fonctions publiques. Au sur-

---

[1] *Lettres*, t. Ier, p. 147.
[2] *Ibid.*, p. 154.

plus, pour jouir d'une plus grande liberté, il refusa un canonicat fort lucratif à la Rotonde (*Santa Maria della Rotonda*, autrefois le *Panthéon* d'Agrippa); et bientôt après, vers la fin de 1766, il renonça volontairement à son emploi de *Scrittore* au Vatican.

Il prenait toujours le plus grand intérêt aux découvertes de statues, médailles et autres objets antiques, que le sol de Rome et de sa campagne renferme en si grande abondance, qu'il suffit presque de le remuer pour les remettre au jour. Il examinait toutes ces trouvailles, en discutait, avec les hommes les plus compétents, la signification et la valeur, et en faisait son profit pour la seconde édition de son *Histoire de l'Art*, ou pour son ouvrage des *Monumenti inediti*. Il considérait comme découverte nouvelle d'antiquités, non-seulement les ouvrages qu'on trouve en faisant des fouilles, mais encore les éclaircissements nouveaux, donnés sur des figures ou autres monuments restés jusqu'alors sans explications[1].

Winckelmann suivait le cardinal Albani dans toutes ses *villegiature*. Ce prélat, qui n'était pas prêtre, aimait à se délasser de ses études archéologiques, en recevant, soit à sa *villa* près de Rome, soit à Porto-d'Anzio ou Castel-Gandolfo, suivant les saisons, la société la plus élégante. — « Il y a quinze jours que je suis à l'une des plus belles maisons de campagne de mon maître, écrit Winckelmann de

---

[1] *Ibid.*, p. 222-223.

Castel-Gandolfo[1], c'est un lieu que la toute-puissance et le prototype de la connaissance de la beauté sublime n'auraient pas pu rendre plus merveilleux ; il y a une grande compagnie de cardinaux, de prélats, de dames qui sont même très-belles. Le soir, on joue et on danse ; les plus âgés sont spectateurs, et moi, je vais me coucher, pour me lever au soleil... Le cardinal voudrait pouvoir me faire goûter les joies du paradis, et Son Éminence veut bien se passer de ma compagnie pour me laisser à moi-même. » — A Porto-d'Anzio, Winckelmann jouissait d'une égale liberté, dans un site encore plus admirable. — « C'est là le lieu de mes délices ; c'est là, mon ami, dit-il à Franken[2], que je voudrais vous voir, pour nous promener ensemble, sans souci et sans inquiétude, le long de la tranquille mer, sur une côte élevée et couverte de myrtes, ou bien, pour la regarder sans crainte lorsqu'elle est en fureur, placés sous une arcade de l'ancien temple de la Fortune, ou sur le balcon de ma chambre même. Un mois passé dans un pareil séjour, avec la jouissance de la belle nature et de l'art, qui nourrit le cœur et l'esprit, surpasse tout ce que l'éclat des cours et leur bruyant tumulte peuvent nous offrir. » — Ces réflexions révèlent les sentiments intimes de notre amateur, dont la vie, à Rome, était partagée entre l'étude de l'art et l'admiration de cette nature incomparable qu'on ne ren-

[1] *Ibid.*, p. 140-141.
[2] *Ibid.*, p. 185.

contre que dans ce pays. Elles montrent aussi quel prix il attachait à son indépendance et à la libre disposition de son temps selon ses goûts et ses idées.

Cependant, il paraît avoir hésité longtemps avant de prendre le parti de rester définitivement à Rome. Sa réputation, répandue en Allemagne, lui attirait, de temps en temps, des propositions faites pour le tenter. Plusieurs États allemands auraient voulu posséder Winckelmann et le mettre à la tête de leurs musées et de leurs bibliothèques. Le roi de Prusse, Frédéric II, aussi jaloux de conquérir les hommes illustres que les provinces voisines de ses États, fit les plus grands efforts pour l'attirer à Berlin. En novembre 1765, il lui offrit par un envoyé spécial, le colonel Quintus Icilius[1], la place de bibliothécaire et de directeur de son cabinet de médailles et d'antiquités, vacante par la mort de M. Gautier de la Croze, avec une pension extraordinaire. Vinckelmann avait d'abord accepté cette proposition, et fait connaître sa détermination à Berlin et à Rome : mais une difficulté qu'il n'explique pas s'étant présentée, on lui témoigna, au Vatican, beaucoup plus d'égards qu'il n'avait osé espérer. Le Pape lui fit même faire sous main, pour le retenir, des offres avantageuses, et le cardinal Stop-

[1] C'était un nom de guerre; il s'appelait Charles-Théophile Guischardt, et était fils d'un réfugié français. Entré au service du grand Frédéric, qui l'éleva au grade de colonel, il composa de savants ouvrages sur la tactique des anciens. Mais il fut fortement soupçonné d'avoir pillé le château du comte de Brühl, à Dresde, lors de la prise de cette ville par les troupes prussiennes, en 1763.

pani, qui avait beaucoup d'amitié pour lui, y ajouta une pension particulière de ses propres fonds, de manière qu'il résolut définitivement de rester à Rome. « Il se trouvait trop vieux et craignait de se sentir trop étranger à Berlin; d'ailleurs, il était plus content à Rome, en faisant lui-même son lit, que d'être décoré du titre de conseiller privé, et d'avoir deux laquais pour le suivre [1]. »

Bien qu'il eût refusé d'aller vivre à Berlin, Winckelmann n'avait pas renoncé au plaisir de revoir la Saxe, Dresde et Nöthenitz en particulier. Au mois de février 1768, il croyait pouvoir annoncer à Franken l'époque où il comptait aller le « surprendre un beau matin. » Il avait même informé de son départ le prince d'Anhalt-Dessau, qu'il devait également visiter. Mais il fut obligé de retirer sa parole, ayant été forcé de rester à Rome pour le passage du grand-duc et de la grande-duchesse de Toscane, qui retournaient dans leurs États, après avoir conduit à Naples la future reine des Deux-Siciles. Il commençait donc à craindre de ne jamais revoir sa patrie; d'autant plus qu'il lui serait difficile de quitter, pour une année qu'exigeait ce voyage, son maître et éternel ami, le cardinal Albani, au grand âge qu'il avait. En outre, on prévoyait la mort du pape Benoît XIV, et comme tous les vœux paraissaient se réunir en faveur du cardinal Stoppani, bienfaiteur de notre savant, il ne pou-

[1] *Lettres*, t. Ier, p. 167-189.

vait pas s'éloigner de Rome sans porter préjudice à ses intérêts [1].

Cependant, vers la fin de mars 1768, Winckelmann changea encore de résolution : mettant de côté tous les obstacles qui s'opposaient à son voyage, il écrivit à Franken pour lui annoncer sa prochaine arrivée à Nöthenitz ; il comptait partir au commencement d'avril, suivant la permission qu'il en avait obtenue de son maître et du Pape. Il se proposait de presser sa marche jusqu'à sa première étape, qui serait chez le prince d'Anhalt-Dessau : il avait l'intention de ne passer qu'en courant par Dresde, pour se rendre à Dessau, où il devait attendre son ami Stosch, afin de gagner Brunswick, où il était attendu par le prince héréditaire ; il se proposait ensuite de pousser jusqu'à Berlin. Son âme n'avait jamais été plus satisfaite qu'en annonçant à son ami sa prochaine arrivée [2].

Winckelmann quitta Rome, qu'il ne devait plus revoir, le 10 avril 1768, accompagné du sculpteur Cavaceppi, qui entreprenait ce voyage, tant par amitié pour lui, qu'afin de rétablir sa santé. Il prit la route du Tyrol, qui l'avait amené à Rome douze années auparavant. Mais, en s'éloignant de cette patrie d'adoption, ses idées devenaient sombres, et il cédait comme à un accès de noire mélancolie. Il paraissait hésiter à continuer son voyage, et parlait de revenir. — « *Torniamo à Roma.* » Retournons à

[1] *Ibid.*, p. 184-185.
[2] *Ibid.*, p. 190.

Rome, répétait-il à son compagnon de route, qui nous a conservé un journal de ce voyage, depuis leur départ de Rome, jusqu'au moment où ils se séparèrent à Vienne [1].

La réception enthousiaste qui lui fut faite à Munich, ainsi que dans la capitale de l'Autriche, les honneurs dont il fut entouré, ne purent triompher de sa tristesse. Ses pensées se reportaient constamment vers Rome, où il avait joui pendant si longtemps d'une félicité parfaite : agité par un secret pressentiment, il craignait de ne plus revoir cette ville. Cavaceppi raconte, que le prince de Kaunitz ayant adressé à Winckelmann les paroles les plus affectueuses, pour le dissuader de retourner en Italie, ces instances ne servirent qu'à le confirmer dans sa résolution.—« Nous ne voulûmes plus lui en parler davantage, dit-il, ayant remarqué qu'il avait les yeux d'un mort. » Il fut donc décidé qu'il renoncerait à Dresde, Berlin et Hanovre, et, qu'après un court séjour à Vienne, il serait libre de repartir pour l'Italie. Rassuré par cette détermination, qui comblait ses vœux les plus ardents, il mit à profit le temps qu'il dut passer à Vienne, pour examiner la bibliothèque et la galerie impériale, celle du prince de Lichtenstein, et d'autres collections particulières. Il revit avec soin le manuscrit de la seconde édition de son *Histoire de l'art*, qu'il préparait depuis longtemps, et s'occupa

[1] Cavaceppi a publié ce journal au commencement de son ouvrage, *Raccolta d'antiche statue*, etc. Roma, 1769, in-f°.

de la traduction française, qui devait paraître en même temps que le texte.

Enfin, comblé d'honneurs et de présents, il se hâta de se remettre en route pour sa patrie de prédilection. Il avait eu d'abord l'intention de se diriger sur Venise par la Carniole, mais il changea son itinéraire, et résolut de rentrer en Italie par Trieste. Il y arriva dans les premiers jours de juin 1768.

A peu de distance de cette ville, voyageant à petites journées, selon l'usage de ce temps, il avait rencontré un Italien, qui n'eut pas de peine à découvrir son faible : affectant lui-même un grand amour pour les antiquités, il arracha bientôt au trop confiant voyageur l'énumération des riches et nombreux cadeaux qu'il avait reçus, ainsi que des monnaies et médailles en or et en argent, qu'il remportait en Italie. Ce misérable, nommé Francesco Archangeli, était un repris de justice, condamné à mort précédemment pour ses méfaits, mais dont la peine avait été commuée en celle du bannissement perpétuel. En arrivant à Trieste, il était déjà dans la confiance de Winckelmanr, qui lui montra, sans aucun soupçon, ses médailles et autres objets précieux.

Notre antiquaire voulait s'embarquer à Trieste pour Ancône, et, en attendant le vaisseau sur lequel il devait traverser l'Adriatique, il occupait ses loisirs, dans l'hôtellerie où il était descendu, à relire son vieil Homère, le seul livre qu'il eût emporté avec lui. Dans ses moments de méditation et de repos, il s'amusait à jouer avec un enfant de son hôte, qui annonçait beaucoup d'intelligence. Le 8 juin, tandis qu'il était occupé à écrire à une petite table, Archangeli entra dans sa chambre. Après lui avoir exprimé ses regrets d'être obligé de le quitter pour se rendre à Venise, où l'appelaient des affaires importantes, il le pria de lui montrer une dernière fois ses médailles, afin qu'il pût en conserver un souvenir plus présent. Winckelmann, sans aucune méfiance, y consentit de bonne grâce; et comme il se tenait baissé pour ouvrir le coffre dans lequel elles étaient renfermées, le scélérat le pousse et le fait tomber, selon les uns, en lui pressant la tête entre le couvercle et le fond du coffre, selon d'autres, en essayant de l'étrangler avec un lacet. La victime crie et résiste : alors, pour étouffer ses cris, l'assassin lui plonge, à cinq reprises différentes, un stylet dans le ventre. Il l'aurait certainement achevé, si l'enfant, dont nous avons parlé, n'était venu frapper à la porte de la chambre.

Ce bruit fait fuir Archangeli, sans même lui laisser le temps de voler les médailles [1]. On s'empresse d'accourir au secours du pauvre blessé; mais il était frappé à mort, et il ne tarda pas à expirer, après sept heures d'affreuses souffrances, sans avoir perdu sa présence d'esprit, après avoir

---

[1] Il ne tarda pas à être arrêté, fut condamné à mort et exécuté un mois après à Trieste.

pardonné à son meurtrier, dicté ses dernières volontés, et reçu les sacrements de l'Église. Par son testament, il institua le cardinal Albani son légataire universel, et laissa 350 sequins à son graveur Mogali, et 100 autres à l'abbé Pirani.

Ainsi mourut, à cinquante ans et quelques mois, dans toute la force de son talent, un des hommes qui ont le plus contribué à remettre en honneur l'étude de l'antique, si décriée dans la première moitié du dernier siècle.

A Rome, le cardinal Albani, inconsolable de la perte de son ami, voulut lui faire élever un tombeau digne de sa mémoire, mais l'exécution de ce projet fut empêchée par le grand âge du prélat, qui mourut en 1779, à près de quatre-vingt-huit ans. Ce fut un autre ami de l'historien de l'art, le conseiller Reiffenstein, qui se chargea du soin pieux de lui ériger, à ses frais, dans le Panthéon, un monument composé d'un médaillon en marbre, d'après son portrait par Raphaël Mengs, et d'une inscription latine. Dans les premières années de ce siècle, ce médaillon a été transféré, ainsi que presque tous ceux qui étaient à la Rotonde, dans le musée des hommes illustres, au Capitole.

Telle fut la vie et la mort du savant amateur, qui a le mieux connu et le mieux apprécié la langue et l'art des Grecs. Bien que son *Histoire des arts du dessin chez les anciens* ne soit pas exempte d'erreurs, ainsi qu'il le reconnaît lui-même avec modestie [1] ; bien

---

[1] *In fine*, t. II, édition italienne de Fea, p, 427.

que la partie consacrée aux Égyptiens, aux Phéniciens, aux Perses, aux Étrusques et aux autres peuples de la Péninsule italique, soit devenue fort incomplète, depuis les nouvelles découvertes faites dans ces contrées, et les beaux travaux de Lanzi et des autres savants modernes, l'histoire de l'art grec n'a rien perdu de son importance et de sa valeur. C'est toujours à cette histoire qu'il faudra recourir, lorsqu'on voudra connaître à fond l'essence de l'art et l'idée du beau chez les anciens; les attributs et les formes de leurs divinités; le costume des dieux, des héros, des athlètes et des personnages célèbres; les moyens mécaniques employés par la statuaire antique; les progrès et le déclin de cet art chez les Grecs, depuis son origine jusqu'à la domination romaine en Grèce; chez les Romains, depuis la république jusqu'à son entière décadence sous les derniers empereurs.

L'influence de Winckelmann sur l'esthétique de l'art a été immense; bien avant notre David, il dirigea souvent Raphaël Mengs dans la voie que le peintre des *Horaces*, du *Combat de Romulus et Tatius*, et du *Léonidas*, a suivie après lui encore de plus près. En Allemagne, son exemple a ramené des écrivains de premier ordre au goût et à l'étude de l'art classique. C'est ainsi, par exemple, que le *Laocoon* de Lessing[1] a été composé, suivant les idées

---

[1] *Laocoon, ou pensées sur les limites de la peinture et de la poésie*, par M. G. E. Lessing; Berlin, 1766, in-8º. — Lessing envoya ce livre à Winckelmann, et voici le jugement que celui-ci en porte:

émises quelques années avant par Winckelmann, dans son premier ouvrage de l'*Imitation des artistes grecs*. C'est également dans les œuvres de Winckelmann, que le savant Heyne puisa l'idée de ses dissertations sur la mythologie, qui ont eu tant de retentissement dans le monde des érudits. L'illustre Gœthe lui-même n'a pas échappé à l'influence de notre antiquaire, et son ouvrage, *Winckelmann et son siècle*, publié en 1805, prouve l'impression profonde produite, sur les intelligences les plus élevées, par les idées du grand amateur saxon. Enfin, l'art allemand, tel que l'entendaient et le pratiquaient les peintres et les sculpteurs de ce pays, dans la dernière moitié du siècle précédent, jusqu'au commencement du nôtre, a dû à Winckelmann ses plus puissantes inspirations [1].

Aujourd'hui, son influence a beaucoup diminué dans sa patrie; la nouvelle école allemande affecte de mépriser l'art des Grecs, pour mettre à sa place un art purement germanique. L'avenir dira si l'originalité de ces tentatives aura réussi à faire oublier les divinités et les héros de Phidias, de Praxitèle et de Lysippe. Quant à nous, sans critiquer ces œuvres nouvelles, dont quelques-unes sont mar-

« J'ai reçu l'ouvrage de M. Lessing; il est bien écrit et avec pénétration; mais il aurait eu besoin de beaucoup d'instructions sur ses doutes et ses découvertes. Qu'il vienne à Rome, et nous causerons ensemble sur le lieu même. » Lettre à Franken, du 10 septembre 1766, t. Ier, p. 175-176.

[1] Voyez sur ce point l'ouvrage de M. Fortoul, *De l'art en Allemagne*, t. Ier, p. 238 et suiv.

quées au coin d'un véritable talent, aux forêts d'Odin, aux vieilles forteresses féodales, aux rois et aux guerriers des Niebelungen, nous préférons le Parnasse, le Taygète, les Ruines d'Athènes, l'Apollon du Belvédère, le Laocoon, la Niobé, la Vénus de Milo, l'Amazone blessée, le Lutteur, le Gladiateur mourant, et nous appliquerons à l'art des Grecs, ce qu'un de nos poëtes a si bien dit du vieil Homère, dans ces vers que Winckelmann n'aurait pas désavoués :

« Trois mille ans ont passé sur le tombeau d'Homère.
« Et depuis trois mille ans, Homère respecté,
« Est jeune encor de gloire et d'immortalité. »

TABLE DES MATIÈRES

	Pages
AVERTISSEMENT.	I

AMATEURS ESPAGNOLS

PHILIPPE II

GIO. BAT. CASTALDI; FRANC. VARGAS; ANT. DI LEVA;
LE DUC D'ALBE; LES MARQUIS DE PESCAIRE ET DEL VASTO;
LES CARDINAUX DE GRANVELLE ET PACHECO.

DON DIEGO HURTADO DE MENDOZA
1500-1575   1

CHAPITRE Ier. — La conquête de l'Italie inspire le goût des arts aux grands seigneurs espagnols. — Préférence qu'ils accordent à l'école vénitienne. — Philippe II, G. Perez et le Titien. — Tableaux de ce maître pour G.-B. Castaldi. — F. Vargas, A. di Leva, le duc d'Albe, les marquis de Pescaire et del Vasto, les cardinaux de Granvelle et Pacheco. — 1500-1564. 1

CHAPITRE II. — Don Diego Hurtado de Mendoza. — Sa naissance et son éducation. — Son ambassade à Venise; sa liaison avec le Titien, l'Arétin et le Sansovino. — Service signalé qu'il rend à ce dernier. — Son altercation avec le pape Paul III. — Il est rappelé en Espagne, tombe en disgrâce et est mis en prison à la suite d'une querelle dans le palais de Philippe II. — Son exil à Grenade. — Ses travaux dans cette ville. — Ses relations avec sainte Thérèse. — Il meurt à Madrid. — Examen

	Pages
de ses œuvres. — Sonnet de Cervantès sur Mendoza. — 1503-1575...	17

LE COMTE-DUC D'OLIVARÈS
1587-1645 — 48

CHAPITRE III. — Naissance, éducation, caractère du comte-duc d'Olivarès. — Il devient le favori du prince des Asturies, fils et héritier présomptif du roi Philippe III. — 1587-1621. — 48

CHAPITRE IV. — Avénement de Philippe IV. — Son caractère, son amour des lettres et des arts, son goût et son talent pour la peinture, qu'il avait apprise de don Juan Bautista Mayno. 1621-1665... 59

CHAPITRE V. — Les arts à Madrid sous Philippe IV. — Éclat des écoles de Tolède, Valence et Séville. — Vincencio Carducho, Eugenio Caxes et Angelo Nardi, peintres ordinaires du roi. — 1621-1665.................................. 64

CHAPITRE VI. — Naissance de Velazquez [1]. — Il entre dans l'atelier de Francisco Pacheco. — Science profonde de cet artiste. — Analyse de son livre sur l'*Art de la peinture*. — 1599-1650.. 69

CHAPITRE VII. — Commencements de Velazquez à la cour. — Portraits de Gongora, de Juan de Fonseca et du jeune roi Philippe IV. — 1622-1623............................... 82

CHAPITRE VIII. — Le prince de Galles à Madrid. — Négociations pour son mariage avec l'infante Marie. — Divertissements à la cour. — Principaux amateurs de peinture. — Olivarès et le *Buen Retiro*. — Représentation d'*Autos sacramentales*. — Goût du prince de Galles pour les œuvres d'art. — 1623... 86

CHAPITRE IX. — Départ précipité du prince de Galles. — Rupture entre l'Angleterre et l'Espagne. — Premier portrait équestre de Philippe IV par Velazquez. — Son succès. — Sonnet de Pacheco à cette occasion; honneurs et récompenses accordés à Velazquez. — Portrait d'Olivarès. — Tableau de l'expulsion des Maures. — 1623-1628.................. 98

CHAPITRE X. — Rubens envoyé à Madrid pour négocier la paix. — Emploi de son temps pendant son séjour; portraits de Philippe IV, d'Olivarès, et autres peintures. — 1628-1629. 105

CHAPITRE XI. — Voyage de Velazquez en Italie. — Ses études

---

[1] C'est par erreur qu'on a imprimé *Velasquez* dans le cours du volume : ce nom, en espagnol, s'écrit VELAZQUEZ.

à Rome. — Tableaux qu'il exécute dans cette ville. — Accueil qu'il reçoit du roi à son retour. — Indication de quelques-uns de ses ouvrages. — 1629-1631. 117

CHAPITRE XII. — Artistes italiens au service de Philippe IV. — Juan Bautista Crescenzio, Pompeo Leoni. — Le Panthéon de l'Escurial. — Le Buen Retiro. — Cosimo Lotti. — Baccio del Bianco. — Angel Michele Colonna et Agostino Mitelli. — Pietro Tacca et la statue équestre de Philippe IV. — 1621-1665. 124

CHAPITRE XIII. — Principaux artistes espagnols du temps de Philippe IV. — Jose Ribera, Francisco Herrera le vieux et son fils, Francisco Collantès, Alonso Cano, D. Bartolomè Estevan Murillo, Juan Martinès Muntañès. — 1621-1665. 140

CHAPITRE XIV. — Disgrâce du comte-duc d'Olivarès. — Histoire de son fils naturel Julien, d'après le père Camillo Guidi. — Velazquez reste fidèle au comte-duc. — Portrait inachevé de Julien. — 1643-1645. 153

AMATEURS ANGLAIS

THOMAS HOWARD, COMTE D'ARUNDEL
1585-1646   165

CHAPITRE XV. — Infériorité de la peinture anglaise jusqu'au dernier siècle. — Règne de Charles Ier, la plus brillante époque pour les arts en Angleterre. — Protection que ce prince leur accorde, due, en partie, à la rivalité du duc de Buckingham et du comte d'Arundel. — Portrait du comte par lord Clarendon. — Opinions contraires de Richard Chandler, d'Horace Walpole et d'autres. — Biographie abrégée du comte, ses voyages en Italie, ses acquisitions d'objets d'art. — Sa liaison avec Rubens et Van Dyck. — Ses portraits. — Encouragements qu'il accorde à plusieurs artistes. — L'architecte Inigo Jones, les sculpteurs Nicolas Stone, Leseur et Fanelly. — Collections du comte d'Arundel. — 1585-1630. 165

CHAPITRE XVI. — Principaux amateurs anglais du temps de Jacques Ier et de Charles Ier. — Les comtes de Pembroke et de Suffolk, les lords Hamilton et Alb. Montague. — Georges Williers duc de Buckingham. — Sa liaison avec Rubens, dont il achète le cabinet. — Il se sert des ambassadeurs anglais à Constantinople et à Venise pour se procurer des objets d'art. — Balthasar Gerbier, son agent dans les Pays-Bas. — Acquisition de la galerie des ducs de Mantoue pour Charles Ier. — — Buckingham est assassiné par Felton. — 1590-1628. . . . 194

CHAPITRE XVII. — Franciscus Junius, bibliothécaire du comte d'Arundel, et son traité *De pictura veterum*. — Analyse et citations de cet ouvrage. — Approbation qu'il reçoit de H. Grotius, de Van Dyck et de Rubens. — Effet produit en Angleterre par l'arrivée des marbres achetés par le comte d'Arundel. — Leur explication par Selden. — Opinion de Rubens. — Collection d'antiques à *Arundel-House*. — 1589-1636. . . . 203

CHAPITRE XVIII. — Ambassade du comte d'Arundel en Allemagne, près de l'empereur Ferdinand II. — Extraits du journal de cette mission publié par W. Crowne. — Description des collections de l'empereur Rodolphe, à Prague, et du palais de Wallenstein. — Récit de la mort de ce général. — Représentation donnée en l'honneur du comte par les jésuites de Prague. — Il fait l'acquisition, à Nuremberg, de la bibliothèque de Pirckheimer. — Retour du comte en Angleterre. — 1636. 234

CHAPITRE XIX. — Le graveur Wenceslas Hollar, attaché au service du comte d'Arundel, et ses principales œuvres. — Portrait du Sicilien Blaise de Manfre, célèbre faiseur de tours. — Autres portraits gravés par Hollar. — Jérôme Lanicre, les deux Van der Borcht. — 1636-1646. 244

CHAPITRE XX. — Dernières années du comte d'Arundel en Angleterre. — Il quitte sa patrie et se fixe à Padoue. — Il y meurt en 1646. — Sort de ses collections. — Renommée attachée à sa mémoire. — 1637-1646. 255

AMATEURS FLAMANDS

NICOLAS ROCKOX ET GASPAR GEVAERTS
1560-1666   263

CHAPITRE XXI. — Célébrité acquise à la ville d'Anvers par ses artistes. — Réputation des peintres anversois du temps d'Albert Durer et de Hans Holbein. — Culture des sciences et des lettres à Anvers. — L'imprimeur Christophe Plantin. — Richesses et luxe des négociants d'Anvers. — Déclin de la prospérité d'Anvers sous Philippe II. — Gouvernement d'Albert et d'Isabelle. — 1454-1598. 263

CHAPITRE XXII. — Naissance, éducation et commencements de Rubens. — Il part pour l'Italie. — Ses études à Venise, Mantoue, Bologne, Florence et Rome. — Son premier voyage

Pages

en Espagne. — Il revient à Mantoue et retourne à Rome, où il trouve son frère Philippe. — Il travaille avec lui aux deux livres des *Electorum*. — Il visite Milan et Gênes. — 1577-1608. 272

CHAPITRE XXIII. — Rubens revient à Anvers, en apprenant la maladie de sa mère. — Il se fixe dans cette ville, y épouse Isabelle Brant et s'y bâtit une maison. — Origine de son tableau de *la Descente de Croix*, et part de Nicolas Rockox dans la commande de ce chef-d'œuvre. — Notice sur cet ami de Rubens. — Tableaux que le peintre exécute pour lui. — Autres amateurs anversois pour lesquels Rubens a travaillé. — 1608-1640. 284

CHAPITRE XXIV. — Gaspar Gevaërts, ami intime de Rubens. — Sa naissance, sa famille, son éducation, son premier ouvrage. — Il sert d'intermédiaire aux relations de Peiresc avec Rubens. — 1593-1620. 295

CHAPITRE XXV. — Le baron de Vicq, l'abbé de Saint-Ambroise et la galerie de Marie de Médicis. — Rubens à Paris, se lie avec Peiresc, M. de Valavès et les frères Dupuy, et entretient avec eux une active correspondance. — 1621-1627. 299

CHAPITRE XXVI. — Second voyage de Rubens en Espagne. — Il fait, pour Gevaërts, des recherches dans les manuscrits grecs de Marc-Aurèle, à l'Escurial. — Intelligence supérieure de Rubens. — Passage d'une de ses lettres à Gevaërts, où il lui recommande son fils Albert, après la mort d'Isabelle Brant. — 1628-1629. 304

CHAPITRE XXVII. — De Madrid, Rubens revient à Anvers et repart pour l'Angleterre. — Impression que produit sur lui la vue de ce pays. — Lettre à Gevaërts à l'occasion de la mort de la femme de ce dernier. — Il déplore les lenteurs qui retardent la paix. — Ses relations avec les familles Van Halmale et Clarisse, d'Anvers. — 1629-1630. 308

CHAPITRE XXVIII. — Retour de Rubens à Anvers. — Son second mariage avec Héléna Forment. — Il s'éloigne des affaires publiques, et consacre tout son temps au travail et à ses amis. — Ses sentiments intimes exposés dans ses lettres à Peiresc. — 1630-1636. 314

CHAPITRE XXIX. — Monuments décoratifs, peintures et cartons exécutés par Rubens pour l'entrée à Anvers de l'archiduc Ferdinand. — Inscriptions et vers latins composés par Gevaërts pour cette circonstance. — Description de quelques-unes des inventions exécutées par Rubens, ou sous sa direc-

Pages

tion. — Le prince Ferdinand va visiter Rubens malade de la goutte. — 1635.................. 317

CHAPITRE XXX. — Dernières années de Rubens : il travaille tant que la goutte le lui permet. — Il s'occupe de la gravure de ses œuvres : sa manière de diriger ses élèves graveurs. — Portrait de Gevaërts, peint par Rubens et gravé par Paul Pontius. — Mort de Rubens. — Gevaërts et Rockox lui survivent. — Son épitaphe par Gevaërts. — Règle de conduite observée par Rubens, Rockox et Gevaërts. — Génie de Rubens : accord du bon et du beau. — 1635-1666..... 329

AMATEURS HOLLANDAIS
CONSTANTIN HUYGENS
UTENBOGARD, LE BOURGMESTRE JEAN SIX
1596-1700   337

CHAPITRE XXXI. — Originalité du génie de Rembrandt. — Accusations dirigées contre sa vie et son caractère, réfutées par ses liaisons avec les hommes les plus honorables de son temps. — Constantin Huygens, ses portraits par Van Dyck et Mireveldt. — Jean de Bisschop lui dédie la première partie de ses gravures de statues antiques. — Relations de Rembrandt avec C. Huygens; tableaux pour le stathouder Frédéric Henri. — Rembrandt donne un tableau à Huygens — Le receveur Utenbogard, ami de Rembrandt et de Jean de Bisschop. — 1596-1700..................... 337

CHAPITRE XXXII. — Gloire de la Hollande à la paix de Munster. — L'hôtel de ville d'Amsterdam, bâti par Van Campen. — Jean Six, sa famille et son éducation. — Le poëte Vondel. — Le *Mariage de Jason et de Creuse*, tragédie de Six, avec une eau-forte de Rembrandt. — Portrait du bourgmestre. — Paysages de Rembrandt. — Le docteur Tulp, beau-père de Six, et la *Leçon d'anatomie*. — Gravures de tableaux modernes dédiées à J. Six par J. de Bisschop. — Obscurité des dernières années de Rembrandt. — Mort de Six. — 1618-1700........................ 349

AMATEURS ALLEMANDS
BILIBALDE PIRCKHEIMER
1470-1530   366

CHAPITRE XXXIII. — Illustration ancienne, à Nuremberg, de la famille Pirckheimer. — Éducation de Bilibalde, terminée

Pages

en Italie. — Son retour et son mariage. — Il commande le contingent nurembergeois à l'armée de l'empereur Maximilien. — Sa relation de la guerre contre les Suisses. — 1470-1499. 366

CHAPITRE XXXIV. — Pirckheimer, à la paix, rentre à Nuremberg et s'éloigne des affaires publiques. — Ses études : il recherche les livres et les manuscrits. — Ses traductions et ses publications — Il se lie avec un grand nombre de savants, particulièrement avec Érasme. — Son intimité avec Albert Durer. — Tableau de l'artiste représentant les derniers moments de la femme de son ami. — 1500-1505. . . . 374

CHAPITRE XXXV. — Voyage de Durer à Venise. — Ses lettres à Pirckheimer. — Portraits de Bilibalde dans plusieurs tableaux de Durer et séparément. — Confiance de l'artiste dans le goût de son ami. — Pirckheimer traduit du grec en latin les *Caractères de Théophraste*, et les dédie à Durer. — 1506-1527. 383

CHAPITRE XXXVI. — Relations d'Érasme avec Pirckheimer et Durer. — Voyage d'Albert dans les Pays-Bas. — Portraits d'Érasme par Durer et Holbein. — Amour d'Érasme pour l'indépendance. — 1518-1526. 392

CHAPITRE XXXVII. — Missions que remplit Pirckheimer dans l'intérêt de sa patrie. — Sa retraite définitive des affaires publiques. — *Le char triomphal de l'empereur Maximilien*, dessiné et gravé par Durer, et décrit par Pirckheimer. — Agitation de l'Allemagne, chagrins de Bilibalde.— 1512-1527. 401

CHAPITRE XXXVIII. — Mort d'Albert Durer, regrets de Pirckheimer, sentiments d'Érasme. — Épitaphe de Durer. — Dernières années de Bilibalde. — Gravure faisant allusion à ses chagrins. — Mort de Pirckheimer. — 1528-1530. 407

JEAN WINCKELMANN
1717-1768   418

CHAPITRE XXXIX. — Naissance de Winckelmann. — Pauvreté de ses parents. — Ses études à Steindall. — Le recteur Toppert. — Voyage à Berlin et retour à Steindall. — Il devient précepteur. — Il veut se rendre en France. — Il est admis co-recteur à Seehausen. — 1717-1748. 418

CHAPITRE XL. — Le comte de Bunau et son Histoire de l'Empire. — Winckelmann demande à être attaché à son service. — Il est admis à travailler dans sa bibliothèque à Nöthenitz.

— Son collaborateur Franken. — Travaux à Nöthenitz. — Voyages à Dresde. — Le nonce Archinto. — Conversion de Winckelmann au catholicisme. — 1748-1754. 427

CHAPITRE XLI. — Winckelmann à Dresde. — Le peintre OEser, l'antiquaire Lippert. — M. de Hagedorn. — Christian Gottlob Heyne. — Le comte de Brühl, Auguste III, M. de Heinecken. — Le musée de Dresde. — Acquisitions faites en Italie et ailleurs. — État des tableaux pendant un siècle, leurs restaurations. — 1754-1755. 436

CHAPITRE XLII. — Artistes attachés à la cour d'Auguste III. — Premier ouvrage de Winckelmann : *Réflexions sur l'imitation des artistes grecs dans la peinture et la sculpture.* — 1755. 448

CHAPITRE XLIII. — Départ de Winckelmann pour l'Italie. — Il visite Venise et Bologne, et descend à Rome chez Raphaël Mengs. — Emploi de son temps dans cette ville. — Il fait la connaissance du cardinal Passionei, et visite les galeries. — Le sculpteur Cavaceppi. — La statue de la villa Ludovisi. — Sentiments patriotiques de Winckelmann, en apprenant les malheurs de la Saxe. — Ses études. — Première idée de son *Histoire de l'art.* — Sa vie, ses amis à Rome. — 1755-1758. 455

CHAPITRE XLIV. — Voyage à Naples. — Le marquis Tanucci, le comte de Firmian. — Retour à Rome et voyage à Florence. — Le baron de Stosch et ses collections. — Winckelmann rédige en français le catalogue de ses pierres gravées. — 1758-1759. 466

CHAPITRE XLV. — Winckelmann attaché au cardinal Albani. — Notice sur ce prélat, sur sa villa et ses collections d'antiquités. — Le plafond de Raphaël Mengs ; portraits de Winckelmann. — 1759-1762. 470

CHAPITRE XLVI. — Nouveaux voyages à Naples. — Sir W. Hamilton, d'Hancarville, le baron de Riedesel. — Excursion au Vésuve. — Opuscules composés à Rome. — Winckelmann sert de *cicerone* aux étrangers de distinction. — Son opinion sur les Anglais, les Allemands et les Français. — Sa correspondance. — Ses regrets, en apprenant la mort du comte de Bunau. — 1762. 478

CHAPITRE XLVII. — Winckelmann nommé Président des antiquités de Rome, et, plus tard, *Scrittore greco*, à la bibliothèque du Vatican — Il publie son *Histoire de l'art.* — Critiques que lui attire cet ouvrage. — Mystification à laquelle

	Pages
il se trouve exposé. — Autres ouvrages de Winckelmann. — 1763-1767.............................	484

CHAPITRE XLVIII et dernier. — Bonheur et liberté dont Winckelmann jouissait à Rome. — Ses *villégiature* à Castel-Gandolfo et Porto-d'Anzio. — Son admiration passionnée de la nature. — Le roi de Prusse essaye de l'attirer à Berlin. — Son désir de revoir l'Allemagne. — Il se met en route pour ce pays. — Sa tristesse en s'éloignant de Rome. — Il abrége son voyage et revient de Vienne à Trieste. — Il est assassiné dans cette ville par un repris de justice. — Ses dispositions testamentaires. — Monument qui lui est érigé à Rome. — Appréciation de son influence. — 1767-1768........ 490

TABLE DES MATIÈRES....................... 503

FIN DE LA TABLE DES MATIÈRES.

Paris. — Imprimerie P.-A. BOURDIER et Cie, rue Mazarine, 30.

www.ingramcontent.com/pod-product-compliance
Lightning Source LLC
Chambersburg PA
CBHW051407230426
43669CB00011B/1791